教科書ガイド

東京書籍版

精選古典探究

古文編Ⅰ部

TEXT BOOK GUIDE

あすとろ出版

左の二次元コードに接続すると、教科書と同じシミュレーションの資料を見ることができます。

品詞分類表や活用表で古典文法の確認ができ、内容の理解が深まります。

品詞分解の略符号

1 品詞名

名＝名詞　代＝代名詞　動＝動詞　補動＝補助動詞
形＝形容詞　形動＝形容動詞　副＝副詞　接＝接続詞
連＝連体詞　感＝感動詞　助動＝助動詞

2 助詞の分類

格助＝格助詞　副助＝副助詞　接助＝接続助詞
係助＝係助詞　終助＝終助詞　間助＝間投助詞

3 用言の活用

動詞…四＝四段活用　上一＝上一段活用
　上二＝上二段活用　下一＝下一段活用
　下二＝下二段活用　カ変＝カ行変格活用
　サ変＝サ行変格活用　ナ変＝ナ行変格活用
　ラ変＝ラ行変格活用
形容詞…ク＝ク活用　シク＝シク活用
形容動詞…ナリ＝ナリ活用　タリ＝タリ活用

4 活用形

未＝未然形　用＝連用形　終＝終止形
体＝連体形　已＝已然形　命＝命令形

5 助動詞の意味

受＝受身　尊＝尊敬　自＝自発　可＝可能
使＝使役　消＝打消　過＝過去　嘆＝詠嘆
完＝完了　強＝強意　並＝並列　存＝存続
推＝推量　意＝意志　適＝適当　勧＝勧誘
仮＝仮定　婉＝婉曲　当＝当然　命＝命令
丁＝丁寧　定＝推定　禁＝禁止　伝＝伝聞
希＝希望　断＝断定　在＝存在　比＝比況
例＝例示　不可＝不可能　不適＝不適当
現推＝現在推量　原推＝原因推量
消推＝打消推量　消意＝打消意志
消当＝打消当然　過推＝過去推量
過伝＝過去の伝聞　過婉＝過去の婉曲
過定＝過去の推定　過原推＝過去の原因推量
反仮＝反実仮想　意志＝ためらいの意志
反希＝反実希望（実現不可能な希望）

はじめに

古典を理解するには、地道な予習・復習を続けることが大切です。本書は、教科書の予習・復習をする時に、その手助けをする効率的な自習書として編集されたものです。次の構成・特色をよく読んで、古典の学習に役立ててください。

◆本書は、東京書籍版『精選古典探究　古文編』の「Ⅰ部」を扱っております。「Ⅱ部」につきましては、『教科書ガイド　精選古典探究　古文編　Ⅱ部』をご利用ください。

※本書では、「古文の窓」は扱っておりません。

■本書の構成・特色

■各単元で、冒頭にその単元で学習する目標を示しています。

■文章教材では次のような項目を設けて、その教材の内容を詳しく解説しています。

大意　教材文のあらすじや要旨を簡潔にまとめてあります。

段意　教材文が長い場合には、いくつかの段落に区切り、各段落の内容を要約してあります。

現代語訳・品詞分解　教材文をそのまま掲載したうえで、その右側には原文に即した現代語訳を、左側には品詞分解をそれぞれ示してあります。

語釈・文法　難解な語句や表現、文法事項を取り上げ、本文に即した意味や解釈を掲げて、分かりやすく解説してあります。なお、教科書に＊で示された「古文重要語句」は全て取り上げています。

鑑賞　教材文に対する理解を深められるように、作品の文学的な位置や味わい方などを解説してあります。

教科書の問題（解答・解説）　教科書の本文下や教材末に示された問題について、解答や分かりやすい解説を示してあります。

■作(編)者や出典については、『源氏物語』のように複数の教材が掲載されている原典は最終の教材末に、それ以外は教材末に項目を設け、作(編)者の経歴や業績・著作など、出典の成立年代や成立事情、概要などをそれぞれ解説してあります。

■和歌教材では、掲載歌ごとに「**品詞分解**」「**語釈・文法**」「**現代語訳**」「**鑑賞**」「**作者**」の項目を設けて、内容を解説しています。

目次

■ 精選古典探究　古文編　Ⅰ部

1 説話1

●古文に慣れ、本文を正確に読み取る。
●説話を読み、展開や内容のおもしろさを味わう。

宇《う》治《じ》拾《しゅう》遺《い》物語

小《お》野《のの》篁《たかむら》、広才のこと

〔第四十九話〕

教科書 八〜九ページ

大意

昔、小野篁という人がいた。嵯峨《さが》天皇の御代《みよ》に、宮中に「無悪善」と書いた札を何者かが立てた。帝《みかど》が篁に「読め。」と言ったところ、篁は「読むことは読みますが、恐れ多くて申し上げられません。」と返事をしたが、とにかく読めと促すので、「世間の人は『さがなくてよからむ』と申しています。だから、天皇を呪い申し上げているのです。」と言うと、「こんなことは、おまえを除いては、誰も書くものはいない。」と言う。篁は「だから申し上げられないと申し上げたのです。」と言う。帝は「それなら、文字で書いたものは何でも読むのだな。」と言って、片仮名の「子《ね》」文字を十二書いて読ませたところ、篁が「猫の子の子猫、獅子《しし》の子の子獅子。」と読んだものだから、帝は笑って、篁には何のおとがめもなかった。

現代語訳・品詞分解

今では昔のことだが、小野篁という人がいらっしゃった。嵯峨天皇の

今 は 昔、小野篁 と いふ 人 おはし けり。嵯峨の帝

名 係助 名 名 格助 動・四・体 名 動・サ変・用 助動・過・終 名

御代に、(何者かが)宮中に札を立てたが、

の 御時 に、内裏 に 札 を 立て たり ける に、

格助 名 格助 名 格助 名 格助 動・下二・用 助動・完・用 助動・過・体 接助

語釈・文法

今《いま》は昔《むかし》　物語や説話の冒頭に用いられる常套句《じょうとうく》。昔話の「昔々、あるところに」という書き出しと同じに考えられている。

おは《ワ》す　いらっしゃる。「あり」の尊敬語。

（その札に）「無悪善」と書いてあった。　帝が、篁に、「読め。」と
「無悪善」と書きたりけり。帝、篁に、「読め。」と
名　格助　動・四・用　助動・存・用　助動・過・終　名　名　格助　動・四・命　格助

おっしゃったので、　（篁が）「読むことは読みましょう。
仰せられたりければ、「読みは読み候ひ
動・下二・未　助動・尊・用　助動・完・用　助動・過・已　接助　動・四・用　係助　動・四・用　補動・四・用

しかし、恐れ多いことでございますので、申し上げるこ
なむ。されど、恐れにて候へば、え申し
助動・強・未　助動・意・終　接　名　助動・断・用　接助　補動・四・已　接助　副　動・四・用

とはできません。」と奏上したところ、（帝が）「とにかく申せ。」と、
候はじ。」と奏しければ、「ただ申せ。」と、
補動・四・未　助動・消意・終　格助　動・サ変・用　助動・過・已　接助　副　動・四・命　格助

何度もおっしゃったので、（篁が）「『さがなくてよからむ』
たびたび仰せられければ、「『さがなくてよから
副　動・下二・未　助動・尊・用　助動・過・已　接助　名　形・ク・用　接助　形・ク・未

と申しておりますよ。ですから、君（天皇）を呪い申し上
む』と申して候ふぞ。されば、君を呪ひ
助動・推・終　格助　動・四・用　接助　補動・四・体　終助　接　名　格助　動・四・用

げているのです。」と申し上げたところ、（帝が）「こんなこ
参らせて候ふなり。」と申しければ、「これは、
補動・下二・用　接助　補動・四・体　助動・断・終　格助　動・四・用　助動・過・已　接助　代　係助

とは、おまえを除いては、誰が書こうか。（誰も書くはずがない。）」とおっしゃった
おのれ放ちては、誰か書かむ。」と仰せ
代　動・四・用　接助　係助　代　係助　動・四・未　助動・推・体　格助　動・下二・未

ので、（篁が）「ですからこそ、申し上げませんと申し上げたのです。」
られければ、「さればこそ、申し候はじと
助動・尊・用　助動・過・已　接助　接　係助　動・四・用　補動・四・未　助動・消意・終　格助

と申し上げると、帝は、「それでは、何でも、
は申して候ひつれ。」と申すに、帝、「さて、何も、
係助　動・四・用　接助　補動・四・用　助動・完・已　格助　動・四・体　接助　名　接　代　係助

文字で書いてあるようなものは、きっと読めるのか。」
書きたらむものは、読みてむや。」
動・四・用　助動・存・未　助動・婉・体　名　係助　動・四・用　助動・強・未　助動・推・終　係助

内裏《だいり》　宮中。

仰《おお》せられたりければ　「仰す」は「言ふ」の尊敬語で、おっしゃる、の意。ここでは、尊敬の助動詞「らる」を重ねて用い、最高の敬意を表している。「ば」は接続助詞。順接確定条件（原因、理由）を表す。

読《よ》み候《さぶら》ひ《イ》なむ　「候ひ」は丁寧の補助動詞「候ふ」の連用形。…です、…ます、の意。

恐《おそ》れ　名詞。恐れ多いこと。

え…じ　「え」は下に打消の語を伴って、全体で不可能の意を表す。「じ」は打消の意志。

申《もう》す　「言ふ」の謙譲語。

奏《そう》す　申し上げる。「言ふ」の謙譲語。この「奏す」は、天皇・上皇に対してのみ用いられるところから、絶対敬語といわれている。

さが　「さが」は生まれつきの性格のこと。ここは「悪」を「さが」と読み、「無悪」を「さがなし」として「嵯峨（天皇）無し」と掛けた。これは無論、篁のとっさの機転であり、漢詩・書道に精通していた篁の博識多才ぶりを示すものである。後の十二の「子」文字を読んでみせることの前置きである。

参《まい》らす　謙譲の補助動詞。…申し上げる、お…する、などと訳す。

おのれ放《はな》ちては、誰《たれ》か書《か》かむ　おまえを除いて

とおっしゃったので、（篁が）「何でも、きっと
と仰せられければ、「何にても、読み
格助　動・下二・未　助動・尊・用　助動・過・已　接助　代　助動・断・用　接助　係助　動・四・用

読みましょう。」と申し上げたところ、（帝が）片仮名の
候ひなむ。」と申しければ、片仮名の
補動・四・用　助動・強・未　助動・意・終　格助　動・四・用　助動・過・已　接助　名　格助

「子」という文字を十二お書きになって、「読め。」とおっしゃった
「ね」文字を十二書かせ給ひて、「読め。」と仰せ
名　格助　名　動・四・未　助動・尊・用　補動・四・用　接助　動・四・命　格助　動・下二・未

ので、（篁が）「猫の子の子猫、獅子の子の子獅子。」
られければ、「ねこの子のこねこ、ししの子の
助動・尊・用　助動・過・已　接助　名　格助　名　格助　名　名　格助　名　格助

と読んだところ、帝は微笑なさって、
こじし。」と読みたりければ、帝ほほ笑ませ
名　格助　動・四・用　助動・完・用　助動・過・已　接助　名　動・四・未　助動・尊・用

おとがめなく済んだ。
給ひて、事なくてやみにけり。
補動・四・用　接助　形・ク・用　接助　動・四・用　助動・完・用　助動・過・終

は、誰が書こうか。（誰も書くはずがない。）「か」は反語の用法。嵯峨天皇の叱責のように見えるが、篁の才能を高く評価しているがゆえの言葉と見るべきである。

片仮名《かたかな》の「ね」文字《もじ》を十二《じゅうに》　当時は片仮名の「ネ」だけでなく「子」も用いた。音は「シ」、訓は「こ」「ね」で、音訓合わせて三通りに読むことができ、ここでは濁音も加えて読んでいる。

書《か》かせ給《たま》ひ《ィ》て　「せ」は、尊敬の助動詞「す」の連用形。「給ひ」は、尊敬の補助動詞「給ふ」の連用形。「せ給ふ」は二重敬語で、最高の敬意を表す。

事《こと》なし　①何事もない。②面倒なことがない。③非難すべき点がない。ここは①の意。篁のみごとな才知に天皇が感心し、とがめだてがなかったということ。

鑑賞

小野篁は、平安時代の漢詩人小野岑守《みねもり》の長男で、漢詩人・歌人。または書家としても知られる。少年期の篁は、陸奥守《むつのかみ》であった父に同道して京を遠く離れた異郷で過ごしたためか、武芸に心を奪われ、帰京後も学芸を顧みなかった。これを憂えた嵯峨天皇の悲嘆に触れて大いに悔い改め、以後学業に精進、文章生《もんじょうしょう》として優れた学才を発揮するようになった。以後順調に官位を進め、人物・学識・文才とともに世に傑出する存在として宮中に召されて詩賦を試みることも度重なった。この間、右大臣清原夏野《きよはらのなつの》らとともに編集した『令義解《りょうのぎげ》』（養老令の注釈書、十巻）に序文を書いて撰進《せんしん》した。八三四年（承《じょう》和《わ》元）、遣唐副使に任ぜられたが、八三八年の出航に際して、篁の船が、正使藤原常嗣《ふじわらのつねつぐ》の乗用に変更されたのを憤り、病気と称して乗船を拒否した。これに激怒した嵯峨天皇は、篁の官位を剥奪して隠岐国《おきのくに》に配流した。『古今《こきん》和歌集』の中の「わ

たの原八十島《やそしま》かけて漕《こ》ぎ出《い》でぬと人には告げよ海人《あま》の釣り舟」「おもひきやひなの別れにおとろへて海人の縄たきいさりせむとは」の二首は、配所での悲嘆・憂悶《ゆうもん》を詠んだものである。その後、京に召還され、本位に復した。

篁は、仏道に心を寄せ、孝養と友情にあつく、博識にして学才・詩才に優れていた反面、性狷介《けんかい》・直情径行で、世にいれられないところがあった。

篁の幅広い知識・才能をめぐる説話は、『今昔《こんじゃく》物語集』『江《ごう》談抄《だんしょう》』『十訓抄《じっきんしょう》』などに伝えられている。本話も篁の才知が傑出していたことを物語るもので、内裏に立てられた札に書かれた「無悪善」は話としていささかできすぎの感があるが、「さがなくてよからむ（嵯峨天皇がいなければよいだろう）」と読む篁の機転は、嵯峨天皇と篁の信頼関係、いわば深い絆《きずな》のうえに立つものと考えてよいだろう。そうでなければ、「君を呪ひ参らせて候ふなり。」と言った段階でおとがめを被ったはずである。続く十二の「ね（子）」文字に至って、篁の抜きん出た才知は天皇をして賛嘆せしむるものとなっている。

教科書の問題（解答・解説）

教科書　九ページ

❓教科書本文下に示された問題

❓「おのれ放ちては、誰か書かむ。」と帝が考えたのはなぜか。（p.九）

解答　「無悪善」は簡単には読めないものなので、読めた本人が、書いた犯人に違いないと考えたから。

■学習の手引き

❶篁が「え申し候はじ。」（八・3）**と言ったのはなぜか。**

解答　「無悪善」は「さがなくてよからむ」と読めるが、それは帝（＝嵯峨天皇）を呪う言葉であり、それを言うと、自分が書いたと疑われるから。

[解説]「悪無くて善からむ」は、悪い性質がなくてよいだろうという意味だが、「さが」に「嵯峨」を掛けたもので、嵯峨天皇がいなくて世の中がよくなるだろうという意味にもなる。

❷篁は十二の「子」文字をどう読み解いたのか、説明しよう。

解答　「子」に、片仮名の「ネ」のほか、漢字の音「シ」と訓「こ」の読みを当てて読んだ。

猫	の子の子	猫	猫	獅	子の子の子	獅	子
ね	こノこノこ	ね	こ	し	しノこノこ	じ	し
子	子	子	子	子	子	子	子	子	子	子	子

❸帝が篁をとがめることなく済ませたのはなぜか、その理由を考えよう。

解答 十二の「子」文字を読み解いた篁の才知に感心し、「無悪善」と解読したのもその才知ゆえだと納得したから。

［解説］ 帝は、自らの課した難問を解かせることで、篁の才知を試したのである。

■語句と表現

①「誰か書かむ。」（八・6）の係助詞「か」の用法を説明しよう。

解答 反語の用法で、文末の助動詞「む」と係り結びの関係にある。

［解説］ 反語は、疑問の形をとって、表面の意味を強く否定する表現法のこと。「誰か書かむ。」は、「誰が書こうか、いや、誰も書かない。」という意味になる。

②次の傍線部の敬語の種類は何か。また、誰の誰に対する敬意か。

解答 (1)おはし＝尊敬語・作者の篁に対する敬意。
(2)仰せ＝尊敬語・作者の帝に対する敬意。
(3)候ひ＝丁寧語・篁の帝に対する敬意。
(4)奏し＝謙譲語・作者の帝に対する敬意。

［解説］ (1)「おはす」は「あり」、(2)「仰す」は「言ふ」の尊敬語。(3)「候ふ」は、ここでは丁寧の補助動詞としての用法。(4)「奏す」は、天皇・上皇に対してのみ用いられる「言ふ」の謙譲語。

出典・編者

出典 『宇治拾遺《うじしゅうい》物語』 鎌倉時代初期に成立した説話集。序文に「源 隆国《みなもとのたかくに》が聞き書きした『宇治大納言《だいなごん》物語』が侍従俊貞《としさだ》に伝わり、その後、これに漏れた説話を集めて『宇治拾遺物語』ができたが、書名は宇治に遺《のこ》った話を拾った意か、侍従の唐名を拾遺というからかはっきりしない。」という内容の記述がある。

全部で百九十七編の説話を収めているが、『今昔物語集』『古《こ》本《ほん》説話集』『古事談《こじだん》』などと重複する話も多い。『今昔物語集』のような内容による分類はなく、仏教霊験譚《れいげんたん》から和歌説話、笑話、民間説話に及ぶさまざまな話が順不同に並んでいる。収録されている説話は、物語としてのおもしろさ、珍しさが中心になっていて、権威ある人間をも笑い、弱い人間への理解を示すところに編者の人柄を感じさせる。編者はことさら教訓や批判の言葉は記さない。文体は和文体で、会話文を多く取り入れてあり、口承説話の語り口をとどめている。世俗説話には現実感覚があふれ、庶民の心情も写し出しており、親しみやすく、長く読み継がれていった。

編者 未詳。慈円《じえん》かその周辺にいた人物かとの説がある。

古今著聞集《ここんちょもんじゅう》

能は歌詠み

〔巻第五〕

教科書　一〇〜一一ページ

大意　花園の左大臣（源有仁《みなもとのありひと》）の家に初めてお仕えした侍で、和歌を詠むのを得意とするものがいた。ある秋の宵、はたおり（＝キリギリス）の鳴き声を楽しんでいた大臣がこの侍に歌を詠ませた。すると侍は、春の「青柳《あおやぎ》」という題材を初句に用いて女房たちに笑われたが、第二句以下に季節の推移を詠み込み、みごとに秋の「はたおり」の歌にまとめあげて大臣を感動させた。これと同じように季節外れの題材をみごとにまとめた先例としては、寛平《かんぴょう》の歌合《うたあわせ》で紀友則《きのとものり》が「初雁《はつかり》」の題で詠んだ歌がある。

■第一段落（初め〜一〇・2）

段意　花園の左大臣家に初めてお仕えした侍が名簿《みょうぶ》（＝新しく仕える主人に提出する文書）の端書きに「特技は歌を詠むこと」と書いた。

現代語訳・品詞分解

花園	の	左大臣	の	家	に、	初めて	参り	たり	ける
名	格助	名	格助	名	格助	副	動・四・用	助動・完・用	助動・過・体

花園の左大臣の家に、初めて出仕した侍が、

侍	の、	名簿	の	端書き	に、	「能	は	歌詠み」	と	書き	たり	けり。
名	格助	名	格助	名	格助	名	係助	名	格助	動・四・用	助動・完・用	助動・過・終

新しく仕える主人に提出する文書の端に書き添える文言に、「特技は歌を詠むこと」と書いた。

語釈・文法

参《まい》る　貴人のもとに出仕する、奉公にあがる。

侍《さぶらい》　①貴人のそばに仕えて雑用や警護をする者。②武士。ここは①の意。動詞「さぶらふ」の連用形が名詞化した語。

端書《はしが》き　文書の初めや末尾の言葉の端に書き添えること。また、その言葉。

能《のう》　能力。才能。得意とすること。

第二段落（一〇・3～一一・3）

段意

秋の初め、大臣がはたおりの鳴き声を楽しんでいると日が暮れたので、格子を下ろすよう人を呼ぶが、蔵人《くろうど》の五位が居合わせず、くだんの侍がやって来た。大臣は、この侍が歌を得意とすることを覚えていて、はたおりの歌を詠むように命じた。侍が「青柳の」と詠み始めると、同席していた女房たちは季節が違うと思って笑いだしたが、大臣は早く続きを詠むよう促した。すると、侍は、第二句以下に春から秋までの季節の推移を詠み込んで、みごとな秋の歌にまとめあげた。歌の出来栄えに感動した大臣は、褒美として侍に直垂《ひたたれ》を与えた。

現代語訳・品詞分解

大臣が、秋の初めに、南殿に出て、はたおり虫の鳴く声

大臣、秋の初めに、南殿に出でて、はたおりの

名　名　格助　名　格助　名　格助　動・下二・用　接助　名　格助

をめで楽しんでいらっしゃった折、(日が)暮れたので、

鳴くを愛しておはしましけるに、暮れければ、

動・四・体　格助　動・サ変・用　接助　補動・四・用　助動・過・体　格助　動・下二・用　助動・過・已

「格子を下ろしに、誰か参れ。」とお命じになったところ、

ば、「下格子に、人参れ。」と仰せられけるに、

接助　名　格助　名　動・四・命　格助　動・下二・未　助動・尊・用　助動・過・体　接助

「蔵人の五位が居合わせないで、(自分のほかには)誰もおりません。」と申し上げて、

「蔵人の五位違ひて、人も候はぬ。」と申して、

名　動・四・用　接助　名　係助　動・四・未　助動・消・体　格助　動・四・用　接助

この侍が参上したので、「かまわずに、それならば、おまえが下ろせ。」

この侍参りたるに、「ただ、さらば、なんぢ下ろせ。」

代　格助　名　動・四・用　助動・完・体　接助　副　接　代　動・四・命

とお命じになったので、御格子を下ろし申し上げていると、(大臣が)

と仰せられければ、参りたるに、「なんぢ

格助　動・下二・未　助動・尊・用　助動・過・已　接助　動・四・用　助動・存・体　接助　代

「おまえは歌詠みだったな。」とおっしゃったので、(侍は)恐縮して、御格子を

は歌詠みな。」とありければ、かしこまりて、御格子

係助　名　終助　格助　動・ラ変・用　助動・過・已　接助　動・四・用　接助　名

語釈・文法

愛《あい》しておは《ワ》しましけるに　「愛す」は、賞美する、めでる、の意。「おはします」は、…ていらっしゃる、の意の尊敬の補助動詞。

下格子《げこうし》に、人参《ひとまい》れ　格子を下ろしに、誰か参れ。「参る」は、ここでは「行く」「来《く》」の謙譲語。大臣が家来に対して発した言葉なので、自敬表現になっている。

仰《おお》せられけるに　「仰す」は、「言ふ」の尊敬語で、お命じになるという意味も表す。「られ」は尊敬の助動詞「らる」の連用形。どちらも、大臣に対する敬意を表す。

蔵人《くろうど》の五位《ごい》　六位の蔵人で、任期が満ちて五位に叙せられたのに、五位の蔵人に欠員がないため、地下《じげ》（＝清涼殿への昇殿を許されない官人）となった人。ここでは、大臣の側近として、そういう者が仕えていたのだろう。

違《たが》ふ《ウ》　いつもと違う。ここでは、本来いるはず

下ろすのを途中でやめてそばにお控えしていると、（大臣が）「（おまえも）このはたおり（の鳴き声）を

下ろしさし　て　候ふ　に、　「こ　の　はたおり　を　ば　聞く

動・四・用　接助　動・四・体　接助　代　格助　名　格助　係助　動・四・終

聞いているか。（これを題材にして）一首詠み申せ。」とお命じになったので、　（侍が）

や。　一首　つかうまつれ。」　と　仰せ　られ　けれ　ば、　「青柳

係助　名　動・四・命　格助　動・下二・未　助動・尊・用　助動・過・已　接助　名

「青柳の」と、　初めの句を申し上げだしたのを、　（大臣の

の」　と、　初め　の　句　を　申し出だし　たる　を、　候ひ

格助　格助　名　格助　名　格助　動・四・用　助動・完・体　格助　動・四・用

おそばに）お仕えする女房たちは、（秋のはたおりを詠むのに）季節に合わないと思った様子で、

ける　女房たち、　折　に　合は　ず　と　思ひたりげに　て、

助動・過・体　名　名　格助　動・四・未　助動・消・終　格助　形動・ナリ・用　接助

笑いだしたので、　（大臣は）「歌を最後まで聞き終わらずに笑うと

笑ひ出だし　たり　けれ　ば、　「もの　を　聞き果て　ず

動・四・用　助動・完・用　助動・過・已　接助　名　格助　動・下二・未　助動・消・用

いうことがあるか。（あってはならない。）」　とおっしゃって、　「早く（続

して　笑ふ　やう　や　ある。」　と　仰せ　られ　て、　「疾く

接助　動・四・体　名　係助　動・ラ変・体　格助　動・下二・未　助動・尊・用　接助　副

きを）詠み申せ。」　とお命じになったので、

つかうまつれ。」　と　あり　けれ　ば、

動・四・命　格助　動・ラ変・用　助動・過・已　接助

（春には）青い柳の緑の糸を巻きためておき、夏の間に糸を機にかけ、秋には織るというが、そ

青柳　の　みどり　の　糸　を　繰りおき　て　夏　へ　て

名　格助　名　格助　名　格助　動・四・用　接助　名　動・下二・用　接助

の秋の今、はたおり虫が鳴いているよ。

秋　は　はたおり　ぞ　鳴く

名　係助　名　係助　動・四・体

と詠んだところ、　大臣は、　感動なさって、　萩

と　詠み　たり　けれ　ば、　大臣、　感じ　給ひ　て、　萩

格助　動・四・用　助動・完・用　助動・過・已　接助　名　動・サ変・用　補動・四・用　接助　名

の図柄を織り出した直垂を、　（御簾の下から）押し出してお与えになった。

織り　たる　御直垂　を、　押し出だし　て　賜はせ　けり。

動・四・用　助動・存・体　名　格助　動・四・用　接助　動・下二・用　助動・過・終

なのに居合わせない、という意味。

ただ　（命令・勧誘・意志などの表現と呼応して）とにかくぜひ。かまわずに。

さらば　それならば。

なんぢ《ジ》　おまえ。多く目下の者に対して用いる対称の人称代名詞。

参《まい》りたるに　「御格子参《み》りたるに」の意。貴人の部屋の格子を上げること、または下げることを「御格子参る」という。

なんぢ《ジ》は歌詠《うたよ》みな　おまえは歌詠みだったな。「な」は、念を押す意を表す終助詞。

かしこまる　恐縮する。恐れ慎む。

下《お》ろしさして　「さす」は、漢字をあてると「止す」で、動詞の連用形に付いて、…ことを途中でやめる、の意を表す接尾語。

一首《いっしゅ》つかう《コウ》まつれ　一首詠み申せ。「つかうまつる」は、「す」「行ふ」「作る」などの動詞の代わりに用いて、…してさしあげる、…いたす、の意を表す謙譲語で、これも自敬表現。

折《おり》に合《あ》は《ワ》ず　季節に合わない。「青柳」は春の景物だから、秋の「はたおり」を詠むには季節外れだということ。

思《おも》ひ《イ》たりげにて　「げ」は、形容詞・形容動詞の語幹や打消の助動詞「ず」などに付き、いかにも…の様子だ、の意を添えて、ナリ活

■第三段落（一一・4～終わり）

段意

寛平の歌合において、紀友則が「初雁」の題で「春霞《はるがすみ》かすみていにしかりがねは…」という歌を詠んだ折、初句を朗詠すると相手方は声を出して笑ったが、第二句以下を聞くに及んで黙ってしまった。花園の左大臣家の侍の話はこれと同じことではないだろうか。

現代語訳・品詞分解

寛平の歌合の際に、「初雁」（という歌題）を、友則が、

寛平	の	歌合	に、	「初雁」	を、	友則、
名	格助	名	格助	名	格助	名

春霞が立ちこめる中をかすんで去っていった雁が、今、秋霧の上の方で鳴いている声が聞こえることだ。

春霞	かすみ	て	いに	し	かりがね	は	今	ぞ
名	動・四・用	接助	動・ナ変・用	助動・過・体	名	係助	名	係助

鳴く	なる	秋霧	の	上	に
動・四・終	助動・定・体	名	格助	名	格助

と詠んだ折、（友則は）左方であったが、（歌の初句の）五文字を詠んだ時、右方の人たちは、それぞれ声を出して笑っ

と	詠め	る、	左方	に	て	あり	ける	に、	五文字
格助	動・四・命	助動・完・体	名	助動・断・用	接助	補動・ラ変・用	助動・過・体	接助	名

を	詠み	たり	ける	時、	右方	の	人、	声々	に	笑ひ
格助	動・四・用	助動・完・用	助動・過・体	名	名	格助	名	名	格助	動・四・用

用形容動詞の語幹を作る接尾語。（ここでは、助動詞「たり」に付いている。）

笑《わら》ふ《ウ》やう《ヨウ》やある　笑うということがあるか、あってはならない。「や」は反語の係助詞。

賜《たま》は《ワ》せけり　お与えになった。「賜はす」は「与ふ」の尊敬語。尊敬の動詞「たまふ」の未然形＋尊敬の助動詞「す」が一語化したもので、「たまふ」よりも高い敬意を表す。

語釈・文法

初雁《はつかり》　「雁《かり》」は、その鳴き声から生じたガンの異称。ガンは渡り鳥で、秋に日本に飛来して越冬し、春に北方へ帰る。

春霞《はるがすみ》かすみていにし　「かすみて」には、春霞が立ちこめる意と、飛んでいく雁がかすんで見えなくなる意とが掛けられている。「いぬ」は、立ち去る、行く、の意を表すナ変動詞。

今《いま》ぞ鳴《な》くなる　「なる」は、推定の助動詞「なり」の連体形で、上の係助詞「ぞ」の結びとなっている。

五文字《いつもじ》　和歌の初句。ここでは「春霞」である。

た。

けり。
助動・過・終

それから(友則が)次の句に、「かすみていにし」と
さて　次　の　句　に、「かすみ　て　いに　し」と
接　名　格助　名　格助　動・四・用　接助　動・ナ変・用　助動・過・体　格助

言った時には、声もなく静かになってしまったそうだ。
言ひ　ける　に　こそ、音　も　せ　ず　なり　に
動・四・用　助動・過・体　格助　係助　名　係助　動・サ変・未　助動・消・用　動・四・用　助動・完・用

けれ。
助動・過・已

(花園の左大臣家の侍の話もこれと)同じことであろうか。
同じ　こと　に　や。
形・シク・終　名　助動・断・用　係助

音《おと》もせずなりにけれ　声も出なくなってしまった。静まりかえってしまった。

同《おな》じことにや　同じことであろうか。「同じ」は形の上から終止形とみなす。連体形に「同じ」と「同じき」があるとする説もある。「に」は、断定の助動詞「なり」の連用形。「や」は、疑問の係助詞。下に省略されている「あらむ」などの結びを補って解釈する。

鑑賞

花園の左大臣と称された源有仁は、詩歌・管絃《かんげん》に通じた風流人として知られる人物である。本説話は、その花園の左大臣家に仕えていた侍の詩歌の才能について取り上げたものである。

この侍は、左大臣家に出仕する際、端書きに「能は歌詠み」と書いた名簿を提出した。「特技は歌を詠むこと」と特記したところに、彼の並々ならぬ自負がうかがえる。さて、秋の初め、はたおりの鳴き声を楽しんでいた大臣は、日が暮れたので格子を下げるよう人を呼ぶが、たまたま蔵人の五位が居合わせず、この侍がやって来た。詩歌に通じた大臣は、「能は歌詠み」と名簿に端書きした侍のことを覚えていたらしく、「おまえは歌詠みだったな。」と確かめたうえで、「はたおり」の歌を詠めと命じる。すると、侍は、「青柳の」と初句を詠じだした。秋の「はたおり」を詠むはずなのに春の「青柳」では季節が違う、この侍は歌について無知なのではないかと思って、同席していた女房たちは一斉に笑いだす。しかし、さすがに大臣はりっぱな人物で、「最後まで聞かずに笑うものではない。」と女房たちをたしなめ、侍に早く続きを詠むように促す。果たして、侍は、「青柳のみどりの糸を繰りおきて夏へて秋ははたおりぞ鳴く」というすばらしい歌を詠みあげ、いたく感動した大臣から直垂を賜ることになる。思いがけない初句で聞き手の意表を突く機知、掛詞《かけことば》や縁語を巧みに用いて季節の異なる歌材を一首にまとめる構成力、侍の詠歌の才能は、自ら誇るに足り、大臣や女房たちを驚嘆させるに値するものであったといえよう。

編者は、この侍の歌を巡る出来事と同じようなことがかつて寛平の歌合でもあったと述べる。「初雁」の題で、紀友則が「春霞かすみていにしかりがねは今ぞ鳴くなる秋霧の上

に」と詠んだ時のことである。人々は初句を聞いて笑いだすが、朗詠が第二句以下に及ぶと声一つなく静まりかえってしまったという。花園の左大臣は詩歌に通じた風流人であったから、侍が「青柳の」と詠み始めた時、この友則の「初雁」の歌を思い出し、初句だけ聞いて笑いだした女房たちをたしなめたのかもしれないと想像することもできる。

教科書の問題（解答・解説）

❓ 教科書本文下に示された問題

❓「折に合はず」とはどういうことか。（p.一〇）

解答　秋の初めという季節に似つかわしくない初句の詠みようだということ。

[解説]　秋の初め、はたおりの鳴き声を楽しむ大臣から、それを主題とした歌を詠むよう命じられたのに、侍の初句は「青柳の」という春の景物を用いたものだった。

■ 学習の手引き

❶「能は歌詠み」〔一〇・1〕と書いた侍の気持ちはどのようなものか。

解答　自らの詠歌の才能を並々ならぬものと思って、相当な自負心を抱いている。

[解説]　あえて「名簿の端書き」に「能は歌詠み」と記したのは、新しく仕える主人に対して、自分には優れた歌

本説話は、詠歌における機知を主題としたものだが、それだけでなく、詠歌を聞く側の態度を戒める要素も含んでいると考えられる。花園の左大臣家の場合も、寛平の歌合の場合も、歌の初めだけ聞いて季節違いと速断して笑った人々は、結果として自らの軽率さを恥じたにちがいないと容易に推測できるからである。

教科書　一一ページ

を詠む能力があると伝えたかったからである。当時は詠歌が盛んだったから、歌才によって主人に認められて出世することを期待していたのかもしれない。

❷「大臣、感じ給ひて」〔一一・2〕とあるが、どのようなことに感動したのか。

解答　侍が、初句に「青柳」という春の景物を用いて聞き手の意表を突き、第二句以下に掛詞と縁語を用いて春から秋への季節の推移を詠み込んで、みごとに秋の「はたおり」の歌にまとめあげたこと。また、このように巧みな歌を即座に詠んだこと。

[解説]　初句の「青柳」は春の景物であり、これを聞いた大臣も女房たちも予想外の詠みだしに驚いたことであろう。第四句にある「へて」は、「経て」と「綜《へ》て」（経糸《たて》を機にかける意）との掛詞になっている。また、「糸」「繰

り」「綜《へ》」は「はたおり」の縁語。大臣は、機知に富み、技巧を凝らしたみごとな歌を即座に詠んだ侍の詠歌の才能に感嘆したのである。

❸「同じことにや。」〔一一・8〕とあるが、何と何が、どのような点において同じなのか。

解答 「青柳の…」の歌と、「春霞…」の歌が、秋の歌を詠むのに、初句で春の景物を取り上げ、異なる季節の題材を巧みに組み合わせて、みごとな一首にまとめあげた点において同じ。

[解説] 侍の「青柳の…」の歌がその場ですぐに作った即詠であるのに対して、紀友則の「春霞…」の歌は前もって与えられていた題によって作った題詠という違いはあるが、どちらも季節外れの題材を取り上げ、巧みに一首にまとめあげたという点で共通している。

■語句と表現

①「今ぞ鳴くなる」〔一一・5〕を品詞分解し、それぞれの語を文法的に説明しよう。

解答 今（名詞）―ぞ（係助詞）―鳴く（カ行四段活用動詞「鳴く」の終止形）―なる（推定の助動詞「なり」の連体形）

[解説] 「ぞ」と「なる」は、係り結びの関係にある。

出典・編者

出典 『古今著聞集《ここんちょもんじゅう》』 建長《けんちょう》六年〔一二五四〕成立。二十巻から成る説話集。全説話は三十編（神祇《じんぎ》・釈教・政道忠臣・公事《くじ》・文学・和歌・管絃歌舞・能書・術道・孝行恩愛・好色・武勇・弓箭《きゅうせん》・馬芸・相撲強力《ごうりき》・画図・蹴鞠《しゅうきく》・博奕《ばくえき》・偸盗《ちゅうとう》・祝《しゅう》言《げん》・哀傷・遊覧・宿執《しゅくしゅう》・闘諍《とうじょう》・興言《きょうげん》利口・怪異《けい》・変化《へんげ》・飲《おん》食《じき》・草木《そうもく》・魚虫禽獣《きんじゅう》）に分類され、さらにそれぞれが年代順に配列されている。採録説話は本朝（日本）のものに限られており、編者の王朝時代への懐古の念をうかがわせるような平安期の説話が約三分の二を占めるが、鎌倉期の卑俗な内容の説話も多く収められている。『今昔《こんじゃく》物語集』『宇治拾遺《うじしゅうい》物語』とともに日本三大説話集の一つに数えられ、その整然とした分類と多彩な内容において説話文学の百科全書ともいえる説話集である。

編者 橘成季《たちばなのなりすえ》〔生没年未詳〕 鎌倉時代中期の貴族。当時の権勢家である九条道家《くじょうみちいえ》の近臣として活躍。藤原孝時《ふじわらのたかとき》に琵琶《びわ》を学び、また詩歌や絵画などにも造詣が深かった。後年、貴族の記録や聞き書きによって広く説話を収集し、『古今著聞集』を著した。

十訓抄《じっきんしょう》

成方《なりかた》といふ笛吹き 〔第七〕

教科書 一二〜一四ページ

大意

成方という笛の名手が、藤原道長《ふじわらのみちなが》から「大丸《だいまる》」という名笛をいただき吹いていたのだが、橘俊綱《たちばなのとしつな》がその笛を手に入れようと策略を巡らせ、成方を捕らえて拷問にかけようとした。成方は、こうなったのも大丸のせいだと言って俊綱の目の前で笛を砕き、釈放された。実は別の笛を砕いて俊綱を出し抜いたのだった。昔、趙《ちょう》の文王《ぶんおう》が持っていた和氏《かし》の璧《へき》を、秦《しん》の昭王《しょうおう》が欲しがり、十五の都市との交換を迫ったが、使者として璧を持って秦に行った藺相如《りんしょうじょ》は璧を守るため一計を案じ、昭王の前で璧を割ろうとしたので、昭王は藺相如を許し璧は趙に返された。この二つの話はよく似ている。

■第一段落（初め〜一二・6）

段意

成方という笛の名手が、藤原道長から大丸という名笛を拝領した。音色のすばらしいその笛を橘俊綱が欲しがり、千石の値で買おうとしたが成方は承知しなかった。そこで俊綱は策略を巡らせ、成方が笛を売ると言ったことにして成方を呼び出し、強引に笛を買おうとしたが、成方は笛を売るとは言っていないと釈明した。

現代語訳・品詞分解

成方という笛の名手がいた。

成方（名） と（格助） いふ（動・四・体） 笛吹き（名） あり（動・ラ変・用） けり。（助動・過・終）

御堂入道殿（藤原道長）から大丸というの笛を拝領して、吹いていた。

御堂入道殿（名） より（格助） 大丸（名） と（格助） いふ（動・四・体） 笛（名） を（格助） 賜はり（動・四・用） て、（接助） 吹き（動・四・用） けり。（助動・過・終）

（大丸は音色の）すばらしいものなので、伏見修理大夫俊綱朝臣（橘俊綱）が欲しがって、「米千石（の値）で買おう。」

めでたき（形・ク・体） 物（名） なれ（助動・断・已） ば、（接助） 伏見修理大夫俊綱朝臣（名） 欲しがり（動・四・用） て、（接助） 「千石（名） に（格助） 買は（動・四・未） む。」（助動・意・終）

語釈・文法

めでたし　動詞「めづ」の連用形に、甚だしい意の形容詞「いたし」が付いた「めでいたし」が変化した語。①すばらしい。りっぱだ。②喜ばしい。祝うべきだ。ここは①の意で、現代語と意味が異なるので注意。

たばかる　漢字では「謀る」。ここでは、策略を巡らせる、だます、の意。俊綱が、大丸欲

と話を持ちかけたのだが、　(成方が)売らなかったので、　策略を巡らして、
と　ありける　を、　売ら　ざり　けれ　ば、　たばかり　て、
格助　動・ラ変・用　助動・過・体　接助　動・四・未　助動・消・用　助動・過・已　接助　動・四・用　接助

(成方のもとへ再び)使者を行かせて、(成方が笛を)売るように言った。
使ひ　を　やり　て、　売る　べき　の　よし　言ひ　けり。
名　格助　動・四・用　接助　動・四・終　助動・命・体　格助　名　動・四・用　助動・過・終

うその用事を(言うように使者に)命じて、(そのうえで)成方をお呼びになって、「(おまえが)笛を譲ろ
虚言　を　言ひつけ　て、　成方　を　召し　て、「笛　得　させ
名　格助　動・下二・用　接助　名　格助　動・四・用　接助　名　動・下二・未　助動・使・未

うと言ったそうだが、　それは(私の)かねてからの望みである。」と喜んで、「代価は
む　と　言ひ　ける、　本意　なり。」　と　喜び　て、「価　は
助動・意・終　格助　動・四・用　助動・過・体　名　助動・断・終　格助　動・四・用　接助　名　係助

(おまえの)要求どおりにしよう。」　と言って、「とにかくぜひとも買おう。」　と
請ふ　に　よる　べし。」　とて、「ただ　買ひ　に　買は　む。」　と
動・四・体　格助　動・四・終　助動・意・終　格助　副　動・四・用　格助　動・四・未　助動・意・終　格助

言ったので、　成方は、　(驚いて)顔色が青くなって、　「そんなことは申しておりませ
言ひ　けれ　ば、　成方、　色　を　失ひ　て、　「さる　こと　申さ
動・四・用　助動・過・已　接助　名　名　格助　動・四・用　接助　動・ラ変・体　名　動・四・未

ん。」　と言う。
ず。」　と　言ふ。
助動・消・終　格助　動・四・終

しさに成方をだまそうと計画したことを指す。

売《う》るべきのよし言《い》ひ《イ》けり　笛を売るように言った。「よし（由）」は、①由緒、由来、②理由、わけ、③口実、言いわけ、④方法、手段、⑤情趣、風情、⑥縁、ゆかり、⑦趣旨、事情、などのさまざまな意に解される。ここは⑦の意。

虚言《そらごと》　うその用事。根も葉もないこと。俊綱は、成方が笛を売るとは言っていないのに、売ると言ったと使者を派遣して言わせ、強引に笛を買い取ろうという策略を立てたのである。

笛《ふえ》得《え》させむ　「させ」は使役の助動詞、「む」は、ここでは、…う、…よう、という意志を表す助動詞。俊綱に笛を譲ろうという成方の意志を表す。もちろん、これは俊綱の策略であり、実際に成方が言ったわけではない。

本意《ほい》　かねてからの望み。本来の意志。

さること　そんなこと。すぐ前の俊綱の会話文中の、「笛得させむ」という、成方が言ったことになっている言葉を指す。

■第二段落（一二・7〜10）

段意　俊綱は人を欺きだますことは罪が重いと激怒して、成方を木馬責めの拷問にかけようとした。すると成方は、少し時間をいただければ笛を持って参りますと言ったので、見張りに付き添わせて家に帰らせた。

現代語訳・品詞分解

（そこで、俊綱は）この使者をお呼び出しになってお尋ねになると、（使者は）「確か
この使ひを召し迎へて尋ねらるるに、「まさしく
代 格助 名 格助 動・下二・用 接助 動・下二・未 助動・尊・体 接助 形・シク・用

に申しました。」と言うので、俊綱はひどく怒って、「人
申し候ふ。」と言ふほどに、俊綱大きに怒りて、「人
動・四・用 補動・四・終 格助 動・四・用 接助 名 形動・ナリ・用 動・四・用 接助 名

を欺きだますのは、その罪が軽くないことである。」
を欺きすかすは、その咎軽からぬことなり。」
格助 動・四・体 係助 代 格助 名 形・ク・未 助動・消・体 名 助動・断・終

と言って、（成方を）雑色の詰め所へ下げ渡して、（拷問具の）木馬に乗せようとするので、
とて、雑色所へ下して、木馬に乗せむと
格助 名 格助 動・四・用 接助 名 格助 動・下二・未 助動・意・終 格助

成方が言うことには、「お暇をいただいて、この笛を
する間、成方言はく、「身の暇を賜はりて、この
動・サ変・体 名 名 動・四・未 （接尾） 名 格助 名 格助 動・四・用 接助 代 格助

持って参りましょう。」と言ったので、（見張りの）
笛を持ちて参るべし。」と言ひければ、人を
名 格助 動・四・用 接助 動・四・終 助動・意・終 格助 動・四・用 助動・過・已 接助 名 格助

人を付けて行かせた。
付けて遣はす。
動・下二・用 接助 動・四・終

語釈・文法

この使《つか》**ひ**《イ》 俊綱が以前、成方のもとに派遣し、うその用事を言うように命じた「使ひ」（一二・3）を指す。

大《おお》**きに怒**《いか》**りて** 「大きなり」は、①大きなようす、②大事だ、重大だ、③（程度が）甚だしい、すごい、などの意を表す。ここは③の意で、俊綱の怒りの激しさを表している。

欺《あざむ》**きすかす** 欺きだます。「欺く」も「すかす」も同じような意味の語で、重ねることによってその意味を強調している。

咎《とが》 ①（他人から非難されるような）欠点。短所。②過失。過ち。③罪となる行為。犯罪。ここは③の意。

間《あいだ》 現代語と同様に時間や空間のあいだを意味することもあるが、ここでは、接続助詞的に用いて、…ので、…ゆえに、という原因・理由を表す用法。

■第三段落（一二・11〜一三・8）

段意

家から笛を持ってきた成方は、この笛のせいでひどい目に遭うのだと言って笛を粉々にしてしまった。笛を手に入れようと策略を練った俊綱だったが、笛がなくなってしまってはどうしようもないので、成方を釈放した。

現代語訳・品詞分解

（成方は）帰ってきて、腰から笛を抜き出して言うことには、
帰り来て、腰より笛を抜き出でて言ふやう、
動・カ変・用 接助 名 格助 名 格助 動・下二・用 接助 動・四・体 名

語釈・文法

このゆゑ《エ》**にこそ、かかる目**《め》**は見**《み》**れ** この笛のせいで、こんなひどい目に遭うのだ。「かかる

「この(笛の)せいで、こんな(ひどい)目に遭うのだ。嘆かわしい笛だ。」
「こ の ゆゑ に こそ、 かかる 目 は 見れ。 情けなき 笛
代 格助 名 格助 係助 動・ラ変・体 名 係助 動・上一・已 形・ク・体 名

と言って、軒の下に下りて、石を取って(笛を)灰のよう
なり。」 とて、 軒 の もと に 下り て、 石 を 取り て
助動・断・終 格助 名 格助 名 格助 動・上二・用 接助 名 格助 動・四・用 接助

に(粉々に)打ち砕いてしまった。大夫(俊綱)は、笛を手に入れようと思う気持
灰 の ごとくに 打ち砕き つ。 大夫、 笛 を 取ら む
名 格助 助動・比・用 動・四・用 助動・完・終 名 名 格助 動・四・未 助動・意・終

ちの深さゆえにあれこれ計略を巡らしたのだったが、(笛が
と 思ふ 心 の 深さ に こそ さまざま 構へ けれ、 今
格助 動・四・体 名 格助 名 格助 係助 副 動・下二・用 助動・過・已 名

打ち砕かれた)今となってはどうしようもないので、罰する必要もなくなって(成方を)追い出して自由
は いふ かひ なけれ ば、 戒むる に 及ば ず して
係助 動・四・体 名 形・ク・已 接助 動・下二・体 格助 動・四・未 助動・消・用 接助

にしてやった。
追ひ放ち に けり。
動・四・用 助動・完・用 助動・過・終

■第四段落（一三・9～11）

段意

後の話では、成方が砕いたのは別の笛で本物の大丸は無事だったとのことで、この件は俊綱の愚かしさということで終わった。最初は成方をうまくだました俊綱だったが、最後は成方に出し抜かれてしまったのである。

現代語訳・品詞分解

後で聞くと、(成方は)別の笛を大丸だと言って打ち砕いて、
後 に 聞け ば、 あらぬ 笛 を 大丸 とて 打ち砕き て、
名 格助 動・四・已 接助 連 名 格助 名 格助 動・四・用 接助

本来の大丸はたいしたこともなく(無事に)吹き続けていたので、大夫
もと の 大丸 は ささい なく 吹き行き けれ ば、 大夫
名 格助 名 係助 名 形・ク・用 動・四・用 助動・過・已 接助 名

目」は、笛を手に入れたい俊綱に言いがかりをつけられ、拷問されそうな事態を指す。係助詞「こそ」は強意を表し、この笛が元凶だといまいましく思う成方の心情が強調されている。「こそ―見れ」で係り結び。

灰《はい》のごとくに　灰のように。助動詞「ごとくなり」は、比況の助動詞「ごとし」の連用形＋断定の助動詞「なり」が一語化したもの。

さまざま構《かま》へけれ　あれこれ計略を巡らしたのだったが。「構ふ」は、たくらむ、計画する、の意で、俊綱が笛を手に入れるために成方をだまそうとしたことをいう。「けれ」は助動詞「けり」の已然《いぜん》形で、「心の深さにこそ」の結びとなる語だが、ここでは逆接の意で下に続く。

語釈・文法

あらぬ笛《ふえ》　大丸ではない別の笛。「あらぬ」は動詞「あり」の未然形＋打消の助動詞「ず」の連体形から成り、ここでは、別の、の意。

を《オ》こ　愚かなこと、ばかげたこと。

ゆゆし　①神聖で恐れ多い。②不吉だ。③気味

（俊綱）の愚かしさということで（この件は）終わってしまった。（俊綱は）初めは（成方をだまして）
のをこにてやみにけり。初めはゆゆしく
（の 格助／をこ 名／にて 格助／やみ 動・四・用／に 助動・完・用／けり 助動・過・終／初め 名／は 係助／ゆゆしく 形・シク・用）

たいそう勢いづいていたけれども、最後には（成方に）出し抜かれてしまった。
はやりごちたりけれど、つひに出だし抜かれ
（はやりごち 動・四・用／たり 助動・存・用／けれ 助動・過・已／ど 接助／つひに 副／出だし抜か 動・四・未／れ 助動・受・用）

にけり。
（に 助動・完・用／けり 助動・過・終）

■第五段落（一三・12～一四・2）

段意 昔、趙の文王が持っていた和氏の璧を、秦の昭王が欲しがり、十五の都市との交換を迫った。璧を持って秦に行った藺相如は、璧を返そうとしない昭王に対して一計を案じ璧を割ろうとした。昭王は藺相如を許し趙に返した。

現代語訳・品詞分解

昔、趙の文王が、和氏の璧を、宝として（持って）いた。秦の
昔、趙の文王、和氏が璧、宝とせり。秦
（昔 名／趙 名／の 格助／文王 名／和氏 名／が 格助／璧 名／宝 名／と 格助／せ 動・サ変・未／り 助動・存・終／秦 名）

昭王が、どうにかしてこの宝玉を手に入れたいものだと思って、
の昭王、いかでこの玉を得てしがなと思ひ
（の 格助／昭王 名／いかで 副／こ 代／の 格助／玉 名／を 格助／得 動・下二・用／てしがな 終助／と 格助／思ひ 動・四・用）

使者を派遣して、「十五の都市を分けて（やるので）、宝玉（和氏
て、使ひを遣はして、「十五城を分かちて、玉に
（て 接助／使ひ 名／を 格助／遣はし 動・四・用／て 接助／十五城 名／を 格助／分かち 動・四・用／て 接助／玉 名／に 格助）

の璧）と交換しよう。」と申し入れた。趙王は、たいそう嘆き驚いて、
換へむ。」と聞こゆ。趙王、大きに嘆きおどろきて、
（換へ 動・下二・未／む 助動・意・終／と 格助／聞こゆ 動・下二・終／趙王 名／大きに 形動・ナリ・用／嘆き 動・四・用／おどろき 動・四・用／て 接助）

藺相如を使者として、宝玉を持たせて秦に派遣した。
藺相如を使ひとして、玉を持たせて秦
（藺相如 名／を 格助／使ひ 名／と 格助／し 動・サ変・用／て 接助／玉 名／を 格助／持た 動・四・未／せ 助動・使・用／て 接助／秦 名）

昭王は、（宝玉を）手に取って、返そうともしなかったので、
にやる。昭王、うち取りて、返さむともせ
（に 格助／やる 動・四・終／昭王 名／うち取り 動・四・用／て 接助／返さ 動・四・未／む 助動・意・終／と 格助／も 係助／せ 動・サ変・未）

が悪い。④すばらしい。⑤ひどい。悪い。⑥（程度が）甚だしい。ここは⑥の意。

はやりごつ　勢いづく。「はやる」は、勇み立つ、調子に乗る、の意。「ごつ」は、…する、…と言う、という意の接尾語で、名詞や動詞の連用形の下に付いて、動詞化する。

語釈・文法

いかで　①（疑問）どうして、どのようにして、②（反語）どうして…か（いや、…ない）、③（願望）どうにかして、なんとかして。ここでは下に「てしがな」という願望を表す終助詞を伴っているので、③の意となる。

得《え》てしがな　得たいものだ、手に入れたいものだ。「てしがな」は、…たいものだ、という自己の願望の意を表す終助詞。

聞《き》こゆ　本来は「言ふ」の謙譲語だが、ここでは敬語を用いる必然性がないので、申し入れた、言ってきた、といった意味に解釈しておく。

返《かえ》さむともせざりければ　返そうともしなかったので。接続助詞の「ば」は、未然形に付くと順接の仮定条件（もし…ならば）を表し、

（藺相如は）策略を巡らして、「精進潔斎した人でな
ざり けれ ば、 はかりごと を 巡らし て、「潔斎 の 人
助動・消・用 助動・過・已 接助 名 格助 動・四・用 接助 名 格助 名

ければ、 この宝玉を手にしてはいけません。」
に あら ざれ ば、 こ の 玉 を 取る こと なし。」
助動・断・用 補動・ラ変・未 助動・消・已 接助 代 格助 名 格助 動・四・体 名 形・ク・終

と言って、 宝玉を頼んで受け取って後、 突然、怒った表情を浮かべて、
と 言ひ て、 玉 を 請ひ取り て 後、 にはかに 怒れ る
格助 動・四・用 接助 名 格助 動・四・用 接助 名 形動・ナリ・用 動・四・命 助動・存・体

柱をにらんで、 宝玉をたたき割ろうとした。
色 を なし て、 柱 を にらみ て、 玉 を 打ち割ら む
名 格助 動・四・用 接助 名 格助 動・四・用 接助 名 格助 動・四・未 助動・意・終

まさにその時に秦王は、（藺相如を）許して（本国へ）返してやった。
と す。 時 に 秦王、 許し て 返し て けり。
格助 動・サ変・終 名 格助 名 動・四・用 接助 動・四・用 助動・完・用 助動・過・終

■第六段落（一四・3）

段意 和氏の壁の故事は、壁を砕くことはなかったが、事の成り行きは成方の話とよく似ている。

現代語訳・品詞分解

（和氏の壁の故事は）宝玉こそ砕かなかったけれど、 成方のありさまと、 互いに似
玉 を こそ 砕か ね ども、 成方 が 風情、 あひ似
名 格助 係助 動・四・未 助動・消・已 接助 名 格助 名 動・上一・用

通っている。
たり。
助動・存・終

已然形に付くと順接の確定条件（…ので）を表す。ここでは、「けれ」（過去の助動詞「けり」の已然形）＋「ば」なので、順接の確定条件の意味となる。

はかりごと　藺相如が巧みに理由をつけて昭王の手から壁を取り返したうえで、壁を割る素振りを見せて牽制《けんせい》したことをいう。藺相如は、昭王が壁と十五の都市を交換することなく壁だけを奪い取ろうとしていることを見破り、壁を守る策を考えたのである。

潔斎《けっさい》　神事や仏事の前に、飲食を慎み、沐浴《もくよく》などをして心身のけがれを清めること。精進。

にはかなり　急だ。突然だ。

語釈・文法

あひ《イ》似《に》たり　互いに似通っている。昭王の前で壁を割ろうとして見せた藺相如と、別の笛を大丸だと言って俊綱の前で砕いた成方の計略はどちらも、権力者の法外な要求を退けたみごとなものだと、編者は評価している。

鑑賞

この説話は第七の教訓「思慮を専らにすべきこと（ひたすら思慮深くあるべきこと）」に分類されている。

前半では、成方と俊綱の知恵比べが展開されている。俊綱は使者を使ってうそを仕掛けるなど、思慮を尽くした悪知恵で成方を追いつめる。しかし、成方の策は俊綱の一つ上をいく、鮮やかなものだった。強者で巧みな策を打つ俊綱の手強さが、成方の逆転勝利の爽快さを際立たせているともいえる。編者の「大夫のをこにてやみにけり」「つひに出だし抜かれにけり」という言葉には、弱者が強者を打ち負かしたことへの称賛と同時に、権勢にものを言わせた俊綱への非難の気持ちも感じ取れる。

後半で「完璧」の故事を紹介し、藺相如と成方を並べて見せたのも、成方の秀逸さを浮き彫りにし印象づけようとする、編者の仕掛けだといえよう。

教科書の問題（解答・解説）

教科書 一四ページ

❓ 教科書本文下に示された問題

❓「色を失ひて」とは、誰の、どのような様子をいったものか。（p.一二）

解答　成方の、俊綱の言葉に驚いて顔色が青くなっている様子。

［解説］　俊綱の話では、成方自身が笛を譲ると言ったことになっていて、笛を売る方向で話が進んでいるので、身に覚えのない成方は事態に驚きうろたえている。

❓「追ひ放ちにけり。」とあるが、誰が、誰を、なぜそうしたのか。（p.一三）

解答　俊綱が、成方を、大丸が打ち砕かれて手に入れることができなくなった以上は罰する必要もないので、自由にしてやった。

■ 学習の手引き

❶「初めはゆゆしくはやりごちたりけれど、つひに出だし抜かれにけり。」（一三・10）**とあるが、俊綱、成方それぞれの策についてまとめよう。**

解答　・俊綱の策＝成方が笛を売ろうと言ったことにして、強引に笛を買い取ろうとした。

・成方の策＝別の笛を大丸だと言って打ち砕くことで、俊綱に大丸入手を諦めさせようとした。

［解説］　俊綱はまず成方のもとに使者をやって、笛を売るように言ってから、うその用事で自分のもとに呼びつけ、「笛得させむと言ひける、本意なり。」と笛を買い取る話

を着々と進めていく。それに対し成方は、大丸だと偽った別の笛を俊綱の目の前で打ち砕いて見せ、大丸がなくなってしまったと思い込ませるというみごとな策で、俊綱を出し抜いた。

❷「玉をこそ砕かねども、成方が風情、あひ似たり。」〔一四・3〕とは、どのようなことをいっているのか、話し合おう。

［解説］　蘭相如も成方も、権力者から大切なものを守っている。この点に注目して、二つの話の要点を確認しよう。

・蘭相如…秦の昭王から自国の宝である璧を守るため、昭王の前で璧を割ろうとして見せ、本国に返された。

・成方…俊綱から大丸を守るため、別の笛を大丸だと言って俊綱の前で砕いて見せ、釈放された。

「玉をこそ砕かねども」とあるように、蘭相如は実際には璧を砕くことはなく、その点で偽物の笛を粉々にした成方との違いはあるが、どちらの話もみごとな策によって権力者の横暴な要求を退けたという点で、爽快ともいえる結末となっている。

■語句と表現

①次の傍線部は何を指しているか。

解答　(1)さる＝「笛得させむ」〔一二・4〕を指す。

(2)かかる＝俊綱に身に覚えのない言いがかりをつけられ、拷問されそうであることを指す。

［解説］　(1)俊綱は「笛得させむ（笛を譲ろう）」と成方が言ったと主張し、成方は言っていないと反論している。

②次の傍線部を文法的に説明しよう。

解答　(1)に＝完了の助動詞「ぬ」の連用形。

(2)て＝完了の助動詞「つ」の連用形。

③「昔、趙の文王…」〔一三・12〕の段落にある話からできた故事成語について調べよう。

［解説］　『史記《しき》』「蘭相如伝」に見られる話で、蘭相如は十五の都市が手に入らない場合は「璧を完《まっと》うして（完全に守って）趙に帰る」ことを約束して秦に向かい、その務めを果たした。ここから、「完璧（完全で欠点のないもの、無欠なもの）」という故事成語ができた。

出典・編者

出典　『十訓抄《じっきんしょう》』　建長《けんちょう》四年（一二五二）に成立した説話集。年少者への教訓を目的とし、「人に恩恵を施すべきこと」「友を選ぶべきこと」「忠実、実直を心得ること」など十か条の教訓を掲げ、教訓を守った例、教訓に背いた例について、約二百八十編の和漢の説話を掲載している。儒教道徳を基盤としながらも平易に説かれているため、中世・近世に多くの読者に受け入れられ、さらには近代にも読み継がれた。

編者　六波羅二﨟左衛門入道《ろくはらじろうざえもんにゅうどう》かといわれる。

2 歌物語

●作品中の和歌が持つ意味に着目し、歌物語の特色を理解する。
●複数の作品を読み比べ、ものの見方、感じ方、考え方を深める。

伊《い》勢《せ》物語

初冠《ういこうぶり》 〔第一段〕

教科書 一六〜一七ページ

大意 昔、男が元服して、奈良の都、春日《かすが》の里に鷹《たか》狩りに行き、ふと若々しく美しい姉妹をのぞき見た。寂れた旧都に不似合いな姉妹の様子に心を動かした男は、着ていたしのぶずりの狩衣《かりぎぬ》の裾を切り、その乱れ模様にちなんだ恋の歌を書いて贈った。昔の人は、このようにいちずで優雅な振る舞いをしたのだった。

現代語訳・品詞分解

昔、男が、元服して、
昔（名）、男（名）、初冠（名） し（動・サ変・用） て（接助）、

奈良の都、
平城（名） の（格助） 京（名）、

春日の里に領地のあった縁で、
春日（名） の（格助） 里（名） に（格助） 領る（動・四・体） よし（名） して（格助）、

鷹狩りに行った。
狩り（名） に（格助） いに（動・ナ変・用） けり（助動・過・終）。

その里に、
そ（代） の（格助） 里（名） に（格助）、

たいそう若々しくて美しい姉妹が暮らしていた。
いと（副） なまめい（動・四・用） たる（助動・存・体） 女はらから（名） 住み（動・四・用） けり（助動・過・終）。

この男は、
こ（代） の（格助） 男（名）、

（その姉妹を）のぞき見してしまった。
垣間見（動・上一・用） て（助動・完・用） けり（助動・過・終）。

思いもよらず、
思ほえ（動・下二・未） ず（助動・消・用）、

（寂れた）昔の都に、
ふるさと（名） に（格助）、

（美し
いと（副）

語釈・文法

領《し》るよしして　領地のあった縁で。「領る」は、領有すること。「よし」は、①由緒、由来、②理由、わけ、③手段、方法、④情趣、風情、⑤縁、縁故、⑥趣旨、事情、などの意味を表す。ここは⑤の意。

狩《か》り　鷹狩り。飼い慣らした鷹や隼《はやぶさ》を放って、野鳥や小さな獣を捕らえる。当時の貴族の代表的な遊びの一つであった。

なまめいたる　若々しくて美しい。「なまめく」

い姉妹が）たいそう不似合いな状態で住んでいたので、（男は）心が乱れてしまった。
はしたなく　て　あり　けれ　ば、　心地　惑ひ　に　けり。
形・ク・用　接助　動・ラ変・用　助動・過・已　接助　名　動・四・用　助動・完・用　助動・過・終

男（は自分）の着ていた狩衣の裾を切って、
男　の　着　たり　ける　狩衣　の　裾　を　切り　て、
名　格助　動・上一・用　助動・存・用　助動・過・体　名　格助　名　格助　動・四・用　接助

歌を書いて贈った。　その男は、　しのぶずりの狩衣を着ていたのだっ
歌　を　書き　て　やる。　そ　の　男、　しのぶずり　の　狩衣
名　格助　動・四・用　接助　動・四・終　代　格助　名　名　格助　名

た。
を　なむ　着　たり　ける。
格助　係助　動・上一・用　助動・存・用　助動・過・体

春日野の若々しい紫草のように美しいあなたたちに魅せられて、恋いしのぶ私の心は、しのぶ
春日野　の　若紫　の　すり衣　しのぶ　の　乱れ　限り　知ら
名　格助　名　格助　名　名　格助　名　名　動・四・未

ずりの乱れ模様のように限りなく乱れています。
れ　ず
助動・可・未　助動・消・終

と、　すぐに歌を詠んで贈った。　事の成り行きを趣があると思っ
と　なむ、　追ひつき　て　言ひやり　ける。　ついで　おもしろき
格助　係助　動・四・用　接助　動・四・用　助動・過・体　名　形・ク・体

たのだろうか。
こと　と　も　や　思ひ　けむ。
名　格助　係助　係助　動・四・用　助動・過原推・体

陸奥の信夫で産するしのぶずりに染められた乱れ模様ではないけれど、あなた以外の誰のせい
陸奥　の　しのぶもぢずり　誰　ゆゑ　に　乱れそめ　に
名　格助　名　代　名　格助　動・下二・用　助動・完・用

で心が乱れ始めた私ではありませんのに。（全てあなたのせいなのです。）
し　我　なら　な　く　に
助動・過・体　代　助動・断・未　助動・消・未　（接尾）　接助

という歌の心持ち（を取り入れて詠んだの）である。　昔の世の人は、　このようにいちずで優雅
と　いふ　歌　の　心ばへ　なり。　昔人　は、　かく　いちはやき
格助　動・四・体　名　格助　名　助動・断・終　名　係助　副　形・ク・体

は、みずみずしくて美しく見えること。

女《おんな》はらから　女のきょうだい。姉妹。「はらから」は、同じ母親から生まれた者の意。

垣間見《かいまみ》てけり　「垣間見る」は、物の隙間からひそかにのぞき見ること。

思《おも》ほ《オ》えず　思いもよらず。意外にも。

ふるさと　古都。旧都。旧跡。昔、都などがあって今は寂れた所をいう。

はしたなくてありければ　不似合いな状態で住んでいたので。「はしたなし」は、どっちつかずで中途半端な状態を表す「はした」に接尾語「なし」が付いて形容詞化した語で、①中途半端だ、不似合いだ、②きまりが悪い、体裁が悪い、③無愛想だ、④（程度が）甚だしい、などの意味で用いられる。ここは①の意で、寂れた旧都に若々しく美しい姉妹が不似合いである様子をいう。

心地《ここち》惑《まど》ひ《ィ》にけり　「惑ふ」は、混乱して判断しかねる心理状態を表す語で、①迷う、②思い乱れる、思い悩む、③あわてる、などの意味で用いられる。ここは②の意。

書《か》きてやる　「やる」は、①行かせる、派遣する、②送る、届ける、③不快な気持ちを晴らす、などの意味を表す。ここは②の意。

おもしろきこと　「おもしろし」は、目の前がぱっと明るくなり、心が晴れやかになる様子

な振る舞いをしたのであった。

みやび（名） を（格助） なむ（係助） し（動・サ変・用） ける。（助動・過・体）

を表す語で、①趣がある、美しい、風流である、②楽しい、心が晴れ晴れする、などの意味を表す。ここは①の意。

我《われ》ならなくに　私ではありませんのに。「なくに」は、打消の助動詞「ず」の古い未然形「な」＋接尾語「く」＋助詞「に」。…ないのだから、…ないことだ、などの意を表す。

みやび　上品で優雅なこと。風雅。風流。

鑑賞

『伊勢物語』は、六歌仙の一人である在原業平《ありわらのなりひら》を理想化した人物を主人公として、その元服から死に至るまでの一代記の形をとった歌物語である。ここで取り上げた「初冠」は、主人公の男の元服を描いたもので、その一代記の語り始めにあたる。

元服して間もなく鷹狩りに行った男は、春日の里で美しい姉妹を見て心をときめかせる。当時、貴族の成人男性は、異性を見て心を動かした場合、即座に歌を贈って相手の美しさをたたえるべきものだった。ようやく大人の仲間入りをしたばかりの男も、早速に大人の作法にのっとって、即興で美しい姉妹をたたえる恋の歌を詠んで贈る。その歌は、「陸奥《みちのく》のしのぶもぢずり誰《たれ》ゆゑに乱れそめにし我ならなくに」という歌を踏まえ、地名「春日野」を冠して「若紫」に姉妹賛美の意を込め、歌に添えた狩衣の模様に寄せて恋いしのぶ心の乱れを詠んだものであった。作者は、このような男の行動を「昔人《むかしびと》は、かくいちはやきみやびをなむしける。」と評して本文を結ぶ。

「みやび」とは、平安時代の美的理念の一つで、行動や趣味が宮廷風・都会風に洗練されていることを表すものである。男の元服を取り上げた初段を結ぶ一文は、この段における男の行動に対する評言にとどまらず、これから描かれる男の具体的言動が「みやび」の精神の追究であり、『伊勢物語』の世界を「みやび」の美意識で貫く意志を表明したものと考えてよいのではあるまいか。

教科書の問題（解答・解説）

教科書　一七ページ

? 教科書本文下に示された問題

? 「歌を書きてやる。」とは、何を意味する行為か。（p.一六）

解答 女に対する求愛。

［解説］当時の恋愛は、まず男から女へ求愛の歌を贈ることから始まるのがふつうであった。

■学習の手引き

❶男が、「心地惑ひにけり。」〔一六・6〕となった理由は何か。

解答 寂れた旧都に、思いがけず若々しく美しい姉妹が不似合いな感じで住んでいたこと。

［解説］前の「思ほえず、ふるさとに、いとはしたなくてありければ」がその理由にあたる。寂れた旧都に不似合いな感じで住んでいたのは、「いとなまめいたる女はらから」である。

❷「春日野の…」〔一六・10〕の歌は、「陸奥の…」〔一七・2〕の歌をどのように取り入れて詠んでいるか。

解答 「しのぶもぢずり」の模様の乱れから、恋心の乱れをひき出す序詞《じょことば》の手法を取り入れている。また、あなたゆえに思い乱れるのだという元歌に詠まれた思いを取り込んで、「しのぶの乱れ」とし、恋いしのぶ心の乱れを訴えている。

［解説］「若紫」は、若々しい紫草のことで、しのぶずりの染料になるものだが、「なまめいたる女はらから」の比喩にもなっている。「すり衣《ごろも》」は、男の着ている狩衣がしのぶずりであるところから、春日野の紫草ですった衣の意にとりなしたものである。

❸「いちはやきみやび」〔一七・3〕とは、男のどのような行動をいうのか。

解答 鷹狩りに出かけた春日の里で美しい姉妹をのぞき見て心を動かし、すぐに恋の歌を巧みに詠み、狩衣の裾を切って歌を書き贈った行動。

［解説］作者は、元服して間もない男が、ふとのぞき見た姉妹の美しさに感動し、着ていた狩衣の裾を切って、折に合った恋の歌を即座に詠んで贈ったことを、「いちはやきみやび」として賞賛しているのである。

■語句と表現

①次の傍線部の「に」を文法的に説明しよう。

解答 (1)里に＝場所を示す格助詞。

(2)狩りに＝目的を示す格助詞。
いにけり＝ナ行変格活用動詞「いぬ（往《い》ぬ）」の連用形活用語尾。

(3)惑ひにけり＝完了の助動詞「ぬ」の連用形。

(4)乱れそめにし＝完了の助動詞「ぬ」の連用形。

月やあらぬ 〔第四段〕

教科書 一八ページ

大意

男は、皇太后がお住まいの寝殿造りの屋敷の、西の対《たい》に住む女に深い愛情を抱いて人目を忍んで通っていたが、その女は正月に姿を隠してしまった。男は女のことを思い切ることができず、その一年後の正月、去年のことが恋しくなり、梅の花盛りの頃に西の対に行って物思いにふける。去年庭を眺めた折と、同じ場所の同じ景色だとはとても思えない。自分だけが取り残されてしまったようだと歌を詠み、明け方には涙ながらに帰っていった。

■第一段落（初め〜一八・4）

段意

皇太后の住む邸宅の西の対に住む女のもとへ、男は深い愛情をもって、人目を忍んで通っていた。ところが、女は正月の十日頃にいなくなってしまった。居場所は知っているのだが、会いに行けるようなところではない。男は以前の、忍んで通っていたころより、いっそうつらいと嘆いた。

現代語訳・品詞分解

昔、左京の五条大路に、
昔、（名） 東（名） の（格助） 五条（名） に、（格助）

皇太后がお住まいになっていた（寝殿造の）西の対の屋に
大后宮（名） おはしまし（動・四・用） ける（助動・過・体） 西の対（名）

住む人があった。
に（格助） 住む（動・四・体） 人（名） あり（動・ラ変・用） けり。（助動・過・終）

その女を、
それ（代） を、（格助）

思うようには会えないのだ
本意（名） に（助動・断・用） は（係助）

が、
あら（補動・ラ変・未） で、（接助）

恋慕う気持ちが深かった男が、
心ざし（名） 深かり（形・ク・用） ける（助動・過・体） 人、（名）

（人目を忍び）会いに行っていたが、
行き訪ひ（動・四・用） ける（助動・過・体） を、（接助）

（女は）正月の十日ほどの頃に、
正月（名） の（格助） 十日（名） ばかり（副助） の（格助） ほど（名） に、（格助）

ほかの所に（姿を）隠してし
ほか（名） に（格助） 隠れ（動・下二・用）

語釈・文法

大后宮《おほきさいのみや》 天皇の正妃。ここでは、仁明《にんみょう》天皇の后《きさき》である藤原順子《ふじわらのじゅんし》。

おは《ワ》しまし 「ある」「いる」の意味の尊敬の本動詞。存在・状態の主を敬っていう言葉。

対《たい》 寝殿造りの邸宅で、正殿である寝殿の左右および後ろに相対して建てた別棟。

本意《ほい》 本来の意志。本来の目的。かねてから希望していたように自由に会える関係ではないのだが、の意。

まった。

に　けり。
助動・完・用　助動・過・終

（女の）居る所は聞いていたけれど、
あり所　は　聞け　ど、
名　係助　動・四・已　接助

（普通の身分の）人が行き来できる所でもなかったので、
人　の　行き通ふ　べき　所　に　も　あら　ざり　けれ　ば、
名　格助　動・四・終　助動・可・体　名　助動・断・用　係助　補動・ラ変・未　助動・消・用　助動・過・已　接助

いっそう（女を思い切れずに）つらいと思いながら過ごしていた。
なほ　憂し　と　思ひ　つつ　なむ　あり　ける。
副　形・ク・終　格助　動・四・用　接助　係助　動・ラ変・用　助動・過・体

■第二段落（一八・5～終わり）

段意

翌年の正月、梅の花盛りの頃に、男は、以前忍んで通っていた女の屋敷を訪ねてみた。住む人がいないせいか、屋敷の手入れは行き届いていない。男は板の間に横になって、何時間も物思いにふける。月も春も永遠性のあるものであるはずなのに、去年とはまるで景色が違って見える。その切ない気持ちを歌に詠み、（女と逢っていた時のように）夜がかすかに明ける頃には、涙ながらに帰っていった。

現代語訳・品詞分解

（その）翌年の正月、梅の花盛りに、
また　の　年　の　正月　に、　梅　の　花盛り　に、
副　格助　名　格助　名　格助　名　格助　名　格助

（男は）去年（女と会っていたこと）を恋しく思って（西の対の屋に）行って、立って見たり、
去年　を　恋ひ　て　行き　て、　立ち　て　見、
名　格助　動・上二・用　接助　動・四・用　接助　動・四・用　接助　動・上一・用

座って見たりして、見るけれど、去年（のありさま）には似ているはずもない。
ゐ　て　見、　見れ　ど、　去年　に　似る　べく　も　あら　ず。
動・上一・用　接助　動・上一・用　動・上一・已　接助　名　格助　動・上一・終　助動・当・用　係助　補動・ラ変・未　助動・消・終

（男は）声を上げて泣いて、隙間の多い板の間に、
うち泣き　て、　あばらなる　板敷　に、
動・四・用　接助　形動・ナリ・体　名　格助

心《こころ》ざし　好意。愛情。女を恋慕う気持ち。

訪《とぶら》ひ《イ》　訪れる。会いに行く。男が女のもとへ通うのが一般的。

なほ《オ》　①依然として、②それでもやはり、③いっそう、などの意。ここでは③の意。

憂《う》し　つらく、やりきれない思い。

思《おも》ひつつ　「つつ」は接続助詞。同じ動作の反復や継続を表す。

語釈・文法

またの年《とし》　「また」は、「次」「翌」の意。女と引き離されてしまった「翌年」。

ゐ《イ》て　「ゐる」は座る、腰をおろす、の意。

うち泣《な》き　声を出して涙を流す。「うち」は語調を整える接頭語。男は嗚咽《おえつ》を抑えられずに泣いている。

あばらなる　隙間が多い様子。障子や屏風などが取り払われて、家の手入れが行き届いていない様子。

板敷《いたじき》　屋敷にある板張りの部屋。

月が西に沈みかけるまで横になっていて、去年（のこと）を
月　の　かたぶく　まで　臥せ　り　て、　去年　を
名　格助　動・四・体　副助　動・四・命　助動・存・用　接助　名　格助

思い出して詠んだ（歌）、
思ひ出で　て　詠め　る、
動・下二・用　接助　動・四・命　助動・完・体

この月は、去年と同じではないのか。この春の景色は、去年と同じではないのか。（あの人が去ってしまった今、）私の身だけはもとのままで（まわりのすべてが変わってしまったように思われる）。
月　や　あら　ぬ　春　や　昔　の　春　なら　ぬ
名　係助　動・ラ変・未　助動・消・体　名　係助　名　格助　名　助動・断・未　助動・消・体
わ　が　身　ひとつ　は　もと　の　身　に　して
名　格助　名　名　係助　名　格助　名　助動・断・用　接助

と詠んで、夜がかすかに明ける頃に、泣きながら
と　詠み　て、　夜　の　ほのぼのと　明くる　に、　泣く泣く
格助　動・四・用　接助　名　格助　副　動・下二・体　格助　副

帰っていった。
帰り　に　けり。
動・四・用　助動・完・用　助動・過・終

臥《ふ》せりて　「臥す」は横になる、寝る、の意。四段活用と下二段活用がある。下に続く助動詞「り」はサ変の未然形か四段の命令形に接続するため「臥せ」は四段の命令形と判別できる。

月《つき》やあらぬ　「や」は疑問・反語の係助詞。「春や昔の」の「や」も同じ。ここでは和歌全体の意味から疑問でとる。

ほのぼのと　夜がかすかに明けていく様子。

泣《な》く泣《な》く　泣きながら。「帰る」という動詞を修飾する副詞。

鑑賞

男は、身分などの事情があり、女との関係は人に認めてもらえるものではなかった。つまり禁じられた恋であった。お忍びで通っていたものの長く続くものではないと、男も女も思っていたであろう。その終わりは男に突然訪れた。女が姿を隠してしまったのである。女の居場所を知りつつも近づけない男は、離れ離れになってから一年後の正月、女との思い出を恋しく思って、女が住んでいた屋敷を訪れた。ところが、去年見た月も春も本来は永遠性のあるもののはずであるのに全く変わってしまい、自分だけが変わらないように思われる。月にも梅の香りにも心が休まらない男の悲しみが読み取れる。

教科書の問題（解答・解説）

教科書　一八ページ

❓ 教科書本文下に示された問題

❓「行きて」とあるが、どこへ行ったのか。（p.一八）

解答　西の対。

[解説]　西の対に住んでいた女が、姿を隠してしまったの

が去年の正月で、男は同じ場所で同じ季節に女を偲《しの》びたくて西の対に出向いた。

■学習の手引き

❶**「人の行き通ふべき所にもあらざりければ」〔一八・3〕とあるが、どのような所と推測できるか。**

解答　普通の身分の人は近づくことができない宮中など。

[解説]　女は、「大后宮」の屋敷の西の対に住んでいた。「大后宮」とは仁明天皇の后で、文徳《もんとく》天皇の母である順子のことだとされる。そして、「西の対に住む人」はその順子の姪《めい》に当たる高子《たかいこ》で、清和《せいわ》天皇の后となり陽成《ようぜい》天皇を生んだ二条《にじょうの》后である。

❷**「月やあらぬ…」〔一八・8〕の歌にはどのような心情が込められているか。**

解答　自分は変わらずに女のことを思っているのに、女はいなくなり、月も春の景色もすべて変わってしまったように思われるほどの悲しみ。

[解説]　月も春も不変のものであるが、女と自分とが引き裂かれてしまったその悲しみのために、景色が変わってしまった男の痛切な思いが込められている。

■語句と表現

①**「人の行き通ふべき所」〔一八・3〕と「似るべくもあらず。」〔一八・6〕の傍線部の意味を説明しよう。**

解答　べき＝可能・べく＝当然

[解説]　「人の行き通ふべき所」は、「行き通うことができる所」と訳すのが適切。よって「べき」は可能の助動詞「べし」の連体形。「似るべくもあらず。」は、「似ているはずもない」と訳すのが適切。よって「べく」は当然の助動詞「べし」の連用形。

②**「立ちて見、ゐて見、見れど」〔一八・5〕という表現について、その効果を考えよう。**

解答　立っても、座っても、と動作を二つ入れて、逆接の「ど」を続けることによって、男のじっとしていられない気持ちを強調する。

狩りの使ひ 〔第六十九段〕

教科書 一九～二一ページ

大意

男は伊勢国《いせのくに》に狩りの使いとして出向いた。伊勢神宮の斎宮《さいぐう》から丁重なもてなしを受けるうちに恋心を抱くようになった。伊勢国での二日目の夜、「（無理を）強いてお逢いしたい」と男が打ち明けると、女は夜半に男の部屋へ忍んでやってきて短夜を共に過ごす。次の日、男はまた女に逢おうとするが国の守《かみ》の宴席から帰ることができず、逢えないままとなってしまう。男は翌日に尾張国《おわりのくに》へと出発しなければならず、女は浅い縁であったと嘆く歌を杯の皿に書いて差し出す。それに対して男は、きっとまたあなたに逢いに来るという返歌をした。

■第一段落（初め～一九・5）

段意

男は、狩りの使いとして、伊勢国に赴いた。伊勢の斎宮の親は、斎宮にこの男を手厚くもてなすように言ってあった。斎宮は、親の言いつけ通り、朝には狩りに出かけられるよう準備を整えて送り出し、夕方男が帰ってくると、ご自身の御殿に来させて、歓待したのだった。

現代語訳・品詞分解

昔、男がいた。
昔（名）、男（名）あり（動・ラ変・用）けり（助動・過・終）。

その男が、伊勢国に狩りの使いとして行った時に、
その（代）の（格助）男（名）、伊勢国（名）に（格助）狩りの使ひ（名）に（格助）行き（動・四・用）ける（助動・過・体）に（格助）、

あの伊勢の斎宮であった人の親が、
か（代）の（格助）伊勢（名）の（格助）斎宮（名）なり（助動・断・用）ける（助動・過・体）人（名）の（格助）親（名）、

「いつもの勅使よりは、この人を十分にもてなしてあ
「常（名）の（格助）使ひ（名）より（格助）は（係助）、こ（代）の（格助）人（名）よく（形・ク・用）

語釈・文法

伊勢国《いせのくに》　現在の三重県東部。古来より伊勢神宮を擁する国。

狩《か》りの使《つかい》ひ　平安時代、十一月の五節のときなどに、朝廷から諸国に鳥獣狩猟のための勅使が派遣されていた。

斎宮《さいぐう》　歴代天皇の即位に際して、伊勢の皇太神《こうたいじん》宮《ぐう》に天皇の名代（代人）として遣わされ奉仕していた、未婚の内親王《ないしんのう》もしくは女王（天皇

げなさい。」と(手紙で)告げ知らせたので、(斎宮は)親の言葉であったので、(その男を)たいそう心を込めてもてなした。朝には狩りに(出かけられるように準備を整えて)送り出してやり、夕方は帰ってくるたびに、そこ(斎宮の御殿)に来させた。このようにして心を込めて世話をしたのだった。

いたはれ。」と 言ひやれ り けれ ば、親 の 言 なり
動・四・命 格助 動・四・命 助動・完・用 助動・過・已 接助 名 格助 名 助動・断・用

けれ ば、いと ねむごろに いたはり けり。朝 に は 狩り
助動・過・已 接助 副 形動・ナリ・用 動・四・用 助動・過・終 名 格助 係助 名

に 出だしたて て やり、夕さり は 帰り つつ、そこ に
格助 動・下二・用 接助 動・四・用 名 係助 動・四・用 接助 代 格助

来 させ けり。かくて ねむごろに いたつき けり。
動・カ変・未 助動・使・用 助動・過・終 副 形動・ナリ・用 動・四・用 助動・過・終

の孫)。

いたは《ワ》れ　気持ちを込めて、手厚く大事にもてなすこと。動詞「いたはる」の命令形。

言《イ》ひやれ　告げ知らせること。「言ひ遣る」は、口頭または書面で伊勢の斎宮へ手紙を送ったと考えられる。斎宮の親は京にいるので

ねむごろに　心を込めて手厚いさま。斎宮は親から言われたからではなく自身の気持ちとしても丁重にもてなした。

帰《かえ》りつつ　帰ってくるたびに。「つつ」は反復を表す接続助詞。

いたつき　大事にする、世話をする、の意。

■第二段落（一九・6〜12）

段意

二日目の夜、男は「(無理なことを言っているとは承知しているが)強いてお逢いしたい」と斎宮に伝える。斎宮のほうも、それほどかたく逢うまいとも思っていない。しかし、人目がはばかられるので、男の方から逢いに行くことはできない。ところが、思いがけず女の方から男の休んでいる部屋にやってくる。男はたいへんうれしく思い、女と過ごすが、女は夜深いうちに帰ってしまう。せわしない逢瀬《おうせ》で、打ち解けて語り合うことはできなかった。

現代語訳・品詞分解

二日目という夜、男は、「(無理なことを言っているとは承知しているが)強いてお逢いしよう」と言う。女もまた、それほど(かたくなに)逢うまいとも思っていない。

二日 と いふ 夜、男、「破れて あは む。」と 言ふ。
名 格助 動・四・体 名 名 副 動・四・未 助動・意・終 格助 動・四・終

女 も はた、いと あは じ と も 思へ ら
名 係助 副 副 動・四・未 助動・消・終 格助 係助 動・四・命 助動・存・未

語釈・文法

破《わ》れて　むりに、強いて、といった意味。斎宮と恋愛関係になることは禁忌であるが、「それでも強いて」というところに男の強い気持ちが見て取れる。

はた　…もまた、やはり、などの意味。

しかし、人目がうるさいので、逢うことができない。(男は)正使で
ず。されど、人目しげければ、えあはず。使ひざね
助動・消・終 接助 名 形・ク・已 接助 副 動・四・未 助動・消・終 名

ある人なので、遠く離れた所にも泊めない。(男
とある人なれば、遠くも宿さず。女
助動・断・用 補動・ラ変・体 名 助動・断・已 接助 形・ク・用 係助 動・四・未 助動・消・終 名

の寝所は)女の寝所の近くにあったので、女は、人を寝静まらせて、
の閨近くありければ、女、人をしづめて、
格助 名 形・ク・用 動・ラ変・用 助動・過・已 接助 名 名 格助 動・下二・用 接助

子の一刻頃に、男の所に来たのだった。
子一つばかりに、男のもとに来たりけり。
名 名 副助 格助 名 格助 名 格助 動・カ変・用 助動・完・用 助動・過・終

男もまた、(女を思って)寝られなかったので、外の方を眺めやって横に
男はた、寝られざりければ、外の方を
名 副 動・下二・未 助動・可・未 助動・消・用 助動・過・已 接助 名 格助 名 格助

なっていると、月がぼんやり霞んでいる中に、小さな童
見出だして臥せるに、月のおぼろなるに、小さき
動・四・用 接助 動・四・命 助動・存・体 接助 名 格助 形動・ナリ・体 格助 形・ク・体

女を先に立てて、人が立っている。男は、たいそううれしく思っ
童を先に立てて、人立てり。男、いとうれしく
名 格助 名 格助 動・下二・用 接助 名 動・四・命 助動・存・終 名 副 形・シク・用

て、自分の寝所に連れて入って、子の一刻から
て、わが寝る所に率て入りて、子一つ
接助 名 格助 動・下二・体 名 格助 動・上一・用 接助 動・四・用 接助 名 名

丑の三刻まで(いっしょに)いたが、まだ何ごとも(打ち解けて)語り合わないのに(女
より丑三つまであるに、まだ何ごとも語らはぬ
格助 名 名 副助 動・ラ変・体 接助 副 名 係助 動・四・未 助動・消・体

は)帰ってしまった。男は、たいそう悲しく思って、寝ないで(夜を明かし
に帰りにけり。男、いとかなしくて、寝ず
接助 動・四・用 助動・完・用 助動・過・終 名 副 形・シク・用 接助 動・下二・未 助動・消・用

て)しまった。
なりにけり。
動・四・用 助動・完・用 助動・過・終

いと…じ 「いと」は副詞。下に打消の語を伴うときは、それほど…ではない、あまり…ではない、と訳す。陳述の副詞。

あは《ワ》 動詞「あふ」は、男女が関係を結ぶ、の意。単に対面するという現代的な意味だけではない。

しげけれ 多すぎてわずらわしい、の意。斎宮には大勢の人が仕えている。誰かに伝わってしまうことがはばかられるのである。

え…ず 「え」は副詞。下に打消を伴って不可能を表す。陳述の副詞。

使《つかィ》ひざね 使者の集団の中でも正使をいう。「ざね」は接尾語で、主となるものを意味する。男は使者の長だったのである。

閨《ねや》 夜寝るための部屋。

おぼろなる ぼうっとしていて、はっきりしないさま。月がおぼろな夜は、月が明るい夜より暗く、人目を忍ぶには都合が良い。

率《い》 他の物や人を連れて行く、の意。平安時代以降、常に接続助詞「て」を伴った「ゐて」の形で用いられる。

■第三段落（一九・13〜二〇・4）

段意

女と過ごした明け方、男は女のことが気になりながらも、人目があるので自分の従者を使いにも出せないでいたところ、女の方から手紙がある。そこには、昨夜のことが、男が来たのか女の方から行ったのか、夢の中の出来事だったのか現実だったのかもはっきり分からない、という女の心細いかぎりの心情がつづられていた。男はその手紙に胸を打たれ、夢のことか現実かは、今夜自分の気持ちを確かめてほしいと返事をして、狩りに出かけた。

現代語訳・品詞分解

(その)翌朝、(男は女のことが)気がかりであったが、自分の従者を(使いに)差し向けるわけにもいかないので、たいそうじれったい気持ちで待っていると、

つとめて（名）、いぶかしけれ（形・シク・已）ど（接助）、わ（名）が（格助）人（名）を（格助）やる（動・四・終）べき（助動・当・体）に（助動・断・用）し（副助）あら（補動・ラ変・未）ね（助動・消・已）ば（接助）、いと（副）心もとなく（形・ク・用）て（接助）待ちをれ（動・ラ変・已）

すっかり夜が明けてしばらくたった頃、女の所から(手紙が届き)、

ば（接助）、明けはなれ（動・下二・用）て（接助）しばし（副）ある（動・ラ変・体）に（格助）、女（名）の（格助）もと（名）より（格助）、

(和歌に添えた)言葉はなくて、(歌だけであった)

詞（名）は（係助）なく（形・ク・用）て（接助）、

あなたが私の所に来たのか、私があなたの所に行ったのか(はっきり)分かりません、(あれは)夢でしょうか、現実でしょうか、寝ているうちのことでしょうか、目覚めている時のことでしょうか。

君（名）や（係助）来（動・カ変・未）し（助動・過・体）我（名）や（係助）行き（動・四・用）けむ（助動・過推・体）思ほえ（動・下二・未）ず（助動・消・終）夢（名）か（係助）うつつ（名）か（係助）寝（動・下二・用）て（接助）か（係助）覚め（動・下二・用）て（接助）か（係助）

男は、たいそうひどく泣いて(次のように)詠んだ、

男（名）、いと（副）いたう（副）泣き（動・四・用）て（接助）詠め（動・四・命）る（助動・完・体）、

悲しみにくれる心の闇に途方にくれてしまった、(あれが)夢か現実かは、今晩決めてください。

かきくらす（動・四・体）心（名）の（格助）闇（名）に（格助）惑ひ（動・四・用）に（助動・完・用）き（助動・過・終）夢（名）うつつ（名）

語釈・文法

いぶかしけれ　物事がはっきりと分からず気がかりである、の意。

心《こころ》もとなく　じれったい気持ち。気がかりで不安だ。通常の場合、男の方から文を出すが、人目が気になって行動を起こせずにいる。

明《あ》けはなれ　夜がすっかり明けてしまうこと。男は一晩中女のことを思って、まんじりともせず起きていた。

詞《ことば》　和歌に対して、散文で書かれた部分。

夢《ゆめ》かうつつか寝《ね》てか覚《さ》めてか　夢の中か現実かと自分に問うている。男と一夜を共にするという斎宮にあってはならない出来事に対し、自分でも信じられないという気持ち。

かきくらす　悲しみにすっかり暮れる、の意。男は女に逢いたいと切に思っていたが、実際に一夜を過ごした後も、思うようには逢えない悲しみに暮れている。

心《こころ》の闇《やみ》　思い惑ってしまって、の意。もはや筋

とは 今宵 定めよ
格助 係助 名 動・下二・命

と詠んで贈って、
と 詠み て やり て、
格助 動・四・用 接助 動・四・用 接助

狩りに出かけた。
狩り に 出で ぬ。
名 格助 動・下二・用 助動・完・終

道立てて考えられないさま。

第四段落（二〇・5～8）

段意

男は、女のことが気がかりで、気持ちはうわの空ながらも狩りに出かけた。早く帰って、斎宮と逢いたいと思うが、伊勢国の国守で伊勢神宮の長官もかねている者が、一晩中酒宴を催して接待してくれたので、斎宮の所に行くことができなかった。翌日には尾張国《おわりのくに》に出立しなければならないので悲しみで血の涙を流す思いであった。

現代語訳・品詞分解

（男は）野を（狩りして）歩くが、　心はうつろで、　せめて今夜だけで
野 に 歩け ど、 心 は そらに て、 今宵 だに
名 格助 動・四・已 接助 名 係助 形動・ナリ・用 接助 名 副助

も人を寝静まらせて、　一刻も早く逢おうと思っていると、
人 しづめ て、 いと 疾く あは む と 思ふ に、
名 動・下二・用 接助 副 形・ク・用 動・四・未 助動・意・終 格助 動・四・体 接助

（伊勢の）国守で、斎宮寮の長官を兼任している人が、狩りの使いがいると聞いて、
国守、 斎宮頭 かけ たる、 狩りの使ひ あり と 聞き て、
名 名 動・下二・用 助動・存・体 名 動・ラ変・終 格助 動・四・用 接助

一晩中酒宴を催したので、　まったく二人で逢って語り合うこともで
夜一夜 酒飲み し けれ ば、 もはら あひごと も え
副 名 動・サ変・用 助動・過・已 接助 副 名 係助 副

きないで、　（その上）夜が明けたら尾張国へ出立してしまおうとしているので、
せ で、 明け ば 尾張国 へ 立ち な む と
動・サ変・未 接助 動・下二・未 接助 名 格助 動・四・用 助動・強・未 助動・意・終 格助

（女ばかりでなく）男もひそかに（深い悲しみによる）血の涙を流すが、
すれ ば、 男 も 人 知れ ず 血 の 涙 を
動・サ変・已 接助 名 係助 名 動・下二・未 助動・消・用 名 格助 名 格助

語釈・文法

心《こころ》はそらにて　心が体から抜け出てしまっているような状態。すなわち、男の心が斎宮にとらわれている状態。狩りに出かけてもうわの空である。

国守《くにのかみ》　国司（守・介《すけ》・掾《じょう》・目《さかん》）の長官。国内の行政・司法・警察をつかさどる。

斎宮頭《さいぐうのかみ》　斎宮寮の長官。

夜一夜《よひとよ》　夜どおし。

もはら　否定表現を伴って、行為や事態が成立しがたいことを表す。男は全く斎宮と言葉を交わせなかった。

あひ《イ》ごと　「逢言」と書く。男女が逢って語り合うこと。

尾張国《おわりのくに》　東海道の一国。現在の愛知県西部。

血《ち》の涙《なみだ》　ふつうの涙では表現しきれない、非常

流せ ど、 え あは ず。（逢うことができない。）
動・四・已 接助 副 動・四・未 助動・消・終

■第五段落（二〇・9～14）

段意

明け方になって、斎宮から歌の書かれた別れの杯を受けた。徒歩で渡っても濡《ぬ》れないような、浅い江のような縁であったという、二人のあまりにもはかない関係を嘆いた歌で、男はまたきっと逢いに来ると下の句を書いて返事をし、尾張国に出立した。

現代語訳・品詞分解

夜がしだいに明けようとする頃に、
夜 やうやう 明け な む と する ほど に、
名 副 動・下二・用 助動・強・未 助動・推・終 格助 動・サ変・体 名 格助

女の側から出す（別れの）杯の皿に、（女が）歌を書いて差し出した。
女方 より 出だす 杯 の 皿 に、 歌 を 書き て 出だし
名 格助 動・四・体 名 格助 名 格助 名 格助 動・四・用 接助 動・四・用

（男が）取って見ると、
たり。 取り て 見れ ば、
助動・完・終 動・四・用 接助 動・上一・已 接助

徒歩の人が渡っても（裾が）濡れない（ほど浅い）入り江のように、浅いご縁ですから。と書いて、
かち人 の 渡れ ど 濡れ ぬ え に し
名 格助 動・四・已 接助 動・下二・未 助動・消・体 名 助動・断・用 副助

下の句はない。（男は）その杯の皿に、松明
あれ ば と 書き て、 末 は なし。 その 杯 の
補動・ラ変・已 接助 格助 動・四・用 接助 名 係助 形・ク・終 代 格助 名 格助

の（燃え残りの）炭で、下の句を書き継ぐ。
皿 に、 続松 の 炭 して、 歌 の 末 を 書き継ぐ。
名 格助 名 格助 名 格助 名 格助 名 格助 動・四・終

（今は別れても）また逢坂の関を越えて（あなたに）きっと逢いに参りましょう。
また 逢坂の関 は 越え な む
副 名 係助 動・下二・用 助動・強・未 助動・意・終

に強い悲しみを表す。「血涙《けつるい》」に同じ。

語釈・文法

杯《さかずき》の皿《さら》　杯を載せる皿、杯の台。
かち人《びと》　馬や車に乗らず、徒歩で行く人。
えにし　「江にし」と「縁《えにし》」を掛けている。「縁」は、ゆかり、縁故、という意味。
続松《ついまつ》　松明《たいまつ》のこと。松明は、松の脂が多い部分または竹や葦《あし》などを束ねて、火をつけて辺りを照らす照明。
歌《うた》の末《すえ》　和歌の下の句。また、詠みかけられた歌に対する応答の歌。
逢坂《おうさか》の関《せき》　京都の東、滋賀県の大津市に位置する逢坂山にあった関所。「逢坂」と書くことから、和歌では別離やめぐりあいについての深い感情が詠まれることが多い。

と詠んで、夜が明けたので尾張国へ越えて行ってしまった。

とて（格助）、明くれ（動・下二・已）ば（接助）尾張国（名）へ（格助）越え（動・下二・用）に（助動・完・用）けり（助動・過・終）。

■第六段落（二〇・15）

段意 この斎宮は、清和《せいわ》天皇の御代の斎宮で、文徳《もんとく》天皇の皇女。惟喬親王《これたかのみこ》の妹である。

現代語訳・品詞分解

この斎宮は清和天皇の御代（の斎宮で）、文徳天皇の皇女であり、惟喬親王の妹である。

斎宮（名）は（係助）水尾（名）の（格助）御時（名）、文徳天皇（名）の（格助）御女（名）、惟喬親王（名）の（格助）妹（名）。

語釈・文法

水尾《みずのお》の御時《おおんとき》 清和天皇の御代。清和天皇は譲位後、水尾山寺に隠棲《いんせい》したことに由来。

鑑賞

「狩りの使ひ」の章段で印象的なのは、女の駆け引きのなさである。当時の恋愛は、男からの求愛にあえて幾度か拒否し、それでも粘り強く求愛してくれるかどうかで、気持ちの深さを確かめるのが一般的であった。ところが斎宮は、男からの言葉を受けて一度も断ることなく自ら夜に男の寝所を訪ねている。また、逢瀬の後に送られる手紙（後朝《きぬぎぬ》の文）は、男から差し向けるのがふつうであるのに対し、翌朝歌を詠みかけたのも最後の歌も女からの行為であることが珍しい。

なぜ斎宮は、この恋にこんなにも一途になれたのか。例外はあれ、平安時代の内親王は独身を貫くのが慣例であったと『源氏《げんじ》物語』の記述にも見える。よって、女も、斎宮を下りた後であっても誰かと結婚する未来は考えにくかった。そのような人生を自分で悟っていたため、突如として恋に落ちたのではないだろうか。添い遂げられる関係ではないと知りつつも、初めて味わう恋の感情に素直に行動したと推察できる。

教科書の問題（解答・解説）

教科書 二一ページ

? 教科書本文下に示された問題

? 「子一つより丑三つまで」とは、どのくらいの時間か。(p.一九)

解答　およそ三時間。

[解説]　「子」は午後11時〜午前1時頃を指し、「一つ」はその二時間を四分した一つ目に当たる時刻。よって、「子一つ」は午後11時〜11時半頃を指す。「丑」は、午前1時〜午前3時までなので、丑三つは午前2時〜2時半頃を指す。午後11時〜午前2時(午後11時半〜午前2時半)にわたる約三時間は、二人にとってあまりにも短い時間であった。

■学習の手引き

❶「君や来し…」(二〇・1)**と「かきくらす…」**(二〇・3)**の歌には、それぞれどのような心情が込められているか。**

解答　・「君や来し」の歌には、相手が来たのか、自分が行ったのか、夢か現実に起きたことかも分からないという戸惑いが表現されている。自分の大胆な行動や状況が理解できないという心情が込められている。

・「かきくらす」の歌には、女と同じく惑いを抱えた男の心情と、どうか今夜もう一度逢って、私の愛情を確かめてください、という再会を願う心情が込められている。

[解説]　・「君や来し」の歌は、女の自分自身への戸惑いがよく分かる。確たる意志を持って決断した行動というより、男への気持ちが募るあまり、いつの間にか男の元へ行っていた、ということなのであろう。

・「かきくらす」の歌には、自分も女とまったく同じで、闇の中に惑っているような気持ちになっていて、冷静に考えられていないこと、今夜、私からのたしかな愛情を確かめてくださいということが詠まれており、女の不安な気持ちに応える返歌となっている。

❷「また逢坂の…」(二〇・13)**という下の句を付けた「男」の心情は、どのようなものか。**

解答　再会を約束する気持ち。

[解説]　浅い縁であったと嘆く女に対して、そんなことはないと慰めている。自分は逢坂の関(京都と滋賀との間の関所と、男女が「逢う」という掛詞《かけことば》)を越えてまた逢いにきっと来るという女への気持ちが読み取れる。

❸「男」と「女」が思うようにあうことができなかった理由をまとめよう。

解答　男は、「狩りの使い」という任務で伊勢国に来ており、立場上、国守の接待を無下にできなかった。一方、女は斎宮であり自由に恋愛ができる立場にないため、人目をはばかる必要があった。

[解説]　男も女もそれぞれに立場があり、自由に恋をできる状況にはなかった。

■語句と表現

①「明けなむ」〔二〇・9〕と「越えなむ」〔二〇・13〕の傍線部を文法的に説明しよう。

解答 ・明けなむ…強意の助動詞「ぬ」の未然形＋推量の助動詞「む」の終止形。

・越えなむ…強意の助動詞「ぬ」の未然形＋意志の助動詞「む」の終止形。

[解説] 「なむ」の識別として次の四種類をおさえる。

①完了（強意）の助動詞「ぬ」の未然形「な」＋推量（意志）の助動詞「む」

②係助詞「なむ」

③願望の終助詞「なむ」

④ナ変動詞「往（去）ぬ」「死ぬ」の未然形の活用語尾「な」＋推量の助動詞「む」

小《お》野《の》の雪　〔第八十三段〕

教科書　二一一〜二一三ページ

大意　翁《おきな》（在原業平《ありわらのなりひら》）は、惟喬親王《これたかのみこ》の狩りのお供に行った。数日して、翁は親王を屋敷まで送り、すぐに帰りたいと思っていた。ところが、親王は翁に酒を与え、褒美も与えようとして帰さない。そのように、翁が親王に親しく仕える日々が続いたが、思いがけなく親王が出家した。小野という雪深いところの住まいを訪ねると、かつての華やかな親王とはまるで違う悲しげな親王と対面することとなった。昔話をして、このままおそばにいたいと思うが、朝廷の仕事もあってそうもいかない。親王がこのような境遇になった夢を見ているのではないかと歌を詠み、涙ながらに都に帰った。

第一段落（初め〜二一二・4）

段意　惟喬親王が、狩りに行かれたお供に、馬頭《うまのかみ》であった翁は数日間にわたって仕えていた。水無瀬の離宮から京の御殿へお帰りになったら、翁は自宅に帰ろうと思っていたのに、親王は翁にお酒を与えたり、褒美を取らせようとして帰さない。季節は春。翁は、春の夜は短いので朝までに自宅で休もうと思えばゆっくりしていられないという和歌を詠む。しかし親王はお休みになろうとしなかったので、朝まで親王と過ごした。

現代語訳・品詞分解

昔、水無瀬（の離宮）にお通いになっていた惟喬親王が、いつものように狩り

昔、　水無瀬　に　通ひ　給ひ　し　惟喬親王、　例　の　狩り

名　名　格助　動・四・用　補動・四・用　助動・過・体　名　名　格助　名

をしにお出かけになるそのお供として、馬頭である老人がお仕え申し上げていた。

し　に　おはします　供　に、　馬頭　なる　翁　つかうまつれ

動・サ変・用　格助　動・四・体　名　格助　名　助動・断・体　名　動・四・命

幾日か過ごしてから、（親王は京の）御殿にお帰りになった。（馬頭は親

り。　日ごろ　経　て、　宮　に　帰り　給う　けり。　御送り

助動・存・終　名　動・下二・用　接助　名　格助　動・四・用　補動・四・用　助動・過・終　名

語釈・文法

水無瀬《みなせ》　現在の大阪府三島郡の一部。平安時代は天皇の狩猟地だった。

惟喬親王《これたかのみこ》　文徳《もんとく》天皇の皇子で母は紀名虎《きのなとら》の娘静子。第一皇子で天皇からも愛されていたが、藤原良房《ふじわらのよしふさ》の娘明子《めいし》に惟仁《これひと》親王が生まれて皇位継承の機会を失った。

馬頭《うまのかみ》　右馬寮《うまりょう》の長官。右馬寮は、左馬寮《さま》と並ん

王を)お送りして、早く(我が家に)帰ろうと思うのに、(親王は)御酒をくだ
して、疾くいなむと思ふに、大御酒賜ひ、
動・サ変・用 接助 副 動・ナ変・未 助動・意・終 格助 動・四・体 接助 名 動・四・用

さり、(お供した)褒美をくださろうとして、帰してくださらなかった。この馬頭は、
禄賜はむとて、遣はさざりけり。この馬頭、
名 動・四・未 助動・意・終 格助 動・四・未 助動・消・用 助動・過・終 代 格助 名

(帰ってよいと言われるのを)待ち遠しく思って、
心もとながりて、
動・四・用 接助

枕として草をひき結ぶ(旅寝する)ことはいたしますまい。秋の夜長であれば(その長さを)頼みにして長居ができるのですが(春の短夜ではすぐに明けてしまうので、ゆっくりできません。)
枕とて草ひき結ぶこともせじ秋の
名 格助 名 動・四・体 名 係助 動・サ変・未 助動・消・終 名 格助
夜とだに頼まれなくに
名 格助 副助 動・四・未 助動・可・未 助動・消・未 (接尾) 接助

と詠んだ。
と詠みける。
格助 動・四・用 助動・過・体

時は陰暦三月の末であった。
時は三月のつごもりなりけり。
名 係助 名 格助 名 助動・断・用 助動・過・終

親王は、お休みにならないで夜をお明かしになってしまった。
親王、大殿籠らで明かし給うてけり。
名 動・四・未 接助 動・四・用 補動・四・用 助動・完・用 助動・過・終

で、諸国の牧場からの官馬（朝廷所有の馬）の飼育・管理などをつかさどる。

つかうまつれり　お仕え申し上げていた。「つかうまつる」は「仕ふ」の謙譲語。

大御酒《おおみき》　神や天皇などに奉る酒をいうが、ここでは翁が親王からいただいている。

禄《ろく》　褒美。親王は、幾日も狩りに付き合ってくれた翁に、謝意を表したいと思っている。

心《こころ》もとながりて　待ち遠しく思って、じれったく思って。「心もとながる」は形容詞「こころもとなし」の語幹に、接尾語「がる」のついたもの。

枕《まくら》とて草《くさ》ひき結《むす》ぶ　「草枕」は枕詞《まくらことば》。道の辺の草を枕にして寝るという意味で「旅」にかかる。自宅以外で夜を過ごすという意味。

だに　副助詞「だに」は、①〜だけでも、②〜さえ、の意味を表す。ここでは、①の意。

つごもり　月の光が全く見えなくなるころ。月の下旬や月の最終日。

大殿籠《おおとのごも》らで　お休みにならないで。「大殿籠ら」は、「寝《ぬ》」の尊敬語である「大殿籠る」の未然形。

■第二段落（一二一・5〜終わり）

段意　翁には思いもよらないことであったが、親王は出家された。正月に拝謁しに行こうと、小野にある親王の庵室《あんしつ》に参上する。比叡山《ひえいざん》の麓にあるので、さすがに雪が降り積もっている。親王にお目にかかると、手持ちぶさたで、た

いそう悲しそうなご様子である。昔話を申し上げたりして、このままおそばにお仕えしたいものだと思うけれども、仕事もあるのでそういうわけにもいかない。「雪を踏み分けて、あなたさまにお会いすることがあろうとは思ってもおりませんでした。夢を見ているようです。」というような歌を詠んで、泣く泣く都へ帰ったのであった。

現代語訳・品詞分解

(馬頭は)このようにしては参上してお仕え申し上げていたのだが、
かく(副) し(動・サ変・用) つつ(接助) まうで(動・下二・用) つかうまつり(動・四・用) ける(助動・過・体) を、(格助)

(親王は)思いがけなく、御髪を切って出家なさってしまった。
思ひのほかに、(形動・ナリ・用) 御髪(名) 下ろし(動・四・用) 給う(補動・四・用) て(助動・完・用) けり。(助動・過・終)

(馬頭が)正月に(親王に)拝謁申し上げようと思って、小野に参上したところ、
正月(名) に(格助) 拝み(動・四・用) 奉ら(補動・四・未) む(助動・意・終) とて、(格助) 小野(名) に(格助) まうで(動・下二・用) たる(助動・完・体) に、(接助)

(小野は)比叡山の麓なので、雪がたいそう高く積もっている。
比叡の山(名) の(格助) 麓(名) なれ(助動・断・已) ば、(接助) 雪(名) いと(副) 高し。(形・ク・終)

難儀を押して(親王の)ご庵室に参上して拝謁申し上げると、
強ひて(副) 御室(名) に(格助) まうで(動・下二・用) て(接助) 拝み(動・四・用) 奉る(補動・四・体) に、(接助)

(親王は)手持ちぶさたで、たいそう何となく悲しげでいらっしゃったので、
つれづれと、(副) いと(副) もの悲しく(形・シク・用) て(接助) おはしまし(補動・四・用) けれ(助動・過・已) ば、(接助)

だいぶ長いことおそばにお仕えして、昔のことなどを思い出してお話し申し上げた。
やや(副) 久しく(形・シク・用) 候ひ(動・四・用) て、(接助) いにしへ(名) の(格助) こと(名) など(副助) 思ひ出で(動・下二・用) 聞こえ(動・下二・用) けり。(助動・過・終)

そのままおそばにお仕え申し上げていたいものだと思うけれども、宮中の公務などがあったので、
さても(副) 候ひ(動・四・用) てしがな(終助) と(格助) 思へ(動・四・已) ど、(接助) 公事ども(名) あり(動・ラ変・用) けれ(助動・過・已) ば、(接助)

(それ以上は)お仕えできなくて、夕暮れに帰るということで、
え(副) 候は(動・四・未) で、(接助) 夕暮れ(名) に(格助) 帰る(動・四・終) とて、(格助)

語釈・文法

御髪《みぐしお》下ろし　高貴な人が髪を切って、仏門に入ること。

給《たま》う　尊敬の補助動詞「給ふ」の連用形「給ひ」のウ音便化。ここは出家してしまった惟喬親王への敬意を表す。

小野《おの》　京都府の古い地名。惟喬親王が住んだ小野の里は、現在の左京区八瀬《やせ》といわれる。

比叡《ひえ》の山《やま》　京都府京都市にあり、滋賀県大津市との境にまたがる山。古来から信仰の山で延《えん》暦《りゃく》寺・日吉《ひよし》神社があり繁栄した。

麓《ふもと》　山のすそ。小野は比叡山のすそ野にあった。

もの悲《がな》しくて　「もの悲し」は、何となく悲しい、の意。

候《さぶら》ひ《イ》てしがな　お仕え申し上げていたいものだ。「候ふ」は、仕えるの謙譲語。「てしがな」は、自己の願望を表す終助詞「てしが」に詠嘆を表す終助詞「な」がついたもの。自己の動作に対する願望を詠嘆を込めて表す。

え候《さぶら》はで　お仕えできなくて。「え…ず」は不可能を表す。親王のおそばにもっといたいのに退出せざるを得ない翁の残念な気持ちが表

（現実であることを）忘れてしまって、まるで夢ではないかと思います。（これまで）思ったことがあったでしょうか（いや、思いもいたしませんでした）。（このように）雪を踏み分けて君にお目にかかることになろうとは。

忘れ	て	は	夢	か	と	ぞ	思ふ	思ひ	き
動・下二・用	接助	係助	名	係助	格助	係助	動・四・体	動・四・用	助動・過・終

や	雪	踏み分け	て	君	を	見	む	と	は
係助	名	動・下二・用	接助	名	格助	動・上一・未	助動・推・終	格助	係助

と（詠んで）泣きながら帰って来たのだった。

とて	なむ	泣く泣く	来	に	ける。
格助	係助	副	動・カ変・用	助動・完・用	助動・過・体

れている。

忘《わす》れては　現実であることを忘れてしまっては、の意。ここでいう現実とは、親王が出家して雪深い小野にいること。

君《きみ》　自分の仕える人。主君、主人。

鑑賞

「小野」という章段は無常を感じさせる。前半を読むと、幾日も遠征して狩りに興じ、京に戻ってからも供人たちと歓談する、はつらつとした親王の姿が思い浮かぶ。ところが、後半では一転して、親王は思いもよらず出家される。翁にとっても「思ひのほか」の出来事であった。

そのため親王との別れ際の描かれ方は、前半と後半で異なる。狩りの帰路の際に、親王に引き留められていても、早く帰りたいといった歌を詠んだのは、老齢であることや狩りでの疲れがあったためであろうが、このような機会は今後もあると思っていたからこそ詠める歌なのである。ずっと続くと思っていた時間は、親王の突然の出家により断たれた。翁は小野の里を訪れて親王の変わった姿を目にし、このまま帰りたくないという気持ちを持つのである。前半と後半を合わせて読むことで、人の世の無常さを感じることができる。

教科書の問題（解答・解説）

教科書 二二ページ

? 教科書本文下に示された問題

? なぜ「秋の夜とだに頼まれなくに」なのか。（p.二二）

解答　「春の夜」は短いから。

[解説]　「秋の夜」は長く、「春の夜」は短いとされていた。夜が長いと言われている秋でさえ長居ができないのに、あいにく今は春で、あっという間に夜が明けてしまうということ。

■学習の手引き

❶本文の前半部と後半部について、場所、時季、「翁」と親王の行動を、それぞれ整理しよう。

解答 〈前半〉・場所…水無瀬の離宮と京にある親王の御殿。
・時季…三月のつごもり。春。
・翁は親王の側から早く退席しようとするが、親王が引き留める。
〈後半〉・場所…親王が住む雪深い小野の庵室。
・時季…正月。前半部と同じく春だが、雪が積もって非常に冷え込んでいる。
・翁は自らの意志で親王の元を訪れたが、親王には引き留める力がない。翁は親王のそばを離れがたく思う。
[解説] 雅を尽くして建てられた御殿と寂しい庵室、三月の暖かさと一月の寒さ、退席したいとする翁を引き留めた親王ともはや引き留められない親王。これらの対比が哀切を感じさせる。

❷「忘れては…」〔二二・11〕の歌には、「翁」のどのような心情が込められているか。
解答 以前の親王と現在の親王とを比べて、人生の無常をしみじみと感じる気持ち。
[解説] 翁の歌は、親王の悲しみに優しく寄り添っている。

■語句と表現

①次の傍線部の敬語の種類は何か。また、誰の誰に対する敬意か。
解答 (1)賜ひ＝尊敬語・作者の惟喬親王に対する敬意。
(2)まうで つかうまつり＝いずれも謙譲語・作者の惟喬親王に対する敬意。
(3)候ひ＝謙譲語・作者の惟喬親王に対する敬意。
[解説] (1)「賜ふ」は「与ふ」の尊敬語でお与えになる、の意。
(2)「まうづ」は「行く」の謙譲語で参上する、の意。「つかうまつる」は「仕ふ」の謙譲語でお仕え申し上げる、の意。
(3)「候ふ」は仕ふの意の謙譲語で、お仕え申し上げる、の意。

つひにゆく道

〔第百二十五段〕

教科書 一二三ページ

大意 病気にかかった男が、もはや死にそうに思われたので、死は誰にでも訪れるものだと以前から聞いていたが、まさか自分の身に昨日今日のこととして起こるとは思いもしなかった、と歌を詠んだ。

現代語訳・品詞分解

昔、男が、病気になって、死にそうに思われたので(次のような歌を詠んだ)、

昔、	男、	わづらひ	て、	心地	死ぬ	べく	おぼえ	けれ	ば、
名	名	動・四・用	接助	名	動・ナ変・終	助動・推・用	動・下二・用	助動・過・已	接助

死出の旅路は最後には誰もが行く道だとかねてより聞いてはいたが、(まさか自分の身に起こるのが)昨日今日のこととは思ってもみなかったことだよ。

つひに	ゆく	道	と	は	かねて	聞き	しか	ど	昨日
副	動・四・体	名	格助	係助	副	動・四・用	助動・過・已	接助	名

今日	と	は	思は	ざり	し	を
名	格助	係助	動・四・未	助動・消・用	助動・過・体	間助

語釈・文法

わづ《ズ》らひ《イ》て 「わづらふ」は、病気になる、苦しむ。

心地《ここち》 健康上の自覚。気分の悪いこと。

つひ《イ》にゆく道《みち》 人生の最後に行く道、すなわち死出の道。

かねて 前もって。あらかじめ。

鑑賞

「昔男」の一代記という点から見ると、一般に「初冠《ういこうぶり》」と呼ばれる元服を描いた初段と、「つひにゆく道」と死を自覚したこの章段とは、まさに首尾照応した構成であることが分かる。

第一段「初冠」では、男が春日《かすが》の里の美しい姉妹に心を奪われて「心地惑ひにけり。」となっているのに対し、この「つひにゆく道」では「心地死ぬべく」となっているという対応も指摘できるであろう。

死は「最後には誰もが行く道」とはいうが、毎日の現実の生活からおよそかけ離れていて、まるで実感もわかずにいる。死を意識するとすれば、肉親やごく親しい者が他界した場合で、その死の悲しみも時とともに薄れていく。しかし、死が自分のこととして意識された場合はどうであろうか。その時、人は愚かしくさまざまな理屈をつけがちであるが、この「つひにゆく…」の歌はそうした理屈を超えて、死に直面した驚

きをありのままに、実に率直に表明しているのである。まさか死が自分の足もとにあろうとは誰が予想しただろうか、という驚きの大きさだけが、これ以上の表現はないという形で歌に詠まれているのである。

教科書の問題（解答・解説）　教科書　二三ページ

■学習の手引き

❶「つひにゆく…」〔二三・2〕の歌には、男のどのような心情が込められているか。

解答　はるか先と思っていた死に直面し、まさかそんなに差し迫っているとは思わなかったという驚きの気持ちが込められている。

❷『伊勢物語』は歌物語と呼ばれるが、歌物語とはどのようなものか、考えよう。

解答　全ての章段に和歌が含まれ、その和歌が章段の中心になっているもの。

［解説］『伊勢物語』は、地の文は物語としての状況を説明しているが、そこに出てくる歌は物語の状況を包み込むなどの叙情性の強い独自の世界を作っている。

■語句と表現

①「思はざりしを」〔二三・2〕の傍線部「を」を文法的に説明しよう。

解答　詠嘆の意を表す間投助詞。

出典・作者

出典　『伊勢物語《いせ》』　和歌を中心とした叙情性の高い歌物語で、十世紀初め頃に原形ができ、十世紀後半には、今の形になったといわれている。在原業平とおぼしき「昔男」を主人公として、その男の元服直後から辞世に至る一代記を、約百二十五の章段から成る物語に構成したものである。

各章段の冒頭は、「昔、男ありけり。」あるいは「昔、男」という形でほぼ統一されている。

『伊勢物語』は、〈二条后《にじょうのきさき》物語〉〈東《あずま》下り物語〉〈斎宮《さいぐう》物語〉〈惟喬《これたか》親王物語〉などの物語を核として、業平とおぼしき人物の恋愛や友情を、その波瀾《はらん》と起伏に富んだ人生に沿って、簡潔な文体と叙情性の高い和歌によって描き出した作品で、『源氏《げんじ》物語』など後代の文学に大きな影響を与えた。

作者　未詳。在原業平《ありわらのなりひら》、伊勢、在原一門などが考えられているが、定説といえるほどのものはない。

大和《やまと》物語

姨《おば》捨《すて》 〔第百五十六段〕

教科書 二一四〜二一六ページ

大意

信濃《しなの》国の更級《さらしな》に住む男がいた。親代わりに世話をしてくれたおばと暮らしていたが、妻がおばを嫌って悪口を言い聞かせるうちに男もおばを粗略に扱うようになり、ついには山へ捨ててしまった。しかし家に帰ってから悲しみが募り一晩中眠れなかった。男はその心境を「わが心慰めかねつ…」という歌に詠み、おばを迎えに行って連れ帰った。それから後、この山を「姨捨山」と言うようになり、「慰め難し」とからめて言うようになったのだった。

■第一段落（初め〜二一四・8）

段意

信濃国の更級に住む男がいた。早くに親を亡くし、おばが親代わりに世話をしていたが、男の妻はこのおばを憎み、悪く言ったので、男もおばをおろそかに扱うことが多くなった。嫁はすっかり年老いたおばを邪魔にして、山に捨てるよう責め立てるので、男もとうとうおばを山へ捨ててしまおうと思うようになった。

現代語訳・品詞分解

信濃国にある更級という所に、（一人の）男が住んでいた。

信濃国（名） に（格助） 更級（名） と（格助） いふ（動・四・体） 所（名） に（格助）、 男（名） 住み（動・四・用） けり（助動・過・終）。

若い時に親は死んだので、おばが親のように、

若き（形・ク・体） 時（名） に（格助） 親（名） は（係助） 死に（動・ナ変・用） けれ（助動・過・已） ば（接助）、 をば（名） なむ（係助） 親（名） の（格助）

若い時からそばについて（世話をして）いたが、この（男の）妻の心は、

ごとくに（助動・比・用）、 若く（形・ク・用） より（格助） 添ひ（動・四・用） て（接助） ある（補動・ラ変・体） に（接助）、 こ（代） の（格助） 妻（名） の（格助）

語釈・文法

憂《う》し　①つらい、憂鬱だ、②つれない、薄情だ、などの意を表す。ここでは②の意。

この姑《しゅうとめ》の老《お》いかがまりてゐ《イ》たるを　この姑が老いて腰が曲がっているのを。「姑」は男のおばを指す。おばは男の母親代わりなので、妻から見れば姑も同然である。「姑の」の「の」は主格を表す。

御《み》心《こころ》のさがなく悪《あ》しきこと　御心が意地悪で醜

感心できないことが多くて、 この姑が年老いて腰が曲がっているのをいつも憎ん
心、 憂き こと 多く て、 こ の 姑 の 老いかがまり て
名 形・ク・体 名 形・ク・用 接助 代 格助 名 格助 動・四・用 接助

では、 男にも、 このおばの
ゐ たる を 常に 憎み つつ、 男 に も、 こ の
動・上一・用 助動・存・体 格助 副 動・四・用 接助 名 格助 係助 代 格助

御心が意地悪で醜いことを言い聞かせたので、
をば の 御心 の さがなく 悪しき こと を 言ひ聞かせ
名 格助 名 格助 形・ク・用 形・シク・体 名 格助 動・下二・用

(男も)昔のとおりでもなく、 このおばをおろ
けれ ば、 昔 の ごとくに も あら ず、 おろかなる
助動・過・已 接助 名 格助 助動・比・用 係助 補動・ラ変・未 助動・消・用 形動・ナリ・体

そかに扱うことが多くなっていった。
こと 多く、 こ の をば の ため に なりゆき けり。
名 形・ク・用 代 格助 名 格助 名 格助 動・四・用 助動・過・終

このおばは、 たいそうひどく年老いて、 腰が折れ曲がって
こ の をば、 いと いたう 老い て、 二重 にて
代 格助 名 副 副 動・上二・用 接助 名 格助

いた。 このことをやはり、 この嫁は、 邪魔にして、
ゐ たり。 これ を なほ、 こ の 嫁、 所狭がり て、
補動・上一・用 助動・存・終 代 格助 副 代 格助 名 動・四・用 接助

今までよくまあ死なずにいるものだと思って、 (男に)よくない告げ口
今 まで 死な ぬ こと と 思ひ て、 よから ぬ
名 副助 動・ナ変・未 助動・消・体 名 格助 動・四・用 接助 形・ク・未 助動・消・体

をしては、 「連れていらっしゃって、 深い山にお捨てになってください
こと を 言ひ つつ、 「持ていまし て、 深き 山 に 捨て
名 格助 動・四・用 接助 動・サ変・用 接助 形・ク・体 名 格助 動・下二・用

よ。」 とばかり(言って)責め立てたので、 (男は)責め立てられる
給び てよ。」 と のみ 責め けれ ば、 責め られ
補動・四・用 助動・強・命 格助 副助 動・下二・用 助動・過・已 接助 動・下二・未 助動・受・用

のに閉口して、 そうしてしまおうと思うようになった。
わび て、 さ し て む と 思ひなり ぬ。
動・上二・用 接助 副 動・サ変・用 助動・強・未 助動・意・終 格助 動・四・用 助動・完・終

いこと。「さがなし」は、意地が悪い、たちが悪い。「悪《あ》し」は悪い、醜い、などの意で、絶対的に悪い状態を表す語。これに対し「悪《わろ》し」は相対的に良くない意を表す。嫁の告げ口は極めて辛辣《しんらつ》なものであるといえる。

おろかなること…なりゆきけり　このおばをおろそかに扱うことが多くなっていった。本来の語順は、「このおばのためにおろかなること多くなりゆきけり。」であるが、直前の「昔のごとくにもあらず」の具体的内容にあたる「おろかなること多く」を前に出して強調している。「おろかなり」は、①いいかげんだ、おろそかだ、②疎遠だ、③未熟だ、劣っている、④愚かだ、などの意があり、ここは①。

いといたう《トウ》老《お》いて　たいそうひどく年老いて。「いたう」は、副詞「いたく」のウ音便。「いと」と「いたう」で程度の甚だしさが強調されている。「いたう」を、形容詞「いたし」の連用形「いたく」のウ音便ととることもある。

責《せ》められわびて　責め立てられるのに閉口して。「…わぶ」は、…して思い悩む、つらく思う。

さしてむ　そうしてしまおう。妻が言うように、おばを深い山へ捨ててしまおうということ。

第二段落（二四・9〜二五・6）

段意

月の明るい夜、男は寺の仏事を見せるからとうそをつき、おばを背負って深い山へ分け入ると、高い峰におばを置き去りにして逃げ帰った。しかし、家に帰って長年世話になったことを思い返すとたいそう悲しくなった。

現代語訳・品詞分解

月のたいそう明るい夜、（男が）「おばあさんよ、さあいらっしゃい。寺でありが
月（名）の（格助）いと（副）明かき（形・ク・体）夜（名）、「嫗ども（名）、いざ（感）給へ（動・四・命）。寺（名）に（格助）尊き（形・ク・体）

たい仏事をするそうですから、お見せいたしましょう。」と言ったので、
わざ（名）す（動・サ変・終）なる（助動・伝・体）、見せ（動・下二・用）奉ら（補動・四・未）む（助動・意・終）。」と（格助）言ひ（動・四・用）けれ（助動・過・已）

（おばは）このうえもなく喜んで（男に）背負われた。（男は）高い山
ば（接助）、限りなく（形・ク・用）喜び（動・四・用）て（接助）負は（動・四・未）れ（助動・受・用）に（助動・完・用）けり（助動・過・終）。高き（形・ク・体）山（名）

の麓に住んでいたので、その山にはるばると入って、
の（格助）麓（名）に（格助）住み（動・四・用）けれ（助動・過・已）ば（接助）、その（代）山（名）に（格助）はるばると（副）

高い山の峰で、下りてくることができそうもない所に、
入り（動・四・用）て（接助）、高き（形・ク・体）山（名）の（格助）峰（名）の（格助）、下り来（動・カ変・終）べく（助動・可・用）も（係助）あら（補動・ラ変・未）

（おばを）置いて逃げてきた。（おばは）「これこ
ぬ（助動・消・体）に（格助）、置き（動・四・用）て（接助）逃げ（動・下二・用）て（接助）来（動・カ変・用）ぬ（助動・完・終）。「やや（感）。」と（格助）

れ。」と言うけれど、（男は）返事もしないで、逃げて家に帰ってきて（あれこれ）思ってい
言へ（動・四・已）ど（接助）、いらへ（動・下二・用）も（係助）せ（動・サ変・未）で（接助）、逃げ（動・下二・用）て（接助）家（名）に（格助）来（動・カ変・用）

ると、（妻が）悪口を言って（男を）立腹させた時は、（自分も）腹を立ててこうし
て（接助）思ひをる（動・ラ変・体）に（接助）、言ひ腹立て（動・下二・用）ける（助動・過・体）折（名）は（係助）、腹立ち（動・四・用）て（接助）かく（副）

てしまったが、長年親のように養い養いしていっしょに暮らしていてくれたので、
し（動・サ変・用）つれ（助動・完・已）ど（接助）、年ごろ（名）親（名）の（格助）ごと（助動・比・語幹）養ひ（動・四・用）つつ（接助）相添ひ（動・四・用）

語釈・文法

尊《たふと》きわざすなる　ありがたい仏事をするそうですから。「すなる」はサ変動詞「す」の終止形＋伝聞の助動詞「なり」の連体形。

限《かぎ》りなく喜《よろこ》びて　このうえもなく喜んで。直接の理由は、男がありがたい仏事を見せようと言って誘ってくれたからだが、男のおばに対する接し方が、「昔のごとくにもあらず、おろかなること多く」なっていたことも関係している。よそよそしくなっていた男が急に昔のように優しくなったので喜びも大きかったのである。

負《お》は《ワ》れにけり　背負われた。おばは腰の曲がった老婆であるため男に背負われて出かけた。

腹立《はらだ》ちてかくしつれど　腹を立ててこのようにしてしまったが。「かく」は、おばを山に置いて逃げてきたことを指す。妻からの悪口によって、一時は男自身もおばに腹を立てていたことが分かる。

年《とし》ごろ親《おや》のごと養《やしな》ひ《イ》つつ相添《あいそ》ひ《イ》にければ　第一段落の「をばなむ親のごとくに、若くより添ひてある」と対応している。長年にわたって

たいへん悲しく思われた。
に けれ ば、 いと 悲しく おぼえ けり。
助動・完・用 助動・過・已 接助 副 形・シク・用 動・下二・用 助動・過・終

■第三段落（二五・7～終わり）

段意 おばを捨ててきた山から昇った明るい月を眺めて、男は一晩中眠れなかった。その心境を歌に詠み、再び山へ行っておばを連れ帰った。それから後、この山を「姨捨山」と言うようになった。姨捨山を引き合いに出して「慰め難し」というのは、このようないわれによるのであった。

現代語訳・品詞分解

この山の上から、 月もまことにこのうえなく明るく出ているのを（男
こ の 山 の 上 より、 月 も いと 限りなく 明かく
代 格助 名 格助 名 格助 名 係助 副 形・ク・用 形・ク・用

は）物思いにふけりながらぼんやり見やって、 一晩中、 眠ることもできず、
出で たる を ながめ て、 夜一夜、 寝 も 寝
動・下二・用 助動・存・体 格助 動・下二・用 接助 副 名 係助 動・下二・未

悲しく思われたので、 このように詠んだ（歌）、
られ ず、 悲しう おぼえ けれ ば、 かく 詠み たり
助動・可・未 助動・消・用 形・シク・用 動・下二・用 助動・過・已 接助 副 動・四・用 助動・完・用

ける、
助動・過・体

私の心は、慰めようにも慰められない。この更級の、おばを捨ててきた山に照る（美しい）月を
わ が 心 慰めかね つ 更級 や 姨捨山 に 照る
代 格助 名 動・下二・用 助動・完・終 名 間助 名 格助 動・四・体

見ていると。
月 を 見 て
名 格助 動・上一・用 接助

と詠んで、 また（山に）行って（おばを）迎えて連れ帰った。
と 詠み て なむ、 また 行き て 迎へ 持て来 に
格助 動・四・用 接助 係助 副 動・四・用 接助 動・下二・用 動・カ変・用 助動・完・用

親のように世話をしてくれたおばの優しさを思い出している。「年ごろ」は長年の間。

語釈・文法

月《つき》もいと限《かぎ》りなく明《あ》かく出《い》でたるをながめて 「ながむ」は、物思いにふけりながらぼんやり見やる。男は、夜の闇を明るく照らす月に、長年愛情を注いでくれたおばを重ねて見ていたのであろう。

わが心慰《こころなぐさ》めかねつ 私の心は慰めようにも慰められない。山に置き去りにしたおばのことを思い、眠ることもできずに悲しんでいる男の心情。ふだんならば人の心を慰めてくれるはずの美しい月が、つらく悲しいことを思い起こさせるのである。

慰《なぐさ》め難《がた》し…ありける 男がおばを捨てたことに心を痛めて「わが心慰めかねつ…」の歌を詠んだことで、「慰め難し」という心情と「姨捨山」とが結び付き、「慰め難し」と言えば「姨捨山」、「姨捨山」と言えば「慰め難し」といった具合に連想されるものとなり、表現の手法

ける。
助動・過・体

それから後、(この山を)姨捨山と言ったのである。
それ より 後 なむ、姨捨山 と いひ ける。
代 格助 名 係助 名 格助 動・四・用 助動・過・体

慰め難いという時、姨捨山を引き合いに出すのは、このようないわれによるのであった。
慰め難し と は、これ が よし に なむ あり ける。
形・ク・終 格助 係助 代 格助 名 助動・断・用 係助 補動・ラ変・用 助動・過・体

として定着したということ。例えば、「来《こ》むと言ひし月日を過《す》ぐす姨捨の山の端《は》つらきものにぞありける」(『後撰《ごせん》和歌集』・恋二)のように、恋のつらさを歌う際にも使われている。

鑑賞

姨捨伝説の一つである。「わが心慰めかねつ更級や姨捨山に照る月を見て」の歌は、『古今《こきん》和歌集』巻十七、雑の歌上に、題知らず、よみ人知らずの歌として載っている。『大和物語』のこの段は、その歌から発展してできたものと考えられる。「わが心慰めかねつ」という心情と、「年老いた身内を捨てる」という伝説の一パターンが、一つの物語に結実したのであろう。この「姨捨山」は長野県の冠着《かむりき》山とされているが、「おばすて」の語源は「姨捨」以外にもさまざまな説があるようだ。物語では「おばを捨てたことから姨捨山と呼ばれるようになった」といっているが、もともと「おばすて山」という名前が付いていたところに、「姨捨」の意味を持たせたということなのかもしれない。

この物語では、おばを捨てることになった原因は「嫁」である。嫁姑の不仲、その間に板挟みになって悩む夫という構図は、現代にも通じるものがある。嫁が姑(おば)を直接いびるのではなく、夫に告げ口をするところや夫が嫁に「責められわびて」恩のあるおばを捨てる決心をするところなど、人間ドラマの展開は今も昔も同じようなものだと感じられるのではないだろうか。

教科書の問題(解答・解説)

❓ 教科書本文下に示された問題 教科書 二六ページ

❓ 「さしてむ」とは、どうすることか。(p.二四)

解答 おばを深い山へ捨ててしまうこと。

[解説] 男はおばを親のように世話をしていたが、妻からおばを悪く言われ、山に捨ててくるようにと言われているうちに、妻の言うようにしようと考えるようになった

のである。

❓なぜ、「をば」は「限りなく喜」んだのか。（p.二四）

解答 おばをおろそかに扱うようになっていた男が、寺でありがたい仏事をするのを見せようと言って誘ってくれたから。また、死期の近い自分が仏の教えを聞けるのは、ありがたいことだから。

［解説］ おばは嫁（男の妻）に憎まれ、その影響で男からもおろそかに扱われるようになっていた。日々孤独を感じていたにちがいない。そんな時、男が優しい言葉をかけてくれ、仏の教えが聞けるとあって、たいそう喜んだのである。

■学習の手引き

❶「をば」を山に捨てるまでの男の気持ちはどのように変化しているか、まとめよう。

解答

状況	男の気持ち
①若い時に親に死に別れ、おばが親のように世話をしてくれた。	→おばを親のように思い、大切にしてきた。
②妻がおばを憎み、男におばの悪口を言い聞かせた。	→おばを疎ましく思い、おろそかに扱うことが多くなった。
③妻が年老いたおばの悪口を言い続け、山に捨てるよう男を責めた。	→悪口を聞いて腹を立て、また、妻に責められることがつらくなり、おばを山に捨ててしまおうと思った。

［解説］ 第一段落における男の気持ちの変化を読み取る。男がおばを捨てようと決心したのは、妻がおばを憎んで悪口を言い続けたためである。ただ、第二段落に「言ひ腹立てける折は、腹立ちてかくしつれど」とあることから、単に妻に言われてしかたなくというわけではなく、妻から悪口を聞かされたことで男自身もおばに腹を立てていたことが分かる。

❷「また行きて迎へ持て来にける。」（二五・13）**とあるが、男が「をば」を迎えに行ったきっかけは何か。**

解答 おばを捨ててきた山の上に月がこのうえなく明るく照り輝いていたこと。

［解説］ おばを山に置いて逃げ帰ってきた男だったが、家に戻って冷静になってみると、長年自分を親のように養ってくれたことが思い出され、悲しくなる。その悲しみをいっそう深めたのが、山の上に出ていた明るい月である。おばの慈愛を象徴しているように思えたのであろう。

■語句と表現

①「をばなむ」〔二四・1〕の結びについて、文法的に説明しよう。

解答 結びの消滅。

[解説] 「なむ」は強意の係助詞で、係り結びの形となるはずだが、結びとなる語「ある」に接続助詞「に」が続いたために、結びの消滅が起きている。

②次の傍線部を文法的に説明しよう。

解答 (1)おろかなる…形容動詞「おろかなり」の連体形「おろかなる」の一部。
なりゆきけり…動詞「なりゆく」の連用形「なりゆき」の一部。
(2)すなる…伝聞の助動詞「なり」の連体形。

[解説] (2)は活用語の終止形に接続する助動詞。ただし、ラ変型活用語の場合は連体形に接続する。

出典・作者

出典 『大和《やまと》物語』 平安時代中期の歌物語。和歌を中心とした説話百七十三段から成り、二百九十五首の和歌が含まれている。主要な部分は天暦《てんりゃく》五年〔九五一〕頃に成立し、その後、増補を経て現在の形になったと考えられている。内容的には、『後撰和歌集』時代の歌人や和歌にまつわる「歌語り」としての前半部と、古くからの伝承に基づく伝説的説話を集めた後半部に大別でき、「姨捨」は後半部に属す。『伊勢《いせ》物語』のように一貫した主人公はなく、さまざまな人々の話を集めたものであり、実名で登場する人物も多い。そのため、歌を中心としながらも、出来事の具体的な経緯に重点が置かれる傾向がある。

作者 未詳。宮廷に仕える女房が関与していると推察されているが、確証はない。

言語活動　姨捨《おばすて》伝説を読み比べる

教科書　二七〜二八ページ

俊《とし》頼《より》髄《ずい》脳《のう》

源《みなもとの》俊頼

大意

「私の心は、慰めようにも慰められない、この更級《さらしな》の姨捨山に照る月を見ていると。」と詠んだ歌。信濃《しなの》国の更級に姨捨山がある。昔、ある姪《めい》が年をとったおばを、八月十五日の夜に家から連れ出して山に登らせて逃げ帰った。そのおばは一人、山の頂上で月を見ながらこの歌を詠んだ。姪は、おばが気がかりでこっそり山頂に戻り歌を聞いた。その後、この山を姨捨山という。

現代語訳

私の心は、慰めようにも慰められない。この更級の、姨捨山に照る月を見ていると。

わが心慰めかねつ更級や姨捨山に照る月を見て

この歌は、信濃国の更級の郡に、姨捨山と呼んでいる山があるそうだ。昔、人が、姪を（自分の）子として、長年の間養っていたが、（その後）母であるおばが、年をとって面倒であったので、八月十五日の夜で月が曇りや影がなく明るかった折に、この母であるおばを、だまして山に登らせて、逃げて帰ってきたそうだ。（冒頭の歌は、そのおばが）ただ一人で山の頂上に座って、一晩中月を見て、声を長く引いて吟じた歌である。（姪は）そうはいっても気がかりだったので、こっそりと立ち帰って（お

この歌は、信濃国に更級の郡《こおり》に、姨捨山といへる山のあるなり。昔、人の、めひを子にして、年ごろ養ひけるが、母のをば、年老いてむつかしかりければ、八月十五夜の月隈《くま》なく明かかりけるに、この母をば、すかしのぼせて、逃げて帰りにけり。ただ一人山の頂にゐて、夜もすがら月を見て、ながめける歌なり。さすがにおぼつかなかりければ、みそかに立ち帰りて聞きければ、この歌をぞうちな

語釈・文法

むつかしかり　①不快である、②わずらわしい、③気味が悪い、④むさくるしい、の意を表す。ここは②の意。

おぼつかなかり　①ぼんやりしている、はっきりしない、②よく分からない、疑わしい、③気がかりだ、不安だ、④会いたい、などの意を表す。ここは③の意。

みそかに　こっそりと。人目につかないようにするさま。

うちながめて　「うち」は接頭語。

ばの様子を）聞いたところ、（おばは）この歌を吟じて泣き続けた。その後、この山を、姨捨山というようになっ

がめて泣きをりける。その後、この山を、姨捨山といふなり。その前《さき》は冠山《かぶりやま》とぞ

た。その前は冠山と申しました。冠の巾子《こじ》の形に似ているからだとかいうことだ。

申しける。冠の巾子《こじ》のやうに似たるとかや。

「ながむ（詠む）」は、声を長く引いて吟ずる。

巾子《こじ》　冠の後部の高く突き出た部分。髪を巻き立てたもとどりを収める壺型の容器のこと。

課題1

❶『大和物語』「姨捨」（二四ページ）**と次の『俊頼髄脳』を読み比べ、そのあらすじの共通点と違いについて整理してまとめよう。**

解答

・共通点…世話をしてくれた「おば」をだまして山に捨てるが、「おば」が気がかりで戻った点。

・違い…「おば」を山に捨てた人物が『大和物語』「姨捨」では男（甥《おい》）だが、『俊頼髄脳』では女（姪）である。また、歌を詠む人物が『大和物語』「姨捨」では男だが、『俊頼髄脳』では「おば」である。

❷ ❶を踏まえ、『大和物語』「姨捨」と『俊頼髄脳』のそれぞれの特徴について考え、発表しよう。

[解説]

・『大和物語』「姨捨」…男が「おば」を捨てることを決意する経緯を詳しく述べることで、男が自分の行動を後悔して「おば」を連れ帰るまでの心情の変化を深く描き出している。

・『俊頼髄脳』…女が「おば」を捨てた理由は「年老いてむつかしかりければ」としか書かれておらず、文章全体が簡潔であっさりしている。

課題2

●姨捨伝説は、古典文学だけでなく、昔話の中にも見られ、近代文学にも取り入れられている。次のようなものがある。これらについて調べ、代表的なものとして、姨捨伝説が広まった理由を考え、発表しよう。

[解説]　教科書二八ページでは「代表的なもの」として昔話は「枝折《しおり》型」「難題型」、近代文学は深沢七郎の「楢山《ならやま》節考《ぶしこう》」が紹介されている。古典文学では『今昔物語集』や『更級日記』などに姨捨山がどのように記載されているか調べてみよう。

鑑賞

この「更級や…」の歌は『古今《こきん》和歌集』に所収されている古歌である。その理解を深めるために説話ごと著述されたものと考えられる。『俊頼髄脳』は平安後期の歌学書である。著者の源俊頼《みなもとのとしより》は、時の関白であった藤原忠実《ふじわらのただざね》から依頼を受けて、その娘の藤原勲子《くんし》（後に鳥羽《とば》院皇后になる高陽院泰《かやのいんたい》子《し》）の指南のために『俊頼髄脳』を書き表したといわれる。和歌は、当時の高貴な身分の女性にとって必要不可欠な教養である。関白の娘である藤原勲子は、いわゆる「后《きさき》がね」教育として、和歌の権威である俊頼から指南を受けたのであろう。

平安後期ごろの和歌は、古歌（おもに『万葉集』や『古今和歌集』）を踏まえて、本歌取りして詠まれるものが多い。本歌取りのためには、古歌の三十一文字を覚えるだけではなく、その和歌にまつわる説話ごと知っておく必要がある。なぜなら、本歌取りを含んだ和歌の応酬とは、詠み手自身はもちろんのこと、詠んで聞かせたい相手も古歌を知っていることを前提としたコミュニケーションだからである。三十一文字で言い表す情緒に、本歌取りが更なる深みを与えるのである。

なお、菅原孝標女《すがわらのたかすえのむすめ》が著した『更級日記』の題名は、この和歌からとられたものである。菅原孝標女は、老いた後、この和歌に自分の境遇を照らし合わせ、次の歌を詠んだ。

月も出でて闇にくれたる姨捨になにとて今宵たづね来つらむ

作者の源俊頼（一〇五五？―一一二九？）は平安時代後期の歌人。源経信《つねのぶ》の子。堀河《ほりかわ》天皇などに仕え、歌人・楽人として活躍し、歌合の判者もたびたび務めた。『古今和歌集』以来の優美な表現のほかにも新奇な歌語や斬新な表現を取り入れ歌壇に新風をもたらした。白河院の命を受けて『金葉《きんよう》和歌集』を撰進《せんしん》。家集に『散木奇歌《さんぼくきか》集』、歌論書に『俊頼髄脳』がある。

3 随筆1

●随筆に書かれている情景や出来事を的確に捉える。
●随筆の内容を自分と関係づけながら、ものの見方、感じ方、考え方を広げる。

枕草子《まくらのそうし》　清少納言《せいしょうなごん》

九月ばかり　〔第百二十五段〕

教科書　三〇〜三一ページ

大意

一晩中雨の降り続いた翌朝、庭の植え込みが露を含んでこぼれんばかりなのは趣がある。透垣《すいがい》の羅文《らんもん》や軒《のき》の上にかかった蜘蛛《くも》の巣に真珠を貫いたように雨滴が付いているのも風情がある。露が落ちて萩《はぎ》の枝がさっと上に跳ね上がるのも興趣があると私は言うのだが、ほかの人は少しもそう思わないだろうというのもおもしろい。

■第一段落（初め〜三〇・5）

段意

九月の頃、一晩中降った雨がやんで、朝日が輝きだした時分に、庭の植え込みの露が、今にも落ちそうなほど濡《ぬ》れかかっているのも趣がある。透垣の羅文や軒の上にかけてある、破れ残っている蜘蛛の巣に雨の降りかかっているのは、真珠を糸で貫き通したようで風情がある。

現代語訳・品詞分解

（陰暦）九月頃、　一晩中降り続いた雨が、　今朝はやんで、
九月（名）　ばかり（副助）、　夜一夜（副）　降り明かし（動・四・用）　つる（助動・完・体）　雨（名）　の（格助）、　今朝（名）　は（係助）

朝日がたいへん鮮やかに輝きだした頃に、　庭の植
やみ（動・四・用）　て（接助）、　朝日（名）　いと（副）　けざやかに（形動・ナリ・用）　さし出で（動・下二・用）　たる（助動・完・体）　に（格助）、　前栽（名）

語釈・文法

夜一夜《よひとよ》降《ふ》り明《あ》かしつる雨《あめ》　一晩中降って、夜を明かした雨。

けざやかに　鮮やかに。鮮明に。ここでは、朝日の、ぱっと明るい様子を表している。「け」

え込みの露がこぼれ落ちるほどに濡れかかっているのも、非常に趣がある。
の 露 は こぼる ばかり 濡れかかり たる も、 いと をかし。
格助 名 係助 動・下二・終 副助 動・四・用 助動・存・体 係助 副 形・シク・終

透垣の羅文や、軒の上などはかけてある蜘蛛の巣で破れ残っているものに、
透垣 の 羅文、 軒 の 上 など は かい たる 蜘蛛 の
名 格助 名 名 格助 名 副助 係助 動・四・用 助動・存・体 名 格助

雨の滴のかかっているのが、
巣 の こぼれ残り たる に、 雨 の かかり たる が、
名 格助 動・四・用 助動・存・体 格助 名 格助 動・四・用 助動・存・体 格助

まるで真珠を(糸で)貫き通してあるように見えるのは、たいそう風
白き 玉 を 貫き たる やうなる こそ、 いみじう
形・ク・体 名 格助 動・四・用 助動・存・体 助動・比・体 係助 形・シク・用

情があって趣深い。
あはれに をかしけれ。
形動・ナリ・用 形・シク・已

■第二段落 (三〇・6～終わり)

段意

少し日が高くなると、雨滴が落ちて萩の枝がさっと上の方に跳ね上がったりする。そんなこともとてもおもしろいと私は言うのだが、ほかの人には少しもおもしろくないのだろうと思うと、それがまたおもしろい。

現代語訳・品詞分解

少し日が高くなってしまうと、萩などが、(露を帯びて)ひどく重そうで
少し 日 たけ ぬれ ば、 萩 など の、 いと 重げなる に、
副 名 動・下二・用 助動・完・已 接助 名 副助 格助 副 形動・ナリ・体 接助

あるのに、露が落ちると(そのたびに)、枝がちょっと揺れて、人も手を触れないのに、
露 の 落つる に、 枝 うち動き て、 人 も 手 触れ
名 格助 動・上二・体 接助 名 動・四・用 接助 名 係助 名 動・下二・未

さっと上の方に跳ね上がったのも、たいそうおも
ぬ に、 ふと 上ざま へ 上がり たる も、 いみじう
助動・消・体 接助 副 名 格助 動・四・用 助動・完・体 係助 形・シク・用

しろい。と(私の)言ったことなどが、ほかの人の心には、
をかし。 と 言ひ たる ことども の、 人 の 心 に は、
形・シク・終 格助 動・四・用 助動・完・体 名 格助 名 格助 名 格助 係助

は接頭語。

前栽《せんざい》 植え込み。庭先に植える草木。

こぼれ残《のこ》りたるに 破れ残っているものに。「こぼる」は、破れる、壊れる、崩れる、の意。

白《しろ》き玉《たま》を貫《つらぬ》きたる 『古今《こきん》和歌集』の「秋の野に置く白露は玉なれや貫きかくる蜘蛛の糸筋」(秋の野に置く白露は玉なのだろうか。貫き通して草葉にかけている蜘蛛の糸の美しさよ。)によると思われる。

いみじう《ジュウ》 「いみじく」のウ音便。

語釈・文法

日《ひ》たけぬれば 日が高くなってしまうと。「たく」は、「高《たか》」が変化してできた下二段活用の動詞で、月や日が高くなる、の意。

ふと上《かみ》ざまへ上《あ》がりたるも 萩の枝が急にさっと上の方へ跳ね上がった様子も。

言《い》ひ《イ》たることども 「言ひたる」の主体は作者の清少納言《せいしょうなごん》。「ども」は、体言に付いて、同類のものが複数あることを表す接尾語。

つゆ…じ 少しも…ないだろう。「つゆ」は、

少しもおもしろくないのだろうと思うのが、
つゆ（副） をかしから（形・シク・未） じ（助動・消推・終） と（格助） 思ふ（動・四・体） こそ、（係助） また（副） をかしけれ。（形・シク・已）
またおもしろい。

陳述の副詞で、打消の語と呼応して、少しも、全く、の意。「じ」は、打消推量の助動詞。

鑑賞

この章段は、『枕草子』のいわゆる随想的章段の一つであるが、「…も、いとをかし。」「…こそ、いみじうあはれにをかしけれ。」「…も、いみじうをかし。」「…こそ、またをかしけれ。」という文から成っていて、構成・発想としては、「春はあけぼの」「うつくしきもの」などの類聚《るいじゅう》的章段に極めて近いものがある。

一晩中降っていた雨が朝になってやんだ。その雨の名残である露が、この章段の主題である。取り上げるのは、①前栽の露、②蜘蛛の巣に付いた露、③萩の枝についた露の三態である。九月といっても、もちろん陰暦だから、秋の終わりであって、そろそろ朝晩の冷気も身にしみる頃である。全体がきらきら光っているような優れた叙景文になっている。まず明るい朝日に映える前栽の露は、まるでこぼれるほどに濡れかかっている。次いで透垣の羅文や軒の上に張り渡した蜘蛛の巣に、雨滴の落ちとまったのが、まるで真珠を糸で貫き通したかのように見える。これは『古今和歌集』に「秋の野に置く白露は玉なれや貫きかくる蜘蛛の糸筋」という和歌があって、この比喩を借りてきたものである。「透垣の羅文」といい「軒の上」といい、観察は非常に細かいといえるが、「蜘蛛の巣」は多分に『古今和歌集』の和歌を意識したものであろう。

後段は、「朝日」を受けて、「少し日たけぬれば」というのだから、日の高くなった頃で、巧まずして時間の推移を描き出し、露そのものより、露が落下することにより起こる萩の枝の動きを丹念に観察していく。「露の落つるに、枝うち動きて、人も手触れぬに、ふと上ざまへ上がりたる」というような、物の細かい動きに作者は興趣を覚える。しかし、誰もこんなことをおもしろがるはずはあるまいと思うと、それがまたおもしろいと言う。こうした物言いをするところが作者の作者たるゆえんであって、凡俗の女房とは一味も二味も違うところなのである。

教科書の問題（解答・解説）

教科書 三一ページ

❓教科書本文下に示された問題

❓「言ひ」の主語は誰か。（p.三〇）

解答 作者（清少納言）

■学習の手引き

❶作者はどのようなものを「をかし」と感じているか、まとめよう。

解答 ・一晩中雨の降り続いた翌朝、庭の植え込みにこぼれんばかりに露がかかっていて、それが朝日を受けてきらきらと輝いている情景。
・透垣の羅文や軒の上に張られた蜘蛛の巣の破れ残りに雨滴が落ちとまり、それが糸に貫かれた真珠のようにきらめいて見える情景。
・たっぷりと露を帯びて重そうな萩の枝が、露が落ちるたびに少しずつ揺れ、ある時、人が手も触れないのにさっと上に跳ね上がる情景。

❷「人の心には、つゆをかしからじと思ふこそ、またをかしけれ。」〔三〇・9〕という表現から、作者のどのような思いがうかがえるか、話し合おう。

解答 自分が興味深く感じ取った情趣を、ほかの人は少しも理解できないであろうと思った時に、その感受性の違いをおもしろく感じている。

［解説］ 作者は、自分が「いみじうをかし」と言うようなことでも「人の心には、つゆをかしからじ」と思うと、それがまたおもしろいと言う。鋭い観察眼によって自然の無心な動きを捉えた作者は、ほかの人にその興趣は解せまいと思い、おもしろく感じているのであろう。

■語句と表現

①「いみじうあはれにをかしけれ。」〔三〇・4〕を品詞分解し、文法的に説明しよう。

解答 いみじう（シク活用形容詞「いみじ」の連用形「いみじく」のウ音便）―あはれに（ナリ活用形容動詞「あはれなり」の連用形）―をかしけれ（シク活用形容詞「をかし」の已然《いぜん》形）

［解説］「をかしけれ」は、上にある「こそ」と係り結びの関係にある。

すさまじきもの 〔第二十三段〕

教科書 三一～三三ページ

大意

興ざめするものとして、「昼ほゆる犬」以下、場面や折にふさわしくない事柄を列挙し、次いで、効きめのない験者《げんざ》、親しくない人による安眠妨害、そして、除目《じもく》をめぐる悲喜劇を描写する。

■第一段落（初め～三一・6）

段意

興ざめするものは、犬・網代《あじろ》・紅梅の衣《きぬ》・牛飼い・産屋《うぶや》・炭櫃《すびつ》・地火炉《じかろ》の、それぞれの折にふさわしくない場合。娘ばかりの博士《はかせ》の家。方違《かたたが》え先で接待しない所、特に節分の場合は、興ざめである。

現代語訳・品詞分解

すさまじき〔形・シク・体〕 もの〔名〕、昼〔名〕 ほゆる〔動・下二・体〕 犬〔名〕。春〔名〕 の〔格助〕 網代〔名〕。三、四月〔名〕 の〔格助〕

興ざめするものは、昼間ほえる犬。春の網代。三、四月の紅梅襲の

紅梅〔名〕 の〔格助〕 衣〔名〕。牛〔名〕 死に〔動・ナ変・用〕 たる〔助動・完・体〕 牛飼〔名〕。児〔名〕 亡くなり〔動・四・用〕 たる〔助動・完・体〕

着物。牛が死んでしまった牛飼い。赤ん坊が死んでしまった産屋。

産屋〔名〕。火〔名〕 おこさ〔動・四・未〕 ぬ〔助動・消・体〕 炭櫃〔名〕、地火炉〔名〕。博士〔名〕 の〔格助〕 うち続き〔動・四・用〕 女児〔名〕

火をおこさないでいる炭櫃や、いろり。博士が引き続いて女の子ばかり生ませ

生ま〔動・四・未〕 せ〔助動・使・用〕 たる〔助動・完・体〕。方違へ〔名〕 に〔格助〕 行き〔動・四・用〕 たる〔助動・完・体〕 に〔格助〕、あるじせ〔動・サ変・未〕

た場合。方違えに行った時に、もてなしをしない所。（普通の方違えでもそ

ぬ〔助動・消・体〕 所〔名〕。まいて〔副〕、節分〔名〕 など〔副助〕 は〔係助〕、いと〔副〕 すさまじ〔形・シク・終〕。

うだが）まして、節分（の方違え）などの場合は、（前もって分かっているだけに）まことに興ざめである。

語釈・文法

すさまじきもの　興ざめなもの。「すさまじ」は、不調和でおもしろくない。興ざめだ。時節に合わないもの、期待を裏切るもの、調和を損ねて共感が持てないものに対する不快感を表す語である。

昼《ひる》ほゆる犬《いぬ》　犬は、本来、家の番をするもので、夜ほえるべきものである。

女児《おんなご》生ませたる　家の跡継ぎに男子が欲しいのに、女子ばかり生まれてきたことをいう。

方違《かたたが》へ《エ》　陰陽道《おんようどう》で、外出の際に不吉とされる方角を避けるため、前夜、吉方の家に泊まり、方角を変えてから目的地に行くこと。

■第二段落（三二・1〜6）

段意

病者のために迎えた験者が、したり顔で祈禱《きとう》するが、効きめが現れず、読経に疲れ、あくびをして寝込んでしまった様子は興ざめである。

現代語訳・品詞分解

験者が、物の怪を調伏すると言って、ひどく得意顔をして、独鈷や
験者 の、物の怪 調ず とて、いみじう したり顔 に、独鈷
名 格助 名 動・サ変・終 格助 形・シク・用 形動・ナリ・用 名

数珠を（よりましに）持たせて、蟬の鳴くような声をしぼり出して（経を）読んでい
や 数珠 など 持た せ、蟬 の 声 しぼり出だし て
間助 名 副助 動・四・未 助動・使・用 名 格助 名 動・四・用 接助

るが、少しも（物の怪が）退散しそうな様子もなく、（そのうえ）護法
誦みゐ たれ ど、いささか 去りげ も なく、護法 も
動・上一・用 助動・存・已 接助 副 名 係助 形・ク・用 名 係助

童子も（よりましに）つかないので、（家族の者が）集まり座って祈念していたが、男も女もこれはお
つか ね ば、集まりゐ 念じ たる に、男 も 女
動・四・未 助動・消・已 接助 動・上一・用 動・サ変・用 助動・存・体 接助 名 係助 名

かしいと不審に思っていると、（験者は祈禱を行う）所定の時間が過ぎるまで（経を）読み続
も あやし と 思ふ に、時 の かはる まで 誦み 困じ
係助 形・シク・終 格助 動・四・体 接助 名 格助 動・四・体 副助 動・四・用 動・サ変・用

けて疲れ果ててしまい、「いっこうに（護法童子がよりましに）つかない。立ちなさい。」と言って、（より
て、「さらに つか ず。立ち ね。」とて、数珠 取り返し
接助 副 動・四・未 助動・消・終 動・四・用 助動・強・命 格助 名 動・四・用

ましから）数珠を取り返して、「ああ、さっぱり効果がないなあ。」と言って、額から上の方
て、「あな、いと 験 なし や。」と うち言ひ て、額 より
接助 感 副 名 形・ク・終 間助 格助 動・四・用 接助 名 格助

あるじせぬ所《ところ》 接待や饗応《きょうおう》をしない所。「あるじす」は、主人として客をもてなす、の意。「あるじまうけす」ともいう。

まいて 「まして」のイ音便。

語釈・文法

験者《げんざ》 修行して秘法を身につけ、祈禱によって病気を治したり、悪霊を退散させたりする人。

物《もの》の怪《け》 人に取りついてたたりをなす死霊・生霊・妖怪などのこと。

調《ちょう》ず 調伏《ちょうぶく》する。祈りこらしめる。ここは病気の原因となっているたたりを払うこと。

したり顔《がお》に もっともらしい様子で。得意そうな顔つきで。

持《も》たせ 験者が「よりまし」に持たせるのである。「よりまし」は、験者が物の怪を調伏する時、そばに控えさせて神・霊を乗り移らせる媒体として使う者。乗り移った霊は、その者の口を通して意思を述べる。

蟬《せみ》の声《こゑ》 蟬の鳴くような苦しそうな声。験者が経を読む声をたとえたもの。

集《あつ》まりゐ《イ》 病人の家族らが集まって座って。

へ、（頭を手で）なで上げて、あくびを自分からして、

上ざま（名） に（格助） さくり上げ（動・下二・用）、あくび（名） おのれ（代） より（格助） うちし（動・サ変・用） て（接助）、

ものに寄りかかって寝てしまったこと（は全く興ざめだ）。

寄り伏し（動・四・用） ぬる（助動・完・体）。

■第三段落（三二・7～8）

段意 ひどく眠い時に、親しくもない人に起こされ話しかけられるのは興ざめである。

現代語訳・品詞分解

ひどく眠いと思う時に、それほど親しく思っていない人が、

いみじう（形・シク・用） ねぶたし（形・ク・終） と（格助） 思ふ（動・四・体） に（格助）、いと（副） しも（副助） おぼえ（動・下二・未） ぬ（助動・消・体）

揺り起こして、無理やりに話しかけるのは、全く興ざめな

人（名） の（格助）、おし起こし（動・四・用） て（接助）、せめて（副） 物（名） 言ふ（動・四・体） こそ（係助）、いみじう（形・シク・用）

ことである。

すさまじけれ（形・シク・已）。

念《ねん》じたるに　祈念していたが。「念ず」は、①心の中で祈る、祈念する、②我慢する、じっとこらえる、の意を表す。ここは①の意。

誦《よ》み困《こう》じて　（経を）読み続けて疲れて。「困ず」は、疲れる、の意。

さらに　下に打消の語を伴い、いっこうに、少しも（…ない）、の意を表す副詞。

立《た》ちね　立ちなさい。よりましに対して言う。

あな　ああ。まあ。感嘆を示す。

あくびおのれよりうちして　祈禱の全責任者たる験者が誰よりも先にあくびをするのは、依頼者にしてみれば、全く無責任で頼りにならず、期待外れとしか思えない。

語釈・文法

いとしもおぼえぬ人《ひと》　「いとしも…打消語」の形で、それほど…ない、の意を表す。相手が尊敬すべき人や、好意を持っている人ならば、眠いのを我慢して話し相手にもなるが、という気持ちを言外に込めた言い方である。

せめて　無理に、強いて、の意の副詞。動詞「せむ（迫む）」の連用形に接続助詞「て」が付いて副詞となったもの。

■第四段落（三一・9～終わり）

段意　除目に期待して、大勢詰めかけて大騒ぎしていたのに、その家の主人が任官できなかった時の、人の心の諸相——失望の下男、新参者のエゴイズム、古参者のわびしさ——は、気の毒で興ざめである。

現代語訳・品詞分解

除目に任官できない人の家（は、期待外れで興ざめだ）。今年は必ず（任官するだろう）

除目　に　司　得　ぬ　人　の　家。今年　は　必ず　と
名　格助　名　動・下二・未　助動・消・体　名　格助　名　名　係助　副　格助

と聞いて、以前（この家に）仕えていた者たちで、（今は他家に仕えて）

聞き　て、はやう　あり　し　者ども　の、ほかほかなり
動・四・用　接助　副　動・ラ変・用　助動・過・体　名　格助　形動・ナリ・用

離れ離れになっていた者たちや、田舎めいた所に（引っ込んで）住んでいる者たちなどが、みな集

つる、田舎だち　たる　所　に　住む　者ども　など、みな
助動・完・体　動・四・用　助動・存・体　名　格助　動・四・体　名　副助　名

まってきて、出入りする牛車のながえも隙間がないほどに立ち並んで見え、

集まり来　て、出で入る　車　の　轅　も　ひま　なく　見え、
動・カ変・用　接助　動・四・体　名　格助　名　係助　名　形・ク・用　動・下二・用

（任官祈願のために）寺社にお参りする主人のお供として、我も我もとつき従ってお仕え申し上げ、

物詣で　する　供　に、我　も　我　も　と　参り　つかうまつり、
名　動・サ変・体　名　格助　代　係助　代　係助　格助　動・四・用　動・四・用

物を食い酒を飲み、大声をあげて騒ぎ合っているのに、（除目が）終わる明け方ま

物　食ひ　酒　飲み、ののしり合へ　る　に、果つる　暁　まで
名　動・四・用　名　動・四・用　動・四・命　助動・存・体　接助　動・下二・体　名　副助

で（吉報を伝えるはずの使いが）門をたたく音もしない。おかしいなあと、耳を澄ま

門　たたく　音　も　せ　ず。あやしう　など、耳立て
名　動・四・体　名　係助　動・サ変・未　助動・消・終　形・シク・用　副助　動・下二・用

して聞いていると、先払いする声々などが聞こえて、（除目に立ち会った）

て　聞け　ば、先　追ふ　声々　など　し　て、上達部　など
接助　動・四・已　接助　名　動・四・体　名　副助　動・サ変・用　接助　名　副助

公卿などがみな（宮中から）退出なさってしまう。（宮中の）様子を聞きに、（前日の）宵から行って寒

みな　出で　給ひ　ぬ。物　聞き　に、宵　より　寒がり
名　動・下二・用　補動・四・用　助動・完・終　名　動・四・用　格助　名　格助　動・四・用

語釈・文法

除目《じもく》　官吏の人事異動。「除」は、もとの官を除く意。「目」は、新官を目録する意。宮中や京の官吏を任命する秋の「司召《つかさめし》」と、地方官（国司）を任命する春の「県召《あがためし》」がある。

司《つかさ》　官職。本来は、役所・役人、の意。

必《かなら》ず　下に「司《つかさ》得《え》給《たま》ふべし」などが省略された表現。

はや《ヨ》う《ウ》ありし者《もの》どもの　以前その家に仕えていた者たちであって。「の」は同格の格助詞で、…で、…であって、と訳す。「ほかほかなりつる（者ども）」「田舎だちたる所に住む者ども」の両方に係る。

田舎《いなか》だちたる所《ところ》に住《す》む者《もの》ども　今は田舎めいた所に引っ込んで住んでいる者たち。

ひまなく見《み》え　訪問客が多くて車の置き場所もない様子をいう。

参《まい》りつか《コ》う《ウ》まつり　つき従ってお仕え申し上げ。「行きつかへ」の謙譲表現。「つかうまつる」は「つかへまつる」のウ音便。

ののしり合《あ》へ《エ》るに　大声で騒ぎ合っているのに。

がって震えていた下男が、とても憂鬱そうに歩いてくるのを、
わななきをり　ける　下衆男、　いと　物憂げに　歩み来る　を、
動・ラ変・用　助動・過・体　名　副　形動・ナリ・用　動・カ変・体　格助

見る人たちは（その様子から結果を悟って、どうだったかと）尋ねることさえできない。よそか
見る　者ども　は　え　問ひ　に　だに　問は　ず。　ほか
動・上一・体　名　係助　副　動・四・用　格助　副助　動・四・未　助動・消・終　名

ら来た者などが、「ご主人は何におなりになりましたか。」
より　来　たる　者　など　ぞ、「殿　は　何　に　か　なら
格助　動・カ変・用　助動・完・体　名　副助　係助　名　係助　代　格助　係助　動・四・未

などと尋ねると、その答えには、「どこ
せ　給ひ　たる。」　など　問ふ　に、　いらへ　に　は、「何
助動・尊・用　補動・四・用　助動・完・体　副助　動・四・体　接助　名　格助　係助　代

そこの前司に（おなりになりました）。」などと、必ず答える。（これを聞い
の　前司　に　こそ　は。」　など　ぞ、　必ず　いらふる。　まことに
格助　名　格助　係助　係助　副助　係助　副　動・下二・体　副

て、）心底から（主人の任官を）あてにしていた者は、ひどく嘆かわしいと思っている。翌朝になって、
頼み　ける　者　は、　いと　嘆かし　と　思へ　り。　つとめて
動・四・用　助動・過・体　名　係助　副　形・シク・終　格助　動・四・命　助動・存・終　名

隙間もなくぎっしり詰めかけていた者たちも、一人二人とこっ
に　なり　て、　ひま　なく　居り　つる　者ども、　一人　二人
格助　動・四・用　接助　名　形・ク・用　動・ラ変・用　助動・完・体　名　名　名

そり抜け出して帰ってしまう。前々から長く仕えている者たちで、そのように（その家から）離
すべり出で　て　いぬ。　古き　者ども　の、　さ　も　え　行き離る
動・下二・用　接助　動・ナ変・終　形・ク・体　名　格助　副　係助　副　動・下二・終

れていくことのできない者は、来年（国司が交替するはず）の国々を、指を折って数えなどして、
まじき　は、　来年　の　国々、　手　を　折り　て　うち数へ　など
助動・不可・体　係助　名　格助　名　名　格助　動・四・用　接助　動・下二・用　副助

体を揺すって歩き回っているのも、気の毒で興ざめのする様子であることだ。
し　て、　ゆるぎ歩き　たる　も、　いとほしう　すさまじげなり。
動・サ変・用　接助　動・四・用　助動・存・体　係助　形・シク・用　形動・ナリ・終

「ののしる」は、大声で言う、騒ぐ、の意。

果《は》つる暁《あかつき》まで　除目の選考が終わる明け方まで。通例、三日間かかり、また、夜も行われた。

先《さき》追《お》ふ《ウ》　貴人の通行の先に随身《ずいじん》が人払いをしながら行くこと。

下《げ》衆《す》男《おとこ》　身分の卑しい男。下男。

物憂《ものう》げに　主人の任官が決まらないので、気落ちしている様子。

見《み》る者《もの》ども　主人の身近に仕える者たちのことを指すと考えられる。

え問《と》ひ《イ》にだに問《と》は《ワ》ず　どうだったかと尋ねることさえできない。「え」は、下に打消の語を伴い、…できない、の意を表す副詞。

ほかより来《き》たる者《もの》などぞ　様子の分からない外来者は、無遠慮に結果を問うのである。

何《なに》の前司《ぜんじ》にこそは　下に「ならせ給ひたれ」などが省略された表現。正直にだめだったとは言えないので、前任地の国名を挙げて、「どこそこの前司（前任の国司）なのですよ。」と答えるのが習慣であった。照れ隠しの言い方で、除目に漏れた無念さが込められている。

いらふ《ウ》　答える。返事をする。

頼《たの》みける者《もの》　四段活用の「頼む」は、①頼みにする、あてにする、②（主人として）仕える、信頼する、という意味を表す。ここは①の意。

つとめて (何か事のあった) 翌朝。

古《ふる》き者《もの》ども 「の」は同格の格助詞で、「さもえ行き離るまじき」に係る。

さも そのように。ここでは、ほかから来た者のように、の意。

ゆるぎ歩《あり》きたる 「歩《あり》く」は、①移動する、動き回る、②(動詞の連用形の下に付いて)…して回る、…し続ける、などの意味を表す。ここは①②の意を含んでいると考えられる。

いとほ《オ》しう《シュウ》 「いとほしく」のウ音便。「いとほし」は、かわいそうだ、気の毒だ、の意。

鑑賞

作者の列挙した「すさまじきもの」の中には、現代社会でも共感できるものが多い。特に、祈禱を行う験者の態度や、「除目に司得ぬ人の家」に見られる人々の言動・振る舞いなどには、人間心理の機微を突いた観察と鋭い分析とが感じられて迫力がある。また、後者は、誰よりもすさまじさを痛感しているこの家の主人自身については全く言及せず、その周囲の者の言動や心理の動きを描写して、すさまじさを印象づけているのは、みごとな着想であるといえよう。こそこそと逃げ帰る功利的・打算的な者たちと、来春の首尾を期待する古参の律儀者との対照も現実的で、せちがらい世相が今も昔も変わりないことを痛感させられる。

作者の父の清原元輔《きよはらのもとすけ》は、単なる受領《ずりょう》として一生を終わった人であったから、この「除目に司得ぬ人の家」は、作者自身の見聞きした体験そのもので裏打ちされていると思われる。末尾の「いとほしうすさまじげなり。」の「いとほしう」に、作者のしみじみとした同情が感じられる。

ともあれ、日常生活にまつわる諸相を、作者は、まことに的確に核心を取り出して描いている。そして読者に、改めて自分を含めた周囲の人々の言動や振る舞いに、批判・反省の目を向けさせ、共感を誘っている。

教科書の問題（解答・解説）　教科書 三三ページ

◆ 教科書本文下に示された問題

◆「さらにつかず。立ちね。」「あな、いと験なしや。」と言う時の験者は、どのような気持ちか。（p.三三一）

解答　長時間にわたって経を読み続けているのに、加持祈禱の効果がいっこうに現れないので、もうだめだと諦めた投げやりな気持ち。

[解説]　後に続く部分にも着目しよう。「額より上《かみ》ざまにさくり上げ」は、閉口した時に自然に出る動作であろう。また、「あくびおのれよりうちして」は、物の怪の調伏を任された験者の態度としては、極めて無責任なものである。長時間にわたる祈禱の疲れも加わって、験者はやる気を失い、投げやりになっていると考えられる。

◆「何の前司にこそは。」と答えるのはなぜか。（p.三三三）

解答　除目の選考に漏れて国司に任命されなかった主人を気遣い、だめだったとは言えないので、遠回しな言い方でその場を取り繕うため。

[解説]　当時、任期を終えて新任されない地方官は「○○の前司」と呼ばれた。除目の選考に漏れた場合、結果を尋ねられたら、「○○の前司に…」と答えるのは決まり文句だったらしい。体裁を繕った表現に失望や無念の思いが隠されていることを捉えたい。

■ 学習の手引き

❶「除目に司得ぬ人の家。」〔三三一・9〕の段落について、人々の行動と心情を整理しよう。

解答
・任官できそうだと聞きつけて、以前その家に仕えていたが、今は他家に仕えたり田舎に住んだりしている者たちが集まってくる。
・主人の歓心を買って取り立ててもらいたいという下心から、任官祈願の寺社詣でに我も我もと供をする。
・前祝いのつもりで、物を食べ酒を飲んで、期待に胸を膨らませながらみなで騒ぎ合う。
・除目の終わる明け方まで門をたたく音もせず、任官の知らせがないので、おかしいと思う。
・先払いの声とともに公卿《くぎょう》がみな退出してしまい、様子を見に出ていた下男が憂鬱そうに帰ってくるので、除目の選考に漏れたのだと分かり、みな落胆する。
・翌朝になると、ここにいてもしかたがないと思い、集まっていた者たちが一人二人とこっそり帰っていく。
・古参の者は、期待に反する結果を無念に思いつつ、来年の除目に希望を託し、国司が交代するはずの国々を数えて体を揺すりながら歩き回る。

［解説］　叙述を丁寧に追って、大きな期待から失望・落胆へと至る人々の行動と心情を読み取っていこう。

❷作者は、物事のどのような点について「すさまじ」といっているのか、考えよう。

［解説］　作者が挙げている「すさまじきもの」は大きく分けて次の三つに分類できる。

①時刻や季節がずれているもの＝昼ほえる犬・春の網代・三、四月の紅梅の衣

②当然あるべきものが欠けているもの＝牛に死なれた牛飼い・乳児が死んでしまった産屋・火をおこさない炭櫃や地火炉・男子に恵まれずに女子ばかり生まれる博士の家

③こちらの期待や思惑に反しているもの＝方違えに行った時に接待してくれない家・物の怪を調伏できずに祈禱を投げ出す験者・あまり親しくない人による安眠妨害・除目に任官できなかった人の家

■語句と表現

①次の傍線部の「ね」を文法的に説明しよう。

解答　(1)つかねば＝打消の助動詞「ず」の已然《いぜん》形。
(2)立ちね＝強意の助動詞「ぬ」の命令形。

［解説］　それぞれ、上の語の活用形に着目する。打消の「ず」は未然形に、強意の「ぬ」は連用形に付く。

②次の傍線部の副詞に呼応している語を指摘しよう。

解答　(1)なく　(2)ず　(3)まじき

［解説］　いずれも打消の表現と呼応する副詞である。

言語活動

1 現代における「すさまじきもの」にはどのようなものがあるか、話し合おう。

［解説］　学習の手引き②の解説で挙げた①時刻や季節がずれているもの、②当然あるべきものが欠けているもの、③こちらの期待や思惑に反しているものの三点について、現代ではどのようなものがあるか、それぞれ考えてみるとよい。

中納言参り給《たま》ひて 〔第九十八段〕

教科書 三四ページ

大意 中納言（隆家様《たかいえ》）が、中宮様の御前で、すばらしい扇の骨を手に入れたことを自慢して、「これほどの骨は見たことがない。」と得意げに語るので、私（清少納言《せいしょうなごん》）が「くらげの骨のようですね。」と言うと、中納言はひどく感心して、「これは私の言葉にしよう。」とお笑いになる。おもしろい話は一つ残さず書いておくべきだと人に勧められ、やむをえず記した。

■第一段落（初め～三四・7）

段意 中納言隆家様が、すばらしい扇の骨を入手し、「これほどの骨は見たことがない。」と中宮様に得意げに話された。私が「くらげの骨のようですね。」と言うと、中納言は、「これは私の言葉にしよう。」とお笑いになる。

現代語訳・品詞分解

中納言（隆家様）が参上なさって、（中宮様に）御扇を差し上げなさる時に、「（この）

中納言（名） 参り（動・四・用） 給ひ（補動・四・用） て（接助）、 御扇（名） 奉らせ（動・下二・用） 給ふ（補動・四・体） に（格助）、 「隆家（名）

隆家はすばらしい（扇の）骨を手に入れております。それに、（紙を）

こそ（係助） いみじき（形・シク・体） 骨（名） は（係助） 得（動・下二・用） て（接助） 侍れ（補動・ラ変・已）。 それ（代） を（格助）、 張ら（動・四・未）

張らせて献上しようと思っておりますが、ありふれた紙は（不釣り合い

せ（助動・使・用） て（接助） 参らせ（動・下二・未） む（助動・意・終） と（格助） する（動・サ変・体） に（接助）、 おぼろけ（形動・ナリ・語幹） の（格助） 紙（名）

で）張ることができませんので、（その骨にふさわしい上等の紙を）探しております。」

は（係助） え（副） 張る（動・四・終） まじけれ（助動・不可・已） ば（接助）、 求め（動・下二・用） 侍る（補動・ラ変・体） なり（助動・断・終）。」 と（格助） 申し（動・四・用）

語釈・文法

奉《たてまつ》らせ給《たまう》ふに 献上なさる時に。「奉らす」は「与ふ」の謙譲語で、差し上げる、の意。「奉る」よりも高い敬意を表す。「給ふ」は尊敬の補助動詞で、隆家に対する敬意を表す。

隆家《たかいえ》こそ 中宮に対する口上だから、代名詞を用いず実名で言ったもの。謙遜した言い方。

参《まい》らせむ 差し上げよう。献上しよう。「参らす」は「与ふ」の謙譲語。「参る」よりも高い敬意を表す。

おぼろけの紙《かみ》 「いみじき骨」には上等の紙が

と申し上げなさる。(中宮様が)「(その骨は)どんな様子ですか。」とお尋ね申し上げなさると、
給ふ。「いかやうに か ある。」と 問ひ 聞こえ させ
補動・四・終 形動・ナリ・用 係助 補動・ラ変・体 格助 動・四・用 補動・下二・未 助動・尊・用

(中納言は)「何から何までたいそうすばらしゅうございます。『全くまだ見たこ
給へ ば、「すべて いみじう 侍り。『さらに まだ 見
補動・四・已 接助 副 形・シク・用 補動・ラ変・終 副 副 動・上一・未

ともない骨のさまだ。』と人々が申します。本当にこれほ
ぬ 骨 の さま なり。』と なむ 人々 申す。まことに
助動・消・体 名 格助 名 助動・断・終 格助 係助 名 動・四・体 副

どの骨は見たことがありません。」と声高く(得意そうに)おっしゃる
かばかり の は 見え ざり つ。」と 言高く のたまへ
副 格助 係助 動・下二・未 助動・消・用 助動・完・終 格助 形・ク・用 動・四・已

ので、(私が)「それでは、扇の骨ではなくて、くらげの骨のようですね。」
ば、「さては、扇 の に は あら で、くらげ の な
接助 接 名 格助 助動・断・用 係助 補動・ラ変・未 接助 名 格助 助動・断・体

と申し上げると、(中納言は)「これは(この)隆家の(言った)言葉としてしま
なり。」と 聞こゆれ ば、「これ は 隆家 が 言 に し
助動・定・終 格助 動・下二・已 接助 代 係助 名 格助 名 格助 動・サ変・用

おう。(実にすばらしいしゃれだ。)」と言って、お笑いになる。
て む。」とて、笑ひ 給ふ。
助動・強・未 助動・意・終 格助 動・四・用 補動・四・終

ふさわしいというわけ。「おぼろけ」は、形容動詞「おぼろけなり」の語幹。並ひととおりのさま、普通であるさま、などの意。

問《と》ひ聞《き》こえさせ給《たま》へ《エ》ば (中宮が隆家に)お尋ね申し上げなさると。「聞こえ」は謙譲の補助動詞で、隆家への敬意を表す。「させ」は尊敬の助動詞、「給へ」は尊敬の補助動詞で、中宮への特に高い敬意を表す。

さらにまだ見《み》ぬ 全くまだ見たこともない。「さらに」は、下に打消の語を伴った場合、全然(…ない)、決して(…ない)、と強く否定する意味を表す。

言高《ことたか》くのたまへ《エ》ば 声高くおっしゃるので。得意の気持ちが表れている。

くらげのなり 「ななり」は「なるなり」の撥《はつ》音便「なんなり」の「ん」が表記されない形。まだ見たことがない骨という言葉を捉え、それならば骨のないあのくらげの骨なのだろうと、皮肉まじりにしゃれを言ったのである。

聞《き》こゆれば 申し上げると。「聞こゆ」は、ここでは「言ふ」の謙譲語。

■第二段落 (三四・8～終わり)

段意 このような自慢めいた話を書くことは本意ではないのだが、人々が「一つの話も書き漏らすなよ。」と言うので、しかたなく書き留めることにした。

現代語訳・品詞分解

このような(自慢めいた)事柄は、そばで見聞きしていて苦々しく思うことの中に当

かやう｜の｜こと｜こそ｜は、｜かたはらいたき｜こと｜の｜うち

形動・ナリ・語幹｜格助｜名｜係助｜係助｜形・ク・体｜名｜格助｜名

然入れるはずのものであるけれども、(人々が)「一つの話も書き漏らしてくれるな。」

に｜入れ｜つ｜べけれ｜ど、｜「一つ｜な｜落とし｜そ。」｜と

格助｜動・下二・用｜助動・強・終｜助動・当・已｜接助｜名｜副｜動・四・用｜終助｜格助

と言うので、どうしようか。(いや、どうしようもないので書き留めた。)

言へ｜ば、｜いかが｜は｜せ｜む。

動・四・已｜接助｜副｜係助｜動・サ変・未｜助動・意・体

語釈・文法

かたは《ワ》らいたし　そばで見聞きしていて、苦々しい、聞き苦しい、の意。

一《ひと》つな落《お》としそ　一つも書き漏らしてくれるな。「な…そ」は懇願的禁止で、…してくれるな、の意。

いかがはせむ　①(疑問)いったいどうしようか。どうしたらよいのだろうか。②(反語)どうしようか(いや、全くどうしようもない)。どうしようか(いや、どうにもしかたがない)。ここは②の意。どうしようもない、ということを強調している。

鑑賞

隆家の「さらにまだ見ぬ骨のさまなり。」という自慢たっぷりな言葉がまずおもしろい。その得意そうな隆家の鼻を折るように、まだ誰も見たことのない骨ならば、骨のない「くらげ」の骨だろうと、即座にしゃれた作者の当意即妙の才知と連想力がすばらしい。これを隆家が明るく笑って感心するところが、この話を興味深く、楽しい話としてまとめている。

「かやうのことこそは…」の記事は、自慢めいた話を書くおもはゆさを紛らわすための、軽い筆のあや(＝巧みな言い回し)と考えられるが、一方で、当時、作者の『枕草子《まくらのそうし》』が人々に知られており、作者が多数の記事を収集し、記録していたことをうかがわせる。

教科書の問題(解答・解説)

教科書　三四ページ

❓教科書本文下に示された問題

❓「言高くのたまへば」には、誰の、どのような気持ちが表れているか。(p.三四)

解答　中納言の得意な気持ち。

［解説］中納言は扇のすばらしい骨を手に入れたと自慢している。

■学習の手引き

❶「さては、扇のにはあらで、くらげのななり。」〔三四・5〕とは、どのようなことをいっているのか、説明しよう。

解答 隆家が得意げに言った「さらにまだ見ぬ骨のさまなり。」という言葉を受けて、「今まで誰も見たことのない骨なんて、もともと骨を持たないくらげの骨かしら。」と即座にしゃれて切り返したものである。作者の当意即妙の才知がよくうかがえる一言といえる。

❷最後の一文には、作者のどのような気持ちが込められているか。

解答 自慢めいた話を書き留めることに対する遠慮。はたから見たら苦々しいだろうが、周りから要請されたので、この出来事を書き留めるのだという弁解。

［解説］作者は、この出来事を書き留めるのは自らの才知を誇るようではばかられるが、周囲の人の要請によるものなので許してほしいと言いたいのである。

■語句と表現

①次の傍線部の敬語の種類は何か。また、誰の誰に対する敬意か。

解答 (1)参り＝謙譲語。作者の中宮に対する敬意。
給ひ＝尊敬語。作者の中納言に対する敬意。
(2)参らせ＝謙譲語。中納言の中宮に対する敬意。
(3)聞こえ＝謙譲語。作者の中納言に対する敬意。
させ＝尊敬語。作者の中宮に対する敬意。
給へ＝尊敬語。作者の中宮に対する敬意。
(4)聞こゆれ＝謙譲語。作者の中納言に対する敬意。

［解説］尊敬語は動作の主体、謙譲語は動作の受け手に対する敬意を表す。敬意を表しているのは、地の文ならば作者、会話文ならば話し手になる。

雪のいと高う降りたるを

〔第二百八十段〕

教科書 三五ページ

大意
雪が高く降り積もっている日に、炭櫃《すびつ》に火をおこして女房たちと世間話をしながら中宮様の御前にお仕えしていると、中宮様が「香炉峰《こうろほう》の雪はどんなだろう。」とお尋ねになったので、御簾《みす》を高く上げたところ、中宮様はお笑いになった。女房たちは「こんなことはとっさには思いもつかないことだ。」と言った。

■第一段落（初め～三五・3）

段意
雪が高く降っているのに格子を下ろし、女房たちと世間話をして中宮様の御前にお仕えしていると、「香炉峰の雪はどんなだろう。」とおっしゃったから、格子を上げさせ、御簾を高く上げたところ、中宮様はお笑いになった。

現代語訳・品詞分解

雪がとても高く降り積もっているのに、いつもと違って御格子を下ろし申し上げて、

雪（名）の（格助）いと（副）高う（形・ク・用）降り（動・四・用）たる（助動・存・体）を、（接助）例（名）なら（助動・断・未）ず（助動・消・用）

炭櫃に火をおこして、（私たち女房が）世間話などをして集まって（御前に）お仕えしていると、

御格子（名）参り（動・四・用）て、（接助）炭櫃（名）に（格助）火（名）おこし（動・四・用）て、（接助）物語（名）など（副助）し（動・サ変・用）て（接助）集まり（動・四・用）候ふ（動・四・体）に、（接助）

（中宮様が）「少納言よ。香炉峰の雪はどんなでしょう。」とおっしゃるので、

「少納言（名）よ。（間助）香炉峰（名）の（格助）雪（名）いかなら（形動・ナリ・未）む。」（助動・推・体）と（格助）仰せ（動・下二・未）らるれ（助動・尊・已）ば、（接助）

（私が人に命じて）御格子を上げさせて（から自分で）御簾を高く巻き上げたところ、（中宮様は）お笑いになる。

御格子（名）上げ（動・下二・未）させ（助動・使・用）て、（接助）御簾（名）を（格助）高く（形・ク・用）上げ（動・下二・用）たれ（助動・完・已）ば、（接助）笑は（動・四・未）せ（助動・尊・用）給ふ。（補動・四・終）

語釈・文法

例《れい》ならず　いつもと違って。

御格子《みこうし》参《まい》りて　「御格子参る」は、格子を上げる場合にも、下ろす場合にも使う。どちらかは文脈で判断する。ここは後者。

物語《ものがたり》　世間話。

候《さぶら》ふ《ウ》　「あり」の謙譲語。貴人のそばにお控え申し上げる。お仕え申し上げる。

香炉峰《こうろほう》の雪《ゆき》　教科書脚注にある白居易《はくきょい》の詩の一節は、「遺愛寺の鐘の音は、寝たまま枕をかたむけて聞き、香炉峰に積もる雪は、簾《すだれ》をはね上げて眺める」の意。

■第二段落（三五・4〜終わり）

段意　女房たちも「そんな漢詩は知っていて歌にも歌うが、とっさには思いも寄らないことだった。やはりあなたは中宮様にお仕えするのにふさわしい。」と言った。

現代語訳・品詞分解

人々も、「そういう詩は（誰でも）知っていて、歌などにまで歌うけれども、
人々（名）も（係助）、「さる（動・ラ変・体）こと（名）は（係助）知り（動・四・用）、歌（名）など（副助）に（格助）さへ（副助）歌へ（動・四・已）

ど（接助）、
（とっさには）思いも寄らなかったわ。
思ひ（動・四・用）こそ（係助）寄ら（動・四・未）ざり（助動・消・用）つれ（助動・完・已）。

やはり（あなたは）この中宮様にお仕えする女房としては、ふさわしい人のようね。」と言った。
なほ（副）こ（代）の（格助）宮（名）の（格助）人（名）に（格助）は（係助）、さべき（連）な（助動・断・体）めり（助動・定・終）。」と（格助）言ふ（動・四・終）。

語釈・文法

さること　そういうこと。ここは『白氏《はくし》文集』にある「遺愛寺の鐘は…」の漢詩を指す。白居易の漢詩を知っているだけでなく、そのうえ歌などにまで歌う、という文脈。

歌《うた》などにさへ《エ》　「さへ」は添加を表す。

思《おも》ひ《イ》こそ寄《よ》らざりつれ　「思ひ寄る」という複合語の間に「こそ」を入れて強調した文。

宮《みや》の人《ひと》　中宮にお仕えする女房。

さべき　「さるべき」の撥《はつ》音便「さんべき」の「ん」を表記しない形。「さるべき」は、そうあるべき、それにふさわしい、の意。

鑑賞

『枕草子《まくらのそうし》』の中の日記的章段と呼ばれるものの中で、最も有名な段の一つである。初めに「雪のいと高う降りたるを、例ならず御格子参りて」と状況の説明があり、さらに清少納《せいしょうな》言《ごん》とその同輩の女房が控えるといった図である。そこで中宮が「少納言よ。香炉峰の雪いかならむ。」と尋ねたのである。これは、『白氏文集』の「香炉峰の雪は簾を撥《かか》げて看《み》る」を利かせて、いわば、「簾を上げて外の雪景色を眺めてみましょう。」という意思表示をしたのと同じである。『白氏文集』を踏まえた中宮定子《ていし》の謎かけに対して、とっさにその謎を解いたところに、清少納言の「簾を上げなさい。」と命令すればよいところを、こういう形で表現するところに定子という人の好みの表れがあるのである。そういう定子の言い方にうまく応じることができなければ、定子に仕える女房としては失格である。ほかの同輩の女房たちが「さることは知り、歌な

どにさへ歌へど、思ひこそ寄らざりつれ。」と言ったのは、『白氏文集』を踏まえた謎かけであることは分かっていたが、黙って簾を上げてみせることまでは思いつかなかったという意味であって、「なほこの宮の人には、さべきなめり。」と、清少納言には中宮の女房としての資格があると認めるのである。このように見てくると、この章段の主役は中宮で、脇役の清少納言を相手に、主役が『白氏文集』的な世界の再現を演出したといえるだろう。

教科書の問題（解答・解説）

教科書 三五ページ

◆教科書本文下に示された問題

◆「さること」とは何を指すか。（p.三五）

解答 白居易の「香炉峰ノ雪ハ撥ゲテレ簾ヲ看ル」という詩句。

■学習の手引き

❶「笑はせ給ふ。」（三五・3）とあるが、なぜ笑ったのか、その理由を考えよう。

解答 『白氏文集』を踏まえた定子の謎かけに対して、清少納言が期待どおり気の利いた振る舞いで応えてくれたことを喜ばしく満足に思ったから。

[解説] 定子は、「香炉峰の雪いかならむ。」と問いかければ、清少納言が御簾を上げて外の雪景色を見せるはずと考えていたので、期待に応えてくれたことに満足の笑みを浮かべたのであろう。

❷女房たちは、清少納言をどのように評価しているか。

解答 白居易の「香炉峰の雪」に関する詩句は知っていても、清少納言のように黙って簾を上げて外の雪景色を見せるような機転の利いた行為をとっさにとれる者はいない。清少納言は、洗練された教養と機知を要求される、中宮に仕える女房としてふさわしい人物である。

[解説] 女房たちの評価は第二段落に書かれている。清少納言の機知に期待して『白氏文集』の詩句を引いて謎をかける定子と、それに応えて当意即妙な振る舞いを見せる作者、そして、作者の教養と機転を賞賛する女房たちというように、定子の御所は洗練された文学的雰囲気の漂うサロンだったのである。

■語句と表現

①「さべきなめり。」（三五・5）について、表記が省略されている部分を補って品詞分解しよう。

解答 さんべき（連体詞「さるべき」の撥音便）―なん（断定の助動詞「なり」の連体形「なる」の撥音便）―めり（推定の助動詞「めり」の終止形）

二月つごもりごろに　〔第百二段〕

教科書　三六〜三七ページ

大意　二月末頃、春にふさわしくない悪天候の日に、藤原公任《ふじわらのきんとう》様から歌の下《しも》の句が届けられ、上《かみ》の句をどう付けるかを悩んだ。殿上の間にいる立派な方々のことや、とりわけ詩歌の第一人者である公任様に軽々しい返答はできないと思うと一人胸が痛む。中宮様にもお見せできずに困っていると、使いの者が返事を催促する。どうにでもなれ、と上の句を書いて渡したが、それがどう評価されるかと思うと、つらい思いがする。評価が気になっていたところ、「清少納言《せいしょうなごん》を内侍にするよう奏上しよう。」と俊賢《としかた》の宰相様などが評定されていたことを、左兵衛督《さひょうえのかみ》が話してくださった。

■第一段落（初め〜三六・12）

段意　二月末頃に藤原公任様から手紙が届いた。そこには、今の空模様にぴったりで、しかも白居易《はくきょい》の詩を踏まえた「少し春ある心地こそすれ」という歌の下の句が書いてある。上の句を付けよ、という課題に、どう詠んだらよいか悩む。中宮様に相談しようにもできず、「空寒み花にまがへて散る雪に」と書いて渡したが、どう評価されるかが気になって、つらい思いがする。

現代語訳・品詞分解

二月下旬の頃に、風がひどく吹いて、空はたいそう黒い

二月（名）　つごもりごろ（名）　に、（格助）　風（名）　いたう（形・ク・用）　吹き（動・四・用）　て、（接助）　空（名）　いみじう（形・シク・用）

のに、雪が少しちらついている頃に、黒戸のところへ主殿寮の

黒き（形・ク・体）　に、（接助）　雪（名）　少し（副）　うち散り（動・四・用）　たる（助動・存・体）　ほど、（名）　黒戸（名）　に（格助）　主殿司（名）

役人が来て、「ごめんください。」と言うので、（私が御簾のところへ）

来（動・カ変・用）　て、（接助）　「かうて（副）　候ふ。」（動・四・終）　と（格助）　言へ（動・四・已）　ば、（接助）　寄り（動・四・用）　たる（助動・完・体）

語釈・文法

つごもり　月の下旬。

寄《よ》りたるに　使者の来訪を受けて御簾《みす》の際に出て行った、という意味。

少《すこ》し春《はる》ある心地《ここち》こそすれ　中国の唐の時代の詩人白居易の詩を踏まえている。教科書脚注引用の最後「少有春」の部分が該当する。

これが本《もと》　「本」は和歌の上の句。公任がよこした下《しも》の句（末）に合う上の句のこと。

寄ったところ、「これは、公任の宰相様の（お手紙です）。」ということで持ってきてあるのを見ると、
に、「これ、公任の宰相殿の。」とて ある を 見れ ば、
接助 代 名 格助 格助 動・ラ変・体 格助 動・上一・已 接助

懐紙に、
懐紙 に、
名 格助

少し春めいた心地こそするけれども。
少し 春 ある 心地 こそ すれ
副 名 動・ラ変・体 名 係助 動・サ変・已

と書いてあるのは、いかにも今日の空模様と、とてもよく合致し
と ある は、げに 今日 の 気色 に、いと よう
格助 動・ラ変・体 係助 副 名 格助 名 格助 副 形・ク・用

ていることだ、これの上の句はどうやって付けたらよかろうかと思案に暮れてしまった。
合ひ たる、これ が 本 は いかで か 付く べから
動・四・用 助動・存・体 代 格助 名 係助 副 係助 動・下二・終 助動・適・未

「（一緒にいらっしゃるのは）誰々ですか。」と
む と 思ひわづらひ ぬ。「誰々 か。」と 問へ ば、
助動・推・体 格助 動・四・用 助動・完・終 代 係助 格助 動・四・已 接助

尋ねると、「これこれ（の方々です）。」と言う。皆こちらが気後れするほど（立派な方々）の中で、
「それそれ。」と 言ふ。みな いと 恥づかしき 中 に、
代 格助 動・四・終 名 副 形・シク・体 名 格助

宰相様へのご返事を、どうして何でもないふうに言い出せようか（いや、言い出せ
宰相 の 御いらへ を、いかで か 事なしび に 言ひ出で
名 格助 名 格助 副 係助 名 格助 動・下二・未

ないだろう）と、自分の胸の内で思案に苦しむので、中宮様にお目にかけようとするけれど
む と、心 一つ に 苦しき を、御前 に 御覧ぜ させ
助動・推・体 格助 名 名 格助 形・シク・体 接助 名 格助 動・サ変・未 助動・使・未

も、帝がおいでになって、（お二人は）お休みになっ
む と すれ ど、上 の おはしまし て、大殿籠り たり。
助動・意・終 格助 動・サ変・已 接助 名 格助 動・四・用 接助 動・四・用 助動・存・終

ている。主殿寮の役人は、「早く早く。」と言う。ほんとうに（下手なうえに）返事が遅いと
主殿司 は、「疾く疾く」と 言ふ。げに 遅う さへ あら
名 格助 副 格助 動・四・終 副 形・ク・用 副助 動・ラ変・未

いかでか付《つ》くべからむ　どうやって付けたらよいか。公任の下の句にふさわしい上の句をどう詠むか悩んでいる。

いと恥《は》づ《ズ》かしき　形容詞「恥づかし」は「こちらが恥ずかしくなるぐらい相手が立派だ」の意。作者は殿上で公任と一緒にいる人々の顔ぶれを知り、気後れしている。

いかでか事《こと》なしびに言《い》ひ《イ》出《い》でむ　どうして何でもないふうに言い出せようか、いや、できない。副詞「いかで」、係助詞「か」ともに反語。「事なしび」は何気ないさま、いい加減なさま。

御覧《ごらん》ぜさせ　お目にかける。「御覧ず」は「見る」の尊敬語。「させ」は使役の助動詞「さす」。

大殿籠《おおとのごも》り　「大殿籠《おおとのごも》る」は「寝《ぬ》」「寝《い》ぬ」の尊敬語。

遅《おそ》うさへ《エ》あらむは　歌が下手なうえに返事が遅いということであったら。「さへ」は添加の副助詞で、そのうえ……までも、の意。ここでは「歌が下手なこと」を補って解釈する。

さは《ワ》れ　えい、ままよ。どうにでもなれ。成り行きに任せる気持ち。

空寒《そらさむ》み花《はな》にまがへ《エ》て散《ち》る雪《ゆき》に　形容詞「寒し」の語幹「寒」に接尾語「み」が付いて原因・理由を表す。「まがへ」は「紛《まが》ふ」と書き、

む は、 いと 取りどころ なけれ ば、 さはれ とて、
（いうことであったら、ひどく取り柄がないので、どうにでもなれと（覚悟を決めて）、）
助動・仮・体 係助 副 名 形・ク・已 接助 感 格助

空 寒 み 花 に まがへ て 散る 雪 に
（空が寒々しいので、花に見まがうばかりに降る雪に）
名 形・ク・語幹 （接尾） 名 格助 動・下二・用 接助 動・四・体 名 格助

と、 わななく わななく 書き て 取らせ て、 いかに 思ふ
（と、震え震え書いて（使いの者に）渡して、（今頃は）どのように）
格助 動・四・終 動・四・終 動・四・用 接助 動・下二・用 接助 副 動・四・終

らむ と、 わびし。
（思っているだろうかと思うと、つらい。）
助動・現推・終 格助 形・シク・終

■第二段落（三六・13～終わり）

段意

自分が返した返事に対する公任様たちの反応を知りたいと思いつつ、もしけなされていたら聞くまいとも思っていると、俊賢の宰相などが、「清少納言を掌侍《ないしのじょう》に帝に申し上げよう」、と高く評価してくださっていた、ということを左兵衛督が話してくださった。

現代語訳・品詞分解

これ が こと を 聞か ばや と 思ふ に、 そしら
（この評判を聞きたいと思うが、もしけな）
代 格助 名 格助 動・四・未 終助 格助 動・四・体 接助 動・四・未

れ たら ば 聞か じ と おぼゆる を、 「俊賢の宰相
（されたならば聞くつもりはないと思われるが、「俊賢の宰相など）
助動・受・用 助動・完・未 接助 動・四・未 助動・消意・終 格助 動・下二・体 接助 名

など、 『なほ、 内侍 に 奏し て なさ む。』 と なむ
（が、『やはり、（清少納言を）内侍にと帝に申し上げて任官させよう。』と評定なさっ）
副助 副 名 格助 動・サ変・用 接助 動・四・未 助動・意・終 格助 係助

定め 給ひ し。」 と ばかり ぞ、 左兵衛督 の 中将 に
（た。」というぐらいのことを、左兵衛督で当時近衛中将でいらっしゃっ）
動・下二・用 補動・四・用 助動・過・体 格助 副助 係助 名 格助 名 助動・断・用

見間違える、の意。『白氏《はくし》文集』から公任が引用した部分の直前「雲冷多飛雪」を参照した内容。

いかに思《おも》ふ《ウ》らむ　今頃はどのように思っているだろうか。「いかに」は疑問の意の副詞。「らむ」は現在推量の助動詞。

わびし　つらい。

語釈・文法

これがこと　自分が返した上の句に対する公任たちの評価のこと。

聞《き》かばや　終助詞「ばや」は自己の願望を表す。

そしられたらば聞かじ　けなされたら聞くつもりはない。「そしる」は、けなす、の意。「ば」は仮定条件の接続助詞。「じ」は打消意志の助動詞。

奏《そう》して　帝に申し上げて。「奏《そう》す」は、帝や上皇に対して申し上げる時に用いる謙譲語。

中将《ちゅうじょう》におは《ワ》せし　「に」は断定の助動詞「なり」。

た方が、
おはせ（補動・サ変・未） し、（助動・過・体） 語り（動・四・用） 給ひ（補動・四・用） し。（助動・過・体）
お話ししてくださった。

その下の「おはす」は尊敬の補助動詞。

鑑賞

日記的章段。陰暦二月下旬、春にしては寒い日、詩文の第一人者である藤原公任から、『白氏文集』の詩の一句を踏まえた歌の下の句が作者清少納言の元に届けられた。作者は同じ漢詩を踏まえて上の句を返し、みなが彼女の才能をほめた、というエピソードである。

作者清少納言《せいしょうなごん》は、『枕草子《まくらのそうし》』の一節、「雪のいと高う降りたるを」にも見られるように、豊かな漢詩文の知識を持ち、さらに機転の利いた素早い反応によって中宮定子のサロンにおいて評価されていく。このエピソードでも、作者は公任の下の句が『白氏文集』「南秦雪《なんしんのゆき》」の律詩の第四句目（「少有春」）を踏まえていることをすぐに見抜いた。緊張しながらも、その直前の第三句目の「雲冷多飛雪」を元にし、かつ雪を花に見立てるという和歌の技法も用いて上の句を付け、高い評価を受けたのである。なお、作者は実際には中宮定子付きの女房であるので、天皇に常侍する「内侍司」の官職に、という源《みなもとの》俊賢の発言は冗談であろうが、作者はこれを書き留めることで、自分が貴族たちから高い評価を受けたことを喜ぶ気持ちを表現している。

教科書の問題（解答・解説）

❓ 教科書本文下に示された問題

❓「本」とは何か。（p.三六）

解答　和歌の上の句のこと。

［解説］　和歌の上の句（五・七・五）の部分を「本」、下の句（七・七）を「末」という。

■ 学習の手引き

❶作者の心情はどのように変化しているか、本文に沿ってまとめよう。

解答　教科書 三七ページ

・「今日の気色に、いとよう合ひたる」…公任の下の句は今日の空模様にぴったりだと感心する。

・「思ひわづらひぬ」…公任からの課題にどう答えるか悩む。

・「心一つに苦しき」…公任の同席者たちが立派な方々なので気後れするとともに、和歌の第一人者の公任に対していい加減な返答はできないとさらに思案し苦しむ。

・「上のおはしまして、大殿籠りたり」…中宮様にも相談できず残念に思う。

が遅れたら取り柄がないと考え、返事を書くことを決断。

・「わななくわななく」……不安と緊張で震えながら返事を書く。（一説に寒くて震えているとも。）

・「わびし」……自分の返事が今頃どう評価されているかと考え、つらい気持ちになる。

・「聞かばや」「聞かじ」……評価を知りたくもあり、けなされているなら聞くつもりはないとも思う。期待と不安が交錯している。

❷「なほ内侍に奏してなさむ。」（三六・14）**とあるが、これは、作者の「空寒み花にまがへて散る雪に」**（三六・11）**をどのように評価したものか。また、その評価はどのような点を捉えたものと考えられるか。**

解答　公任の下の句をよく理解して、漢詩を踏まえた上にこの日の天気にふさわしい上の句をつけた点を捉え、高く評価した。

［解説］　公任の下の句「少し春ある心地こそすれ」が、白居易の『白氏文集』の詩の一節「少有春」を踏まえたものであることを見抜き、同じ詩の「雲冷多飛雪」を意識して「空寒み花にまがへて散る雪に」と返した清少納言

二月としては悪天候であるこの日、「少し春ある心地」という春らしい天候を期待する公任の気持ちに対して、ちらつく雪を桜の花に見立てる技法を用いて応じた点も秀逸である。

■語句と表現

①次の傍線部の敬語の種類は何か。また、誰の、誰に対する敬意か。

解答　(1)御覧ぜ＝尊敬語。作者の、中宮定子に対する敬意。

(2)奏し＝謙譲語（絶対敬語）。「俊賢の宰相」（源俊賢）の、帝に対する敬意。

(3)給ひ＝尊敬語。「左兵衛督」の、「俊賢の宰相」（源俊賢）に対する敬意。

(4)給ひ＝尊敬語。作者の、「左兵衛督」に対する敬意。

［解説］　尊敬語（(1)(3)(4)）は話者（話し手・書き手）から、動作をする人に対する敬意。謙譲語（(2)）は、話者（話し手・書き手）から、動作を受ける人に対する敬意である。なお、(2)の謙譲語「奏す」は、帝・上皇に対してのみ用いられる「絶対敬語」である。

宮に初めて参りたるころ

〔第百七十七段〕

教科書 三八～三九ページ

大意

中宮様の御所に初めて出仕した頃、気後れすることばかりで、夜だけ参上した。中宮様が絵などを見せてくださっても手も差し出せなかった。ひどく寒い頃で、袖口からちらりと見えた中宮様のお手の美しさに目を見張るばかりだった。明け方には早く下がろうと思うが引き止められ、顔を見られたくないと思っていたところ、中宮様が格子を上げようとする女房たちを制してくださった。中宮様は、いろいろなお話をなさり、夜になったらまた参上するようにとおっしゃる。御前から引き下がるやいなや女房たちが格子を上げたところ、外は美しい雪が降っていた。

■第一段落（初め～三八・9）

段意

中宮様の御所に初めてお仕えした頃、気後れすることは数えきれず、夜ごとに参上して控えていると、絵などを見せてくださるが、手も差し出せない。高坏《たかつき》の明かりに昼よりはっきり見えて恥ずかしいが、我慢して拝見した。寒い頃なので、袖口から見えた中宮様のお手は薄紅色で美しく、こうした人がいることに目を見張った。

現代語訳・品詞分解

宮（名） に（格助） 初めて（副） 参り（動・四・用） たる（助動・完・体） ころ、（名） もの（名） の（格助） 恥づかしき（形・シク・体）

中宮様のもとに初めて（ご奉公に）参上した頃、何かと気後れすることが数えきれ

こと（名） の（格助） 数（名） 知ら（動・四・未） ず、（助動・消・用） 涙（名） も（係助） 落ち（動・上二・用） ぬ（助動・強・終） べけれ（助動・推・已）

ないほどあり、（緊張のあまり）涙もこぼれ落ちそうなので、

ば、（接助） 夜々（名） 参り（動・四・用） て、（接助） 三尺（名） の（格助） 御几帳（名） の（格助） 後ろ（名） に（格助） 候ふ（動・四・体）

（人目につく昼間を避けて）夜ごとに参上して、三尺の御几帳の後ろにお控えしていると、

語釈・文法

参《まい》る　参上する。「行く」の謙譲語。

恥《は》づ《ズ》かし　気がひける。気後れがする。

三尺《さんじゃく》の御几帳《みきちょう》　「几帳」は、室内に立てる移動可能な仕切り。ここでは高さが三尺（約一メートル）というのだから身近に置いたもの。

候《さぶら》ふ《ウ》　貴人のそばにお控え申し上げる。お仕え申し上げる。「あり」の謙譲語。

えさし出《い》づ《ズ》まじう《ジュウ》　「え」は、打消の語と呼応

（私は）（中宮様は）絵などを取り出してお見せくださるのだが、
に、　絵　など　取り出で　て　見せ　させ　給ふ　を、　手
接助　名　副助　動・下二・用　接助　動・下二・未　助動・尊・用　補動・四・体　接助　名

は）手でさえも差し出せないほど（気恥ずかしくて）どうしようもない。（中宮様が）「この絵は、
にて　も　え　さし出づ　まじう　わりなし。　「これ　は、　と
格助　係助　副　動・下二・終　助動・消推・用　形・ク・終　代　係助　副

ああだ、こうだ。それがよいかしら、あれがよいかしら。」などと、おっしゃる。高坏に
あり、　かかり。　それ　か、　かれ　か。」　など　のたまはす。　高坏
動・ラ変・終　動・ラ変・終　代　係助　代　係助　副助　動・下二・終　名

おともししている明かりなので、（手もとが明るく）髪の毛筋なども、
に　参らせ　たる　御殿油　なれ　ば、　髪　の　筋　など　も、
格助　動・下二・用　助動・存・体　名　助動・断・已　接助　名　格助　名　副助　係助

かえって昼よりもはっきりと見えて恥ずかしいけれども、
なかなか　昼　より　も　顕証に　見え　て　まばゆけれ
副　名　格助　係助　形動・ナリ・用　動・下二・用　接助　形・ク・已

我慢して（絵を）見たりする。とても（寒く）冷える頃なので、
ど、　念じ　て　見　など　す。　いと　冷たき　ころ
接助　動・サ変・用　接助　動・上一・用　副助　動・サ変・終　副　形・ク・体　名

（袖口から）差し出していらっしゃる（中宮様のお手で、）ちらっと見えるお手が、
なれ　ば、　さし出で　させ　給へ　る　御手　の
助動・断・已　接助　動・下二・未　助動・尊・用　補動・四・命　助動・存・体　名　格助

たいそうつやつやと美しく映えた薄紅梅色であるのは、
はつかに　見ゆる　が、　いみじう　にほひ　たる　薄紅梅　なる
形動・ナリ・用　動・下二・体　格助　形・シク・用　動・四・用　助動・存・体　名　助動・断・体

このうえなくすばらしいと、まだ宮中のことを分かっていない者の気持ちには、
は、　限りなく　めでたし　と、　見知ら　ぬ　里人心地　に　は、
係助　形・ク・用　形・ク・終　格助　動・四・未　助動・消・体　名　格助　係助

こうした（高貴ですばらしい）方がこの世にいらっしゃるのだなあと、はっとする
かかる　人　こそ　は　世　に　おはしまし　けれ　と、　おどろか
動・ラ変・体　名　係助　係助　名　格助　動・四・用　助動・嘆・已　格助　動・四・未

ほどの気持ちでじっとお見つめ申し上げる。
るる　まで　ぞ　まもり　参らする。
助動・自・体　副助　係助　動・四・用　補動・下二・体

する副詞。「え…まじ」で、不可能を表す。

わりなし　「理《わり》なし」で、道理に合わない、が本来の意味。ここは、恥ずかしくてどうしようもないほどであることをいう。

とあり、かかり　ああだ、こうだ。連語として慣用的な言い方。

のたまは《ワ》す　おっしゃる。「言ふ」の尊敬語。「のたまふ」より敬意は強い。

高坏《たかつき》　高坏（食べ物を盛る、高い一本足の器）を逆さにして、台底に灯油皿を載せる。灯を低くするため。

参《まい》らす　「為《す》」「行ふ」の謙譲語で、貴人に何かをしてさしあげる、の意。ここは、（明かりを）おともし申し上げる、の意。

御殿油《おおとなぶら》　宮中や貴族の邸宅内にともした油の灯火。

なかなか　かえって。

顕証《けそう》に　あらわに。はっきりと。「けそう」は、「けんそう」の撥《はつ》音無表記。

まばゆけれど　「まばゆし」は、まぶしい、の意から転じて、恥ずかしい、きまりが悪い。

念《ねん》じて　「念ず」には、こらえる、我慢する、のほか、祈る、の意もある。ここは前者。

はつかに　わずかに。ちらっと。

にほひ《オイ》たる　つやつやと美しく映えた。「にほ

■第二段落（三八・10〜三九・1）

段意

明け方には早く局《つぼね》（女房の私室）に下がろうと気がせく。中宮様は「もう少しいなさい。」とおっしゃるが、こちらは顔を見られたくないと思って、うつぶしているので格子も上げない。女官たちが「格子をお上げください。」と言うのを聞いて、女房が上げようとするのを中宮様は制止してくださった。中宮様がお話をなさったりするうちに時間もたったので、「下がりたくなったのなら早くお下がり。夜は早く参上しなさい。」とおっしゃる。

現代語訳・品詞分解

明け方には早く（局に）下がろうと自然と気がせいてくる。

暁	に	は	疾く	下り	な	む	と	急が	るる。
名	格助	係助	副	動・上二・用	助動・強・未	助動・意・終	格助	動・四・未	助動・自・体

（中宮様は）「葛城の神も（もう）しばらく（いなさい）。」などとおっしゃるけれど、（私は）どうしてもたとえ斜めであっても顔をご覧に入れずに済ませたいと思って、やはりうつぶしているので、

「葛城	の	神	も	しばし。」	など	仰せ	らるる	を、	いかで
名	格助	名	係助	副	副助	動・下二・未	助動・尊・体	接助	副

かは	筋かひ	御覧ぜ	られ	む	とて、	なほ	臥し	たれ
係助	動・四・用	動・サ変・未	助動・受・未	助動・意・体	格助	副	動・四・用	助動・存・已

ふ」は、視覚的な美しさをいう語。

薄紅梅《うすこうばい》　中宮の手の色をいう。淡紅色。

世《よ》におは《ワ》しましけれ　「おはします」は、ここでは「あり」の尊敬語。いらっしゃる。

おどろかるる　「おどろく」は、①目が覚める、②びっくりする、③はっと気づく、などの意味を表す。ここは③の意。「るる」は自発で、思わず目を見張る様子をいう。

まもり参《まい》らする　「まもる」は、じっと見つめる。「参らす」は、ここでは謙譲の補助動詞。お…申し上げる。

語釈・文法

しばし　「しばし」の直後に「待て」などが省略されている。

仰《おお》せらるるを　「仰す」は「言ふ」の尊敬語。

いかでかは筋《すじ》かひ御《イ》覧《ごらん》ぜられむ　「いかでかは」は、副詞「いかで」＋係助詞「かは」で、ここでは強い反語の意を表す。「られ」は受身、「む」は意志。直訳すると、「どうして斜めに

「この格子をお上げください。」

「これ　放た　せ　給へ。」

代　動・四・未　助動・尊・用　補動・四・命

など言うのを聞いて、

など　言ふ　を　聞き　て、

副助　動・四・体　格助　動・四・用　接助

女房が上げようとするのを、

女房　の　放つ　を、

名　格助　動・四・体　格助

（中宮様は）「いけません。」とおっしゃるので、

「まな。」　と　仰せ　らるれ　ば、

副　格助　動・下二・未　助動・尊・已　接助

（女官たちも）笑って帰っていった。

笑ひ　て　帰り　ぬ。

動・四・用　接助　動・四・用　助動・完・終

（中宮様が私に）何かとお尋ねになったり、

もの　など　問は　せ　給ひ、

名　副助　動・四・未　助動・尊・用　補動・四・用

（また）お話しなさったりするうちに、だいぶ時間もたったので、

のたまはする　に、　久しう　なり　ぬれ　ば、

動・下二・体　格助　形・シク・用　動・四・用　助動・完・已　接助

（中宮様は）「（局に）下がりたくなっているのでしょう。

「下り　まほしう　なり　に　たら　む。

動・上二・未　助動・希・用　動・四・用　助動・完・用　助動・存・未　助動・推・終

それでは、早く（お下がり）。夜になったら早く（参上しなさい）。」とおっしゃる。

さらば、　はや。　夜さり　は　疾く。」　と　仰せ　らる。

接　副　名　係助　副　格助　動・下二・未　助動・尊・終

でも（顔を）ご覧に入れようか、いや、どうしてもご覧に入れたくない」となる。

御《み》格子《こうし》も参《まい》らず　「御格子参る」は、御格子をお上げする、御格子をお下ろしする、の両方の意で用いられる。ここは顔を見られたくないというのだから、お上げしない、の意。

女官《にょうかん》　後宮の清掃・灯火・薪炭などをつかさどる主殿司《とのもづかさ》の女官。

これ放《はな》たせ給《たま》へ《エ》　格子の外から、格子を上げるよう申し入れている。「放つ」を、内側の差し木（格子の掛けがね）を外す、の意とする説もある。

まな　会話文において、制止・禁止を示す副詞。

下《お》りまほしう《シュウ》なりにたらむ　局に退出したいという気持ちになったことでしょう、という意。

夜《よ》さり　夜になる頃。夜。

疾《と》く　「疾く」の直後に「参れ」などが省略されている。

■第三段落（三九・2〜終わり）

段意　私が下がると女房たちが格子を上げた。外を見ると雪が美しく降っていた。

現代語訳・品詞分解

（私が御前から）座ったままで下がるやいなや、（女房たちが）格子をばたばたと上げたところ、

ゐざり隠るる　や　遅き　と、　上げちらし　たる　に、　雪

動・下二・体　係助　形・ク・体　格助　動・四・用　助動・完・体　接助　名

語釈・文法

ゐ《イ》ざり隠《かく》るるや遅《おそ》き　「ゐざる」は、座ったまま膝で進む。貴人の前での作法である。「…や遅き」は、…やいなや、の意。

(外には)雪が降っていたことだよ。
降り に けり。
動・四・用 助動・完・用 助動・嘆・終

登華殿の前庭は、立蔀が近くにあるので狭い。
登華殿 の 御前 は、立蔀 近く て せばし。
名 格助 名 係助 名 形・ク・用 接助 形・ク・終

雪はたいそう風情がある。
雪 いと をかし。
名 副 形・シク・終

上《あ》げちらす 「ちらす」は、動詞の連用形に付いて、荒々しく…する、の意を表す。

立蔀《たてじとみ》 細い木を縦横に組んで格子として、その裏に板を張って、衝立《ついたて》のようにして作ったもの。ここは室内用。

鑑賞

清少納言《せいしょうなごん》が初宮仕えのことを書いた文章としてよく知られた章段である。清少納言の初宮仕えは正暦《しょうりゃく》四年〔九九三〕冬のことと考えられ、この時、中宮定子《ていし》は十八歳、一条《いちじょう》天皇は十四歳で、清少納言は三十歳前後である。我々がふだん『枕草子』から知る、才気煥発《かんぱつ》の清少納言とはおよそ違った、初々しく恥じらいに満ちた様子が描かれ、意外な感を抱く。さしもの清少納言も過度の緊張でいたたまれない様子である。

宮仕えの最初は昼間に参上ができず、もっぱら夜ごとに御前に上がることになり、そっと三尺（約一メートル）の几帳の陰に控える。中宮は、この新参者を住み着かせたい思《おぼ》し召《め》しで、サービスに絵を取り出して見せる。絵は当時の上流社会の人々にとっては娯楽の一つで、絵物語などがたいそう喜ばれた。「とあり、かかり。…」などと説明したり、批評したりする。下に置いた絵を見るためには、低い灯火が必要とされ、高坏に灯火がともされると、高さ五、六十センチのものだから、ほどよく絵に光が差す。そこに首をかがめて見れば、おのずと髪の毛筋まで見え、恥ずかしさはたまらない。

中宮定子の美しさは、『枕草子《まくらのそうし》』のあちこちで触れられているが、指先の美しさからして普通の人とは違うのであろう。こんな美しい人がこの世にいたのだと思うくらいだから、清少納言にとっては別世界の人だったのだろう。

明るくなる前に退出したいと気がせく清少納言を「葛城《かずらき》の神もしばし。」と、容貌の醜いのを恥じて夜だけしか働かなかった一言主《ひとことぬし》の神の故事によって中宮はからかう。卯《う》の刻（午前六時）に格子を上げるのが清涼殿の定例であって、中宮の御殿もほぼ同様。冬の六時はまだ暗いが、きまりどおりに女官が来て、格子を上げるよう催促するので、女房も指示どおりにしようとすると中宮がこれを制止する。醜さを恥じる新参者清少納言への、これは温かい配慮であった。

さらに中宮の話は続く。だいぶ時間もたつうちに、中宮は「下りまほしうなりにたらむ。」と清少納言の気持ちを察したかのような言葉をかけ、「さらば、はや。夜さりは疾く。」と伝えた。清少納言は中宮の言葉を待っていたかのように御前からいざり下がると、今度は待ちかねていたように格子が上げられた。見ると外は雪。「登華殿《とうかでん》の御前《おまえ》は、立蔀近くてせばし。雪いとをかし。」は、御前を退出する時に見た光景で、緊張から解放された気分を描き出すことに成功している。

教科書の問題（解答・解説）

教科書 三九ページ

❓教科書本文下に示された問題

❓「まな。」とは、誰のどのような発言か。また、そう言ったのはなぜか。（p.三八）

解答　定子の、格子を上げようとする女房を制止する発言。明るい光の下で見られるのを嫌がる作者（清少納言）に対する思いやりのため。

［解説］「まな」は、制止・禁止の意を表す。「…と仰せらるれば」と尊敬語を用いているところから、中宮定子の発言であると分かる。女房が格子を上げるのを制止したのは、恥ずかしがって顔を見られまいとしている作者に対する気遣いからである。

■学習の手引き

❶宮仕えに出たばかりの作者の初々しい様子が感じられる部分はどこか。

解答　・「ものの恥づかしきことの数知らず、涙も落ちぬべければ」〔三八・1〕＝涙がこぼれ落ちそうなほど気後れして恥ずかしい。

・「手にてもえさし出づまじうわりなし。」〔三八・3〕＝気恥ずかしくて緊張のあまり手さえ動かせない。

・「なかなか昼よりも顕証に見えてまばゆけれど、念じて見などす。」〔三八・5〕＝明るい灯火の下で、恥ずかしさをじっとこらえて絵を見ている。

・「見知らぬ里人心地には…おどろかるるまでぞまもり参らする。」〔三八・7〕＝中宮の美しさに圧倒され、驚いている。

・「いかでかは筋かひ御覧ぜられむとて、なほ臥《ふ》したれば」〔三八・11〕＝顔を見られるのが恥ずかしくて、うつぶしたままでいる。

［解説］作者は、緊張と恥ずかしさのため、顔を上げることも手を差し出すこともできないでいる。

❷定子が作者に心遣いしている様子は、どのような言動から分かるか。

解答　・新参者の作者の緊張を和らげようとして、絵などを見せて、あれこれ話しかける。

・明け方、明るい光の下で顔を見られたくないと思う作者のために、格子を上げようとした女房を制止する。
・明るくなる前に退出したがっている作者の心中を察し、また夜になったら早く参上するように言う。

[解説] 定子は、新参者の作者の緊張を和らげようと、あれこれ気遣ってくれる優しい主人であった。このようなことが、後に作者の中宮への尊敬と信頼をもたらした。

❸作者から見た定子はどのように描かれているか、まとめよう。

解答 ・新参者で気後れしている作者に絵を見せてあれこれ話しかけるなど、優しく気遣ってくれる。
・袖口からちらっと見えた手がほんのりと赤く、すばらしく見えるうえに、世にないほど美しく感じられる。
・明るいところで顔を見られたくないと思う作者のため、格子を上げようとする女房を制止したり、また夜になったら早く参上せよと言ったりするなど、いたわり深く、心が行き届いている。

[解説] 定子の外見については手という一部分しか表現されていないが、作者は、「かかる人こそは世におはしましけれ」と感じ入っている。

■語句と表現

①「見せさせ給ふ」〔三八・2〕の「せ」「させ」をそれぞれ文法的に説明しよう。

解答 「せ」は、サ行下二段活用の動詞「見す」の未然形活用語尾。「させ」は、尊敬の助動詞「さす」の連用形。

②文中から「参る」「参らす」を抜き出して、意味を説明しよう。

解答 ①「参り」〔三八・1〕＝参上する。
②「参り」〔三八・2〕＝参上する。
③「参らせ」〔三八・4〕＝（灯火を）ともし申し上げる。
④「参らする」〔三八・8〕＝お…申し上げる。
⑤「参ら」〔三八・11〕＝（格子を）お上げする。
⑥「参り」〔三八・12〕＝参上する。

[解説] ①②⑥は「行く」「来《く》」の謙譲語で、参上する、の意。③⑤は、貴人に何かをしてさしあげる、の意。④は謙譲の補助動詞で、お…申し上げる、の意。

4 軍記物語

●朗読などを通して、軍記物語の内容や表現の特色への理解を深める。
●複数の文章を読み比べ、軍記物語を多面的・多角的な視点から評価する。

平家《へいけ》物語

忠度《ただのり》の都落ち　〔巻第七〕

教科書　四二～四五ページ

大意

都落ちした薩摩守《さつまのかみ》(平《たいらの》)忠度は、途中から引き返し、俊成《しゅんぜい》(藤原俊成《ふじわらのとしなり》)を訪ねた。忠度の声を聞いた俊成は、開門して忠度と対面した。忠度は、後日、勅撰《ちょくせん》の沙汰があった折には、自作の和歌を一首でいいから載せてくれるよう懇願し、日頃の詠歌を集めた一巻を託した。俊成は、忠度の願いに尽力することを約束した。感銘の涙を流す俊成をあとに、忠度は感慨を詩に吟じて去っていった。戦乱が収まり、俊成は『千載集《せんざいしゅう》』に「よみ人知らず」として忠度の歌を一首載せた。

■**第一段落**（初め～四三・1）

段意

薩摩守忠度が歌の師である俊成卿を訪ねて面会を求めると、落人《おちゅうど》との関わりを恐れて邸内《やしき》は騒然となったが、俊成卿は快く応じた。

現代語訳・品詞分解

薩摩守忠度は、
薩摩守忠度（名）　は（係助）、

（都落ちする途中の）どこからお戻りになったのであろうか、
いづく（代）　より（格助）　や（係助）　帰ら（動・四・未）　れ（助動・尊・用）　たり（助動・完・用）　けん（助動・過推・体）、

侍五騎と、
侍（名）　五騎（名）、

童一人と、
童（名）　一人（名）、

自分と合わせて七騎で（都へ）引き返し、
わ（代）　が（格助）　身（名）　とも（名）　に（格助）　七騎（名）

語釈・文法

いづ《ズ》くよりや帰《かえ》られたりけん　どこからお戻りになったのであろうか。挿入句なので、「薩摩守忠度は」は、「とつて返し」に続く。

童《わらわ》　元服前の若い武者。

五条三位俊成卿の邸にいらっしゃってご覧になると、

とつて返し、五条三位俊成卿の宿所におはして見
（動・四・用／名／格助／名／格助／動・サ変・用／接助／動・上一・用）

（邸は）門戸を閉めて開かない。「忠度（が参上しま

給へば、門戸を閉ぢて開かず。「忠度。」と
（補動・四・已／接助／名／格助／動・上二・用／接助／動・四・未／助動・消・終／名／格助）

した）。」とお名のりになると、「落ち武者が戻ってきた。」と言って、邸内（では人々）が

名のり給へば、「落人帰り来たり。」とて、その内
（動・四・用／補動・四・已／接助／名／動・カ変・用／助動・完・終／格助／代／格助／名）

騒ぎ合っている。薩摩守は馬からおり、自分で声高くおっしゃっ

騒ぎ合へり。薩摩守馬より降り、自ら高らかに
（動・四・命／助動・存・終／名／名／格助／動・上二・用／副／形動・ナリ・用）

たことには、「（私が参上したのに）特別の事情はございません。三位殿にお願い

のたまひけるは、「別の子細候はず。三位殿に
（動・四・用／助動・過・体／係助／名／格助／名／動・四・未／助動・消・終／名／格助）

申し上げたいことがあって、忠度は戻って参ったのでございます。

申すべきことあつて、忠度が帰り参つて候ふ。
（動・四・終／助動・意・体／名／動・ラ変・用／接助／名／格助／動・四・用／接助／補動・四・終）

門をお開きにならないにしても、（せめて）この（門の）そばまでお立ち寄りく

門を開かれずとも、この際まで立ち寄ら
（名／格助／動・四・未／助動・尊・未／助動・消・終／接助／代／格助／名／副助／動・四・未）

ださい。」とおっしゃると、俊成卿は、「（戻ってこられたのには）しか

せ給へ。」とのたまへば、俊成卿、「さることある
（助動・尊・用／補動・四・命／格助／動・四・已／接助／名／連／名／動・ラ変・体）

るべき事情があるのだろう。その人ならば差し支えはないだろう。お入れ申

らん。その人ならば苦しかるまじ。入れ
（助動・現推・終／代／格助／名／助動・断・未／接助／形・シク・体／助動・消推・終／動・下二・用）

し上げよ。」と言って、門を開けて（忠度と）ご対面になる。その場の様子はなん

申せ。」とて、門を開けて対面あり。ことの体
（補動・四・命／格助／名／格助／動・下二・用／接助／名／動・ラ変・終／名／格助／名）

ということもなくしみじみとした感じがする。

何となうあはれなり。
（代／格助／形・ク・用／形動・ナリ・終）

俊成卿《しゅんぜいのきょう》　「卿」は、三位《さんみ》以上および参議の人に付ける尊称。

落人《おちゅうど》帰《かえ》り来《き》たり　落ち武者が戻ってきた。「落人」は、「おちびと」の転で、戦いに負けて逃げていく者、の意。

その内《うち》騒《さわ》ぎ合《あ》へ《ェ》り　邸内は騒ぎ合っている。都落ちしていった敗者と関わることは、自分たちに不利益なことしか予想できないので、接触したくないのである。

別《べち》の子細《しさい》候《そうら》は《ワ》ず　特別な事情はございません。「ベチ」は、呉音の読み。「子細」は、特別な事情。「候ふ」は、「あり」の丁寧語。

申《もう》すべきことあつて　お願い申し上げたいことがあって。「申す」は、「言ふ」の謙譲語。

帰《かえ》り参《まい》つて候《そうろ》ふ《ウ》　戻って参りました。「参つて」は、「参りて」の促音便。「参る」は、貴人の前や敬うべき所へ行く意を表す謙譲語。

さることあるらん　しかるべき事情があるのだろう。「さる」は、ラ変動詞「さり」の連体形「さる」から生じた連体詞。しかるべき、相当な、の意。

ことの体《てい》　その場の様子。「体」は、様子、ありさま、の意。

何《なに》となう《ノウ》　全てにわたって。特別に何かということでもなく。

■第二段落（四三・2〜四四・11）

段意

忠度は、都落ちのいきさつを伝えた後で、勅撰の沙汰があった折には自作の和歌を載せてくれるよう懇願し、日頃の詠歌を書き集めた一巻を俊成卿に託した。忠度の和歌への情熱に心打たれた俊成卿は、涙をこらえつつ忠度の願いに尽力することを約束した。惜別の情を託した漢詩を吟じながら忠度は去っていった。

現代語訳・品詞分解

薩摩守がおっしゃったことには、「長年和歌のご指導をいただいて以来、
薩摩守 のたまひ ける は、「年ごろ 申し承つ て 後、
名 動・四・用 助動・過・体 係助 名 動・四・用 接助 名

（和歌の道を）いいかげんではないことと思い申しておりますけれども、この
おろかなら ぬ 御事 に 思ひ 参らせ 候へ ども、こ
形動・ナリ・未 助動・消・体 名 格助 動・四・用 補動・下二・用 補動・四・已 接助 代

二、三年は、京都の騒ぎや、（地方の）国々の乱れ（が起き）、（それらが）全
の 二、三年 は、京都 の 騒ぎ、国々 の 乱れ、しかしながら
格助 名 係助 名 格助 名 名 格助 名 副

てわが平家の身の上のことでございますので、（和歌の道を）
当家 の 身の上 の こと に 候ふ 間、疎略 を
名 格助 名 格助 名 助動・断・用 補動・四・体 名 名 格助

おろそかにはいたさないというものの、いつも（ご指導を受けに）参上することもござい
存ぜ ず と いへ ども、常に 参り寄る こと も 候は
動・サ変・未 助動・消・終 格助 動・四・已 接助 副 動・四・体 名 係助 動・四・未

ませんでした。主上（安徳天皇）は既に都をお出ましになりました。
ず。君 すでに 都 を 出で させ 給ひ ぬ。
助動・消・終 名 副 名 格助 動・下二・未 助動・尊・用 補動・四・用 助動・完・終

（平家）一門の運命はもはや尽きてしまいました。勅撰和歌集の編集があるだ
一門 の 運命 はや 尽き 候ひ ぬ。撰集 の ある
名 格助 名 副 動・上二・用 補動・四・用 助動・完・終 名 格助 動・ラ変・体

ろうということを承りましたので、（私の）生涯の名誉に、
べき よし 承り 候ひ しか ば、生涯 の 面目 に、
助動・推・体 名 動・四・用 補動・四・用 助動・過・已 接助 名 格助 名 格助

語釈・文法

年《とし》ごろ　長年。数年来。

おろかならぬ　「おろかなり」は、疎略だ、いいかげんだ、の意で、「おろそかなり」と同じ意。

京都《きょうと》の騒《さわ》ぎ、国々《くにぐに》の乱《みだ》れ　この数年に起きた、源《みなもとの》頼政《よりまさ》の謀反、福原《ふくはら》遷都、源頼朝《よりとも》・義仲《よしなか》の挙兵、清盛《きよもり》の死去などの大事件や、大火、大地震、辻風《つじかぜ》などの天変地異を指す。

しかしながら　全て。そのまま全部。

身《み》の上《うえ》のことに候ふ《そうろウ》間《あいだ》　身の上のことでありますので。「間」は形式名詞だが、接続助詞のように用いられて、原因・理由を示す。…ので、の意。

疎略《そらく》を存《ぞん》ぜず　おろそかにはいたさない。「存ず」は、「思ふ」の謙譲語で、存ずる、の意。

あるべきよし承《うけたまわ》り候《そうろ》ひ《イ》しかば　あるだろうということを承りましたので。「よし（由）」は、趣旨、事柄。あるだろうという趣旨を、の意。「承る」は、「聞く」の謙譲語。

一首だけでも(あなた様の)ご恩情をこうむろうと思っておりましたのに、
一首 なり とも 御恩 を かうぶら う ど 存じ て
名 助動・断・終 接助 名 格助 動・四・未 助動・意・終 格助 動・サ変・用 接助

たちまち世の乱れが起こって、 撰集
候ひ し に、 やがて 世 の 乱れ 出で来 て、 そ
補動・四・用 助動・過・体 接助 副 名 格助 名 動・カ変・用 接助 代

のご下命がございませんことは、 ただもう(私)一身にとっての嘆きと思っております。
の 沙汰 なく 候ふ 条、 ただ 一身 の 嘆き と 存ずる
格助 名 形・ク・用 補動・四・体 名 副 名 格助 名 格助 動・サ変・体

世(の乱れ)が収まりましたならば、 勅撰集のご下命がございましょう。
候ふ。 世 静まり 候ひ な ば、 勅撰 の 御沙汰 候は
補動・四・終 名 動・四・用 補動・四・用 助動・完・未 接助 名 格助 名 動・四・未

(その折には)ここにあります巻物の中にそうするのにふさわしい歌がござ
んず らん。 これ に 候ふ 巻物 の うち に さり
助動・推・終 助動・現推・終 代 格助 動・四・体 名 格助 名 格助 動・ラ変・用

いましたならば、 一首だけでもご恩情をこうむって(入集させて
ぬ べき もの 候は ば、 一首 なり とも 御恩 を
助動・強・終 助動・適・体 名 動・四・未 接助 名 助動・断・終 接助 名 格助

いただき)、 死後の世でもうれしく存じましたならば、
かうぶつ て、 草 の 陰 にて も うれし と 存じ 候は
動・四・用 接助 名 格助 名 格助 係助 形・シク・終 格助 動・サ変・用 補動・四・未

遠いあの世から(あなた様を)お守りいたしましょう。」 と言って、 日頃詠み
ば、 遠き 御守り で こそ 候は んずれ。」 とて、 日ごろ
接助 形・ク・体 名 格助 係助 補動・四・未 助動・意・已 格助 名

おかれた歌の中で、 秀歌と思われる歌を百余首、
詠みおか れ たる 歌ども の 中 に、 秀歌 と おぼしき
動・四・未 助動・尊・用 助動・完・体 名 格助 名 格助 名 格助 形・シク・体

書き集めなさった巻物を、 もはやこれまでと
を 百余首、 書き集め られ たる 巻物 を、 今 は とて
格助 名 動・下二・未 助動・尊・用 助動・完・体 名 格助 名 係助 格助

(都を)出発なさった時に、 これを取って持っていらっしゃったが、
うつ立た れ ける 時、 これ を 取つ て 持た れ
動・四・未 助動・尊・用 助動・過・体 名 代 格助 動・四・用 接助 動・四・未 助動・尊・用

御恩《ごおん》をかう《コウ》ぶらう《ロウ》ど　ご恩情をこうむろうと。ご恩情によって、自分の歌を入集《にっしゅう》させていただこうと、の意。助動詞「む」は、平安時代中期から発音が変化して「ん」になり、さらに「う」になって現代に至る。「ど」は、格助詞「と」の濁音化したもの。中世では、意志の助動詞「う」で終わる文を受けた場合などに濁音化することがある。

やがて　たちまち。そのまま。

沙汰《さた》なく候《そうろう》ふ条《じょう》　ご下命がございませんことは。「沙汰」は命令。「条」は、形式名詞で、…件、…こと、の意を表す。

候《そうら》は《ワ》んずらん　ございましょう。「候ふ」が「あり」の丁寧語なので、「あらんずらん」の丁寧表現。

さりぬべきもの　そうするのにふさわしいもの。勅撰集に載せるのにふさわしい歌、の意。

御恩《ごおん》をかう《コウ》ぶつて　ご恩情をこうむり入集させていただくことで、の意。「草の陰にてもうれしと存じ候はば」に続く。

おぼしきを　思われる歌を。「おぼしき」の直後に「歌」が省略されている。「おぼし」は、(…と)思われる、の意を表す形容詞。

うつ立《た》たれける時《とき》　出発なさった時に。「うつ立つ」は、「うち立つ」の促音便。

（それを）鎧の引き合わせから取り出して、
たり し が、 鎧 の 引き合はせ より 取り出で て、
助動・存・用 助動・過・体 接助 名 格助 名 格助 動・下二・用 接助

俊成卿に差し上げる。 三位はこの巻物を開けて見て、
俊成卿 に 奉る。 三位 これ を 開け て 見 て、
名 格助 動・四・終 名 代 格助 動・下二・用 接助 動・上一・用 接助

「このような忘れ形見をいただきましたうえは、
「かかる 忘れ形見 を 賜はりおき 候ひ ぬる うへ は、
動・ラ変・体 名 格助 動・四・用 補動・四・用 助動・完・体 名 係助

少しも（これを）粗末に扱おうとは存じません。 お疑いなさいますな。
ゆめゆめ 疎略 を 存ず まじう 候ふ。 御疑ひ ある
副 名 格助 動・サ変・終 助動・消意・用 補動・四・終 名 動・ラ変・体

それにしてもただ今のご来訪は、 風情を解する
べから ず。 さても ただ今 の 御渡り こそ、 情け も
助動・命・未 助動・消・終 接 名 格助 名 係助 名 係助

心も格別に深く、 しみじみとした思いもいちだんと感じられて、 感動の
すぐれて 深う、 あはれ も ことに 思ひ知ら れ て、 感涙
副 形・ク・用 名 係助 副 動・四・未 助動・自・用 接助 名

涙を抑えきれません。」 とおっしゃると、 薩摩守は喜んで、 「（和
おさへ難う 候へ。」 と のたまへ ば、 薩摩守 喜ん で、 「今
形・ク・用 補動・四・已 格助 動・四・已 接助 名 動・四・用 接助 名

歌のことをお願いした）今は（敗走して）西国の海の底に沈むならば沈んで（死んで）もいい、 山野に（死後
は 西海 の 波 の 底 に 沈ま ば 沈め、 山野 に
係助 名 格助 名 格助 名 格助 動・四・未 接助 動・四・命 名 格助

の）しかばねをさらすならばさらしてもいい、 つらいこの世に思い残すことはございません。
屍 を さらさ ば さらせ、 憂き世 に 思ひおく こと 候は
名 格助 動・四・未 接助 動・四・命 名 格助 動・四・体 名 動・四・未

それではお別れを申して（参ります）。」 と言って、 馬に乗り、
ず。 さらば いとま 申し て。」 とて、 馬 に うち乗り、
助動・消・終 接 名 動・四・用 接助 格助 名 格助 動・四・用

甲の緒を締め、 西を目指して（馬を）歩ませなさる。
甲 の 緒 を 締め、 西 を 指い て ぞ 歩ま せ
名 格助 名 格助 動・下二・用 名 格助 動・四・用 接助 係助 動・四・未 助動・使・用

持《も》たれたりしが　持っていらっしゃったが。「今はとて…持たれたりしが」は挿入句。

奉《たてまつ》る　差し上げる。「与ふ」の謙譲語。

かかる　このような。

賜《たま》はりおき候《そうら》ひ《イ》ぬるうへ《エ》は　いただきましたからには。「賜はる」は、「受く」の謙譲語。「うへは」は、…からには、の意。

ゆめゆめ　下に打消の語を伴い、全く、少しも、の意を表す副詞。ここでは「まじう」と呼応している。

御渡《おんわた》り　ご来訪。お越し。

情《なさ》けもすぐれて深《ふこ》う　風情を解する心も格別に深く。「情け」は、「風情を解する心」のこと。「深う」は、「深く」のウ音便。忠度の和歌への情熱を褒めた言葉。

あは《ワ》れもことに思《おも》ひ《イ》知《し》られて　しみじみとした思いもいちだんと感じられて。忠度が都落ちしていく、世の中の転変無常についての感慨を述べた言葉。

感涙《かんるい》　感動であふれ出る涙。

今《いま》は西海《さいかい》の…さらばいとま申《もう》して　和歌に対する心残りが解消され、武人として晴れ晴れとした気持ちで出立することを表したもの。「いとま」は、お別れ、の意。西海は京都から見た西の海。

給ふ。 補動・四・体

三位が（忠度の）後ろ姿を遠くになるまで見送って立っていらっしゃると、
三位 名 後ろ 名 を 格助 遥かに 形動・ナリ・用 見送つ 動・四・用 て 接助 立た 動・四・未 れ 助動・尊・用

忠度の声と思われる声で、「行く先の道のり
たれ 助動・存・已 ば、 接助 忠度 名 の 格助 声 名 と 格助 おぼしく 形・シク・用 て、 接助 「前途 名 ほど 名

は遠い、（途中で越える）雁山の夕暮れ時の雲に思いを馳せる。」と、
遠し、 形・ク・終 思ひ 名 を 格助 雁山 名 の 格助 夕べ 名 の 格助 雲 名 に 格助 馳す。」 動・下二・終 と、 格助

高らかに吟じなさるので、俊成卿はますます名残惜しく思われて、
高らかに 形動・ナリ・用 口ずさみ 動・四・用 給へ 補動・四・已 ば、 接助 俊成卿 名 いとど 副 名残惜しう 形・シク・用

涙をこらえて（邸内に）お入りなさる。
おぼえ 動・下二・用 て、 接助 涙 名 を 格助 おさへ 動・下二・用 て 接助 ぞ 係助 入り 動・四・用 給ふ。 補動・四・体

指《さ》いて 目指して。「指して」のイ音便。

前途《せんど》ほど遠《とお》し…雲《くも》に馳《は》す これからの困難を思い、惜別の情を漢詩に託したもの。忠度の文人としての気持ちの表出。

いとど いよいよ。いっそう。

■第三段落（四四・12〜終わり）

段意

戦乱の世も収まり、『千載集』を撰《えら》ぶにあたって、俊成は、忠度との別れの場面を思い出しながら、「故郷の花」という題の歌を一首、「よみ人知らず」として載せ、忠度との約束を果たした。朝敵となってしまったからにはしかたのないことだが、姓名を伏せて一首のみというのは残念なことであった。

現代語訳・品詞分解

その後、世の騒ぎが収まって、（俊成卿は）『千載集』をお撰びなさった時に、
その 代 の 格助 後、 名 世 名 静まつ 動・四・用 て、 接助 千載集 名 を 格助 撰ぜ 動・サ変・未 られ 助動・尊・用

忠度の生前の様子や、言い残した言
ける 助動・過・体 に、 格助 忠度 名 の 格助 あり 動・ラ変・用 し 助動・過・体 ありさま、 名 言ひおき 動・四・用

葉を、今更のように思い出して感慨深かったので、あの
し 助動・過・体 言の葉、 名 今更 副 思ひ出で 動・下二・用 て 接助 あはれなり 形動・ナリ・用 けれ 助動・過・已 ば、 接助 か 代

語釈・文法

世静《よしず》まつて 世の騒ぎが収まって。壇の浦の合戦で平氏が滅亡し、世の中が平穏になった。

千載集《せんざいしゅう》 『千載和歌集』が正しい。二十巻で、約千三百首が俊成により撰ばれている。

撰《せん》ぜられけるに お撰びなさった時に。「撰ず」は、詩歌を選び編集する、の意。

ありしありさま 生前の様子。

今更《いまさら》 今更のように。今改めて。

巻物の中に、適当な(秀)歌がたくさんあったが、

の　巻物　の　うち　に、　さり　ぬ　べき　歌　いくら

格助　名　格助　名　格助　動・ラ変・用　助動・強・終　助動・適・体　名　副

(忠度は)天皇のとがめを受けた者なので、姓名をお出し

も　あり　けれ　ども、　勅勘　の　人　なれ　ば、　名字　を

係助　動・ラ変・用　助動・過・已　接助　名　格助　名　助動・断・已　接助　名　格助

にならず、「故郷(旧都)の花」という題で(忠度が)お詠みになった歌一

ば　表さ　れ　ず、　「故郷　の　花」　と　いふ　題　にて

係助　動・四・未　助動・尊・未　助動・消・用　名　格助　名　格助　動・四・体　名　格助

首を、「よみ人知らず」として

詠ま　れ　たり　ける　歌　一首　ぞ、　「よみ人　知ら

動・四・未　助動・尊・用　助動・完・用　助動・過・体　名　名　係助　名　動・四・未

(『千載集』に)お入れになった。

ず」　と　入れ　られ　ける。

助動・消・終　格助　動・下二・未　助動・尊・用　助動・過・体

(昔の都の)志賀の都は荒れ果ててしまったが、長等山の桜は昔のままに美しく咲いていること

さざなみや　志賀　の　都　は　荒れ　に　し　を

(枕詞)　名　格助　名　係助　動・下二・用　助動・完・用　助動・過・体　接助

だなあ。

昔　ながら　の　山桜　かな

名　接助　格助　名　終助

忠度の身が朝廷の敵となってしまったからには、とやか

そ　の　身　朝敵　と　なり　に　し　うへ　は、　子細

代　格助　名　名　格助　動・四・用　助動・完・用　助動・過・体　名　係助　名

く言い立てることではないというものの、(姓名を伏せて一首しか入集さ

に　及ば　ず　と　いひ　ながら、　恨めしかり　し

格助　動・四・未　助動・消・終　格助　動・四・用　接助　形・シク・用　助動・過・体

せないとは)残念なことであった。

ことども　なり。

名　助動・断・終

あは《ワ》れなりければ　感慨深かったので。この語句に続く語句は、「忠度の和歌を撰んで約束を果たそうとした」などの意と考えられるが、省略されている。「『よみ人知らず』と入れられける」に続くのではない。

勅勘《ちょっかん》の人《ひと》なれば　天皇のとがめを受けた者なので。「勅勘」は、天皇のとがめ、の意。『平家物語』巻第八に、後白河《ごしらかわ》法皇が義仲に守られて都へ帰り、「前内《さきの》大臣宗盛《むねもり》公以下、平家の一族追討すべきよし仰せ下さ」れたとあり、平家一門は朝敵となっていた。

故郷《こきょう》　旧都。以前都であった所、の意。

よみ人《びと》知らず　「知らず」は、知られず、の意。実際に作者不明の場合と、このように作者を伏せる場合とがあった。

荒《あ》れにしを　荒れ果ててしまったが。天武《てんむ》天皇が飛鳥浄御原宮《あすかきよみはらぐう》に遷都するまで、五年間、志《し》賀《が》に大津の宮があった。

子細《しさい》に及《およ》ばずといひ《イ》ながら　とやかく言い立てることではないというものの。「子細」は、差し支えとなる事柄、の意。「子細を言ひ《イ》立つるに及ばず」が正しい。朝敵となったが、優秀な歌人の歌を姓名も伏せ、しかも一首しか入れないのは不満である、の意を感じさせる記述。

鑑賞

忠度の勇猛な武人としての活躍は巻第九に描かれているが、この章段で描かれているのは、和歌に執着する文人としての忠度の姿である。清盛を頂点とした平氏一門の政治支配により、武家の棟梁《とうりょう》だった平氏は急速に貴族化していくが、忠度は、文武両道を貫いた武人の典型として『平家物語』に描かれている。文人として生きた証《あかし》として勅撰集に自分の歌を残したいと願う忠度と、そのよき理解者である俊成との師弟愛も、もう一つの主題となっている。

教科書の問題（解答・解説）

? 教科書本文下に示された問題

? 「さることあるらん。」とは、何を指して言っているのか。（p.四二）

解答 薩摩守忠度が戻ってきた事情。

[解説] 俊成は戻ってきた忠度を追い返すことなく、事情があってのことだろうと推し量っている。

? 「さりぬべきもの」とはどういうものか。（p.四三）

解答 勅撰集に載せるのにふさわしい歌。

[解説] 「さりぬべし」は、そうあるのが適当だ、そうするのにふさわしい、の意。

? 「かの巻物」とは、何を指すか。（p.四四）

解答 忠度が日頃から詠みためていた歌の中から、秀歌と思われるものを百余首書き集めて、俊成に託した巻物。

[解説] 「か」は、漢字では「彼」と表し、あれ、あちら、の意の指示代名詞。

■ 学習の手引き　教科書 四五ページ

❶俊成は忠度に対して、どのように接したか。

解答 門を開けて対面し、忠度の和歌に注ぐ情熱に感動して、勅撰集入集の願いをかなえるよう尽力することを約束した。そして、忠度との別れを惜しみ、姿が見えなくなるまで見送った。

[解説] 忠度に対する俊成の接し方は、歌壇の指導的地位にあった人物にふさわしく落ち着いたものであり、和歌に打ち込む忠度の思いをよく理解したものといえる。

❷本文から、忠度のどのような心情が読み取れるか。

解答 勅撰集に入集することによって、歌人として生きた自己の存在をこの世に刻んでおきたい。

[解説] 忠度が俊成に会いに来た理由は、自作の歌を書き集めた巻物を託し、世の騒乱が収まった後に編まれる勅撰和歌集に一首でも入れてくれるよう頼むためであった。

❸末尾の「その身朝敵と…恨めしかりしことどもなり。」（四五・4）から、語り手のどのような思いが読み取れるか。

解答 朝敵となった以上しかたのないことではあるが、優れた歌人だったのに、勅撰集に「よみ人知らず」として名を記されずに一首だけしか載せられなかったのはたいへん残念なことだと、語り手は忠度に深く同情し、哀れんでいる。

［解説］「忠度の都落ち」を聞いた人（読んだ人）の抱くであろう感想を語り手が代弁したものと考えられる。

■語句と表現

①次の傍線部の「られ」を文法的に説明しよう。

解答 (1)書き集められ＝尊敬の助動詞「らる」の連用形。
(2)思ひ知られ＝ラ行四段活用の動詞「思ひ知る」の未然形活用語尾「ら」に自発の助動詞「る」の連用形が付いたもの。

②次の傍線部を文法的に説明しよう。

解答 (1)帰り参つて＝ラ行四段活用の謙譲の動詞「帰り参る」の連用形「帰り参り」の促音便「帰り参つ」の一部。
(2)思ひ参らせ＝サ行下二段活用の謙譲の補助動詞「参らす」の連用形「参らせ」の一部。

言語活動 「忠度《ただのり》の都落ち」を読み比べる

教科書 四六～四七ページ

忠度の都落ち（延慶本《えんきょう》）

大意

薩摩守《さつまのかみ》の忠度は風流の道に深く心を寄せる人である。平家の都落ちの際、俊成《しゅんぜい》の屋敷を訪れた。自身が詠んだ百首の巻物を預けて、勅撰《ちょくせん》和歌集が完成するのは私の死後であろうが、私の一首を入れられたら名誉であると俊成に頼んだ。俊成は涙をおさえて忠度の歌を読んだところ、ある二首があった。その後、世は落ち着き和歌集が完成したが、討たれた忠度の名前を記載することははばかられ、その二首が「よみ人知らず」として掲載されたことは残念である。

そのうちやさしくあはれなりしことは、薩摩守忠度は当世随分の好士《こうし》なり。そのころ、皇太后宮大夫《こうたいこうぐうのだいぶ》俊成卿《しゅんぜいのきょう》、勅をうけたまはりて千載集撰《せんざいしゅうえら》ばるることありき。すでに行幸《ぎょうこう》の御供にうち出《い》でられたりけるが、乗り替《が》へ一騎ばかり具して、四塚《よつづか》より帰りて、かの俊成卿の五条京極《きょうごく》の宿所の前に控へて、門《かど》たたかせければ、内より「いかなる人ぞ。」と問ふ。「薩摩守忠度。」と名のりければ、「さては落人《おちうど》にこそ。」と聞きて、世のつつましさに返事もせられず、門も開けざりければ、そ

現代語訳

その中でも風流でしみじみとした情趣があることは、薩摩守忠度は今の世の中ではひとかたではなく和歌の道に深く心を寄せる風流人である。そのころ、皇太后宮職の長官の俊成卿が、（後白河院の）命をお受けして千載集をお撰びになることがあった。（忠度は）もう（安徳天皇の）行幸のお供に出発なさっていたが、予備の馬に乗った武士一騎だけ連れて、四塚から戻って、あの俊成卿の五条の京極通りの邸の前に待機して、（従者に）門をたたかせたところ、内側から「どのような人か。」と問いかける。「薩摩守忠度。」と名乗ったので、「それでは落ち武者であるな。」と聞き（知って）、世間がはばかられて返事もすることができず、門も開けなかったので、その時忠度が、「特別の

語釈・文法

随分《ずいぶん》 ①身分相応、分に応じて、②大いに、すこぶる、の意。ここでは忠度を和歌のひとかたならない人と評しており、②の意味。

千載集《せんざいしゅう》 千載和歌集。平安末期の第七番目の勅撰集。後白河院の院宣により作られた。編者は藤原《ふじわら》俊成。代表歌人は、源俊頼《みなもとのとしより》・藤原俊成・藤原基俊《もととし》・崇徳《すとく》院・和泉式部《いずみしきぶ》・西行《さいぎょう》など。

具《ぐ》して 「具す」は、連れ立つ、いっしょに行く、の意。忠度は家来の武士を一人だけ連れて俊成の邸

ことではございません。このたび百首（の歌）を作ってございますのを、お目にかけないで、都から遠く離れた土地に出立するようなことの残念さに、持参しております。どうして不都合がございましょうか（いや、不都合はございません）。立ったままでお目にかかり申し上げたい。」と言ったので、三位（俊成卿）は気の毒にお思いになって、わなわなと震えながら面会なさった。「世の中が静まりましたら、きっと勅撰和歌集の編集の事業が終わっているでしょう。我が身こそこのような状態になってございますけれども、死んだ後までも、この（和歌の）道に名を連ねるようなことは、存命中の名誉であるでしょう。勅撰和歌集を編集する中で、この巻物の中でふさわしい句がございましたら、思い出していただき、一首お入れになってくださいませんか。一方ではまた念仏を唱えて（私の後生を）ご供養ください。」と言って、鎧の（胴の）合わせ目から百首の巻物を取り出して、門から内側へ投げ入れて、「忠度、今はたとえ西方の海（瀬戸内海）の波に沈んでも、この世に思い残すことはございません。それではお入りになってください。」と言って、涙をぬぐって帰っていった。

の時忠度、「別《べち》のことにては候《そうら》はず。このほど百首をして候ふを、見参《げんざん》に入れずして、外土《がいど》へまかり出でんことの口惜しさに、持て参りて候ふ。何かは苦しく候ふべき。立ちながら見参し候はばや。」と言ひければ、三位《さんみ》あはれと思《おぼ》して、わななくわななく出であひ給《たま》へり。「世静まり候ひなば、定めて勅撰《ちょくせん》の功終はり候はんずらん。身こそかかるありさまにまかりなり候ふとも、なからんあとまでも、この道に名をかけんこと、生前《しょうぜん》の面目たるべし。集撰集《せんじゅう》の中に、この巻物のうちにさるべき句候はば、思し召し出だして、一首入れられ候ひなんや。かつはまた念仏をも御訪《とぶら》ひ候ふべし。」とて、鎧《よろい》の引き合はせより百首の巻物を取り出だして、門より内へ投げ入れて、「忠度、今は西海《さいかい》の波に沈むとも、この世に思ひおくこと候はず。さらば入らせ給へ。」とて、涙をのごひて帰りにけり。

俊成卿は、涙をおさえて（邸の）中へ帰って入って、灯火の下でその巻物をご覧になったところ、すぐれた歌の中に、「故郷の花」という題で、

俊成卿、感涙をおさへて内へ帰り入りて、燈《ともしび》のもとにてかの巻物を見られければ、秀歌どもの中に、「故郷の花」といふ題を、

を訪れた。

何《なに》かは苦《くる》しく候《そうら》ふ《ウ》べき　「かは」は係助詞で、ここでは反語の意味でとる。訳は、「どうして不都合がございましょうか。いや、不都合はありません。」となる。落ち武者であっても風流ごとについての対面は、差し支えないと忠度は思ったのである。

立《た》ちながら見参《けんざん》し候《そうら》は《ハ》ばや　「ばや」は願望の終助詞。立ったままで良いのでお目にかかり申し上げたいという意味。忠度の熱い気持ちが分かる。

さるべき句《く》　形容詞「然《さ》るべし」は「相応な」という意味。新しく編《へん》纂《さん》される勅撰集にふさわしい句という意味になる。

西海《さいかい》　京都から見た西の海。瀬戸内海を指すことが多い。

涙《なみだ》をのごひ《イ》て　涙をぬぐって。「のごふ」はぬぐう、ふき取る、の意。和歌を託した忠度は、自身の死を予感していることが分かる。

志賀の都は荒れてしまったが、長等《ながら》の山桜は昔そのままに美しく咲いていることだなあ。

さざなみや志賀《しが》の都は荒れにしを昔ながらの山桜かな

(また)「忍ぶる恋」という題で、

「忍ぶる恋」に、

どうしたらよいだろう、宮城が原に摘む芹の「根」ではないが、「音」にだけ出して泣いても、自分の思いを知る人はいない。(という二首があった。)

いかにせん宮城が原に摘む芹《せり》のねのみなけども知る人のなき

その後どれほどもたたないで、世の中は静まった。(俊成卿は)例の集を奏上なさった時に、忠度の、この(和歌の)道に打ち込んで、都落ちの道中から帰ってきた志は浅くなく、とは言うものの勅命によりとがめられた人の名を入れることは、さしさわりがあることであるからということで、この二首を「よみ人知らず」として入れられたということだ。どんなに変わっていく世の中であっても、殿上人などがお詠みになった歌を「よみ人知らず」として入れられたことは残念である。

その後《のち》いくほどもなくて、世静まりにけり。かの集を奏せられけるに、忠度、この道にすきて、道より帰りたりし志浅からず、ただし勅勘の人の名を入るることと、はばかりあることなればとて、この二首を「よみ人知らず」とぞ入れられける。さこそ変はりゆく世にてあらめ、殿上人なんどの詠まれたる歌を「よみ人知らず」と入れられけるこそ口惜しけれ。

さざなみや 「さざなみや」は「志賀」にかかる枕詞《まくらことば》。

摘《つ》む芹《せり》の 水辺に生えている芹は、摘もうとすると袖が濡《ぬ》れるばかりで、なかなか摘めないということから、誠意を持って努力しても報われないことを慣用的にいう。

奏《そう》せられけるに 奏上なさった時に。「奏す」は、申し上げる、奏上する、の意で絶対敬語。天皇もしくは上皇にのみ用いられる。

はばかりある さしさわりがある。忠度は昇殿を許された殿上人であり本来ならば堂々と入集されるはずだが、平氏追討の命により朝敵となったため名を出すことができなかった。

よみ人知らず 作者が不明の場合などに用いる。

口惜《くちお》しけれ 「口惜しけれ」で一語。形容詞「口惜し」の已然《いぜん》形。直前に係助詞「こそ」があるため文末に已然形の結びをとる。

課題

● 『平家物語』には本文の異なる多種類の本が伝わっている。「忠度の都落ち」について、四二ページからの本文（「覚一《かくいち》本」）と、次の「延慶本」とを読み比べよう。その際、「忠度と俊成の関係」「忠度と俊成の別れの場面」「『千載和歌集』における忠度の和歌の扱い」などの点に注目し、両本の違いや、「覚一本」の表現上の工夫・効果などについて考え、意見を述べ合おう。

解答

・忠度と俊成の関係

「覚一本」…忠度は俊成に和歌の指導を受けていた。

「延慶本」…師弟関係であるかは読み取れない。

・忠度と俊成の別れの場面

「覚一本」…直接言葉を交わし、俊成は忠度の和歌をおろそかにしないことを約束する。

「延慶本」…忠度の和歌を受け取るが、俊成は言葉をかけない。

・『千載和歌集』における忠度の和歌の扱い

「覚一本」…「故郷の花」という題の歌一首だけを「よみ人知らず」として掲載した。

「延慶本」…「故郷の花」「忍ぶる恋」という題の歌二首を「よみ人知らず」として掲載した。

［解説］『平家物語』に本文の異なる多種類の本が伝わっているのは、特定の作者が書き上げた作品ではなく、原作となりうる話に複数の人が挿入・削除あるいは脚色を繰り返したためと考えられる。読み本系と語り本系とに分類でき、前者の例として「延慶本」、後者の例として「覚一本」が挙げられる。鎌倉時代末期に成立したと思われる「延慶本」のほうが古い。本文の相違は多いが、忠度の和歌にかける強い気持ち、忠度に応えようとする俊成の優しさは共通して読み取れる。

壇の浦の合戦

〔巻第十一〕

教科書 四八～五一ページ

大意

能登守《のとのかみ》(平《たいらの》)教経《のりつね》は、今日を最後の戦いと思い決めて、矢を射尽くし、太刀《たち》・長刀《なぎなた》を振り回し、敵を次々になぎ倒し、死力を尽くして奮戦するが、(平)知盛《とももり》の言葉を聞いて、判官《ほうがん》(源《みなもとの》)義経《よしつね》を目指して追い求めるうちに、偶然、義経の舟に乗り当たった。義経は教経に迫られると、二丈ばかりも飛びのく早業で危機を脱した。教経は、もはやこれまでと観念して、「我を生け捕りにしてみよ。」と、源氏の軍勢に向かって大音声《だいおんじょう》をあげるが、あまりの恐ろしさに、敵は一人も近寄れなかった。そこに安芸《あきの》太郎・次郎、その郎等《ろうどう》の三人の大力《だいぢから》の剛勇の者が、教経の声に応じて討ってかかったが、教経は、郎等を海に蹴落とし、太郎・次郎兄弟を両脇に抱え込んで、「死出《しで》の山の供をせよ。」と、海に身を投じた。知盛も教経の最期を見届けた後、「見るべきほどのことは見つ。」と言って、めのと子《ご》の家長《いえなが》と手を組んで入水《じゅすい》した。これに続いて、二十余人の侍たちも手を取り組んで海中に沈んだ。越中次郎兵衛《えっちゅうのじろうびょうえ》ら四人はそこを脱出した。戦いの後には、平家の赤旗や赤い差し物が乱れ散り、乗り手のない舟がむなしく波間に漂っていた。

第一段落（初め～四九・16）

段意

能登守教経のすさまじい奮戦ぶりには、みな恐れをなして、一人として面と向かって相手になろうとする者はいなかった。平氏の行く末を見通している知盛の言葉を、大将軍と組み打ちせよということだろうと了解して、教経は義経を目指すが、迫られた義経は、二丈ほど飛びのいて危機を脱する。さしもの教経も、もはやこれまでと観念し、大音声をあげて、自分を生け捕りにせよと叫ぶ。

現代語訳・品詞分解

全く(誰一人として)能登守教経の矢の正面に立ちはだかる者はいなかった。

およそ	能登守教経	の	矢先	に	回る	者	こそ	なかり
副	名	格助	名	格助	動・四・体	名	係助	形・ク・用

語釈・文法

およそ　下に打消の語を伴って、全く（…ない）、少しも（…ない）、の意を表す。

(教経は)矢の用意のある限りを射尽くして、今日を最後とお思いに

けれ。 矢だね の ある ほど 射尽くし て、 今日 を 最後

助動・過・已 名 格助 動・ラ変・体 副助 動・四・用 接助 名 格助 名

なったのだろうか、 赤地の錦の鎧直垂に、

と や 思は れ けん、 赤地 の 錦 の 直垂

格助 係助 動・四・未 助動・尊・用 助動・過原推・体 名 格助 名 格助 名

唐綾縅の鎧を着て、 外装を豪華に作った大太刀を抜き、

に、 唐綾縅 の 鎧 着 て、 いかものづくり の 大太刀

格助 名 格助 名 動・上一・用 接助 名 格助 名

白木の柄の大長刀の鞘をはずし、 左右(の手)に持って敵勢

抜き、 白柄 の 大長刀 の 鞘 を はづし、 左右 に 持つ

動・四・用 名 格助 名 格助 名 格助 動・四・用 名 格助 動・四・用

をなぎ払って回られると、 面と向かって相手になる者はいない。

て なぎ回り 給ふ に、 面 を 合はする 者 ぞ なき。

接助 動・四・用 補動・四・体 接助 名 格助 動・下二・体 名 係助 形・ク・体

(源氏の側では)多くの者たちが討たれてしまったのだった。 新中納言(知盛)は、使者

多く の 者ども 討た れ に けり。 新中納言、 使者

副 格助 名 動・四・未 助動・受・用 助動・完・用 助動・過・終 名 名

を遣わして、 「能登殿、 あまり罪をお作りなさいますな。

を 立て て、 「能登殿、 いたう 罪 な 作り 給ひ そ。

格助 動・下二・用 接助 名 副 名 副 動・四・用 補動・四・用 終助

そんなことをしたところで(あなたが今相手にしている者どもは)ふさわしい敵か。(そうではあるまい。)」

さりとて よき 敵 か。」 と のたまひ けれ ば、 さては 大将軍

接 形・ク・体 名 係助 格助 動・四・用 助動・過・已 接助 接 名

とおっしゃったので、それでは大将軍と組み打ちせよと言うのだなと了解して、刀の柄を短く持って、

に 組め ごさんなれ と 心得 て、 打物 茎短に 取つ

格助 動・四・命 (連語) 格助 動・下二・用 接助 名 形動・ナリ・用 動・四・用

(次から次へと)源氏の舟に乗り移り乗り移り、 大声でわめき叫んで

て、 源氏 の 舟 に 乗り移り 乗り移り、 をめき 叫ん

接助 名 格助 名 格助 動・四・用 動・四・用 動・四・用 動・四・用

攻め戦う。 判官(義経)の顔を見知っていらっしゃらないので、

で 攻め 戦ふ。 判官 を 見知り 給は ね ば、

接助 動・下二・用 動・四・終 名 格助 動・四・用 補動・四・未 助動・消・已 接助

矢《や》だね 「矢種」で、射るために身につけている矢。手もとにある矢。

今日《きょう》を最後《さいご》とや思《おも》は《ワ》れけん 「けん」は、過去の原因推量の助動詞で、「や」の結びとなって連体形。この時の教経の服装や奮戦ぶりの理由を語り手が推量した言葉で、挿入句となっている。

給《たま》ふ《ウ》 お…になる。尊敬の補助動詞。

面《おもて》を合《あ》は《ワ》する者《もの》 面と向かって戦う相手。顔を合わせて敵対する者。

討《う》たれにけり 「けり」は詠嘆の意も含む。

いたう《トウ》罪《つみ》な作《つく》り給《たま》ひ《イ》そ 「な…そ」で、やわらかな禁止の意を表す。「いたう」は、形容詞「いたし」の連用形が副詞化した「いたく」のウ音便で、打消の語や禁止表現を伴う場合は、あまり、たいして、の意を表す。

さりとてよき敵《かたき》か 殺したからといって、それにふさわしいような敵か。殺生の罪を犯してまでも、倒して名をあげるのにふさわしい相手ではなかろう、の意。「さりとて」は、「さありとて」の約で、前の内容を受け、逆接として下に続ける接続詞。そうだからといって。そうかといって。「か」は反語。

のたまひ《イ》ければ おっしゃったので。「のたまふ」は、「言ふ」の尊敬語。

武具のりっぱな武者を判官かと目をつけて、
物の具 の よき 武者 を ば 判官 か と 目 を
名 格助 形・ク・体 名 格助 係助 名 係助 格助 名 格助

（舟から舟へと）駆け回る。判官のほうでも前々から気づいていて、（能
かけ て、馳せ回る。判官 も 先 に 心得 て、表
動・下二・用 接助 動・四・終 名 係助 名 格助 動・下二・用 接助 名

登殿の）正面に立つように見せかけてはいたけれども、（実際には）あちこちに行き
に 立つ やうに は し けれ ども、とかく 違ひ て
格助 動・四・体 助動・比・用 係助 動・サ変・用 助動・過・已 接助 副 動・四・用 接助

違って能登殿とはお組みにならない。けれどもどうしたのだろうか、
能登殿 に は 組ま れ ず。されども いかが し
名 格助 係助 動・四・未 助動・尊・未 助動・消・終 接 副 動・サ変・用

（能登殿は）判官の舟に乗り当たって、「それっ。」と判官
たり けん、判官 の 舟 に 乗り当たつ て、あはや と
助動・完・用 助動・過原推・体 名 格助 名 格助 動・四・用 接助 感 格助

目がけて飛びかかると、判官はかなうまいと
目 を かけ て 飛ん で かかる に、判官 かなは
名 格助 動・下二・用 接助 動・四・用 接助 動・四・体 接助 名 動・四・未

思われたのだろうか、長刀を脇に挟み持って、
じ と や 思は れ けん、長刀 脇 に かい挟み、
助動・消推・終 格助 係助 動・四・未 助動・尊・用 助動・過原推・体 名 名 格助 動・四・用

味方の舟で、二丈（約六メートル）ほど離れていた舟に、
味方 の 舟 の 二丈 ばかり のい たり ける
名 格助 名 格助 名 副助 動・四・用 助動・存・用 助動・過・体

ひらりと飛び乗りなさった。能登殿は早業では劣っておられた
に、ゆらりと 飛び乗り 給ひ ぬ。能登殿 は 早業 や
格助 副 動・四・用 補動・四・用 助動・完・終 名 係助 名 係助

のだろうか、すぐに続いてもお飛びにならない。
劣ら れ たり けん、やがて 続い て も 飛び
動・四・未 助動・尊・用 助動・存・用 助動・過原推・体 副 動・四・用 接助 係助 動・四・用

（能登殿は）今はもうこれまでとお思いになったので、
給は ず。今 は かう と 思は れ けれ ば、
補動・四・未 助動・消・終 名 係助 副 格助 動・四・未 助動・尊・用 助動・過・已 接助

組《く》めごさんなれ 「組めとにこそあるなれ」の転。「なれ」は伝聞・推定の助動詞「なり」の已《い》然《ぜん》形。

打物《うちもの》 打ち鍛えた武器の意で、刀・長刀・槍《やり》の類いのこと。

茎短《くきみじか》に 刀や槍の柄の、刃に近いほうを握ること。行動に便利なように重心に近い所を持ち、敵に接近して確実に斬り倒すための持ち方である。

乗《の》り移《うつ》り乗《の》り移《うつ》り 次から次へと舟に乗り移っていくさま。

を《オ》めき 大声をあげて。わめいて。

目《め》をかけて 目をつけて。目がけて。目標として。

先《さき》に心得《こころえ》て 前もって分かっていて。教経が自分を狙ってくると予測していたことをいう。

表《おもて》に立《た》つやう《ヨウ》には 正面に立つように見せかけてはいたけれども。義経は、大将軍としての立場上、初めから教経を避けて隠れているわけにはいかず、正面から立ち向かうふりをしながら、実際はうまく立ち回り、組まずに済むように逃げ回るのである。

とかく違《ちが》ひ《イ》て あちらこちらに行き違って。

されども そうではあるが。だが。しかし。逆接の接続詞。

いかがしたりけん どうしたのだろうか。語り

太刀、長刀を海へ投げ入れ、甲も脱いでお捨てになった。
太刀、長刀 海 へ 投げ入れ、甲 も 脱い で 捨て られ
名 名 名 格助 動・下二・用 名 係助 動・四・用 接助 動・下二・未 助動・尊・用

鎧の草摺をかなぐり捨てて、胴だけを着てざんばら髪になり、
けり。鎧 の 草摺 かなぐり捨て、胴 ばかり 着 て
助動・過・終 名 格助 名 動・下二・用 名 副助 動・上一・用 接助

大きく手を広げて立っておられた。
大童 に なり、大手 を 広げ て 立た れ たり。
名 格助 動・四・用 名 格助 動・下二・用 接助 動・四・未 助動・尊・用 助動・存・終

(その姿は)およそ他を圧倒するような威勢で近づきがたく見えた。
およそ あたり を はらつ て ぞ 見え たり ける。
副 名 格助 動・四・用 接助 係助 動・下二・用 助動・存・用 助動・過・体

恐ろしいなどという言葉ではとても言い尽くすことはできない。能登殿は大音声をあげて、
恐ろし なんど も おろかなり。能登殿 大音声 を あげ
形・シク・終 副助 係助 形動・ナリ・終 名 名 格助 動・下二・用

「我こそはと思う者どもは、近寄ってこの教経に組み
て、「我 と 思は ん 者ども は、寄つ て 教経
接助 代 格助 動・四・未 助動・婉・体 名 係助 動・四・用 接助 名

ついて生け捕りにせよ。鎌倉へ下って、
に 組ん で 生け捕り に せよ。鎌倉 へ 下つ て、
格助 動・四・用 接助 名 格助 動・サ変・命 名 格助 動・四・用 接助

頼朝に会って、ひとこと言おうと思うのだ。
頼朝 に あう て、もの 一言葉 言は ん と 思ふ
名 格助 動・四・用 接助 名 名 動・四・未 助動・意・終 格助 動・四・体

寄ってこい、寄ってこい。」とおっしゃるけれども、近寄る者は一人もいな
ぞ。寄れ や 寄れ。」と のたまへ ども、寄る 者 一人
終助 動・四・命 間助 動・四・命 格助 動・四・已 接助 動・四・体 名 名

かった。
も なかり けり。
係助 形・ク・用 助動・過・終

手が原因・理由を推量したもの。

乗《の》り当《あ》たつて　義経の舟にうまく乗り合わせて。

あは《ワ》や　ああ。それっ。教経のかけ声。

かなは《ワ》じとや思《おも》は《ワ》れけん　義経がほかの舟に乗り移っていった理由を、語り手が推量している言葉。

味方《みかた》の舟《ふね》の二丈《にじょう》ばかりのいたりけるに　「舟の」の「の」は、同格の格助詞で、「味方の舟で、（しかも）二丈ほど離れていた舟に」の意である。

早業《はやわざ》や劣《おと》られたりけん　下の「やがて続いても飛び給はず」の理由を語り手が推量している挿入句。「早業」は、高く飛んだり速く走ったりなど、敏捷《びんしょう》に行動する武芸。教経が優れていた力業《ちからわざ》・打物業《うちものわざ》に対する言葉。

やがて　①すぐに、②そのまま、の意であるが、ここは①。

かなぐり捨《す》て　乱暴に荒々しく引きむしって捨て。

あたりをはらつて　威勢・威厳があって、他人が近づきがたい様子をいう。

恐《おそ》ろしなんどもおろかなり　「なんど」は「なにと」の変化した語で、「など」と同じ。「おろかなり」は、言い足りない。

寄《よ》れや寄《よ》れ　「や」は、呼びかけの意を表す間投助詞。

■第二段落（五〇・1～11）

段意

そこへ、三十人力の大力の剛勇の者安芸太郎実光《さねみつ》ら三人が、意を決して教経を組み敷こうと、教経の舟を目指して討ってかかった。しかし教経は、郎等を海へ蹴り込み、実光兄弟を両脇に抱えて海中に身を投げた。

現代語訳・品詞分解

ここに／土佐国／の／住人、／安芸郷／を／知行し／ける
接／名／格助／名／名／格助／動・サ変・用／助動・過・体
さて土佐国の住人で、安芸郷を支配していた安芸大領実康の子に、

安芸大領実康／が／子／に、／安芸太郎実光／とて、／三十人／が／力
名／格助／名／格助／名／格助／名／格助／名
安芸太郎実光といって、三十人力を持った大力

持つ／たる／大力／の／剛／の／者／あり。／我／に／ちつとも
動・四・用／助動・存・体／名／格助／名／格助／名／動・ラ変・終／代／格助／副
の剛勇の者がいた。自分に少しも劣らない家来

劣ら／ぬ／郎等／一人、／弟／の／次郎／も／普通／に／は／優れ
動・四・未／助動・消・体／名／名／名／格助／名／係助／名／格助／係助／動・下二・用
が一人（いて）、弟の次郎も人並み以上に優れた豪傑である。

たる／したたか者／なり。／安芸太郎、／能登殿／を／見／奉つ
助動・存・体／名／助動・断・終／名／名／格助／動・上一・用／補動・四・用
安芸太郎が、能登殿を見申し上げて申したことには、

て／申し／ける／は、／「いかに／猛う／まします／とも、／我ら
接助／動・四・用／助動・過・体／係助／副／形・ク・用／補動・四・終／接助／代
「どれほど勇猛でいらっしゃっても、我ら三

三人／取りつい／たら／ん／に、／たとひ／丈／十丈／の／鬼
名／動・四・用／助動・完・未／助動・仮・体／格助／副／名／名／格助／名
人が組みついたとしたら、たとえ身の丈が十丈の鬼であろうとも、

なり／とも、／などか／従へ／ざる／べき。」／とて、／主従
助動・断・終／接助／副／動・下二・未／助動・消・体／助動・可・体／格助／名
どうして屈服させられないことがあろうか。（きっと屈服させられるはずだ。）」

三人／小舟／に／乗つ／て、／能登殿／の／舟／に／押し並べ、
名／名／格助／動・四・用／接助／名／格助／名／格助／動・下二・用
と言って、主従三人が小舟に乗って、能登殿の舟に（自分たちの）舟を押し並べ、

語釈・文法

三十人《さんじゅうにん》が力《ちから》　三十人力。

剛《こう》の者《もの》　強くたけだけしい者。剛勇の者。古くは「コウノモノ」と清音。

ちつとも　少しも。「ちとも」の促音化したもので、下に打消の語を伴う副詞。

郎等《ろうどう》　「家の子」に対して、一族の長と血縁関係を持たない家臣。

普通《ふつう》　人並み。

したたか者《もの》　「剛の者」に同じ。

見奉《みたてま》つて　見申し上げて。「たてまつて」は、「たてまつつて」（謙譲の補助動詞「たてまつりて」の促音便）のつづまった形。「奉る」は、ここでは謙譲の補助動詞。

いかに　どれほど。どんなに。下の逆接の仮定条件「とも」と呼応して、仮定の意を強める。

猛《たけ》う　勇猛で。「猛く」のウ音便。

まします　「あり」「をり」の尊敬語で、ここでは補助動詞として用いられている。

取《と》りついたらんに　組みついたとしたら、その時には。「ん」は、推量の助動詞「む（ん）」

「えい。」と言って乗り移り、甲の鍛を傾け、

「えい。」 と 言ひ て 乗り移り、 甲 の 錣 を かたぶけ、
感 格助 動・四・用 接助 動・四・用 名 格助 名 格助 動・下二・用

太刀を抜いて、(三人で)そろって討ちかかる。能登殿は

太刀 を 抜い て、 一面 に 討つ て かかる。 能登殿
名 格助 動・四・用 接助 名 格助 動・四・用 接助 動・四・終 名

少しもお騒ぎにならず、真っ先に進んだ安芸太郎の家来に、

ちつとも 騒ぎ 給は ず、 真つ先 に 進ん だる
副 動・四・用 補動・四・未 助動・消・用 名 格助 動・四・用 助動・完・体

体を近寄せて、海へどっと蹴り込みなさる。

安芸太郎 が 郎等 を、 裾 を 合はせ て、 海 へ どうど
名 格助 名 格助 名 格助 動・下二・用 接助 名 格助 副

続いて近寄る安芸太郎を、左手の脇につかまえて挟み、

蹴入れ 給ふ。 続い て 寄る 安芸太郎 を、 弓手 の 脇
動・下二・用 補動・四・終 動・四・用 接助 動・四・体 名 格助 名 格助 名

弟の次郎を右手の脇にかき寄せて挟み、

に 取つ て 挟み、 弟 の 次郎 を ば 馬手 の 脇 に
格助 動・四・用 接助 動・四・用 名 格助 名 格助 係助 名 格助 名 格助

ひと絞め絞めあげて、「さあ、おまえたち、それではおまえらは死出の山の供をせよ。」

かい挟み、 ひと絞め 絞め て、 「いざうれ、 さらば おのれら
動・四・用 名 動・下二・用 接助 感 接 代

と言って、生年二十六歳で海へすっとお入りになった。

死出 の 山 の 供 せよ。」 とて、 生年 二十六 にて 海 へ
名 格助 名 格助 名 動・サ変・命 格助 名 名 格助 名 格助

つつと ぞ 入り 給ふ。
副 係助 動・四・用 補動・四・体

■第三段落（五〇・12～終わり）

段意　知盛は、もはやこれまでと、めのと子の家長とともに手を取り組んで入水した。これを見た平家の侍たち二十余人も入水した。海上には平家の赤旗や差し物が乱れ散り、乗り手のない舟が波間を漂って悲しみを誘うのであった。

の連体形で、仮定の意を表す。

たとひ《イ》　下に逆接の仮定条件を伴って、仮に…しても、よしや…しても、の意を表す。

丈《たけ》　背たけ。

十丈《じゅうじょう》　約三〇メートル。

などか従《したが》へ《エ》ざるべき　どうして屈服させられないことがあろうか。（必ず屈服させることができる。）「などか」は、どうして、なぜ、の意を表す「など」に疑問・反語の係助詞「か」が付いてできた副詞。ここでは反語の用法。

甲《かぶと》の錣《しころ》をかたぶけ　首を前に傾けることにより、首筋や肩口への攻撃を防ぐのである。

一面《いちめん》に　全部がそろって。一列に横に並んで。

弓手《ゆんで》　弓を持つほうの手で、左手。

馬手《めて》　馬の手綱を持つほうの手で、右手。

いざうれ　「うれ」は、自称の代名詞「おれ（おのれ）」が、対称に用いられたのから転化して、呼びかけてののしるのに用いられた。「うぬ」なども同じ。

おのれら　対称の代名詞。相手を卑しめていう。

つつと　すっと。行動の速い様子。

現代語訳・品詞分解

新中納言（知盛）は、「見届けなければならないことは全て見届けた。
新中納言、「見る べき ほど の こと は 見 つ。
名 動・上一・終 助動・当・体 名 格助 名 係助 動・上一・用 助動・完・終

今は自害をしよう。」 と言って、めのと子の伊賀平内左衛門家長をお呼びになって、
今 は 自害せ ん。」 とて、 めのと子 の 伊賀平内左衛門家長
名 係助 動・サ変・未 助動・意・終 格助 名 格助 名

「おい、（死ぬ時はいっしょにという）約束はたがえるつもりはあるま
を 召し て、 「いかに、 約束 は 違ふ まじき か。」 と
格助 動・四・用 接助 感 名 係助 動・四・終 助動・消意・体 係助 格助

いな。」とおっしゃると、（家長は）「あれこれ申し立てることがありましょうか。（申すまでもありません。）」
のたまへ ば、 「子細 に や 及び 候ふ。」 と、 中納言 に 鎧
動・四・已 接助 名 格助 係助 動・四・用 補動・四・体 格助 名 格助 名

と、中納言に鎧を二領お着せ申し上げ、自分も鎧を二領着て、
二領 着せ 奉り、 わ が 身 も 鎧 二領 着 て、
名 動・下二・用 補動・四・用 代 格助 名 係助 名 名 動・上一・用 接助

手を取り組んで海へ入ったのであった。 これを
手 を 取り組ん で 海 へ ぞ 入り に ける。 これ
名 格助 動・四・用 接助 名 格助 係助 動・四・用 助動・完・用 助動・過・体 代

見て、 平家の武士たち二十余人が（知盛に）死に後れ申すまいと、
を 見 て、 侍ども 二十余人 おくれ 奉ら じ と、
格助 動・上一・用 接助 名 名 動・下二・用 補動・四・未 助動・消意・終 格助

手に手を取り組んで、 同じ所に沈んだのであった。 その中で、
手 に 手 を 取り組ん で、 一所 に 沈み けり。 そ の
名 格助 名 格助 動・四・用 接助 名 格助 動・四・用 助動・過・終 代 格助

越中次郎兵衛・上総五郎兵衛・悪七兵衛・飛驒四郎兵衛は、
中 に、 越中次郎兵衛・上総五郎兵衛・悪七兵衛・飛驒四郎兵衛 は、
名 格助 名 名 名 名 係助

どのようにして逃れたのだろうか、 そこからもまた落ち
何と し て か 逃れ たり けん、 そこ を も
副 動・サ変・用 接助 係助 動・下二・用 助動・完・用 助動・過原推・体 代 格助 係助

語釈・文法

見《み》るべきほどのことは見《み》つ　当然見なければならない類いのことは、全て見た。見る必要のあるものは、全て見届けた。平家滅亡の様相を、この目で確かめたことを意味し、最後まで思う存分に戦い、力の限りを尽くして悔いのない達観した心境を表している。

召《め》して　お呼びになって。「召す」は、「食ふ・飲む」「着る」「乗る」「呼ぶ」「取り寄す」などの尊敬語。ここでは、「呼ぶ」の尊敬語として用いられている。

いかに　呼びかけの語。

約束《やくそく》　死ぬ時はいっしょに死のうという約束。生死をともにしようという約束。

子細《しさい》にや及《およ》び候《そうろ》ふ《ウ》　あれこれ申し立てることがありましょうか、いや、申すまでもありません。「子細」は、あれこれと事情を言い立てること。「や」は反語の係助詞。「候ふ」は、丁寧の補助動詞。

鎧《よろい》二《に》領《りょう》　入水した身が沈んで、浮くことがないようにするために着たのである。

おくれ奉《たてまつ》らじ　主君に死に後れ申すまい。「おくる」は、①遅れる、遅くなる、②後に残る、取り残される、③先立たれる、死に後れる、④（他のものに）劣る、乏しい、などの意味

のびたのであった。

また 落ち に けり。
副 動・上二・用 助動・完・用 助動・過・終

海の上には(平家の)赤旗や、赤い差し物が投げ捨て

海上 に は 赤旗、 赤印 投げ捨て、
名 格助 係助 名 名 動・下二・用

られ、ちぎり捨てられていたので、(その様子はまるで)竜田川の紅葉葉を嵐が吹

かなぐり捨て たり けれ ば、 竜田川 の 紅葉葉 を 嵐
動・下二・用 助動・存・用 助動・過・已 接助 名 格助 名 格助 名

き散らしたようである。

の 吹き散らし たる が ごとし。
格助 動・四・用 助動・存・体 格助 助動・比・終

波打ち際に寄せる白波も、

汀 に 寄する 白波 も、
名 格助 動・下二・体 名 係助

(それに染まって)薄紅になったことであった。

薄紅 に ぞ なり に ける。
名 格助 係助 動・四・用 助動・完・用 助動・過・体

乗り手もない空の舟は、

主 も なき むなしき
名 係助 形・ク・体 形・シク・体

潮流に引かれ、

舟 は、 潮 に 引か れ、
名 係助 名 格助 動・四・未 助動・受・用

風にまかせて、どこを目指すと

風 に 従つ て、 いづく を
名 格助 動・四・用 接助 代 格助

もなく揺られて行くさまはまことに悲しいことであった。

指す と も なく 揺ら れ 行く こそ 悲しけれ。
動・四・終 格助 係助 形・ク・用 動・四・未 助動・受・用 動・四・体 係助 形・シク・已

を表す。ここは③の意。

一所《いっしょ》 (知盛が入水した所と)同じ場所。

何《なに》とてか逃《の》れたりけん 挿入句。語り手による原因推量。

落《お》ちにけり 「けり」は詠嘆の意も含む。

海上《かいしょう》 「カイショウ」と清音。

汀《みぎわ》 波打ち際。

薄紅《うすくれない》 「ウスグレナイ」と濁音。

なりにける 「ける」は、なんと薄紅に染まってしまったよ、という詠嘆の意も含む。

鑑賞

壇の浦の合戦は源平の最後の合戦だけに、敗北した側の平家の男女について、あるいは討ち死に、あるいは自害、あるいは生け捕りと、そのさまざまな末路が物語られているが、その順序には、入念な配慮が凝らされている。まず、安徳天《あんとく》皇の入水、次に建礼門院《けんれいもんいん》の入水と生け捕り、続いて教盛《のりもり》・経《つね》盛《もり》・資盛《すけもり》以下、一門の主だった人々の入水を簡単に叙した後で、卑怯《ひきょう》な総大将宗盛《むねもり》父子の生け捕りの様子を物語り、それと対照的に、壮烈無比な教経の最期を物語っている。片や総大将にあるまじき臆病《おくびょう》未練、片や平家随一の勇将にふさわしい凄絶《せいぜつ》無比、このコントラストが鮮やかである。そして最後に、この日の戦闘の事実上の総指揮官知盛の「見るべきほどのことは見つ。今は自害せん。」と、達観しきった最期が描かれて幕となる。まことに整然たる構成である。

剛勇能登守教経の阿修羅《あしゅら》のごとき奮戦は、目を見張るばかりで、討ち死にを期した武将の出《い》で立ちの姿が、色彩鮮やかに描き出されていて印象的である。一の谷の鵯越《ひよどりごえ》の合戦で、義経の奇襲攻撃に敗れて苦杯を喫した教経は、血眼になって義経を探し求めるが、義経は天性の身軽さで九死に一生を得

る。有名な「義経八艘《はっそう》飛び」だが、宿敵義経の心胆を寒からしめたものの、ついに捕らえることのできなかった教経、大《おお》童《わらわ》姿で、大手を広げて仁王立ちになって叫んだ言葉は、まさに小気味のよい啖呵《たんか》であった。

既に武具を海中に投げ捨てて、教経は全く無防備に等しい。その教経に、三十人力の大男が三人がかりで取り組んでいくのである。一人を蹴落とし、二人を脇に挟んで、波しぶきをあげて海底に没する。壮絶な情景である。その時の「ひと絞め絞めて」という描写が、何とも傑作で、教経の底知れぬ怪力をうかがわせる。なお、教経の最期を、「生年《しょうねん》二十六にて海へつつとぞ入り給ふ。」とだけで結び、くどくどとした賛美や哀惜の言葉を記さないところに、かえって無限の哀韻が深まっている。

「見るべきほどのことは見つ。今は自害せん。」という知盛の言葉は、『平家物語』の中で、千鈞《せんきん》の重みを持つ言葉である。彼の見たものは、源平の合戦を通しての人間絵巻であり、それを通して、厳として存在する「運命」というものであったと思われる。まさに達観の言葉である。なお、めのと子家長との主従の絆《きずな》の固さ、用意周到な入水の準備にも、武士の厳しさと美しさを感じさせられる。

合戦の終わった後の海上の描写も印象的である。無惨に流れる赤旗・赤印、乗り手を失って漂う兵船などは、何ともむなしい情景で、この自然描写が、読者を無限の哀愁感に浸らせるのだろう。余韻の深い幕切れである。

教科書の問題（解答・解説）

教科書　五一ページ

❓ 教科書本文下に示された問題

❓「今はかう」とは、どういうことか。（p.四九）

解答　「今はもうこれまで」と、自らの死を覚悟したということ。

❓「約束」とは何か。（p.五〇）

解答　死をともにするという約束。

■学習の手引き

❶「能登殿、いたう罪な作り給ひそ。さりとてよき敵か。」（四八・12）という言葉を、知盛はどのような思いで述べたか。また、教経はその言葉をどのように受け止めたか。

解答　・知盛＝既に勝敗が決まっているなかで、取るに足らない敵を相手に殺生の罪を積み重ねるのはやめようという思い。

・教経＝知盛の意図は大将軍である義経を討ち取れということだと解釈して、義経に挑んだ。

［解説］　知盛は、平家一門の運命を察知し、その運命に対

抗して戦うことの無意味さを見抜いて、「いたう罪な作り給ひそ。さりとてよき敵か。」と、教経の奮戦をやめさせようとした。一方、教経は平家一門の名誉のため阿《あ》修羅《しゅら》のように戦う人間である。義経を討とうとし、それがかなわないと悟って敵兵もろとも入水する情景は凄絶の一語に尽きる。戦況を見極める知盛の知将ぶりと教経の勇猛さの対比が際立つ場面である。

❷「見るべきほどのことは見つ。今は自害せん。」（五〇・12）**にはどのような思いが込められていると考えられるか、話し合おう。**

解答　平家の滅亡、一門の人々の最期を全て見届けた今、この世に思い残すことは何もない、という思い。

[解説]　知盛は、父清盛の死後は不甲斐《ふがい》ない棟梁《とうりょう》の兄宗盛を補佐して、一門を支えてきた。一門の興隆と衰亡を目の当たりにした知盛は、盛者必衰の理《ことわり》を悟ったことであろう。

■語句と表現

①次の中から助動詞を抜き出し、終止形・意味・活用形を確かめよう。

解答　(1)ざる＝ず・打消・連体形
べき＝べし・可能・連体形
(2)まじき＝まじ・打消の意志・連体形
(3)じ＝じ・打消の意志・終止形

②傍線部に注意して現代語訳しよう。

解答　(1)今日を最後とお思いになったのだろうか
(2)あまり罪をお作りなさいますな。
(3)どうしたのだろうか
(4)あれこれ申し立てることがありましょうか。（申すまでもございません。）

[解説]　(1)の「や」は疑問の係助詞。「けん」は過去の原因推量の助動詞。(2)の「な…そ」は、やわらかな禁止を表す。(3)の「いかが」は、「いかに」に係助詞「か」が付いた「いかにか」から転じた副詞で、ここでは「どのように…か」という疑問の意を表している。「けん」は過去の原因推量の助動詞。(4)の「や」は反語の係助詞。「候ふ」は丁寧の補助動詞。

言語活動

1 教科書に採録されている『平家物語』を、場面の状況や人物の心情に注意しながら朗読しよう。

[解説]　第一段落の教経の奮戦の場面は力強く、第二段落で教経が入水する場面は最後まで堂々と、第三段落では知盛はじめ続々と入水する場面なので哀調を込めて読む。

出典・作者

出典 『平家《へいけ》物語』 成立年は未詳。十三世紀の初め頃と推定される。当初は三巻であったものが、六巻、十二巻と増補され、平曲《へいきょく》として語り伝えられていくうちに、現在最も流布している十二巻に別巻（灌頂《かんじょう》の巻）を加えたものになったと考えられる。当初から「語り物」として、琵琶《びわ》に合わせて語られたもので、それを聞く者もまた、時代の変動の体験者であり、悲運の人物に共感できる民衆であったから、その聞き手の思いが語り手に伝わって、次第に今日ある『平家物語』ができあがったのである。作中の人物が、今もなお精彩を放つのは、流麗・簡潔な和漢混交文の文章の効果だけではない。その背後に、それを聞いて涙した民衆の心が脈打っているためである。

　書名は、平家一門の興亡を述べた物語であることによる。「平語《へいご》」と略称されたり、古くは『治承《じしょう》物語』とも呼ばれたりした。歴史の範囲としては、長承《ちょうじょう》元年〔一一三二〕の平忠《ただ》盛《もり》（清盛の父）の昇殿《しょうでん》から六代《ろくだい》（清盛の曽孫）の処刑までを対象としているが、物語の中心は、清盛が太政大臣《だいじょうだいじん》となった仁安《にんあん》二年〔一一六七〕から、壇の浦での平家滅亡の文治《ぶんじ》元年〔一一八五〕頃までの約二十年間である。そして、平家一門の栄華と滅亡を軸に、平家繁栄の陰に泣く祇王《ぎおう》、祇女《ぎじょ》、小督《こごう》らの女性哀話、反平家の謀反を起こした俊寛《しゅんかん》への過酷な処罰、以仁王《もちひとおう》の挙兵と宇治《うじ》での敗死、平家を都から掃討しながらも同族の頼朝《よりとも》に滅ぼされる木曽義仲《きそよしなか》・源義経《みなもとのよしつね》の奮戦ぶりを中心にした数々の合戦談などが、物語に興趣を添えている。また、出家して大原に籠もる建礼門院を訪れる後白河院《ごしらかわいん》の大原御幸《ごこう》も感慨深い物語である。

作者 未詳。『徒然草《つれづれぐさ》』〔第二百二十六段〕に、信濃前司《しなののぜんじ》行《ゆき》長《なが》が『平家物語』を書き、生仏《しょうぶつ》という盲目の琵琶法師に教えて語らせたという記事がある。そのほかにも諸説があって確定することはできないが、この治承・寿永《じゅえい》の争乱に自ら参加した人々の見聞談や、その家族縁者の思い出話がもとになって、この争乱の影響を受けた人々や関心を持った人々の口から口へと「いくさ語り」が数多く伝承されていくうちに、多くの人々に増補改修されて、現行のものにまで発達したものと思われる。

参考

この世のほかに

（『建礼門院右京大夫集《けんれいもんいんうきょうのだいぶしゅう》』）　建礼門院右京大夫

教科書　五二〜五三ページ

大意

平維盛《たいらのこれもり》の三位《さんみの》中将が熊野《くまの》の海で身を投げて亡くなったと言って、人々が気の毒がった。平家の公達《きんだち》はどなたも優れた人々だったと思い出されるが、維盛様は際立って類いまれな方であった。だから誰もが彼の姿をほめたたえた。後白河《ごしらかわ》法皇の五十歳の祝賀の宴の折に青海波《せいがいは》を舞った姿は光源氏《ひかるげんじ》にもたとえられ、花の美しさも全く圧倒されそうだなどと喧伝《けんでん》された。そんな維盛様の姿が忘れられないのは当然で、やはり維盛様の死は格別悲しく思われる。「資盛《すけもり》と私とは兄弟だから、同じことと思いなさい。」と言われたことなど、数々のことが思い出されて、悲しいとも何とも言いようがない。在りし日の維盛様の面影をしのび、その死を悼んで二首の和歌を詠んだ。

その翌年の春、愛する資盛様があの世の人になったという悲報を聞いた。前々から予想はしていたが、ただ茫然《ぼうぜん》として泣き暮らした。どうにかして忘れようと思うけれども、かえって資盛様の面影や言葉が眼前にちらついて、身を責めさいなむ悲しさは、言い尽くす方法もない。「悲しい」などという言葉では表しきれない心情を和歌に託して詠んだ。

現代語訳

「維盛の三位中将、熊野にて身を投げて。」とて、人の言ひあはれがりし、いづれも、今の世を見聞くにも、げにすぐれたりしなど思ひ出でらるるあたりなれど、際ことにありがたかりしかたち用意、まことに昔今見る中に、例《ためし》もなかりしぞかし。されば折々には、賞《め》でぬ人やはありし。法住寺殿《ほうじゅうじどの》の御賀

「維盛の三位中将が、熊野で身を投げて（亡くなられた）。」と、人々が言って気の毒がったが、（数多い公達の）どなたも、今の世（の人々の様子）を見聞きするにつけても、（あの方は）本当に優れた人だったなあなどと自然に思い出される（平家一門の）方々であるけれども、（維盛様の）際立って他に類を見なかった容貌や心くばりは、まことに昔から今まで（多くの人々を）見る中に、例もなかったほどであったよ。だから（改

語釈・文法

あは《ワ》れがりし　気の毒がった。同情した。「し」は、過去の助動詞「き」の連体形。

ありがたかりし　「ありがたし」は、世に類いまれである。めったにないほど優れている。

まった儀式の）折々には、（維盛様を）賞賛しない人があったであろうか。（みなが賞賛した。）法住寺殿での（後白河法皇の五十歳の）御賀に、青海波を舞った時などは、「（『源氏物語』の主人公の）光源氏の例も自然と思い出されることだ。」などと、人々が言った。「花の美しい色艶も、全く圧倒されてしまいそうだ。」などと、申し上げたことであった。この維盛様の（そのような特別な場合の）面影は言うまでもないことであって、ふだん（維盛様に）親しく接して心ひかれていたことは、（平家の公達は）どの方もすばらしいとは言っても、やはり（維盛様は）格別に思われる。「私を（弟の資盛と）同じように思（って付き合）いなさい。」と、時々おっしゃったので、（私が）「そのように（思っております）。」と答えたところ、「しかし、本当にそう（思っているの）だろうか。（いや、そうではあるまい。）」とおっしゃったことなど、数々のことが（思い出されて）悲しいとも何とも言いようがない。

に、青海波舞ひての折などは、「光源氏の例も思ひ出でらるる。」などこそ、人々言ひしか。「花のにほひも、げにけおされぬべく。」など、聞こえしぞかし。その面影はさることにて、見なれしあはれ、いづれもと言ひながら、なほことにおぼゆ。「同じことと思へ。」と、折々は言はれしを、「さこそ。」といらへしかば、「されど、さやはある。」と言はれしことなど、数々悲しともいふばかりなし。

春の花の色によそへし面影のむなしき波の下に朽ちぬる

（その昔、）春の桜の花の色にたとえられた美しい維盛様の面影が、（今は、）むなしい波の下に朽ちてしまったことだ。

悲しくもかかるうきめをみ熊野の浦わの波に身を沈めける

悲しいことに、このようなつらい目にあって、（浮いている海藻が波に沈むように）熊野の曲がった浦の波底に身を沈めた維盛様であることよ。

またの年の春ぞ、まことにこの世のほかに聞き果てにし。そのほどのことは、まして何とかは言はむ。みなかねて思ひしことなれど、ただほれぼれと

その翌年の春、（愛する資盛様が）本当にあの世の人になったと聞いてしまった。その時のことは、前にもまして何と言ったらよいだろうか。（全く言いようもない。）みな前々から覚悟していたことであるが、（い

賞《め》でぬ人《ひと》やはありし　賞賛しない人があっただろうか。（いや、誰もが賞賛したのであった。）「やは」は反語の係助詞。

されど、さやはある　そうは言うけれど、本当にそう思っているのだろうか。（いや、そうは思っていないのだろう。）「やは」は反語。

春《はる》の花《はな》の色《いろ》によそへ《エ》し　維盛が青海波の舞を舞った姿を賛嘆して、人々が「桜梅少将《おうばい》」と呼んだことを踏まえている。

そのほどのことは　資盛の死の報を耳にした時のことは。

まして何《なに》とかは言《い》は《ワ》む　前にもまして何と言ったらよいか、全く言いようもない。「かは」は反語の係助詞。

せきやらぬ涙《なみだ》　せきとめようとしてもせきとめられない涙。「せく」は、流れをせきとめる、の意。「やる」は、下に打消語を伴う場合は、…しようとしてできない、の意を表す。

あやにくに　「あやにくなり」は、意地が悪い、都合が悪い、あいに

ざとなると）ただもう茫然とするばかりだった。あまりにせきとめられない涙も、一方では傍らで見ている
のみおぼゆ。あまりにせきやらぬ涙も、かつは見る人もつつましければ、何
人にもはばかられるので、どうしたのかと人も思っているだろうが、気分が悪いと言って、（夜着を）ひき
とか人も思ふらめど、心地のわびしきとて、ひき被《かづ》き寝暮らしてのみぞ、心
かぶって終日寝てばかりいて、思いのままに泣き暮らす。どうにかして忘れようと思うけれども、意地悪
のままに泣き過ぐす。いかでものをも忘れむと思へど、あやにくに面影は身
くも（資盛様の）面影はわが身に寄り添い、（昔、資盛様の言った）一言一言を今現に聞くような気持ちになっ
に添ひ、言の葉ごとに聞く心地して、身をせめて、悲しきこと言ひ尽くすべ
て、身を責めさいなんで、悲しいことは（言い表そうとしても）言い尽くせる方法がない。ただ「限りある
き方《かた》なし。ただ「限りある命にて、はかなく。」など聞きしことをだにこそ、
寿命のために、亡くなった。」などと聞いた場合でさえ、悲しいことだと言ったり思ったりするけれども、
悲しきことに言ひ思へ、これは何をか例にせむと、かへすがへすおぼえて、
この資盛様の死は何を例にしたらよいのか（比べるものもない）と、繰り返し思われて、
世間一般に寿命が尽きて人が亡くなることを悲しいと言うのは、このような夢としか思えないつらい目に遭ったことのない人が言ったからなのだろうか。
なべて世のはかなきことを悲しとはかかる夢見ぬ人や言ひけむ

くだ、など、予想や期待に反した状態になって困惑する気持ちを表す。ここは、自分の意に反して、という意味。

悲《かな》しきことに言《い》ひ《イ》思《おも》へ《エ》　悲しいことだと言いもし、思いもするけれども。「こそ…已然形《いぜん》」が、そこで文が切れずに、下に続いていく場合は、逆接になる。

鑑賞

作者の建礼門院右京大夫が、源平動乱の時代に失った忘れ得ぬ平家の公達――平維盛・資盛兄弟の追憶と悲傷をつづった文章である。

前半は、恋人の資盛の兄維盛の追憶である。維盛は重盛《しげもり》の嫡子（長男）で、平家の公達としての面影が最も濃厚な美男であった。一一七六年、十八歳の時、後白河法皇五十歳の賀宴に桜花を挿頭《かざ》して青海波を舞い、その容姿の端麗さゆえに桜梅少将とたたえられたという話は、平安貴族社会の貴公子の姿を思わせる。この文章でも、その折の維盛の花のような姿を、『源氏物語』の光源氏の描写を踏まえて描き出し、鎮魂の賦ともしている。父重盛の没後、維盛はあまり恵まれなかったらしい。というのは、重盛の弟たちが全て二位《にい》の尼時《あまとき》

子《こ》の子であったのに対して、重盛だけは生母が異なり、したがってその子である維盛も、とかく叔父、従兄弟《いとこ》の間で浮き上がりがちだったからである。しかも、源頼朝《みなもとのよりとも》との富士《ふじ》川の合戦の時、水鳥の羽音に驚き戦わずして逃げ帰り、祖父清盛《きよもり》を激怒させたり、義仲《よしなか》挙兵の時、倶利伽羅谷《くりからだに》で敗北してほうほうの体《てい》で逃げ帰ったりなど、重なる失態がいっそう維盛の立場を悪くした。平家都落ちの際は、一門に従い屋島《やしま》に赴いたが、都に残してきた愛妻（新大納言成親《だいなごんなりちか》の娘）を慕って陣中から姿をくらましたのも、そうしたわだかまりがあってのことかもしれない。その後、生け捕りを恐れて高野山《こうやさん》で出家し、滝口入道の先導で那智《なち》沖で入水したといわれるが、彼の入水を否定する異伝もあり、真偽は不明である。

後半は、維盛の熊野での入水、清経《きよつね》（資盛の弟）の豊前《ぶぜん》の国柳《やなぎ》ヶ浦《うら》での入水など、平家の公達たちの悲報が次々に伝わってくる絶望感と敗北感の中で、とうとう恋人の資盛の死の知らせがもたらされた時の悲嘆を描いた一節である。覚悟していたことではあったが、作者は茫然として泣き暮らす。

それも正式の妻だったわけではないので、人目をはばかって悲嘆の淵《ふち》に沈むのである。ほかにも自分と同じような悲運に泣く人がいるかもしれないが、この激しい悲傷は自分一人のものだ、と訴えている。この抑えきれない悲しみの叫びは、読者の心を強く激しく打つ。

資盛は、平家が全盛期を迎える頃に成人した右京大夫よりも四歳年下の美貌の公達で、正夫人も子もあった。十歳前後の頃、平家の威勢に驕《おご》って、当時の摂政藤原基房《ふじわらのもとふさ》の車と路上で出会いながら下馬《げば》の礼をとらなかったため、さんざんに辱められた。いわゆる「殿下乗合《てんがののりあい》」事件である。これを知った祖父清盛は、基房に徹底的な報復を行ったといわれる。一の谷の合戦の前哨戦《ぜんしょうせん》ともいうべき三草《みくさ》山の戦いでは、総大将として義経《よしつね》軍を迎え撃ったが、夜襲をかけられて大敗し、最後は壇の浦の合戦で、一門とともに入水して命を落とした。資盛二十四、五歳であった。この後、右京大夫は、資盛の菩提《ぼだい》を弔って、七十余歳の老齢まで資盛追憶の情の中に生きたのである。

5 随筆2

●随筆に表れているものの見方、感じ方、考え方を踏まえて、考えを深める。
●他の作品との関係を踏まえながら多面的・多角的に随筆を読む。

方丈記《ほうじょうき》

鴨長明《かものちょうめい》

教科書　五六～五七ページ

安元《あんげん》の大火

大意　安元三年四月二十八日午後八時頃に、都の東南から出火した火災は、みるみる西北に燃え広がり、朱雀門《しゅしゃくもん》、大極殿《だいこくでん》、大学寮、民部省までも一夜のうちに灰となってしまった。そのすさまじい火の勢いは、都の天地を覆い、家も人も宝も火のために焼き滅ぼされてしまった。人の営みは、全て愚かなものであるが、なかでも都の中に家を建てるために金を使い、心を悩ますのは、無益なことである。

■第一段落（初め～五七・3）

段意　去る安元三年四月二十八日午後八時頃、都の東南から出火して、火は西北に燃え広がった。火元は樋口富小路《ひぐちとみのこうじ》とかで、舞人《まいびと》の泊まった仮屋が出火場所だという。風向きが刻々と変わる風にあおられて、末広がりに火が燃え広がり、ある者は煙にむせんで倒れ、ある者は炎に包まれて死んだ。こうして家財を運び出す間もなく、全ての財産が灰となってしまった。公卿《くぎょう》の家も多く焼失し、都全体では三分の一が焼失した。死者の数は数十人に及んだ。

現代語訳・品詞分解

去る安元三年四月二十八日のことであったろうか。

いんじ（連）　安元三年四月二十八日（名）　か（係助）　と（格助）　よ。（間助）

風が激しく吹いて静かでな

風（名）　激しく（形・シク・用）　吹き（動・四・用）

語釈・文法

いんじ　去る。ナ変動詞「去《い》ぬ」の連用形「いに」に、過去の助動詞「き」の連体形「し」

かった夜、　午後八時頃、　都の東南
て静かならざりし夜、戌の時ばかり、都の
接助 形動・ナリ・未 助動・消・用 助動・過・体 名 名 格助 名 副助 名 格助

から火事が起こり、　西北に広がっていった。　しまいには朱雀門、
東南より火出で来て、西北に至る。果てには
名 格助 名 動・カ変・用 接助 名 格助 動・四・終 名 格助 係助

大極殿、大学寮、民部省などにまで火が移って、　一夜のうちに
朱雀門、大極殿、大学寮、民部省などまで移りて、一夜の
名 名 名 名 副助 副助 動・四・用 接助 名 格助

灰になってしまった。　火元は樋口富小路とかということだ。
うちに塵灰となりにき。火元は樋口富小路と
名 格助 名 格助 動・四・用 助動・完・用 助動・過・終 名 係助 名 格助

舞人を宿泊させていた仮小屋から出火したという。
かや。舞人を宿せる仮屋より出で来たり
係助 間助 名 格助 動・四・命 助動・存・体 名 格助 動・カ変・用 助動・完・用

(火は)吹き乱れる風に(あおられ)、あちらこちらと(燃え)移っていく
けるとなむ。吹き迷ふ風に、とかく移りゆくほどに、
助動・過・体 格助 係助 動・四・体 名 格助 副 動・四・体 接助

うちに、扇を広げたように末広がりになっていった。
扇を広げたるごとく末広になりぬ。
名 格助 動・下二・用 助動・存・体 助動・比・用 名 格助 動・四・用 助動・完・終

遠くの家は煙に(包まれて)むせぶかのようであり、　近い所は盛んに火炎を地面に吹きつけていた。
遠き家は煙にむせび、近きあたりはひたすら
形・ク・体 名 係助 名 格助 動・四・用 形・ク・体 名 係助 副

空には(風が)灰を吹き上げているので、
炎を地に吹きつけたり。空には灰を吹き立て
名 格助 名 格助 動・下二・用 助動・存・終 名 格助 係助 名 格助 動・下二・用

(その灰が)火の光に照り映えて、　(空)一面赤くなっている中を、
たれば、火の光に映じて、あまねく紅なる
助動・存・已 接助 名 格助 名 格助 動・サ変・用 接助 形・ク・用 名 助動・断・体

風の勢いに堪えきれず吹きちぎられた炎が、
中に、風に堪へず吹き切られたる炎、
名 格助 名 格助 動・下二・未 助動・消・用 動・四・未 助動・受・用 助動・完・体 名

が付いてできた連体詞「いにし」の撥音《はつ》便。

かとよ　…であったろうか。

戌《いぬ》の時《とき》ばかり　午後八時頃。「戌の時」は、午後八時を中心とする前後の二時間。午後八時から九時台までとする説もある。

なりにき　なってしまった。直接に体験した過去の出来事を回想する場合は、「けり」ではなく、「き」を用いる。

とかや　とかいうことだ。「とかや」の後に「いふ」または「いへる」が省略されている。

舞人《まいびと》　舞を舞う人。具体的な職業、身分は不明。

宿《やど》せる　宿泊させていた。「宿す」は、宿泊させる、の意。「る」は、助動詞「り」の連体形。

出《い》で来《き》たりけるとなむ　出火したという。「出で来」の主語は、「火」。「なむ」の後に「いふ」または「いへる」が省略されている。

とかく　あちらこちらと。事柄や方角や状態などが一様でない、の意。

末広《すえひろ》になりぬ　末広がりに(燃え広がるように)なっていった。「末広」は、元が狭く、先に行くほど広がっている、の意。

吹《ふ》き立《た》てたれば　吹き上げているので。「吹き立つ」の主語は「風」で、目的語は「灰」。

火《ひ》の光《ひかり》に映《えい》じて　火の光に照り映えて。「映ず」の主語は「灰」。

飛ぶようにして、　一町も、二町も飛び越えては飛び火していく。
飛ぶ が ごとく して、 一、二町 を 越え つつ 移りゆく。
動・四・体 格助 助動・比・用 接助 名 格助 動・下二・用 接助 動・四・終

その中にいる人は、　(どうして)生きた心地がしようか。(いやしない。)ある人は煙
その 中 の 人、 現し心 あら む や。 あるいは
代 格助 名 格助 名 名 動・ラ変・未 助動・推・終 係助 (連語)

にむせて(地面に)倒れ伏し、　ある人は炎に目がくらんで一瞬にして死ぬ。
煙 に むせび て 倒れ伏し、 あるいは 炎 に まぐれ て
名 格助 動・四・用 接助 動・四・用 (連語) 名 格助 動・下二・用 接助

ある人は体一つでやっと逃げ出しても、
たちまちに 死ぬ。 あるいは 身 一つ からうして 逃るる も、
副 動・ナ変・終 (連語) 名 名 副 動・下二・体 接助

家財を取り出すこともできない。　あらゆる貴重な財宝はそっくりそのま
資財 を 取り出づる に 及ば ず。 七珍万宝 さながら 灰燼
名 格助 動・下二・体 格助 動・四・未 助動・消・終 名 副 名

ま灰と燃えがらになってしまった。　その損害は、　どれほど(甚大)であったろうか。
と なり に き。 その 費え、 いくそばく ぞ。 そ
格助 動・四・用 助動・完・用 助動・過・終 代 格助 名 副 終助 代

その時の火事で、　公卿の家が十六戸も焼けた。　まして、　その
の たび、 公卿 の 家 十六 焼け たり。 まして、 そ
格助 名 名 格助 名 名 動・下二・用 助動・完・終 副 代

ほか(の焼けた家)は数え知ることもできない。　全体では、　都の三分の一に達し
の ほか 数へ知る に 及ば ず。 すべて、 都 の うち
格助 名 動・四・体 格助 動・四・未 助動・消・終 副 名 格助 名

たということである。　男女の死者の数は数十人、
三分 が 一 に 及べ り と ぞ。 男女 死ぬる 者
名 格助 名 格助 動・四・命 助動・完・終 格助 係助 名 動・ナ変・体 名

馬や牛の類いは(どのくらい死んだか)際限も分からない。
数十人、 馬牛 の 類ひ 辺際 を 知ら ず。
名 名 格助 名 名 格助 動・四・未 助動・消・終

あまねく　(空)一面。「あまねし」は、全てに行きわたっている、の意。
風《かぜ》に堪《た》へ《エ》ず　風の勢いに堪えきれず。
その中《なか》の人《ひと》　その中にいる人は。「そ」を、「風に飛ぶ炎」とする説もあるが、後に「煙にむせびて」「炎にまぐれて」とあるので、「扇を広げたるがごとく末広になりぬ。」と描写された延焼地域を指していると考えられる。
あらむや　あるだろうか、いや、ない。「や」は、反語の係助詞。
あるいは　ある人は。「あるいは…、あるいは…」の形で、主格として代名詞的に用いる。
逃《のが》るるも　逃げ出しても。「も」は、活用語の連体形に付いて、逆接を示す接続助詞。
七珍万宝《しっちんまんぽう》　あらゆる貴重な財宝。「七珍」は、金・銀・瑠璃《るり》・玻璃《はり》・珊瑚《さんご》・瑪瑙《めのう》・硨磲《しゃこ》などの七種の宝。経典によって種類が異なる。「万宝」は、たくさんの宝、の意。
さながら　そっくりそのまま。全部。
灰燼《かいじん》　灰と燃えがら。
費《つい》え　損害。費用。
及《およ》べりとぞ　達したということである。「ぞ」の後に「いふ」「聞く」などが省略されている。
辺際《へんさい》を知《し》らず　際限も分からない。「辺際」は、果て、限り、の意。

■第二段落（五七・4〜終わり）

段意 人間の営みは全てばかげたものであるが、なかでも、都の中に家を建てるために私財を投じ、気苦労をすることほど無益なことはない。

現代語訳・品詞分解

人（名）の（格助）営み（名）みな（副）おろかなる（形動・ナリ・体）なか（名）に（格助）、
人のやることはみなばかげたものであるがその中でも、

さしも（副）危ふき（形・ク・体）京中（名）の（格助）家（名）を（格助）作る（動・四・終）とて（格助）、
こんなにも危険な都の中に家を作ろうとして、

宝（名）を（格助）費やし（動・四・用）、
金を使って、

心（名）を（格助）悩ます（動・四・体）こと（名）は（係助）、
気苦労するのは、

すぐれて（副）あぢきなく（形・ク・用）ぞ（係助）侍る（補動・ラ変・体）。
このうえなく無益なことであります。

語釈・文法

人《ひと》の営《いとな》み　人のやることは。「営み」は、一つの目的を持って行う行為、の意。

みなおろかなる　みなばかげたものである。仏教的無常観からすれば、仮の世であるこの世での人間の行為は無意味なものである、の意。

さしも　こんなにも。いったん火事になれば、一瞬で灰になってしまうほど危険な、の意。

あぢ《ジ》きなし　かいがない。無益だ。無意味だ。

鑑賞

『方丈記』に描かれた五大災厄（安元の大火・治承《じしょう》の辻風《つじかぜ》・福原遷都による混乱・養和の大飢饉《ききん》・元暦《げんりゃく》の大地震《おおない》）の中の安元の大火の記述である。この大火の三十五年後、既に老境にあった長明が、この文章に見られるように、鮮明な印象を持ち続けたのは、長明にとって、この大火は単なる歴史的事件ではなく、人の営みの象徴ともいえる都を一夜で焼き尽くす自然の力の強大さの象徴だったからである。大火に関する記述は、発生日時、当日の気象状況、出火場所と延焼方向という記録に始まり、火災の全体像を捉えやすくするため、煙と炎に包まれ逃げまどう人々と燃えさかる家々の描写へとつなげ、再び火災による被害状況を具体的に記録し、最後は、都に家を持つことの無意味さを指摘して終わっている。

教科書の問題（解答・解説）

教科書 五七ページ

■学習の手引き

❶図〔教科書五七ページ〕を参考にして、火がどのように燃え広がったかを確認しよう。

解答 火元は、都の東南に位置する樋口小路と富小路が交差する辺りである。ここから西北方向に末広がりに延焼していき、大内裏の外の大学寮、大内裏の朱雀門、大内裏の中の民部省、大極殿まで焼失してしまった。

❷火事のありさまがどのように描き出されているか、文章の展開に即してまとめよう。

解答　火は、吹き乱れる風のためにあちらこちらと移るうちに末広がりになった。火災現場から遠い家は煙に包まれ、近い所は火炎を地に吹きつけていた。吹き上がった灰に火の光が映って空一面赤くなっている中を、風に吹きちぎられた炎が一町も二町も飛び越えて燃え移っていく。ある人は煙にむせて倒れ伏し、ある人は炎に目がくらんでそのまま死んでしまう。身一つでやっと逃げ出した人も家財までは持ち出せず、多くの宝物が灰になってしまった。公卿の家が十六軒、その他の家は数えられないほど焼け、全体では都の三分の一が焼失した。男女の死者は数十人、馬牛の類いは数限りない。

❸「人の営み…あぢきなくぞ侍る。」〔五七・4〕**から読み取れる作者の考えをまとめよう。**

解答　京の町中に家を建てようとして、財産を費やし神経をすり減らすのは、特に愚かで無益なことだ。

[解説]　根底にある考え方は、この世の全ての物事は変転きわまりなく、永久不変のものなど存在しないという無常観である。形あるものは必ず壊れるし、一夜にして灰燼に帰するような危険な京の町中に家を建てるため、金を使って心を悩ますのは無意味だというのである。

■語句と表現

①「安元の大火」に出てくる時刻の表し方を確かめよう。

解答　「戌の時」…午後八時の前後二時間のこと。

[解説]　この時刻の示し方は、一昼夜を十二等分し、それを「刻」または「時」で表す定時法で、まず午後十一時から午前一時までを「子《ね》の時（子の刻）」とし、以下二時間ごとに十二支によって表す。教科書の**【古時刻】**〔巻末⑯〕を参照して、時刻と十二支について確認しておこう。

②「かとよ。」〔五六・1〕、**「とかや。」**〔五六・4〕、**「とぞ。」**〔五七・2〕**という文末表現があるが、なぜそのような言い方が用いられているのか。**

解答　日付や場所、焼失範囲などについては、過去の回想であり、また伝聞や推定が含まれているので、不確かなところもあることを示しておくため。

[解説]　作者は、安元の大火を体験したが、その全貌を実地検分したわけではないし、本文を収める『方丈記』を執筆したのは大火から三十年以上を経た時である。

日野山《ひのやま》の閑居

教科書 五八～六〇ページ

大意

総じて、生きにくいこの世を耐え忍んで暮らしてきて、その間に自分が不幸な運命にあることを悟った。そこで、五十歳の春に出家遁世《とんせい》して大原《おおはら》山に隠棲《いんせい》したが、何の得ることもなく五年の歳月がたち、この晩年になって余生を託すための家を作ることになった。今度の家は一丈四方の簡素なもので、手軽にほかの場所へ移動できる工夫を施してある。この日野山の奥に隠れ住んでからは、仏画・経典・仏具、和歌・管絃《かんげん》などの抄物《しょうもつ》、琴、琵琶《びわ》だけを身の回りに置いて、仮の庵《いおり》住まいをしている。辺りからは生活に困らない程度のものが手に入り、四季の風物を見ては世の無常を感じている。

■第一段落（初め～五八・5）

段意

総じて、生きにくいこの世を耐え忍んで暮らしてきて、三十年余りがたち、その間に自分が不幸な運命にあることを悟った。そこで五十歳の春に出家遁世し、大原山に住んで無為に五年の歳月が経過したのだった。

現代語訳・品詞分解

総じて、生きにくいこの世を耐え忍んで暮らしてきて、
すべて（副）、あら（動・ラ変・未）れ（助動・可・未）ぬ（助動・消・体）世（名）を（格助）念じ過ぐし（動・四・用）つつ（接助）、

心を悩ませ続けていたこと、三十年余りである。その間、
心（名）を（格助）悩ませ（動・四・命）る（助動・存・体）こと（名）、三十余年（名）なり（助動・断・終）。そ（代）の（格助）間（名）、

その時々の挫折によって、自然と（自分の）不幸な運命を悟った。
折々（名）の（格助）たがひめ（名）、おのづから（副）短き（形・ク・体）運（名）を（格助）悟り（動・四・用）ぬ（助動・完・終）。

そこで、五十歳の春を迎えて、出家し、世
すなはち（接）、五十（名）の（格助）春（名）を（格助）迎へ（動・下二・用）て（接助）、家（名）を（格助）出で（動・下二・用）て（接助）、世（名）

語釈・文法

すべて　おおかた。だいたい。総じて。

念《ねん》じ過《す》ぐしつつ　「念じ過ぐす」は、「念ず＋過ぐす」から成る複合動詞。我慢して時を過ごす、耐え忍んで暮らす、の意。「つつ」は継続を表す。

おのづ《ズ》から　①ひとりでに。自然に。②偶然に。たまたま。③（下に仮定表現を伴って）もしかすると。万が一。ここは①の意。

短《みじか》き運《うん》　乏しい運。不幸な運命。

を捨てて仏道に入った。　もともと妻子がいないので、　捨てにくい
を 背け り。 もとより 妻子 なけれ ば、 捨て難き
格助 動・四・命 助動・完・終 副 名 形・ク・已 接助 形・ク・体

縁者もいない。　自分には官位も俸禄もない(ので)、　何に対して
よすが も なし。 身 に 官禄 あら ず、 何 に
名 係助 形・ク・終 名 格助 名 動・ラ変・未 助動・消・用 代 格助

執着を残そうか。(執着するものは何もない。)　(こうして出家はしたものの)
つけ て か 執 を とどめ む。 むなしく 大原山
動・下二・用 接助 係助 名 格助 動・下二・未 助動・意・体 形・シク・用 名

何らなすところもなく大原山の山中に住んで、さらに五年の歳月を過ごしてしまった。
の 雲 に 臥し て、 また 五返り の 春秋 を なむ
格助 名 格助 動・四・用 接助 副 名 格助 名 格助 係助

経 に ける。
動・下二・用 助動・完・用 助動・過・体

すなは《ワ》ち　そこで。そういうわけで。
家《いえ》を出《い》でて　出家して。仏道に入って。
世《よ》を背《そむ》けり　「世を背く」は、世間に背を向けるという意から、俗世を捨てて仏道に入る、出家遁世するの意。
もとより　もともと。元来。
よすが　①ゆかり。よりどころ。②頼りとする縁者。夫、妻、子。③手段・方法。ここは②の意。
官禄《かんろく》　官位や俸禄。
何《なに》につけてか執《しゅう》をとどめむ　係助詞「か」は反語。「執」は、執着、深く心をとらわれること、の意。「とどむ」は、残す、の意。
むなしく　無為に。無意味に。
雲《くも》に臥《ふ》し　「雲に臥す」は、雲がかかるような奥深い山の中に暮らすこと。
五返《いつかえ》りの春秋《はるあき》　五年間。「春秋」は一年を二季で代表させたもので、年月、歳月、年齢、の意。

■第二段落（五八・6〜14）

段意

いよいよ人生の晩年になってから改めて余生を託すための家を作ることになった。今度の家の様子は、広さはやっと一丈四方で、棟の高さも七尺に足りない小さなものである。終生ここに住もうなどと場所を決めていないので、手軽にほかの場所へ移動できる工夫を施してある。

現代語訳・品詞分解

さて、　六十歳という露の(ようにはかない)命も、消えそうになる頃に及んで、改めて(余生
ここに、 六十 の 露、 消えがた に 及び て、 さらに 末葉
接 名 格助 名 名 格助 動・四・用 接助 副 名

語釈・文法

露《つゆ》、消《き》えがた　人の命のはかないことを「露」にたとえ、「露」の縁語で、今にも命が尽き

を託す)晩年の住まいを作ったことがある。　たとえて言えば、旅人がただ一
の宿りを結べることあり。いはば、旅人の
格助 名 格助 動・四・命 助動・完・体 名 動・ラ変・終 動・四・未 接助 名 格助

夜の宿を作り、　年老いた蚕が(こもるための)繭を作るようなものだ。
一夜の宿を作り、老いたる蚕の繭を
名 格助 名 格助 動・四・用 動・上二・用 助動・完・体 名 格助 名 格助

この家を人生半ばの(三十歳を過ぎた)頃に住んでいた家と比べると、
営むがごとし。これを中ごろの栖に並ぶれば、
動・四・体 格助 助動・比・終 代 格助 名 格助 名 格助 動・下二・已 接助

やはり(その家の)百分の一にも及ばない。　あれこれ言っているうちに、　年
また百分が一に及ばず。とかく言ふほどに、齢
副 名 格助 名 格助 動・四・未 助動・消・終 副 動・四・体 接助 名

齢は一年ごとに高くなり、　住む家は移るたびに狭くなる。　今度の家の様子は、
は歳々に高く、栖は折々に狭し。その家
係助 名 格助 形・ク・用 名 係助 名 格助 形・ク・終 代 格助 名

様子は、　世間一般の家とは少しも似ていない。　広さはやっと
のありさま、世の常にも似ず。広さは
格助 名 名 格助 名 格助 係助 動・上一・未 助動・消・終 名 係助

一丈(約三メートル)四方で、(棟の)高さは七尺(約二・一メートル)以下である。　定住の場所
わづかに方丈、高さは七尺がうちなり。所を
形動・ナリ・用 名 名 係助 名 格助 名 助動・断・終 名 格助

を決めたわけではないので、　敷地を自分のものとして所有しては作らない。
思ひ定めざるがゆゑに、地を占めて作ら
動・下二・未 助動・消・体 格助 名 格助 名 格助 動・下二・用 接助 動・四・未

土台を組み、　簡単な屋根を葺いて、　(材木の)継ぎ目ごとに
ず。土居を組み、打覆を葺きて、継ぎ目ごとに
助動・消・終 名 格助 動・四・用 名 格助 動・四・用 接助 名 格助

(つなぎ止めの)掛け金を掛けてある。　もし気に入らないことがあったら、
掛金を掛けたり。もし心にかなはぬこと
名 格助 動・下二・用 助動・存・終 副 名 格助 動・四・未 助動・消・体 名

容易によそへ移動しようと思うからである。
あらば、やすくほかへ移さむがためなり。
動・ラ変・未 接助 形・ク・用 名 格助 動・四・未 助動・意・体 格助 名 助動・断・終

そうな頃、晩年に近づいた頃を「消えがた」と言った。

さらに　改めて。新たに。

いは《ワ》ば　言ってみれば。たとえて言えば。

ごとし　…ようだ。比況・例示の助動詞。

百分《ひゃくぶ》が一《いつ》　百分の一。自分の家がだんだん小さくなっていくことを印象的に説明している。

とかく　①あれこれと。何やかやと。②ややもすれば。③とにかく。ここは①の意。

齢《よわい》は歳々《としどし》に高《たか》く、栖《すみか》は折々《おりおり》に狭《せば》し　年齢は一年ごとに高くなり、住む家は移るたびに狭くなる。「歳々に」は、歳を重ねるたびに、歳ごとに、の意。「齢は…高く」と「栖は…狭し」が対句的な表現となっている。

広《ひろ》さはわづ《ズ》かに方丈《ほうじょう》、高《たか》さは七尺《しちしゃく》がうち　(庵の)広さはやっと一丈四方で、(棟の)高さは七尺以下。「七尺がうち」の「が」は連体修飾格で、「うち(内)」を修飾し、…以内、の意。「広さは…方丈」と「高さは…うち」が対句的な表現となっている。

地《じ》を占《し》めて　「地」は家を建てる敷地の意。「占めて」は、自分のものとして占有するという意の下二段動詞「占む」の連用形に接続助詞「て」が付いたもの。

土居《つちい》　家屋の土台。

この家を建て直すことに、どれほどの面倒があるだろうか。(何の面倒もない。)
その改め作ること、いくばくのわづらひかある。
代　格助　動・四・体　名　副　格助　名　係助　動・ラ変・体

(家の資材を)車に積むとわずか二台分であり、車で運搬する報酬を払う以外には、
積むところわづかに二両、車の力を報ふほかに
動・四・体　名　形動・ナリ・用　名　名　格助　名　格助　動・四・体　名　格助

全くほかの費用はいらない。
は、さらにほかの用途いらず。
係助　副　名　格助　名　動・四・未　助動・消・終

■第三段落（五九・1〜9）

段意　この日野山の奥に隠れ住んでから、身の回りには仏画・経典・仏具、和歌・管絃などの抄本、楽器ばかりを置き、仮の庵住まいをしている。

現代語訳・品詞分解

今、日野山の奥に隠れ住んでから、(この庵の)
今、日野山の奥に跡を隠して後、東に
名　名　格助　名　格助　名　格助　動・四・用　接助　名　名　格助

東側に三尺(約九十センチメートル)余りの廂を差し出して、(その下を炊事用の)柴を折って燃やす所とした。
三尺あまりの廂をさして、柴折りくぶるよすがとす。
名　格助　名　格助　動・四・用　接助　名　動・四・用　動・下二・体　名　格助　動・サ変・終

南側は、竹の簀子を敷いて、その西(の端)に閼伽棚を作って、
南、竹の簀子を敷き、その西に閼伽棚
名　名　格助　名　格助　動・四・用　代　格助　名　格助　名

(室内は)北側に寄せて、障子を隔てて阿弥陀仏の絵像を安置し、
を作り、北に寄せて、障子を隔てて阿弥陀
格助　動・四・用　名　格助　動・下二・用　接助　名　格助　動・下二・用　接助　名

そのそばに普賢菩薩を描い(たものを掛け)て、前に法華経を置いてある。
の絵像を安置し、そばに普賢を画き、前に法華経
格助　名　格助　動・サ変・用　名　格助　名　格助　動・四・用　名　格助　名

東の端に蕨のほとろを敷いて、
を置けり。東の際に蕨のほとろを
格助　動・四・命　助動・存・終　名　格助　名　格助　名　格助　名　格助

打覆《うちおおい》　簡単な屋根。接頭語「うち」の付いた動詞「うち覆ふ」から転成した名詞で、ちょっと覆うもの、の意。

いくばくの　どれほどの。どのくらいの。

報《むく》**ふ**　報酬を支払う。礼をする。

語釈・文法

跡《あと》**を隠**《かく》**して**　姿を隠して。隠遁して。俗世間から身を隠して。すなわち、里に住まず、隠れ住むことを示す。「跡」は足跡の意。

廂《ひさし》　軒《のき》の端から突き出した小屋根のこと。

くぶる　物を燃やす。下二段動詞「焼《く》ぶ」の連体形。

よすが　ここでの「よすが」は、手段、方法、便宜、の意。

簀子《すのこ》　目を粗くして、水はけをよくした敷板。ここでは縁側程度の意。

閼伽棚《あかだな》　仏に供える水や花などを置く棚。

際《きわ》　①端。②境目。仕切り。③限り。極み。④最後。最期。⑤時。場合。⑥そば。辺り。⑦程度。ほど。⑧身分。家柄。ここは①の意。

敷き〔動・四・用〕 て、〔接助〕 夜〔名〕 の〔格助〕 床〔名〕 と〔格助〕 す。〔動・サ変・終〕 西南〔名〕 に〔格助〕 竹〔名〕 の〔格助〕 吊棚〔名〕 を〔格助〕 構へ〔動・下二・用〕 て、〔接助〕 黒き〔形・ク・体〕 皮籠〔名〕 三合〔名〕 を〔格助〕 置け〔動・四・命〕 り。〔助動・存・終〕 すなはち、〔接〕 和歌、〔名〕 管絃、〔名〕 往生要集〔名〕 ごとき〔助動・例・体〕 の〔格助〕 抄物〔名〕 を〔格助〕 入れ〔動・下二・用〕 たり。〔助動・存・終〕 傍ら〔名〕 に、〔格助〕 琴、〔名〕 琵琶〔名〕 おのおの〔副〕 一張〔名〕 を〔格助〕 立つ。〔動・下二・終〕 いはゆる〔連〕 折琴、〔名〕 継琵琶〔名〕 これ〔代〕 なり。〔助動・断・終〕 仮〔名〕 の〔格助〕 庵〔名〕 の〔格助〕 ありやう、〔名〕 かく〔副〕 の〔格助〕 ごとし。〔助動・比・終〕

寝床とする。西南に竹の吊棚をこしらえて、黒い皮籠三箱を置いてある。そこで(これには)、和歌、管絃、往生要集などの抜き書きを入れている。そのそばに、琴、琵琶それぞれ一張ずつを立ててある。いわゆる折琴、継琵琶がこれである。仮住まいの庵の様子は、このようである。

夜《よる》の床《ゆか》　夜寝る所。寝床。

皮籠《かわご》　竹で作ったかごに皮を張ったもの。皮張りのつづら。後、紙で張ったつづらや行李《こうり》をもいうようになった。

すなは《ワ》ち　そこで。それで。

■第四段落（五九・10～終わり）

段意

この庵の周辺では、最低限の生活を行える程度のものが手に入る。また、四季の風物を見ては、この世は無常であることを感じている。

現代語訳・品詞分解

そ〔代〕 の〔格助〕 所〔名〕 の〔格助〕 さま〔名〕 を〔格助〕 言は〔動・四・未〕 ば、〔接助〕 南〔名〕 に〔格助〕 懸樋〔名〕 あり。〔動・ラ変・終〕 岩〔名〕 を〔格助〕 立て〔動・下二・用〕 て〔接助〕 水〔名〕 を〔格助〕 ため〔動・下二・用〕 たり。〔助動・存・終〕 林〔名〕 の〔格助〕 木〔名〕 近けれ〔形・ク・已〕 ば、〔接助〕 爪木〔名〕 を〔格助〕 拾ふ〔動・四・体〕 に〔格助〕 乏しから〔形・シク・未〕 ず。〔助動・消・終〕 名〔名〕 を〔格助〕

その(方丈の庵のある)場所の様子を述べると、南に懸樋がある。岩を組み立てて水をためている。林の木々が近くにあるので、薪にする小枝を拾うのに不足はない。(その土地

語釈・文法

その所《ところ》のさま　前段落末尾の「仮の庵のありやう」を受けた表現。方丈の庵のある日野山の周りの様子を指す。

懸樋《かけひ》　竹や木で作った水を導く樋《とい》。

爪木《つまぎ》　薪にする雑木の枝。

跡埋《あとうず》め　「跡」は、足跡の意から、行き来をする道のこと。その道をまさきの葛《かずら》が隠すよ

の）名を音羽山という。
音羽山 と いふ。
名 格助 動・四・終

まさきの葛が、
まさきの葛、
名

道を覆い隠している。
跡 埋め り。
名 動・四・命 助動・存・終

谷は木が茂っている
谷 しげけれ
名 形・ク・已

けれども西の方は見晴らしよく開けている。一心に西方浄土を思い願う手がかりがないというわけで
ど 西 晴れ たり。 観念 の たより なき に しも
接助 名 動・下二・用 助動・存・終 名 格助 名 形・ク・体 助動・断・用 副助

もない。
あら ず。
補動・ラ変・未 助動・消・終

春は波のように揺れる藤の花を見る。（それは阿弥陀仏の来迎の際
春 は 藤波 を 見る。 紫雲 の ごとく
名 係助 名 格助 動・上一・終 名 格助 助動・比・用

にたなびくという）紫の雲のようで、西方に美しく咲く。夏はほととぎす（の鳴く声）を聞く。（ほととぎす
して、 西方 に にほふ。 夏 は 郭公 を 聞く。 語らふ ごと
接助 名 格助 動・四・終 名 係助 名 格助 動・四・終 動・四・体 （接尾）

が）鳴くたびに、冥土の道案内をしてくれるように頼む。秋はひぐらしの声が、耳
に、 死出 の 山路 を 契る。 秋 は ひぐらし の 声、 耳
格助 名 格助 名 格助 動・四・終 名 係助 名 格助 名 名

に満ちあふれる。（その声は）はかないこの世を悲しんでいるように聞こえる。
に 満て り。 うつせみ の 世 を 悲しむ ほど 聞こゆ。
格助 動・四・命 助動・存・終 名 格助 名 格助 動・四・体 副助 動・下二・終

冬は雪をしみじみと見る。（雪が）積もったり消えたりする様子は、（人間の）罪障
冬 は 雪 を あはれぶ。 積もり 消ゆる さま、 罪障 に
名 係助 名 格助 動・四・終 動・四・用 動・下二・体 名 名 格助

（が生じたり消えたりする様子）にたとえることができるにちがいない。
たとへ つ べし。
動・下二・用 助動・強・終 助動・可・終

うに茂っている状態を表したもの。

しげけれど　木が茂っているけれども。

西《にし》晴《は》れたり　「晴れ」は、見晴らしがきく、の意の動詞「晴《は》る」の連用形。

たより　頼れる人。縁故。手がかり。

藤波《ふじなみ》　山藤の花が波のように見える状態。

にほ《オ》ふ　つややかに美しい。ここでは、「藤波」が美しく咲く、の意。

語《かた》らふ《ウ》ごと　「語らふ」は、ここでは、ほととぎすが鳴く、の意。「ごと」は、…のたびにいつも、の意の接尾語。ほととぎすは冥土に通う鳥と考えられ、「死出《しで》の田長《たおさ》」とも呼ばれた。

うつせみの世《よ》　はかないこの世。「うつせみ」は、現世、この世の人、の意。また、蝉《せみ》の抜け殻、の意から、はかない、という意も表す。

あは《ワ》れぶ　愛し賞する。しみじみと見る。

たとへ《エ》つべし　たとえることができるだろう。「つ」は強意を表す。「べし」は可能の意。

鑑賞

この章段では、鴨長明《かものちょうめい》の出家と遁世の地、日野山について述べている。第一段落では、出家に至るまでの経緯、および遁世の地の大原について触れ、出家の動機の「心を悩ませること」や「折々のたがひめ」については抽象的表現にとどめている。第二段落では、方丈の庵の構造を述べ、長明自身の無常観を証明するように、「所を思ひ定めざる」「心にかなはぬことあらば、やすくほかへ移さむ」と内心を吐露している。第三段落では、方丈の庵の内部の様子が示され、諸道具や楽

器などの配置が描写されている。世を捨てた隠者というよりは、自分の望んだ道を楽しむ文人のようである。そして、第四段落で、方丈の庵を取り巻く環境と四季の描写、またそれに対して長明が感じたことが簡潔に叙述されている。

教科書の問題（解答・解説）

教科書 六〇ページ

❓教科書本文下に示された問題

❓「むなしく大原山の雲に臥して」とは、どういうことか。（p.五八）

解答 大原山に隠棲したが、自らの期待していたような生活もできず、悟りも得られなかったということ。

［解説］作者は、大原山の生活について、何ら得るところのない無意味なものだったと感じている。そこで住む場所を変える気になったのであろう。

❓「和歌、管絃…一張を立つ。」から、どのようなことが読み取れるか。（p.五九）

解答 作者が、極楽往生を望む仏教者としての面と、和歌や音楽などの芸能を愛好する風流人としての面を併せ持っていたこと。

［解説］作者は『発心集《ほっしんしゅう》』で、和歌や音楽に打ち込む「数寄《すき》」は俗世への執着を捨てる方便になると述べている。

■学習の手引き

❶作者は「方丈の庵」を作るまでどのような生活を送ってきたか、整理しよう。

解答 二十歳前から三十余年の間、生きにくい世間を耐え忍びつつ暮らしてきたが、たびたびの挫折によってわが身の不運を悟り、妻子も官禄もないのを幸いに、五十歳で出家遁世して大原山に庵を結んだ。そこで五年間を無為に過ごした後、日野山に移り住むことにした。

❷本文と「方丈の庵想定図」〔教科書五九ページ〕**とを対照しながら「方丈の庵」の様子を確かめ、特徴をまとめよう。**

解答 ・必要最低限の調度品だけの簡素な空間が特徴。
・閼伽棚や絵像、法華経《ほけきょう》、往生要集《おうじょうようしゅう》などから、修行者としての暮らしぶりが分かる。
・和歌や管絃に関する書物、琴や琵琶からは、芸能にもいそしむ様子が分かる。

［解説］「方丈の庵」の様子は第三段落に描かれている。室内は、東に廂があり、南に閼伽棚を設けた簀子がある。室内は、東の端が寝床で、衝立《ついたて》障子で隔てられた残りの空間の北側には仏の絵像や経文が、南側には和歌や管絃などの抄物を入れた皮籠および琴と琵琶が置かれている。

❸ここに書かれている庵とそこでの暮らし方は、作者のどの

ような考え方によるものか。

解答　この世の住まいは仮のものであり、ましてや余命わずかな晩年のものなのだから、気に染まなければ容易に移動できる小さな庵に、必要最低限の調度があれば十分である。静かな山中で四季の情趣を味わいつつ、仏道修行と芸能愛好を生活の両面として、俗世から離れた暮らしを充実させて人生を全うしたいという考え方。

[解説]　作者は、都から離れた日野山に自ら設計した方丈の庵を作り、信仰と和歌・音楽に関するものだけを整頓して身近に置いている。仏道修行と芸能愛好を共存させた閑居が作者の理想なのであろう。

■語句と表現

①「春は藤波を…罪障にたとへつべし。」（五九・16）**の部分で、四季の景物から信仰に関わる事柄がどのように連想されているか、確認しよう。**

解答　・春の「藤波」＝西方に咲く藤の花は、極楽往生の際、阿弥陀如来や諸菩薩《ぼさつ》が乗ってくる紫雲を思わせる。
・夏の「郭公《ほととぎす》」＝この世とあの世を行き来する鳥なので、声を聞くたび冥土の道案内をしてくれるよう頼む。
・秋の「ひぐらしの声」＝はかないこの世を悲しんでいるように聞こえる。
・冬の「雪」＝雪が積もって消える様子は、人間の罪障が迷いによって生じ、懺悔《ざんげ》によって消えることを思わせる。

②「宿りを結べること」（五八・6）**の傍線部「る」を文法的に説明しよう。**

解答　完了の助動詞「り」の連体形。

③次の文に用いられている修辞法を何というか指摘し、全体を現代語訳しよう。

解答　(1)修辞法＝対句。現代語訳＝あれこれ言っているうちに、年齢は一年ごとに高くなり、住む家は移るたびに狭くなる。

[解説]　対句とは、構造が同じで内容の対応する二つの句を並べて用いる表現技法である。ここでは、「齢は歳々に高く」と「住みかは折々に狭し」とが対句になっている。

出典・作者

出典　『方丈記《ほうじょうき》』　鎌倉時代初期、建暦《けんりゃく》二年（一二一二）に成立した随筆。対句表現を駆使した流麗な和漢混交文で、『枕草子《まくらのそうし》』、『徒然草《つれづれぐさ》』とともに、古典の三大随筆と称されるが、前二書と違い、記録文としての性格が強いのが特色である。

作者　鴨長明《かものちょうめい》（一一五五？―一二一六）　京都の賀茂御祖《かもみおや》神社（下鴨《しもがも》神社）の神官の次男として生まれた。五十歳頃、出家して大原に籠もった後、日野山《ひのやま》に庵《いおり》を結び、『方丈記』を執筆した。歌論書に『無名抄《むみょうしょう》』、説話集に『発心集《ほっしんしゅう》』がある。

徒然草《つれづれぐさ》

兼好《けんこう》法師

悲田院《ひでんいん》の尭蓮上人《ぎょうれんしょうにん》は

〔第百四十一段〕

教科書 六一～六二ページ

大意

「東国の人の言葉は信用できるが、都の人の言葉には誠意がない。」と述べる人に対し、尭蓮上人は「都の人は思いやりがあるためにきっぱりと断りにくく、気弱く請け合ってしまうのだ。貧しい人ばかりなので、自然と本来の意志が貫けないことが多い。東国の人は、心の優しさがなく無愛想なので、最初からできないと断る。富み栄えているため、人からは頼りにされるのだ。」と説いた。尭蓮上人は声に東国なまりがあって荒々しく、仏教の道理などあまり分かっていないと思っていたが、この一言を聞いてからは、おくゆかしく温和な人間性の人物であると思われたのだった。

現代語訳・品詞分解

悲田院の尭蓮上人は、（出家前の）俗人であった頃の名字は三浦のなんと

悲田院	の	尭蓮上人	は、	俗姓	は	三浦のなにがし	と
名	格助	名	係助	名	係助	名	格助

かとかいう、（以前は）並ぶ者がない武士である。（上人の）故郷の人がやって来て、

か	や、	さうなき	武者	なり。	ふるさと	の	人	の	来たり
係助	間助	形・ク・体	名	助動・断・終	名	格助	名	格助	動・四・用

話をするといって、「東国の人は、言ったことは信頼できるけれども、

て、	物語す	とて、	「吾妻人	こそ、	言ひ	つる	こと	は
接助	動・サ変・終	格助	名	係助	動・四・用	助動・完・体	名	係助

都の人は、口先の請け合いばかりよくて、誠

頼ま	るれ、	都	の	人	は、	ことうけ	のみ	よく	て、	実
動・四・未	助動・可・已	名	格助	名	係助	名	副助	形・ク・用	接助	名

語釈・文法

俗姓《ぞくしょう》　出家前、俗人であった頃の名字。

なにがしとかや　「なにがし」は、誰それ、なんとかという人、の意。「とかや」は格助詞「と」＋係助詞「か」＋間投助詞「や」から成り、とかいう、の意。

さう《ソウ》なし　「双無し」と書き、並ぶものがない、比べるものがない、の意。

吾《あ》妻人《ずまうど》　東国の人。関東の人。「吾妻」は都から見て東の地方を指す。

頼《たの》まるれ　信頼できるけれども。「頼む」は、

意がない。」と言ったところ、上人は、「あなたはそうお思いになっているだろう
なし。」と　言ひ　し　を、聖、「それ　は　さ　こそ　思す
形・ク・終　格助　動・四・用　助動・過・体　接助　名　代　係助　副　係助　動・四・終

が、　私は都に長く住んで、（都の人
らめ　ども、おのれ　は　都　に　久しく　住み　て、なれ
助動・現推・已　接助　代　係助　名　格助　形・シク・用　動・四・用　接助　動・下二・用

と）親しくなって（その様子を）見ますと、（都の）人の心が劣っているとは思いません。
て　見　侍る　に、人　の　心　劣れ　り　と　は
接助　動・上一・用　補動・ラ変・体　接助　名　格助　名　動・四・命　助動・存・終　格助　係助

（都の人は）総じて、心が穏やかで、思いやりがあるために、
思ひ　侍ら　ず。なべて、心　柔らかに、情け　ある　ゆゑ
動・四・用　補動・ラ変・未　助動・消・終　副　名　形動・ナリ・用　名　動・ラ変・体　名

人が（頼んで）言うようなことを、きっぱりと断りにくくて、万事につ
に、人　の　言ふ　ほど　の　こと、けやけく　否び難く　て、よろづ
格助　名　格助　動・四・体　名　格助　名　形・ク・用　形・ク・用　接助　副

けて言い切ることができず、気弱く請け合ってしまう。うそを
え　言ひ放た　ず、心弱く　ことうけ　し　つ。偽り
副　動・四・未　助動・消・用　形・ク・用　名　動・サ変・用　助動・強・終　名

つこうとは思わないけれども、貧しく、思いどお
せ　ん　と　は　思は　ね　ど、乏しく、かなは
動・サ変・未　助動・意・終　格助　係助　動・四・未　助動・消・已　接助　形・シク・用　動・四・未

りの暮らしができない人ばかりいるので、自然と本来の意志を貫けないことが多いのだろう。
ぬ　人　のみ　あれ　ば、おのづから　本意　通ら　ぬ
助動・消・体　名　副助　動・ラ変・已　接助　副　名　動・四・未　助動・消・体

東国の人は、私の（故郷の）方（の人）であるけれど、本当の
こと　多かる　べし。吾妻人　は、わ　が　方　なれ　ど、げに
名　形・ク・体　助動・推・終　名　係助　代　格助　名　助動・断・已　接助　副

ところは心の優しさがなく、人情味がなく、ひたすら無愛想なものであるから、
は　心　の　色　なく、情けおくれ、ひとへに　すくよかなる
係助　名　格助　名　形・ク・用　動・下二・用　副　形動・ナリ・体

最初からいやだと言って終わってしまう。
もの　なれ　ば、始め　より　否　と　言ひ　て　やみ　ぬ。
名　助動・断・已　接助　名　格助　感　格助　動・四・用　接助　動・四・用　助動・強・終

信頼する、あてにする、の意。「こそ…已然形《いぜん》」は逆接で下に続く。
聖《ひじり》　徳の高い僧。ここでは尭蓮上人を指す。
久《ひさ》し　①時間が長い。②久しぶりだ。ここは①の意。
なれて　「なる」は「慣る」「馴る」と書き、①慣れる、習慣になる、②親しくなる、うちとける、の意を表す。ここは②の意。「て」は接続助詞。
なべて　①一面に。一帯に。②総じて。一般に。③普通。ひととおり。ここは②の意。
柔《やわ》らかなり　①しなやかだ。②穏やかだ。ここは②の意。
けやけし　①異様だ。②際立っている。③きっぱりしている。ここは③の意。
否《いな》び難《がた》くて　断りにくくて。「否ぶ」は、承知しない、断る、の意。「難し」は、…するのが難しい、の意を表す接尾語。
え言《い》ひ《イ》放《はな》たず　言い切ることができず。「え」は下に打消・反語の語を伴って、…できない、という不可能を表す副詞。
おのづ《ズ》から　①自然と。②偶然に。ここは①の意。
本意《ほんい》　本来の意志。本来の目的。
げには　本当のところは。実は。
情《なさ》けおくる　情愛が薄い。人情味がない。
ひとへ《エ》に　①ひたすら。いちずに。②まるで。全く。ここは①の意。

にぎはひ 豊かなれ ば、人 に は 頼ま るる ぞ かし。」
（富み栄え裕福なので、人には頼りにされるのだよ。」）
動・四・用　形動・ナリ・已　接助　名　格助　係助　動・四・未　助動・受・体　終助　終助

と ことわら れ 侍り し こそ、こ の 聖、声
（と(道理を)説き明かしなさいましたのは、この上人は、声）
格助　動・四・未　助動・尊・用　補動・ラ変・用　助動・過・体　係助　代　格助　名　名

うちゆがみ 荒々しく て、聖教 の 細やかなる 理、いと
（に(東国の)なまりがあり(言葉遣いも)荒っぽくて、仏典の細かい道理は、たいし）
動・四・用　形・シク・用　接助　名　格助　形動・ナリ・体　名　副

わきまへ ず も や と 思ひ し に、こ の 一言
（て理解していない(のではない)だろうかと思っていたが、この一言の後は、）
動・下二・未　助動・消・用　係助　係助　格助　動・四・用　助動・過・体　接助　代　格助　名

の 後、心にくく なり て、多かる 中 に 寺 を も
（おくゆかしく(思われるように)なって、たくさんの(僧侶がいる)中で(住職として)寺）
格助　名　形・ク・用　動・四・用　接助　形・ク・体　名　格助　名　格助　係助

住持せ らるる は、かく 柔らぎ たる ところ あり て、
（をも管理なさっているのは、このように(人間性が)温和なところがあって、）
動・サ変・未　助動・尊・体　係助　副　動・四・用　助動・存・体　名　動・ラ変・用　接助

そ の 益 も ある に こそ と おぼえ 侍り
（そのおかげもあるのだと思われました。）
代　格助　名　係助　動・ラ変・体　助動・断・用　係助　格助　動・下二・用　補動・ラ変・用

し。
助動・過・体

すくよかなり　①（心や体が）しっかりしている。元気だ。頑丈だ。②生まじめだ。③無愛想だ。④険しい。ここは③の意。

否《いな》　いや。いいえ。相手の申し出を拒絶したり、相手の問いかけを否定したりする時の語。

にぎはひ《ワイ》豊《ゆた》かなれば　富み栄え裕福なので。

ことわられ侍《はべ》りしこそ　（道理を）説き明かしなさいましたのは。「ことわる」は、①道理に基づき判断する、②説き明かす、③前もって了解を得る、などの意。ここは②の意。「れ」は尊敬の助動詞「る」の連用形。「侍り」は丁寧の補助動詞。係助詞「こそ」の結びについては諸説ある。一説では、文末の「おぼえ侍りし」にかかるはずだが、この「し」が連体形のため、破格となっているとされる。

理《ことわり》　①道理、筋道、②理由、③判断、などの意を表す。ここは①の意。

いとわきまへ《エ》ずもや　たいして理解していない（のではない）だろうか。「いと」は、ここでは下に打消の語を伴って、それほど、たいして、の意を表す。「わきまふ」は、理解する、の意。「もや」は係助詞「も」＋係助詞「や」から成り、軽い疑問を表す。「もや」の後に「あらむ」などの語句が省略されている。

心《こころ》にくくなりて　おくゆかしく（思われるように）なって。

住持《じゅうじ》す　寺を管理する。
益《やく》　利益。効果。効き目。
おぼえ侍《はべ》りし　思われました。「し」は過去の助動詞「き」の連体形。余情を込める連体形止めの用法。

鑑賞

「都の人」である作者が、尭蓮上人の「都の人」に対する思いがけない言葉を聞き、上人へのこれまでの評価を変化させた話である。上人は「都の人」を、「心柔らか」で「情けある」とし、それゆえ「心弱くことうけ」してしまうのだ、と説く。都を故郷とする作者にとって、上人のこの言葉は喜ばしいものであったろうが、作者が上人に対する評価を改めたのは、これだけが理由ではない。上人は「吾妻人」の立場でありながら、「吾妻人」の悪い点をも公平に見定め、評価している。さらには、「都の人」が「乏《とも》しく、かなはぬ人」であるがゆえ、意志を貫き通せないこと、「吾妻人」が「にぎはひ豊か」であるがゆえ、頼りにされていることを指摘する。経済的な相違が、人間性や他者との関係性にまでも違いをもたらすのだという上人のこのような広い視野、そして公平で温和な人間性に、作者は心を打たれたのである。

教科書の問題（解答・解説）　教科書 六二ページ

❓教科書本文下に示された問題

❓「わが方なれど」とは、どういうことか。（p.六一）

解答　自分と同郷の人だが、ということ。

[解説]　「わが方」は、ここでは「自分と同郷の人」「同じ故郷の人」を表している。尭蓮上人と「ふるさとの人」は、ともに「吾妻人」である点を押さえる。

❓「多かる中に」とあるが、何が多いのか。（p.六二）

解答　僧侶

[解説]　多くの僧侶がいる中にあって、一寺の管理を任されるほどの地位を得る人物は少ない。ここからも、尭蓮上人が徳の高い僧侶であることが分かると、作者は言うのである。

■学習の手引き

❶尭蓮上人の、「都の人」と「吾妻人」とに対する評価は、

どのようなものであったか。

解答 ・「都の人」＝心が穏やかで思いやりがあるため、人の頼みをきっぱりと断りにくく、気弱く請け合ってしまう。貧しく生活が思うにまかせない人ばかりなので、自然と本来の意志を貫けないことが多い。

・「吾妻人」＝心の優しさがなく、人情味がなくて無愛想なので、何かを頼まれても最初からいやだと言って終わってしまう。しかし、富み栄えて裕福なため、人からは頼りにされる。

［解説］ 教科書六一ページ5～8行目「なべて…多かるべし。」までが「都の人」に対する評価。続く8～10行目「吾妻人は…頼まるるぞかし。」までが「吾妻人」に対する評価。「都の人」が「ことうけのみよくて、実なし。」とされるのは、きっぱりと断れない思いやりのある性格と、思うにまかせない貧しい暮らしが理由であり、「吾妻人」が「言ひつることは頼まるれ」とされるのは、最初からいやだと断れる無愛想な性格と、裕福な暮らしが理由である、と評しているのである。

❷尭蓮上人に対する作者の評価がどのように変化したのか、説明しよう。

解答 尭蓮上人は東国なまりの荒っぽい声であり、仏典の細かい道理などたいして理解していない人物だろうと思っていた。しかし、上人の言葉を聞いた後は、実はおくゆかしく温和な人間性の人物であり、その徳ゆえに僧侶として高い地位を得たのだと感じられ、心ひかれるようになった。

■語句と表現

①次の傍線部「こそ」の結びについて、文法的に説明しよう。

解答 (1)吾妻人こそ＝可能の助動詞「る」の已然形「るれ」が結びとなっているが、文が終止せず、逆接の意を表し後に続いている。

(2)さこそ＝現在推量の助動詞「らむ」の已然形「らめ」が結びとなるはずだが、接続助詞「ども」を伴い下に続いているため、結びが消滅して（流れて）いる。

(3)あるにこそ＝「こそ」の後に「あらめ」などの語句が入り、結びとなるはずだが、省略されている。

世に従はん人は

〔第百五十五段〕

教科書 六二〜六四ページ

大意 世間の動きに順応していこうとする人は、時機を知らなくては物事がうまく運ばない。ただし、病気、出産、死は時機を考慮することなく訪れ、生《しょう》、住《じゅう》、異《い》、滅《めつ》の移り変わりは停滞することがない。だから、必ずやり遂げようということは時機のよしあしを言ってはならない。季節はそれぞれ次の季節の気配を宿し、木《こ》の葉《は》は落ちる前から新しい芽がきざしているように、物事の移り変わりは、それを待つ気配が内在しているため非常に速い。人間の生、老、病、死はそれ以上に速く巡り、四季のような決まった順序もない。人間の死期は、不意に訪れるのである。

■第一段落（初め〜六三・1）

段意 世間の動きに順応していこうとする人は、時機を知らなくてはならない。順序がよくないと、うまく運ばない。

現代語訳・品詞分解

世に従はん人は、まづ機嫌を知るべし。

世（名）に（格助）従は（動・四・未）ん（助動・意・体）人（名）は、（係助）まづ（副）機嫌（名）を（格助）知る（動・四・終）べし。（助動・当・終）

世間（の動き）に順応していこうとする人は、まず適当な時機（というもの）を知らなくてはならない。

ついで悪しきことは、人の耳にも逆ひ、心にも違ひて、そのこと成らず。

ついで（名）悪しき（形・シク・体）こと（名）は、（係助）人（名）の（格助）耳（名）に（格助）も（係助）逆ひ、（動・四・用）心（名）に（格助）も（係助）違ひ（動・四・用）て、（接助）そ（代）の（格助）こと（名）成ら（動・四・未）ず。（助動・消・終）

順序が悪い（かなっていない）ことは、人の耳にも逆らい、心にも背くので、そのことは成就しない。

さやうの折節を心得べきなり。

さやう（名）の（格助）折節（名）を（格助）心得（動・下二・終）べき（助動・当・体）なり。（助動・断・終）

（だから）そのような時機（というもの）をわきまえなくてはならないのである。

語釈・文法

機嫌《きげん》 仏教語の「譏嫌《きげん》」（そしりきらう、の意）に由来し、転じて、適当な時機、潮時、の意。

ついで ①物事の順序。②機会。ここは①の意。

悪《あ》し ①（道義的に）悪い、②（性質・状態が）悪い、③見苦しい、などの意を表す。ここは①の意。

さや《ヨ》う《ウ》の折節《おりふし》を心得《こころう》べきなり 第一文の「機嫌を知るべし」とほぼ同義。

第二段落（六三・2〜六三・6）

段意

ただし、病気、出産、死は時機を考慮せずに訪れ、順序が悪いといって中止になることはない。生、住、異、滅の変移は、少しの停滞もなく実現していく。したがって、仏道修行でも生活上でも、必ず成し遂げようと思うことは、時機のよしあしを言ってはならず、準備に手間取ったり、足を止めて実行を延ばしたりしてはならないのである。

現代語訳・品詞分解

ただし、病気にかかること、子を産むこと、死ぬことだけは、時機を
ただし、病を受け、子生み、死ぬることのみ、機嫌
接 名 格助 動・下二・用 名 動・四・用 動・ナ変・体 名 副助 名

予測（して考慮）することができず、順序が悪いといって中止になることはない。（物
をはからず、ついで悪しとてやむことなし。生、
格助 動・四・未 助動・消・用 名 形・シク・終 格助 動・四・体 名 形・ク・終 名

が）生じ、とどまり、変化し、消滅する現象（四相）が変移する真実の重大事は、水勢の激しい
住、異、滅の移り変はるまことの大事は、猛き川
名 名 名 格助 動・四・体 名 格助 名 係助 形・ク・体 名

川が満ちあふれて流れるようなものである。少しの間もとどまらず、
のみなぎり流るるがごとし。しばしも滞らず、
格助 動・四・用 動・下二・体 格助 助動・比・終 副 係助 動・四・未 助動・消・用

たちまち実現してゆくものなのである。それだから、仏道修行上のことでも俗世
ただちに行ひゆくものなり。されば、真俗につけ
副 動・四・体 名 助動・断・終 接 名 格助 動・下二・用

間での生活上のことでも、必ず成し遂げようと思うようなことは、時機
て、必ず果たし遂げんと思はんことは、機嫌
接助 副 動・下二・未 助動・意・終 格助 動・四・未 助動・婉・体 名 係助 名

（のよしあし）を言ってはいけない。あれこれと準備を（して手間取ったり）することなく、足
を言ふべからず。とかくのもよひなく、足を
格助 動・四・終 助動・命・未 助動・消・終 副 格助 名 形・ク・用 名 格助

を止めて（その実行を延期して）はいけないのである。
踏みとどむまじきなり。
動・下二・終 助動・禁・体 助動・断・終

語釈・文法

はかる 「計る」「量る」「測る」と書き、予測する、推量する、の意。ここでは、時機を予測（して考慮）する、ということ。

生《しよう》、住《じゆう》、異《い》、滅《めつ》 「生」は、物が生ずること。「住」は、物がとどまること。「異」は、物が変化すること。「滅」は、物が消滅すること。仏教ではこの四つの現象を「四相《しそう》」と称して、あらゆる現象がこの過程をたどるとしている。

まことの大事《だいじ》 「まこと」は、真実、事実、古今不変の本質。「大事」は、重大な事柄。四相の変移が真実で重大であることをいう。

猛《たけ》き川《かわ》のみなぎり流《なが》るるがごとし 四相の変移がとどめられないものであることをたとえた表現。「ごとし」は比況の助動詞。

しばし 少しの間。しばらく。

行《おこな》ひ《イ》ゆく 事が進んでゆく。実現してゆく。

されば それだから。そういうわけで。

とかくのもよひ《イ》 「とかく」は、あれこれと、の意。「もよひ」は「催ひ」と書き、準備、用意、の意。

■第三段落（六三・7〜11）

段意

四季の変化も、春が過ぎた後で夏になり、夏が終わってから秋が来るのではなく、春には夏の、夏には秋の気配があり、秋はすぐに寒くなり、冬でも春を思わせる天候がある。木の葉が落ちるのも、葉が落ちて芽が出るのではなく、芽の生育により葉が落ちるのである。このように変化を待つ生気を内部に準備しているため、交替が速いのだ。

現代語訳・品詞分解

（四季の移り変わりも）春が過ぎた後で、夏になり、夏が終わって、秋がやって来るのではない。

春 暮れ て 後、夏 に なり、夏 果て て、秋 の 来る に は あら ず。

名／動・下二・用／接助／名／名／格助／動・四・用／名／動・下二・用／接助／名／格助／動・カ変・体／助動・断・用／係助／補動・ラ変・未／助動・消・終

春はそのまま夏の気配を引き起こし、夏（の間）からもはや秋（の気配）は入りまじり、秋はすぐに寒くなり、

春 は やがて 夏 の 気 を もよほし、夏 より すでに 秋 は かよひ、秋 は すなはち 寒く なり、

名／係助／副／名／格助／名／格助／動・四・用／名／格助／副／名／係助／動・四・用／名／係助／副／形・ク・用／動・四・用

（陰暦）十月は（次に来る春を思わせる）小春日和の天候で、草も青くなり、梅もつぼみをつけてしまう。

十月 は 小春 の 天気、草 も 青く なり、梅 も つぼみ ぬ。

名／係助／名／格助／名／名／係助／形・ク・用／動・四・用／名／係助／動・四・用／助動・強・終

木の葉が落ちるのも、先に（葉が）落ちて（その後で）芽が出るのではなく、（葉の）下から芽ぐんで生育してくるのにこらえきれないで（葉が）落ちるのである。

木の葉 の 落つる も、まづ 落ち て 芽ぐむ に は あら ず、下 より きざし つはる に 堪へ ず して 落つる なり。

名／格助／動・上二・体／係助／副／動・上二・用／接助／動・四・体／助動・断・用／係助／補動・ラ変・未／助動・消・用／名／格助／動・四・用／動・四・体／格助／動・下二・未／助動・消・用／接助／動・上二・体／助動・断・終

（変化を）待ち受けている生気を、（木の）内部に準備しているために、（その変化を）待ち受け（て交替す）る順序が、非常に速い。

迎ふる 気、下 に 設け たる ゆゑ に、待ちとる ついで、はなはだ 速し。

動・下二・体／名／名／格助／動・下二・用／助動・存・体／名／格助／動・四・体／名／副／形・ク・終

語釈・文法

春《はる》はやがて夏《なつ》の気《き》をもよほ《オ》し　春はそのまま夏の気配を引き起こし。「やがて」は、①そのまま、②すぐに、③しばらくして、などの意を表す。ここは①の意。「気」は、気配、趣、「もよほす」は、誘う、引き起こす、の意。

夏《なつ》よりすでに秋《あき》はかよひ《イ》　夏（の間）からもはや秋（の気配）は入りまじり。「すでに」は、①全て、②もはや、③まさに、などの意を表す。ここは②の意。「かよふ」は「通ふ」と書き、交差する、入りまじる、の意。

秋《あき》はすなは《ワ》ち寒《さむ》くなり　秋はすぐに寒くなり。「すなはち」は、①（名詞）その時、即座、同時、②（副詞）すぐに、③（接続詞）つまり、などの意を表す。ここは②の意。

小春《こはる》　初冬の頃の、春に似た暖かな気候。小春日和《びより》。

きざしつは《ワ》る　「きざす」は、芽生える、の意。「つはる」も同義で、生物の内部に新しい生命のきざしが動き出し、進行することをいう。

■第四段落（六三・12～終わり）

段意

人間の生、老、病、死はそれ以上に速く巡り、四季の変化のように決まった順序もなく、死期は突然来る。人は誰でも死のあることを知ってはいるが、そんなに切迫していない時に、思いがけなく訪れるのである。

現代語訳・品詞分解

（人間の）生、老、病、死（の四苦）が（次々に）移り巡ってくることは、同様にこれ（四季の移り変わり）
生、老、病、死 の 移り来たる こと、また これ に 過ぎ
名 名 名 名 格助 動・四・体 名 副 代 格助 動・上二・用

以上（に速いの）である。四季（の変化）はそれでもやはり定まっている順序がある。（しか
たり。 四季 は なほ 定まれ る ついで あり。 死期
助動・存・終 名 係助 副 動・四・命 助動・存・体 名 動・ラ変・終 名

し、人間の）死期は順序を待たない。死は（必ずしも）前方からやって来るのではなく、
は ついで を 待た ず。 死 は 前 より しも 来たら
係助 名 格助 動・四・未 助動・消・終 名 係助 名 格助 副助 動・四・未

前もって背後に接近している。人は誰もが死のあることを知って
ず、 かねて 後ろ に 迫れ り。 人 みな 死 ある
助動・消・用 副 名 格助 動・四・命 助動・存・終 名 名 名 動・ラ変・体

いて、（死を）待つことが、そんなにも切迫していない時に、
こと を 知り て、 待つ こと、 しかも 急なら ざる に、
名 格助 動・四・用 接助 動・四・体 名 副 形動・ナリ・未 助動・消・体 格助

思いがけなく（死は）やって来る。（それは）沖の干潟が遠くまで続いてい（て満潮はまだ
おぼえ ず して 来たる。 沖 の 干潟 遥かなれ ども、 磯
動・下二・未 助動・消・用 接助 動・四・終 名 格助 名 形動・ナリ・已 接助 名

堪《た》へ《エ》ずして　こらえきれないで。「堪ふ」は、こらえる、我慢する、の意。

迎《むか》ふ《ウ》る気《き》　「迎ふ」は、ここでは、葉が落ちる変化を待ち受けること。「気」は、気力、生気、の意。

下《した》に設《もう》けたる　内部に準備・用意してある。「設く」は、待ち受ける、準備する、の意。

語釈・文法

生《しょう》、老《ろう》、病《びょう》、死《し》　人間を苦しめ悩ますものとして、仏教ではこれを「四苦《しく》」と称する。

なほ《オ》　①依然として、なんといってもやはり、②それでもやはり、③いっそう、などの意を表す。ここは②の意。

死《し》期《ご》はついでを待《ま》たず　（人間の）死期は順序を待たない。突然にやって来る、という意。

前《まえ》よりしも来《き》たらず　（必ずしも）前方からやって来るのではなく。「しも」は強意の副助詞。ここでは打消の語を伴って部分否定を表し、必ずしも…ではない、の意。

かねて後《うし》ろに迫《せま》れり　「かねて」は、前もって、あらかじめ、の意。「後ろに迫れり」は、気づかないうちに背後に忍び寄っている、の意。

先のことと見え）るのに、（いつの間にか）磯から潮が満ち（て一面の水にな）るようなものである。

より（格助）　潮（名）　の（格助）　満つる（動・上二・体）　が（格助）　ごとし。（助動・比・終）

しかも、　そんなにも。

急《きゅう》ならざるに　切迫していない時に。「急なり」は差し迫っている、の意。

おぼえず　思いがけなく。いつの間にか。

沖《おき》の干潟《ひかた》遥《はる》かなれ　潮が引き、干潟が沖のほうまで続いている様子をいう。

磯《いそ》より潮《しお》の満《み》つる　潮が満ち、磯（海岸の岩場）に水がきている様子をいう。

鑑賞

第一段落では、世間に順応して生きる術として「機嫌」（適当な時機）を知ることの重要性を説いている。物事には「ついで」（順序）があり、これにかなわないと他人の了承も得られないからである。一方、第二段落では、必ず成し遂げようと思うことは「機嫌」にこだわっていてはいけないともいう。予期せぬ病気、出産、死によって頓挫《とんざ》することがあるからである。これを受けて第三段落では、万物の変移について、四季の移り変わりや、木の葉が落ちる過程を検証し、変移に至るにはその転機があらかじめ内在されていて、そのため、変化が速く感じられるのだと結論づけている。さらに、第四段落では、人の死は思いもよらない時に襲い来るものだとして、その変移の急を強調する。処世術を説きながらも、そうしたことを超越する自然や生命のあり方に、作者は「無常観」を感じていたと考えられるのである。

教科書の問題（解答・解説）　教科書　六四ページ

❓教科書本文下に示された問題

❓「これ」とは何を指すか。（p.六二）

解答　四季（の移り変わり）

［解説］　四季の移り変わりや、新芽が生育して木の葉が落ちるなどの自然界における変化のこと。「これに過ぎたり」とは、これ以上に速い、ということ。

■学習の手引き

❶第二〜四段落で取り上げられているのは、それぞれどのような事柄か。

解答　第二段落＝病気、出産、死は時機を待たないので、すべきことは時を選ばず行うべきだということ。

第三段落＝四季の変化は、変化を待ち受ける生気を内部に準備しているために、交替が速いということ。

第四段落＝生、老、病、死の変化は四季の変化より速く、決まった順序もなく、突然やって来るということ。

［解説］ 四季の変化を引き合いに出しながら、人の命の変化について述べている。

❷四季の移り変わりと「生、老、病、死の移り来たること」〔六三・12〕について、共通点と相違点を説明しよう。

解答 ・共通点＝四季の移り変わりも「生、老、病、死の移り来たること」も、移り変わる前の段階でその次のことを内包しているので、その変化が非常に速いこと。（ただし、両者を比べると後者は前者以上に速いという。）
・相違点＝四季の移り変わりには決まった順序がある。それに対して、「生、老、病、死の移り来たること」には順序がなく、人間の死期は思いがけなくやって来る。

❸作者は、この世をどのようなものと考え、どのように生きていくべきだといっているのか。

解答 物事を成就させるには適当な時機というものがあるが、この世は本質的に無常なものであり、生・住・異・滅の移り変わりは一瞬たりとも停滞することがない。病気や出産、死は時機にかかわらず訪れるものであり、特に死は予期せず突然迫り来る。このことを常に念頭に置き、俗世のことは、時機を見計らって行動すべきだが、必ず成し遂げようと思うことは、ためらわずにすぐ実行に移すべきである。

■語句と表現

①次の傍線部の助動詞の意味・用法を説明しよう。

解答 (1)果たし遂げん＝意志の助動詞「ん(む)」の終止形。
思はん＝婉曲《えんきょく》の助動詞「ん（む）」の連体形。
(2)べからず＝命令の助動詞「べし」の未然形。
(3)まじき＝禁止の助動詞「まじ」の連体形。
なり＝断定の助動詞「なり」の終止形。
(4)つぼみぬ＝強意の助動詞「ぬ」の終止形。
(5)迫れり＝存続の助動詞「り」の終止形。

あだし野の露消ゆる時なく　〔第七段〕

教科書　六四〜六五ページ

大意　この世は無常であるからこそ、ものの情趣も深く感じられ、すばらしいのだ。人間ほど長生きをする生き物はいないのに、さらに欲張って長寿を願う。長生きすれば恥をかくことが多いので、四十歳にならないぐらいで死ぬのが見苦しくない。それを過ぎると、欲が深くなり、恥じる心や情趣を感じる心を失っていく。嘆かわしいことだ。

■第一段落（初め〜六四・2）

段意

はかないはずのあだし野の露、鳥部山《とりべやま》の煙が消えることがない、というように、この世にいつまでも住み続けるならわしならば、「もののあはれ」などないだろう。この世は無常であるからこそ、すばらしいのだ。

現代語訳・品詞分解

あだし野の露が消える時がなく、鳥部山に立つ（火葬の）煙が立ち消えないで

あだし野（名）　の（格助）　露（名）　消ゆる（動・下二・体）　時（名）　なく（形・ク・用）、　鳥部山（名）　の（格助）　煙（名）　立ち去ら（動・四・未）　で（接助）

いるように（この世の限りまで）住み続けるならわしであるなら、どれほど物事のしみじみとした情趣

のみ（副助）　住み果つる（動・下二・体）　ならひ（名）　なら（助動・断・未）　ば（接助）、　いかに（副）　もののあはれ（名）　も（係助）

もないことだろう。この世は無常であるからこそすばらしいのだ。

なから（形・ク・未）　ん（助動・推・体）。　世（名）　は（係助）　定めなき（形・ク・体）　こそ（係助）　いみじけれ（形・シク・已）。

語釈・文法

あだし野《の》の露《つゆ》・鳥部山《とりべやま》の煙《けぶり》　はかなく消え去るものを象徴する。

いかにもののあは《ワ》れもなからん　副詞「いかに」は推量の助動詞「ん」と呼応しており、どれほど〜だろう、と訳す。

定《さだ》めなきこそいみじけれ　「いみじけれ」は、すばらしいという意味の形容詞「いみじ」の已然《いぜん》形で、係助詞「こそ」の結び。

■第二段落（六四・3〜六五・5）

段意

生まれた日の夕方を待たずに死ぬかげろうや、春秋を知らない蟬《せみ》のように極めて寿命が短い生き物に比べたら、人間が一年を過ごすことはこの上なくのんびりとしたものだ。それでも満足できずに命を惜しいと思うなら、どん

なに長生きしても結局一夜の夢のようにしか感じられないだろう。そうなる前に死ぬのが見苦しくない。

現代語訳・品詞分解

命があるものを見ると、人間ほど（命が）長いものはない。
命 ある もの を 見る に、人 ばかり 久しき は なし。
名 動・ラ変・体 体 格助 動・上一・体 接助 名 副助 形・シク・体 係助 形・ク・終

かげろうが（朝に生まれて）夕方を待つ（ことなく死に）、夏の蟬が春や秋を知らない（で死ぬようなこと）もあることだよ。
かげろふ の 夕べ を 待ち、夏 の 蟬 の 春秋 を 知ら ぬ も ある ぞ かし。
名 格助 名 格助 動・四・用 名 格助 名 格助 名 格助 動・四・未 助動・消・体 係助 動・ラ変・体 係助 終助

（それを思うと）しみじみと（人間が）一年（という期間）を暮らす間さえも、このうえなくゆったりとしたものであることよ。
つくづくと 一年 を 暮らす ほど だに も、こよなう のどけし や。
副 名 格助 動・四・体 名 副助 係助 形・ク・用 形・ク・終 間助

（何年生きても）満足せず、（命を）惜しいと思うなら、（たとえ）千年を過ごすとしても、（たった）一夜の夢のような（はかない）気持ちがするだろう。
飽か ず、惜し と 思は ば、千年 を 過ぐす とも、一夜 の 夢 の 心地 こそ せ め。
動・四・未 助動・消・用 形・シク・終 格助 動・四・未 接助 名 格助 動・四・終 接助 名 格助 名 格助 名 係助 動・サ変・未 助動・推・已

一生住み続けることができないこの世に醜い姿になるまで生き永らえて、何になるというのか。（いや、何にもならない。）
住み果て ぬ 世 に みにくき 姿 を 待ちえ て、何 かは せ ん。
動・下二・未 助動・消・体 名 格助 形・ク・体 名 格助 動・下二・用 接助 代名 係助 動・サ変・未 助動・推・体

長生きをすれば（それだけ）恥をかくことが多い。長くても、四十歳にならないくらいで死ぬようなのが、見苦しくないだろう。
命 長けれ ば 恥 多し。長く とも、四十 に 足ら ぬ ほど にて 死な ん こそ、めやすかる べけれ。
名 形・ク・已 接助 名 形・ク・終 形・ク・用 接助 名 格助 動・四・未 助動・消・体 名 格助 動・ナ変・未 助動・婉・体 係助 形・ク・体 助動・推・已

語釈・文法

かげろふ《ウ》・夏《なつ》の蟬《せみ》　非常に命のはかない生き物として人間と対比されている。

つくづくと一年《ひととせ》を暮《く》らすほどだにも　「だに」は「〜さえ」と訳し、言外に程度の重いものを類推させる副助詞。ここでは「一年」よりさらに長い「一生」を暗に示している。

のどけし　のんびりしているさま。

飽《あ》かず　満足せず。「飽か」は満足する、の意の動詞「飽く」の未然形。

心地《ここち》こそせめ　気持ちがするだろう。「せ」はサ変動詞「す」。「め」は推量の助動詞「む」の已然形で、係助詞「こそ」の結び。

何《なに》かはせん　何になるだろうか。（いや、何にもならない。）「かは」は反語の係助詞。

死《し》なんこそ　死ぬようなのが。動詞「死ぬ」の未然形に婉曲《えんきょく》の助動詞「ん」の連体形が付いたもの。

めやすかるべけれ　見苦しくないだろう。「めやすかる」は形容詞「めやすし」の連体形。「べけれ」は推量の助動詞「べし」の已然形で係助詞「こそ」の結び。

■第三段落（六五・6〜終わり）

段意

人は四十歳を過ぎる頃から、老醜を恥じる心が失われ、人と交際したい、子孫の繁栄を見届けたいという欲望を抱き、世の中に執着するようになる。物事の情趣が分からなくなっていくその姿はあきれるほどに嘆かわしい。

現代語訳・品詞分解

その年頃を過ぎてしまうと、（老い衰えた）容貌を恥じる心もなくなり、
そ　の　ほど　過ぎ　ぬれ　ば、　かたち　を　恥づる　心　も
代　格助　名　動・上二・用　助動・完・已　接助　名　格助　動・上二・体　名　係助

人と交際することを願い、（傾きかけた）
なく、　人　に　出で交じらは　ん　こと　を　思ひ、　夕べ　の
形・ク・用　名　格助　動・四・未　助動・婉・体　名　格助　動・四・用　名　格助

夕日のように（老いた身で）子孫をかわいがり、（彼らが）繁栄していく将来を見届けるまでの長寿
陽　に　子孫　を　愛し　て、　さかゆく　末　を　見　ん
名　格助　名　格助　動・サ変・用　接助　動・四・体　名　格助　動・上一・未　助動・婉・体

を期待し、いちずに世の中に執着する心ばかりが深くなり、
まで　の　命　を　あらまし、　ひたすら　世　を　貪る　心　のみ
副助　格助　名　格助　動・四・用　副　名　格助　動・四・体　名　副助

物事の情趣も分からなくなっていくのは、あきれるほど嘆かわしいことだ。
深く、　もののあはれ　も　知ら　ず　なりゆく　なん、　あさましき。
形・ク・用　名　係助　動・四・未　助動・消・用　動・四・体　係助　形・シク・体

語釈・文法

かたち　ここでは老いて醜くなった容貌。

さかゆく末《すゑ》　「さかゆく」はますます栄える、の意。「末」は、将来、の意。

あらまし　「あらます」は期待する、の意。

世《よ》を貪《むさぼ》る　「世」は、世間や世の中のこと。「貪る」は、執着すること。

あさましき　形容詞「あさまし」の已然形で「なん」の結び。ここでは驚きあきれるほど嘆かわしい、情けないという意味。

鑑賞

当時の都の墓所「あだし野」、火葬場「鳥部山」は人の命のはかなさを象徴するものである。これらを連ねて書き出されるこの章段では、『徒然草《つれづれぐさ》』の中核となる「無常」について、この世は無常であるからこそすばらしい、と言い切る。

はかない一生の中にあってこそ、ものの情趣を感じ取ることができるのに、長命である人間はその欲に限りがなく、生き永らえて醜態をさらしている。作者はそうなる四十歳より前に死ぬのが見苦しくないという。健康長寿をよしとする現代の私たちにとって、この最後の部分は厳しく無情にも思える。しかし、はかないからこそしみじみとした情趣を感じるという指摘や、限りない欲望を抱き続ける人間の醜さの描写は、私たちにも共感できる面があるだろう。

教科書の問題（解答・解説）

教科書 六五ページ

◆? 教科書本文下に示された問題

◆? **何を「飽かず、惜し」といっているのか。**（p.六五）

解答 人間の一生という命の長さ。

[解説] 「飽かず」は満足しない、の意。他の生き物に比べて十分長い寿命に人間は満足せず命を惜しんでいるということ。

◆? **「世を貪る心」とは、どのような心か。**（p.六五）

解答 名誉や利益などの世俗的なものに執着する心。

[解説] 古語の「世」の意味は複数あるが、ここでは「むやみに欲しがる」という意の「貪る」につながるので、世俗的な欲望、と解釈される。

■学習の手引き

❶ **「あだし野の露消ゆる時なく、鳥部山の煙立ち去らでのみ住み果つるならひ」**（六四・1）**とは、どのようなことか。**

解答 はかなく消え去るはずの人の命が消えないで、いつまでもこの世に生き続けるならわし、ということ。

[解説] 「あだし野の露」「鳥部山の煙」ははかない人の命を象徴する。「住み果つ」は「住み続ける」の意。

❷ **作者の「人の命」に対する考え方をまとめよう。**

解答 他の生き物に比べると人の寿命はかなり長いのに、それでもさらに長寿を求めている。情趣が分からなくなる前に消え去るほうがよいという考え。

■語句と表現

① **本文から対句を抜き出そう。**

解答 ・「あだし野の露消ゆるときなく」「鳥部山の煙立ち去らで」
・「かげろふの夕べを待ち」「夏の蟬の春秋を知らぬ」
・「一年を……のどけしや」「千年を……心地こそせめ」

② **傍線部の助詞に注意して現代語訳しよう。**

解答 (1)立ち去らでのみ＝立ち消えないでいる
(2)あるぞかし＝あることだよ。
(3)暮らすほどだにも＝暮らす間さえも
(4)何かはせん＝何になるだろうか。いや、何にも、ならないだろう。

[解説] (1)接続助詞（打消の接続） (2)終助詞（念押し） (3)副助詞（類推） (4)係助詞（反語）

花は盛りに

〔第百三十七段〕

教科書 六六〜六八ページ

大意　花や月は盛りの時だけが趣深いのではない。雨の夜に見えない月を思ったり、部屋で春が過ぎていくのを知らずにいたりするのも趣深い。花の咲く直前の梢《こずえ》や、花の散った後の庭にも見どころは多い。物事は全て始めと終わりにこそ趣がある。恋愛の場合も、成就せずに嘆いたり、昔の恋を懐かしんだりすることに、深い情趣がある。月を眺めるにしても、満月でこうこうと照る月より、明け方の弱い光の月や群雲《むらくも》に隠れている月のほうが感動的な場合もある。また、月や花は、目で見るだけでなく心で味わうのもよい。身分が高く教養のある人は、何事もあっさりとした態度で観賞するが、田舎の教養のない人はしつこく味わおうとするのである。

第一段落（初め〜六六・7）

段意

花盛りの桜や曇りのない月だけが観賞に値するわけではない。雨で見えない月を思ったり、部屋で春を知らずに過ごしたりするのも趣深い。花の咲く直前の梢や、花の散った後の庭にも見どころは多い。花見を逃したという詞《ことば》書《がき》もまた一興である。情趣を解さない人に限って、最盛時を直接見ることだけに価値を置くのである。

現代語訳・品詞分解

(桜の)花は盛り(に咲いているの)だけを、月は(一点の)曇りもない(輝いている)のだけを見る(賞美する)ものであろうか。(いや、そうではない。)雨に向かって(見えない)月を恋しく思い、簾を垂らして部屋に引きこもって春の過ぎてゆくのを知らずにいるのも、いっそう(やはり)しみじみとして情趣深い。今にも(花の)咲きそう

花	は	盛りに、	月	は	隈なき	を	のみ	見る	ものかは。
名	係助	形動・ナリ・用	名	係助	形・ク・体	格助	副助	動・上一・体	終助

雨	に	対ひ	て	月	を	恋ひ、	たれこめ	て	春	の	行方
名	格助	動・四・用	接助	名	格助	動・上二・用	動・下二・用	接助	名	格助	名

知ら	ぬ	も、	なほ	あはれに	情け深し。	咲き	ぬ
動・四・未	助動・消・体	係助	副	形動・ナリ・用	形・ク・終	動・四・用	助動・強・終

語釈・文法

花《はな》は盛《さか》りに…見《み》るものかは　「花は盛りに」「月は隈《くま》なきを」は並立の関係で、下の「のみ見るものかは」にかかる。「のみ」は限定の副助詞。「ものかは」は反語の終助詞。

隈《くま》なし　曇りがない。陰がない。

雨《あめ》に対《むか》ひ《イ》て月《つき》を恋《こ》ひ《イ》　次の「たれこめて春の行方知らぬ」と並立の関係である。

な頃の梢や、 (花が)散りしおれている庭などこそ、
べき ほど の 梢、 散りしをれ たる 庭 など こそ、
助動・推・体 名 格助 名 動・下二・用 助動・存・体 名 副助 係助

見るに値するところが多い。 和歌の詞書にも、 「花見に参りましたところ、
見どころ 多けれ。 歌 の 詞書 に も、 「花見 に まかれ
名 形・ク・已 名 格助 名 格助 係助 名 格助 動・四・命

既にすっかり散ってしまっていたので」 と
り ける に、 早く 散り過ぎ に けれ ば」 と
助動・完・用 助動・過・体 接助 副 動・上二・用 助動・完・用 助動・過・已 接助 格助

も、 「差し支えることがあって(花見に)参りませんで」 などとも書いてあるのは、
も、 「障る こと あり て まから で」 など も 書け
係助 動・四・体 名 動・ラ変・用 接助 動・四・未 接助 副助 係助 動・四・命

「花を見て」 と書いてあるのに(比べて)劣っていることが
る は、 「花 を 見 て」 と 言へ る に 劣れ
助動・存・体 係助 名 格助 動・上一・用 接助 格助 動・四・命 助動・存・体 格助 動・四・命

あろうか。(いや、劣っていることはない。)花が散るのを、 (また)月が西へ沈みかけるのを慕う(愛
る こと かは。 花 の 散り、 月 の 傾く を 慕ふ
助動・存・体 名 係助 名 格助 動・四・用 名 格助 動・四・体 格助 動・四・体

惜する)世の習慣はもっともなことであるが、 特に情趣を解さない人に限って、
ならひ は さる こと なれ ど、 殊に かたくななる 人
名 係助 連 名 助動・断・已 接助 副 形動・ナリ・体 名

「この枝も、 あの枝も散ってしまった。 今はもう
ぞ、 「こ の 枝、 か の 枝 散り に けり。 今 は
係助 代 格助 名 代 格助 名 動・四・用 助動・完・用 助動・詠・終 名 係助

見る価値はない。」 などと言うようだ。
見どころ なし。」 など は 言ふ める。
名 形・ク・終 副助 係助 動・四・終 助動・婉・体

なほ《オ》 やはり、いっそう、いずれの意にもとれる。

あはれ《ワ》に情《なさ》け深《ふか》し 「あはれなり」は、しみじみと心を動かされる、風情がある、「情け深し」は、情趣深い、の意。「あはれに」と「情け深し」は並立の関係である。

咲《さ》きぬべき 今にも（花の）咲きそうな。「ぬべし」は強意の助動詞「ぬ」＋推量の助動詞「べし」から成り、…てしまいそうだ、の意。

詞書《ことばがき》 和歌の前に、成立事情などを記したもの。

まかる ここでは、「行く」の丁寧語。参ります、の意。謙譲語とする説もある。

早《はや》く 既に。もはや。

障《さわ》ることありてまからで 「障る」は、①妨げられる、②都合が悪くなる、差し支える、の意を表す。ここは②の意。「で」は打消接続の接続助詞。…ないで、…なくて、の意。

ならひ《イ》 ①習慣。しきたり。②世の常。③由緒。ここは①の意。

さること もっともなこと。「さる」は動詞「然《さ》り」の連体形で、ここでは連体詞に転じている。

殊《こと》に 特に。とりわけ。

かたくななり ①頑固だ。②道理や情趣を解さない。③見苦しい。ここは②の意。

言《い》ふ《ウ》める 言うようだ。言うのであると断定してもよいところを、婉曲《えんきょく》に言った表現。

■第二段落（六六・8～11）

段意

物事は、全て始めと終わりに趣があるものだ。恋愛の場合も同様で、契りを結ぶことが全てではなく、契らずに終わってしまった恋を嘆いたり、昔の恋を追想したりすることなどにこそ、恋の深い情趣があるのである。

現代語訳・品詞分解

（月や花に限らず）何事でも、（その盛りの時よりも）始めと終わりに趣がある。男女の
よろづ　の　こと　も、始め　終はり　こそ　をかしけれ。男女
名　格助　名　係助　名　名　係助　形・シク・已　名

恋愛でも、いちずに契りを結ぶことばかりを（恋と）いうものだろうか。（いや、そうではない。）
の　情け　も、ひとへに　あひ見る　を　ば　いふ　もの　かは。
格助　名　係助　副　動・上一・体　格助　係助　動・四・体　名　係助

契らないで終わってしまったつらさを思ったり、はかなく、実
あは　で　やみ　に　し　憂さ　を　思ひ、あだなる
動・四・未　接助　動・四・用　助動・完・用　助動・過・体　名　格助　動・四・用　形動・ナリ・体

を結ばなかった約束を恨み嘆いたり、長い夜を独り明かしたり、遠く離れた所（に
契り　を　かこち、長き　夜　を　独り　明かし、遠き　雲居
名　格助　動・四・用　形・ク・体　名　格助　名　動・四・用　形・ク・体　名

いる恋人）を思ったり、丈の低い茅の生い茂る荒れ果てた家で（恋人と語らった）昔を追想することにこ
を　思ひやり、浅茅　が　宿　に　昔　を　しのぶ　こそ、色　好む
格助　動・四・用　名　格助　名　格助　名　格助　動・四・体　係助　名　動・四・終

そ、（本当に）恋の情趣が分かるといえよう。
と　は　いは　め。
格助　係助　動・四・未　助動・推・已

語釈・文法

よろづ《ズ》　全てのこと。さまざまなこと。

を《オ》かしけれ　趣がある。「をかし」の已然《いぜん》形で、係助詞「こそ」の結び。

ひとへ《エ》に　いちずに。「あひ見る」にかかる。「いふ」にかかるという説もある。

あひ《イ》見《み》る　「あふ」と同義で①出会う、②結婚する、などの意を表す。ここは②の意。

をば　格助詞「を」＋係助詞「は」の濁音化。動作の対象を強調して、…を、の意を表す。

あは《ワ》でやみにし憂《う》さ　契らないで終わってしまったつらさ。成就しなかった恋のつらさをいう。

あだなる契《ちぎ》り　はかない愛の誓い。相手の心変わりで実を結ばなかった約束。「あだなり」は、誠実でない、はかない、無駄だ、の意。「契り」は、約束、男女の結び付き、の意。

かこつ　①口実にする。②恨み嘆く。ここは②。

雲居《くもい》　①雲のある場所、空、②雲、③遠く離れた場所、④宮中、などの意を表す。ここは③の意。

浅茅《あさじ》が宿《やど》　丈の低い茅《ちがや》の生い茂る荒れ果てた家。

しのぶ　思い慕う。懐かしむ。ここでは、恋人と会っていた昔のことを追想することをいう。

第三段落（六六・12〜六七・2）

段意

月も満月よりは、明け方に深山の木の間《こま》から見えるさまや、群雲に隠れているさまのほうが趣深く、しみじみとして、情趣を分かち合える友が恋しくなったりするものだ。

現代語訳・品詞分解

（月にしても同じことで）満月で（一点の）曇りもない（輝いている）のをはるか遠い所まで眺めているよりも、
望月　の　隈なき　を　千里　の　外　まで　ながめ　たる　より　も、
名　格助　形・ク・体　格助　名　格助　名　副助　動・下二・用　助動・存・体　格助　係助

夜明け前近くになって待ちに待ってやっと出た月が、とても趣深く、
暁　近く　なり　て　待ち出で　たる　が、　いと　心深う、
名　形・ク・用　動・四・用　接助　動・下二・用　助動・完・体　格助　副　形・ク・用

青みを帯びているようで、（しかも）深山の杉の梢（の辺り）に見えている、
青み　たる　やうに　て、　深き　山　の　杉　の　梢　に
動・四・用　助動・存・体　助動・比・用　接助　形・ク・体　名　格助　名　格助　名　格助

（その）木の間越しの（月の）光や、さっと時雨を降らせた一群の雲に隠れている
見え　たる、　木の間　の　影、　うちしぐれ　たる　群雲隠れ
動・下二・用　助動・存・体　名　格助　名　動・下二・用　助動・完・体　名

（月の）様子（のほう）が、このうえなく風情がある。椎の木や、白樫などの濡れているような（光沢
の　ほど、　またなく　あはれなり。　椎柴、　白樫　など　の　濡れ
格助　名　形・ク・用　形動・ナリ・終　名　名　副助　格助　動・下二・用

のある）葉の上に（月の光が）きらきらと光っている情景は、身にしみ
たる　やうなる　葉　の　上　に　きらめき　たる　こそ、　身　に
助動・存・体　助動・比・体　名　格助　名　格助　動・四・用　助動・存・体　係助　名　格助

じみと感じられて、情趣の分かるような友があればなあと、（そういう友のい
しみ　て、　心あら　ん　友　もがな　と、　都　恋しう
動・四・用　接助　動・ラ変・未　助動・婉・体　名　終助　格助　名　形・シク・用

る）都が恋しく思われる。
おぼゆれ。
動・下二・已

語釈・文法

望月《もちづき》　十五夜の月。満月。
暁《あかつき》　夜明け前。
待《ま》ち出《い》でたるが　待ちに待ってやっと出た月が。
心深《こころふこ》う　趣深く。「心深く」のウ音便。「心深し」は、①考え深い、情が深い、②趣深い、の意を表す。ここは②の意。
青《あお》みたるやう《ヨウ》にて　青みを帯びているようで。「やうなり」は比況の助動詞。名詞「やう」＋断定の助動詞「なり」とする説もある。
杉《すぎ》の梢《こずえ》に見《み》えたる　杉の梢（の辺り）に見えている。
影《かげ》　（太陽・月・灯火などの）光。
うちしぐれたる　さっと時雨《しぐれ》を降らせた。「うち」は動詞の上に付いて、意味を強めたり語調を整えたりする接頭語。「しぐる」は、時雨（晩秋から初冬の頃、さっと降ったりやんだりする雨）を降らす、の意。
群雲隠《むらくもがく》れのほど　月が群雲に隠れている様子。「群雲」は、群がり集まっている雲。
濡《ぬ》れたるやう《ヨウ》なる　葉に光沢があるさまをいう。
心《こころ》あらん友《とも》もがな　情趣の分かるような友があ

ればなあ。「心あり」は、趣がある、情趣を解する、の意。「ん(む)」は婉曲の助動詞。「もがな」は願望の終助詞。

都《みやこ》恋《こい》しう《シュウ》おぼゆれ　都が恋しく思われる。都には「心あらん友」がいるのであり、都から離れた所にいるからこそ、このように思うのである。「恋しう」は「恋しく」のウ音便。

■第四段落（六七・3～5）

段意

総じて、月や花は目ばかりで見るものではなく、心で感じ取るべきものである。実際に見ないで、心に思い浮かべるのも趣があるものだ。

現代語訳・品詞分解

総じて、月や花を、そうむやみに目で(ばかり)見るものであろうか。(いや、

すべて（副）、月（名）、花（名）を（格助）ば（係助）、さ（副）のみ（副助）目（名）にて（格助）見る（動・上一・体）もの（名）

そうではない。)春は家から出ていかなくても、月の夜は寝室の中にいるま

かは（係助）。春（名）は（係助）家（名）を（格助）立ち去ら（動・四・未）で（接助）も（係助）、月（名）の（格助）夜（名）は（係助）

でも(月や花のことを心の中で)思っているのこそ、とても楽しみで、

閨（名）の（格助）うち（名）ながら（接助）も（係助）思へ（動・四・命）る（助動・存・体）こそ（係助）、いと（副）頼もしう（形・シク・用）、

趣があるものだ。

をかしけれ（形・シク・已）。

語釈・文法

さのみ　そのようにばかり。そうむやみに。「さ」は、前に述べたことを指し示す指示語である。

目《め》にて見《み》る　心の中で想像することと対比的な行為を表す。

春《はる》は家《いえ》を立《た》ち去《さ》らでも　次の「月の夜は閨《ねや》のうちながらも」と並立の関係で、下の「思へる」にかかる。

頼《たの》もしう《シュウ》　楽しみで。「頼もしく」のウ音便。「頼もし」は、ここでは、楽しみだ、期待される、の意で、月や花の美しさを想像することによって、より強く関心がわきあがることをいう。頼みがいがある、とする説もある。

第五段落（六七・6〜終わり）

段意

身分が高く教養のある人は、何事もあっさりした態度で興じるものだが、田舎の教養のない人は、何でもじかに見つめて騒ぎ立て、しつこく味わおうとする。全ての物事を、それとなく見るということがないのだ。

現代語訳・品詞分解

身分が高く教養のある人は、（何事につけても）ひたすら風流にふける様子にも見えず、

よき（形・ク・体）人（名）は（係助）、ひとへに（副）すけ（動・四・命）る（助動・存・体）さま（名）に（格助）も（係助）

見え（動・下二・未）ず（助動・消・用）、

おもしろがる様子もあっさりしている。田舎の（教養のない）人に

興ずる（動・サ変・体）さま（名）も（係助）なほざりなり（形動・ナリ・終）。片田舎（名）の（格助）人（名）

限って、しつこく何事をもおもしろがってもてはやすものである。（例えば）花の下には、

こそ（係助）、色濃く（形・ク・用）よろづ（名）は（係助）もて興ずれ（動・サ変・已）。花（名）の（格助）もと（名）に（格助）は（係助）、

身をねじ曲げるようにして（人をかきわけて）近寄り、わき目もふらずじっと見つめて、

ねぢ寄り（動・四・用）立ち寄り（動・四・用）、あからめ（名）も（係助）せ（動・サ変・未）ず（助動・消・用）まもり（動・四・用）て（接助）、

酒を飲んだり、連歌をしたりして（大騒ぎをし）、あげくの果てには、大きな枝を、思慮分別

酒（名）飲み（動・四・用）、連歌（名）し（動・サ変・用）て（接助）、果て（名）は（係助）、大きなる（形動・ナリ・体）枝（名）、心なく（形・ク・用）

もなく折り取ってしまう。泉には手や足を突っ込み、雪の上には下り

折り取り（動・四・用）ぬ（助動・強・終）。泉（名）に（格助）は（係助）手足（名）さし浸し（動・四・用）て（接助）、雪（名）に（格助）は（係助）

立って足跡をつけるなど、全てのものを、離れて（さりげな

下り立ち（動・四・用）て（接助）跡（名）付け（動・下二・用）など（副助）、よろづ（名）の（格助）もの（名）、よそながら（副）

く）眺めるということがない。

見る（動・上一・体）こと（名）なし（形・ク・終）。

語釈・文法

よき人《ひと》　身分が高く教養のある人。

すけるさま　風流なものに熱中する様子。「すく」は、風流にふける、の意。

なほ《オ》ざりなり　あっさりしている。ほどほどだ。深く心をとめないさまをいい、おろそかでいいかげんだ、という意のけなす言葉ではない。

片《かた》田舎《いなか》の人《ひと》　「よき人」と対照的な人を指す。

色《いろ》濃《こ》く　しつこく。くどく。

もて興《きょう》ずれ　動詞「もて興ず」の已然形で、係助詞「こそ」の結び。ここでは、おもしろがってもてはやす、の意。「もて」は動詞の上に付いて、意味を強めたり語調を整えたりする接頭語。

ねぢ《ジ》寄《よ》り立《た》ち寄《よ》り　身をねじ曲げるようにして（人をかきわけて）花の下まで近寄るさまをいう。

まもる　「目守る」と書き、見つめる、の意。

連《れん》歌《が》　桜の花の下で行われた「花の下《もと》連歌」をいう。娯楽として行われたものが多い。

心《こころ》なし　①思いやりがない。②情趣を解さない。③思慮分別がない。ここは③の意。

よそながら見《み》る　離れて眺める。対象との間に距離を置き、さりげなくわきから眺めること。

鑑賞

作者のものの見方や感じ方について、その信条ともいうべき美意識が述べられている。要約すると次の二点である。

①物事の完成美や整った美しさだけではなく、物事の始めと終わりの状態の美にも目を向けるべきだ。

②直接目で見るだけではなく、心で味わうことも大切だ。

満開の桜や満月を愛することは、江戸時代の国学者本居宣《もとおりのり》長《なが》が『玉勝間《たまかつま》』で述べているとおり、人間の本性・自然な感情である。作者は、そうした伝統的な観賞の仕方を否定しているわけではない。「花は盛りに、月は隈なきをのみ見るものかは。」の「のみ」に注意すれば分かるように、美の極致たる完全・最高の状態だけを切り取るのではなく、その生成発展の流れに立って、始めと終わりにも情趣をくみ取ることを提唱しているのである。また、直接に目で見るだけではなく、その最盛期の姿を心中に思い描くのも、理想的な月や桜の味わい方だと述べている。作者の美意識は、伝統的な美意識をより拡大したものであり、また、その内的充実を深めたものであるといえよう。その根底には、この世の全ては移り変わるものだとする「無常観」が流れている。無常を認識することで、いわゆる心眼が開けてくるのであり、ここに作者の美意識は依拠しているのである。

教科書の問題（解答・解説）

教科書 六八ページ

❓教科書本文下に示された問題

❓**「遠き雲居を思ひやり」とは、どういうことか。**（p.六六）

解答　遠く離れている恋しい人のことを思うこと。

［解説］「雲居」は、遠く離れている場所を表すが、ここは「男女《おとこおんな》の情け」を述べている部分なので、会えない恋人のことを婉曲的に示していると理解できる。

❓**「待ち出でたる」の後にどういう語を補ったらよいか。**（p.六六）

解答　月

❓**「興ずるさまもなほざりなり。」と対応している表現を指摘しよう。**（p.六七）

解答　「色濃くよろづはもて興ずれ。」〔六七・8〕

■学習の手引き

❶**作者は、花や月について、どのような美を推賞しているか、具体的に挙げよう。**

解答　花は満開の時だけでなく、開花直前や散った後にも見どころがある。月も満月より、明け方に深い山の木の間から見えたり、群雲に隠れたりしているほうがしみじみとして趣深い。また、花も月も実際に目で見るより心で感じるほうが興趣が深まりいっそう美を感じられる。

❷作者は、恋についてどのようなあり方をよいとしているか。

解答 契りを結ぶことが全てではなく、成就せずに嘆いたり、遠くの恋人を独り思ったり、思い出を懐かしんだりして、より深い情趣を味わえる恋が望ましい。

❸作者は、ものを見る態度はどうあるのがよいと述べているか、まとめよう。

解答 対象を直接目で見るだけでなく心で味わう、また、対象から一歩離れて、さりげなく観賞するといった態度。

■語句と表現

①次の傍線部の助詞の意味・用法を説明しよう。

解答 (1)まからで＝打消接続の接続助詞。
(2)友もがな＝願望の終助詞。
(3)さのみ＝限定の副助詞。

②次の傍線部の「なり」の違いを文法的に説明しよう。

解答 (1)かたくなる＝ナリ活用形容動詞「かたくななり」の連体形活用語尾。
(2)近くなりて＝ラ行四段活用動詞「なる」の連用形。
(3)やうなる＝比況の助動詞「やうなり」の連体形の一部。

出典・作者

出典 『徒然草《つれづれぐさ》』 随筆。序段および二百四十三の章段から成る。鎌倉時代末期（十四世紀前半）に成立。書名は、序段冒頭の「つれづれなるままに」によるが、作者自身の命名か、後人が名付けたものかは不明である。『枕草子《まくらのそうし》』にならって、自然の風物や、世間の風俗、人情の諸相など、日頃見聞きしたさまざまな事柄が、順不同に並べられている。内容は多岐にわたり、無常に関する段、趣味論的な段、求道《ぐどう》的な段、人間観察的な段、日常の教訓的な段、有職《ゆうそく》故実に関する段、逸話や奇聞に関する段、思い出や自賛に関する段、などがある。

全編が仏教的無常観によって貫かれているが、『方丈記《ほうじょうき》』のように無常を詠嘆する態度ではなく、むしろ積極的に認める立場から、真実を見つめようとする姿勢がうかがわれる。

作者 兼好《けんこう》法師〔一二八三？―一三五七、一三五八？〕 俗名卜部兼好《うらべのかねよし》。兄弟に天台宗の碩学《せきがく》、慈遍大僧正《じへんだいそうじょう》などがいて、知的な環境の中で成長したらしい。後年、吉田神社の社司である吉田家の系図に組み込まれたことから、吉田兼好とも呼ばれる。堀河《ほりかわ》家に仕え、後二条《ごにじょう》天皇時に朝廷に出仕したが、崩御後に出家。出家後は諸国を遍歴したらしいが、出家の動機も出家後の動静も不明。当時有数の教養人で、『徒然草』を著したほか、歌人としても『続千載《しょくせんざい》和歌集』に入集《にっしゅう》するなど、頓阿《とんあ》・浄弁《じょうべん》・慶運《けいうん》とともに「和歌四天王《してんのう》」と称される名声を得た。家集に『兼好法師集』がある。

玉勝間《たまかつま》

本居宣長《もとおりのりなが》

兼好《けんこう》法師が詞《ことば》のあげつらひ

教科書　六九〜七一ページ

大意　兼好法師は『徒然草《つれづれぐさ》』の中で、花や月は盛りの時だけが趣深いのではない、と言うが、花に風が吹くのを待ち、月に雲がかかるのを願う歌などありはしない。兼好法師が述べているのは、後世のこざかしい心が作りあげた風情であり、本当の風流心ではない。このように、通常の願望と異なることを風流だとするのは、作り事が多い。契りを結べない嘆きを詠んだ恋の歌が趣深いのは、そもそも契りを結びたいという願望があるからであり、人は思いどおりにならないことにこそ深い感慨を覚えるからである。かといって、悲しいことを風流だとして願うのは本来の心情であるとはいえない。それから法師は、「人は四十歳に満たないで死ぬのが見苦しくない」と言うが、こうした考えはみな、仏教の道理にへつらった偽りである。たとえこのように思う人がいたとしても、それは決して本心ではない。命を惜しまない者などいないからだ。本心に逆らい、違っているのをよいこととするのは、仏教や儒教といった外国の教えに影響されたためであり、心を作り飾ったものだと理解すべきである。

第一段落（初め〜六九・9）

段意　兼好法師は『徒然草』で「桜の花は盛りに咲いたものだけを、月は曇りのないものだけを見るものだろうか、いや、そうではない」と述べているが、昔の歌に、花が咲くのや月が出るのを待ち、花の散るのや月に雲がかかるのを惜しんで気をもむ心を詠んだ歌が多いのは、花は最盛期の状態を、月は曇りがない状態を願うからこそである。花に風が吹くのを待ち、月に雲がかかるのを願っている歌などありはしないのだ。兼好法師の言葉は、後世のこざかしい心が作りあげた風情であり、本当の風流心ではない。

現代語訳・品詞分解

兼好法師が『徒然草』で、「(桜の)花は盛り(に咲いているの)だけを、月は(一点の)
兼好法師 が 徒然草 に、「花 は 盛り に、月 は 隈なき
名 格助 名 格助 名 係助 名 格助 名 係助 形・ク・体

曇りもない(輝いている)のだけを見る(賞美する)ものであろうか。(いや、そうではない。)」とか言っ
を のみ 見る もの かは。」と か 言へ る は、いかに
格助 副助 動・上一・体 名 係助 格助 係助 動・四・命 助動・存・体 係助 副

ているのは、どうだろうか。昔の歌などに、花は盛りのものを、月は曇りの
ぞ や。いにしへ の 歌ども に、花 は 盛りなる、月 は
終助 係助 名 格助 名 格助 名 係助 形動・ナリ・体 名 係助

ないものを見た歌よりも、花の下では(花を散らす)風を嘆き、
隈なき を 見 たる より も、花 の もと に は 風
形・ク・体 格助 動・上一・用 助動・完・体 格助 係助 名 格助 名 格助 係助 名

月の夜は(月を隠す)雲をいやがり、または、(花が咲き月が出
を かこち、月 の 夜 は 雲 を 厭ひ、あるは、待ち惜しむ
格助 動・四・用 名 格助 名 係助 名 格助 動・四・用 接 動・四・体

るのを)待ち(花が散り月に雲がかかるのを)惜しんで気をもむことを詠んだ歌が多くて、趣深い歌も、
心づくし を 詠め る ぞ 多く て、心深き も、殊に
名 格助 動・四・命 助動・存・体 係助 形・ク・用 接助 形・ク・体 係助 副

特にそのような歌に多いのは、みんな、花は盛りのものをのんびりと見たく思い、
さる 歌 に 多かる は、みな、花 は 盛り を のどかに
連 名 格助 形・ク・体 係助 名 名 係助 名 格助 形動・ナリ・用

月は曇りがないようなことを願う心がいちずであるからこそ、
見 まほしく、月 は 隈なから ん こと を 思ふ 心
動・上一・未 助動・希・用 名 係助 形・ク・未 助動・婉・体 名 格助 動・四・体 名

そうもあることができないのを嘆いているのだ。
の せちなる から こそ、さ も え あら ぬ を 嘆き
格助 形動・ナリ・体 接助 係助 副 係助 副 動・ラ変・未 助動・消・体 格助 動・四・用

どこの歌に、花に風(が吹くの)を待ち、
たる なれ。いづこ の 歌 に かは、花 に 風 を 待ち、
助動・存・体 助動・断・已 代 格助 名 格助 係助 名 格助 名 格助 動・四・用

語釈・文法

いかにぞや　①(疑問)どうであるか。どういうわけか。②(不満・非難・不審)どんなものだろうか。どうだろうか。ここは②の意。

いにしへ《エ》　①遠い過去を表し、古代、昔。②近い過去を表し、以前、昔。ここは①の意。

風《かぜ》をかこち　(花を散らす)風を嘆き。

雲《くも》を厭《いと》ひ《イ》　(月を隠す)雲をいやがり。

あるは　または、あるいは、の意を表す接続詞。

心《こころ》づくし　さまざまに物思いをすること。気をもむこと。

さる歌《うた》　そのような歌。「花のもとには…詠める」歌を指す。

見《み》まほしく　見たく思い。「まほしく」は希望の助動詞「まほし」の連用形。

せちなるからこそ　いちずであるからこそ。「せちなり」は「切なり」と書き、①重要だ、②いちずだ、③切実だ、④すばらしい、などの意を表す。ここは②の意。「から」は順接の確定条件を表す接続助詞。格助詞とする説もある。

さもえあらぬを　そうもあることができないのを。「さも」は、そうも、そのようにも、の意。「え」は下に打消・反語の語を伴って、…できない、という不可能を表す副詞。

いづ《ズ》この歌《うた》にかは　「いづこ」は、どこ、どちら、

月に雲（がかかるの）を願っている歌があるだろうか。（いや、ありはしない。）それなのに、あの法師
月 に 雲 を 願ひ たる は あら ん。 さるを、 か の
名 格助 名 格助 動・四・用 助動・存・体 係助 動・ラ変・未 助動・推・体 接 代 格助

が言っているようなことは、人の心に逆らった、
法師 が 言へ る ごとくなる は、 人 の 心 に 逆ひ
名 格助 動・四・命 助動・存・体 助動・比・体 係助 名 格助 名 格助 動・四・用

後世のこざかしい心のことさらに作りあげた風情であって、
たる、 後 の 世 の さかしら心 の 作り雅び に して、
助動・完・体 名 格助 名 格助 名 格助 名 助動・断・用 接助

本当の風流心ではない。あの法師が言っている言葉
まこと の 雅び心 に は あら ず。 か の 法師 が
名 格助 名 助動・断・用 係助 動・ラ変・未 助動・消・終 代 格助 名 格助

には、この類いが多い。みんな、同じことである。
言へ る 言ども、 こ の 類ひ 多し。 みな、 同じ こと なり。
動・四・命 助動・存・体 名 代 格助 名 形・ク・終 名 形・シク・終 名 助動・断・終

■第二段落（六九・10～七〇・6）

段意

総じて、普通の人の願望と違ったことを風流だとするのは、作り事が多い。恋の歌には、契りを結んだことを喜ぶ歌より、契りを結べない嘆きを詠んだ歌のほうが趣深いが、これは、契りを結びたいという願望があるからであり、人の心は、思いどおりにならないことのほうにこそ深い感慨を覚えるからである。かといって、つらく悲しいことを風流だといって願うのは、人の真実の心情であるとはいえない。

現代語訳・品詞分解

総じて、普通の人が願う気持ちと違っているのを風流とするのは、
すべて、 なべて の 人 の 願ふ 心 に 違へ る を
副 副 格助 名 格助 動・四・体 名 格助 動・四・命 助動・存・体 格助

作り事が多いものだなあ。恋（を詠んだ
雅び と する は、 作りこと ぞ 多かり ける。 恋 に、
名 格助 動・サ変・体 係助 名 係助 形・ク・用 助動・嘆・体 名 格助

歌）において、契りを結んだことを喜ぶ歌は趣深くなくて、契りを結ばないことを嘆く
あへ る を 喜ぶ 歌 は 心深から で、 あは ぬ を
動・四・命 助動・完・体 格助 動・四・体 名 係助 形・ク・未 接助 動・四・未 助動・消・体 格助

の意の代名詞。「かは」は反語の係助詞。

さるを　①それなのに。ところが。②さて。ところで。ここは①の意。

言《い》へ《エ》るごとくなるは　言っているようなことは。「ごとくなり」は比況の助動詞「ごとし」＋断定の助動詞「なり」から成り、一語の助動詞となったもの。ここは連体形が体言と同じはたらきをし、…ようなこと、の意。

さかしら心《ごころ》　りこうぶった心。こざかしい心。

語釈・文法

なべて　①一面に。一帯に。②総じて。一般に。③普通。並ひととおり。ここは③の意。

あへ《エ》るを喜《よろこ》ぶ　契りを結んだことを喜ぶ。「あふ」は、契りを結ぶ、の意。「る」は完了の助動詞「り」の連体形。

心深《こころぶか》からで　趣深くなくて。「で」は打消接続の接続助詞。

歌ばかり多くて趣深いのも、契りを結ぶようなことを願うた
嘆く 歌 のみ 多く して 心深き も、 あひ見 ん こと
動・四・体 名 副助 形・ク・用 接助 形・ク・体 係助 動・上一・未 助動・婉・体 名

めである。人の心は、うれしいことはたいして深くは
を 願ふ から なり。 人 の 心 は、 うれしき こと は
格助 動・四・体 接助 助動・断・終 名 格助 名 係助 形・シク・体 名 係助

感じないものであって、ただ、思いどお
さしも 深く は おぼえ ぬ もの に て、 ただ、 心 に
副 形・ク・用 係助 動・下二・未 助動・消・体 名 助動・断・用 接助 副 名 格助

りにならないことは深く身にしみて感じられることであるので、
かなは ぬ こと ぞ 深く 身 に しみ て は おぼゆる
動・四・未 助動・消・体 名 係助 形・ク・用 名 格助 動・四・用 接助 係助 動・下二・体

総じて、うれしいことを詠んだ歌には、
わざ なれ ば、 すべて、 うれしき を 詠め る 歌 に
名 助動・断・已 接助 副 形・シク・体 格助 動・四・命 助動・完・体 名 格助

趣深いものは少なくて、思いどおりにならない事柄を悲しみ嘆いた歌に、
は、 心深き は 少なく て、 心 に かなは ぬ 筋 を
係助 形・ク・体 係助 形・ク・用 接助 名 格助 動・四・未 助動・消・体 名 格助

しみじみと風情があるものが多いことだよ。そうだか
悲しみ憂へ たる に、 あはれなる は 多き ぞ かし。 しかり
動・下二・用 助動・完・体 格助 形動・ナリ・体 係助 形・ク・体 終助 終助 動・ラ変・終

らといって、つらく悲しいのを風流であるといって願うようなことは、
とて、 わびしく 悲しき を 雅び たり とて 願は ん
格助 形・シク・用 形・シク・体 格助 名 助動・断・終 格助 動・四・未 助動・婉・体

人の真実の心情であろうか。（いや、そうではないだろう。）
は、 人 の まこと の 情 なら め や。
係助 名 格助 名 格助 名 助動・断・未 助動・推・已 係助

歌《うた》のみ多《おお》くして　歌ばかり多くて。「のみ」は限定の副助詞。「して」は単純接続の接続助詞。

さしも深《ふか》くはおぼえぬ　たいして深くは感じない。「さしも」は、①あんなにも、②（下に打消・反語を伴って）たいして、それほどでも、などの意を表す。ここは打消の助動詞「ず」の連体形「ぬ」を伴っているので、②の意。

筋《すじ》　①血統、②気質、③道理、④（ある方面の）事柄、⑤作風、などの意を表す。ここは④の意。

しかりとて　そうだからといって。「しかり」は、そうである、そのとおりである、の意を表す動詞。「とて」は引用の格助詞。

雅《みや》びたりとて　風流であるといって。「たり」は断定の助動詞。「とて」は引用の格助詞。

まことの情《こころ》ならめや　真実の心情であろうか。（いや、そうではないだろう。）「なら」は断定の助動詞「なり」の未然形。「め」は推量の助動詞「む」の已然《いぜん》形。「や」は反語の係助詞。終助詞とする説もある。

■第三段落（七〇・7〜13）

段意

それから、兼好法師は「人は四十歳に満たないで死ぬのが見苦しくない。」と言う。このような、長く生きることをさげすみ、俗世を嫌い捨てるのを潔しとする考え方は、仏教の道理にへつらった偽りである。言葉ではそうも言うが、心の中では誰もそうは思わない。思う人がいてもそれは本心ではなく、仏教の教えに迷っているだけである。

現代語訳・品詞分解

それから、同じ法師が、「人は四十歳に満たないで死ぬようなことが、
また、同じ 法師 の、「人 は 四十 に 足ら で 死な
接　形・シク・終　名　格助　名　係助　名　格助　動・四・未　接助　動・ナ変・未

見苦しくないだろう。」と言っていることなどは、
ん こそ、めやすかる べけれ。」と 言へ る など は、
助動・婉・体　係助　形・ク・体　助動・推・已　格助　動・四・命　助動・存・体　副助　係助

平安時代後期以降の人が、みんな、歌にも詠み、ふだん
中ごろ より こなた の 人 の、みな、歌 に も 詠み、常に
名　格助　代　格助　名　格助　名　名　格助　係助　動・四・用　副

にも言う事柄であって、寿命が長くあるようなことを願うのを心が卑しいことと
も 言ふ 筋 に て、命 長から ん こと を 願ふ
係助　動・四・体　名　助動・断・用　接助　名　形・ク・未　助動・婉・体　名　格助　動・四・体

し、早く死ぬのを見苦しくないことだと言い、
を ば 心汚き こと と し、早く 死ぬる を めやすき
格助　係助　形・ク・体　名　格助　動・サ変・用　形・ク・用　動・ナ変・体　格助　形・ク・体

この世を嫌い捨てるのを潔いこととするのは、
こと に 言ひ、この 世 を 厭ひ捨つる を いさぎよき
名　格助　動・四・用　代　格助　名　格助　動・下二・体　格助　形・ク・体

これはみんな、仏教の道理に追従したものであって、
こと と する は、これ みな、仏 の 道 に へつらへ
名　格助　動・サ変・体　係助　代　名　名　格助　名　格助　動・四・命

たいていは偽りである。言葉ではそうも言
る もの に て、多く は 偽り なり。言 に こそ
助動・完・体　名　助動・断・用　接助　副　係助　名　助動・断・終　名　格助　係助

うが、心の中では誰がそう思うだろうか。（いや、誰も思わないだろう。）
さ も 言へ、心 の うち に は 誰 か は さ は 思は
副　係助　動・四・已　名　格助　名　格助　係助　代　係助　副　係助　動・四・未

たとえ、ごくまれには本当にそう思う人がいるとしても、
ん。たとひ、まれまれ に は まことに しか 思ふ 人 の
助動・推・体　副　副　格助　係助　副　副　動・四・体　名　格助

語釈・文法

四十《よそぢ》に足《た》らで死《し》なん　四十歳に満たないで死ぬようなこと。「足る」は、①満ち足りている、②ふさわしい、③満足する、の意を表す。ここは①の意。「で」は打消接続の接続助詞。「ん」は婉曲《えんきょく》の助動詞「ん（む）」の連体形。

めやすかるべけれ　見苦しくないだろう。「めやすし」は、見苦しくない、の意。「べけれ」は推量の助動詞「べし」の已然形で、係助詞「こそ」の結び。

中《なか》ごろよりこなたの人《ひと》　平安時代後期以降の人。「中ごろ」は、そう遠くない昔、の意。ここでは平安時代後期を指している。「こなた」は、①こちら、②それ以降、③私、④あなた、などの意を表す。ここは②の意。

へつらふ《ウ》　相手に気に入られるように振る舞う。追従する。

言《こと》にこそさも言《い》へ《エ》　言葉ではそうも言うが。「言」は、①言葉、②評判、③和歌、などの意を表す。ここは①の意。「さ」は、「命長からんことを…いさぎよきこととする」を指す。後の「さは思はん」の「さ」、「しか思ふ」の「しか」も同様。「言へ」は動詞「言ふ」の已然形で、係助詞「こそ」の結び。文が終止せず、逆接の意を表し後に続いている。

（それは）元来の本心ではない。
あら（動・ラ変・未） ん（助動・仮・体） も（係助）、 もとより（副） の（格助） 真心（名） に（助動・断・用） は（係助） あら（動・ラ変・未） ず（助動・消・終）。

仏教の教えによって迷っているのである。
仏（名） の（格助） 教へ（名） に（格助） 惑へ（動・四・命） る（助動・存・体） なり（助動・断・終）。

■第四段落（七〇・14～終わり）

段意 どんなにつらくとも、命を惜しまない者などいない。『万葉集』の頃までの歌は、ただ長く生きることを願っており、平安時代後期以降の歌とはその精神が反対なのである。何事も、人の本心に逆らい、違っているのをよいこととするのは、仏教や儒教の考え方に影響されたためであり、作り飾った心情だと理解しなければならない。

現代語訳・品詞分解

人の本心は、どんなにつらい身でも、早く死にたいものだとは思わないし、
人（名） の（格助） 真心（名） は（係助）、 いかに（副） わびしき（形・シク・体） 身（名） も（係助）、 早く（形・ク・用） 死な（動・ナ変・未） ばや（終助）
と（格助） は（係助） 思は（動・四・未） ず（助動・消・用）、

命を惜しまない者はいない。
命（名） 惜しま（動・四・未） ぬ（助動・消・体） 者（名） は（係助） なし（形・ク・終）。

それだから、『万葉集』などの頃までの歌には、ただ、長く生きているようなことを願っている。
されば（接）、
万葉（名） など（副助） の（格助） ころ（名） まで（副助） の（格助） 歌（名） に（格助） は（係助）、 ただ（副）、 長く（形・ク・用） 生き（動・上二・用）
たら（助動・存・未） ん（助動・婉・体） こと（名） を（格助） こそ（係助） 願ひ（動・四・用） たれ（助動・存・已）。

平安時代後期以降の歌とは、その精神が反対である。
中ごろ（名） より（格助） こなた（代）
の（格助） 歌（名） と（格助） は（係助）、 その（代＋格助） 心（名） うらうへ（名） なり（助動・断・終）。

総じて何事も、普通の世間の人の本心に逆らって、違っていることを
すべて（副） 何ごと（名）
も（係助）、 なべて（副） の（格助） 世（名） の（格助） 人（名） の（格助） 真心（名） に（格助） 逆ひ（動・四・用） て（接助）、 異なる（形動・ナリ・体） を（格助）

誰《たれ》かはさは思《おも》は《ワ》ん 誰がそう思うだろうか。（いや、誰も思わないだろう。）「かは」は反語の係助詞。「ん」は推量の助動詞「ん（む）」の連体形。

まれまれ ごくまれに。時たま。珍しく。

しか そう。そのように。

語釈・文法

いかにわびしき身《み》も どんなにつらい身でも。「いかに」は、①どのように、②どうして、③どんなに、などの意を表す。ここは③の意。「わびし」は、つらい、の意。「も」は、強意を表す係助詞。

早《はや》く死《し》なばや 早く死にたいものだ。「ばや」は自己の願望を表す終助詞。

されば それだから。そういうわけで。

うらうへ《エ》 ①裏と表。②前後。左右。③反対。ここは③の意。

外国《とつくに》のならひ《イ》の移《うつ》れる 外国の習慣（仏教や儒教の考え方）がしみつくこと、それに影響されることをいう。

知《し》るべし 「知る」は、①理解する、②経験する、

よいことだとするのは、
よき（形・ク・体） こと（名） に（格助） する（動・サ変・体） は（係助）、
外国の習慣（仏教や儒教の考え方）がしみついてしまっ
外国（名） の（格助） ならひ（名） の（格助） 移れ（動・四・命） る（助動・完・体）
たのであって、
に（助動・断・用） て（接助）、
心情を作り飾ったものと理解しなければならない。
心（名） を（格助） 作り飾れ（動・四・命） る（助動・完・体） もの（名） と（格助） 知る（動・四・終） べし（助動・当・終）。

③世話をする、などの意を表す。ここは①の意。「べし」は当然の助動詞。

鑑賞

兼好法師が生きた中世は、この世の全ては移り変わるものだとする「無常観」が、その根底に流れていた時代である。満開の花や満月が見せる「美」、そして自らの「命」さえも、所詮ははかなく移ろいゆくものなのであり、そこに執着しないことこそが、この時代の美意識であった。

作者は、こうした考え方を一刀両断に否定する。兼好法師の言葉は「さかしら心の作り雅び」であり、「仏の道にへつらへる」ものだというのである。なぜなら、こうした考え方はみな、美しいものを見たい、命が惜しい、という、「人の真心」に逆らっているからだという。

長きにわたり『古事記』の研究に打ち込んでいた作者は、「万葉などのころまで」の作品の中に、仏教や儒教に影響を受ける前の日本人の精神、自らの「真心」に対してひたむきだった姿を見つけたのであろう。本文では、「人の真心」に素直であることこそが、人としての本来あるべき姿であるという、作者の確信に満ちた信念を見ることができる。

教科書の問題（解答・解説）

教科書 七一ページ

教科書本文下に示された問題

? 「さもえあらぬ」とは、どういうことか。（p.六九）

解答　桜の花を満開の時にのんびり見たり、月を雲のかかっていない状態で見たりすることができないということ。

[解説]「さも」の「さ」は、「花は盛りをのどかに見」「月は隈なからん」を指す。そのような状態ではない、ということ。

? 「しか思ふ人」とは、どのようなことを考えている人か。（p.七〇）

解答　長寿を願うのは卑しく、早く死ぬのは見苦しくなく、世を嫌い捨てるのは潔い、と考えている人。

[解説]「命長からんことを…いさぎよきこととする」人である。

■学習の手引き

❶次の記述について、作者はどのように批判しているのか。

解答 (1)古来より人は「花は盛りに」「月は隈なきを」見ることを願ってきた。兼好法師の言葉は、人の心に逆らった後世のこざかしい心が作りあげた風情によるものであり、本当の風流心ではない。

(2)人は本心では命を惜しみ長生きを願っている。兼好法師の言葉に見られるような考え方は、外国の仏教や儒教の影響を受けたもので、本心を作り飾ったものである。

❷❶の、作者の二つの批判に共通する点はどのようなことか。

解答 兼好法師の考えは、人間の本心に逆らった作り事であるということ。

❸「中ごろよりこなたの歌」〔七〇・16〕について、作者はどのような点が問題であると考えているか。

解答 仏教や儒教など外国の教えに影響され、本心とは違うことをよいことだとして、心を作り飾っている点。

■語句と表現

①次の傍線部の助詞「こそ」の違いを文法的に説明しよう。

解答 (1)死なんこそ＝「こそ―べけれ」で係り結びとなっている。

(2)言にこそ＝「こそ―言へ」で係り結びとなっているが、文が終止せず、逆接の意を表し後に続いている。

②次の傍線部の助詞の意味・用法を説明しよう。

解答 (1)情ならめや＝反語の係助詞。終助詞とする説もある。

(2)死なばや＝自己の願望を表す終助詞。

言語活動

1『徒然草』「あだし野の露消ゆる時なく」〔六四ページ〕、「花は盛りに」〔六六ページ〕と、『玉勝間』「兼好法師が詞のあげつらひ」を読み比べ、宣長の批判に対し、兼好法師の立場から反論しよう。

［解説］ 満開の桜や曇りのない明るい月を望むのが人の本心だと宣長は主張するが、兼好法師はそれらを求める心を否定しているのではなく、それらに加えて散る花や見えない月にも風情を感じるべきだと述べている。これは一例であるが、さまざまな観点での反論が考えられる。兼好法師と宣長の主張を確認したうえで、兼好法師の立場から反論してみよう。

師の説になづまざること

教科書　七二～七四ページ

大意　私（本居宣長《もとおりのりなが》）は古典を説き明かす時に、先生（賀茂真淵《かものまぶち》）の学説と違っていると、師の説が誤りであると言ったりする。それを非難されることもあるが、師自身がそうするようにおっしゃったのである。師の解釈が誤っていることを知りながら言わないでいれば、師の説が正しいと思って世間の学者が惑い、良い説を知る機会もない。学問の発展を考えて、私はそのように言っているのだが、それでも師の説が誤りだなどと言うのを非難したい人は非難すればよい。指摘することが結局は師を敬うことになると考えている。

■第一段落（初め～七二・8）

段意　私は、古典を説き明かす時に、先生の考えと違うことがあって先生の学説の誤りを指摘するのだが、そんなことはあってはならないことだという人も多い。けれども、先生自身が、「師の説に遠慮してはならない」とお教えになったのである。そして、これが、先生が優れている理由の一つである。

現代語訳・品詞分解

私は古典を説き明かす時に、先生の学説と異なっていることが多く、

おのれ（名）　古典（名）　を（格助）　説く（動・四・体）　に（格助）、　師（名）　の（格助）　説（名）　と（格助）　違へ（動・四・命）　る（助動・存・体）

先生の学説に誤りがあることを、

こと（名）　多く（形・ク・用）、　師（名）　の（格助）　説（名）　の（格助）　わろき（形・ク・体）　こと（名）　ある（動・ラ変・体）　を（格助）　ば（係助）、

識別して言うことも多いのを、全くあってはならないことだと思

わきまへ（動・下二・用）　言ふ（動・四・体）　こと（名）　も（係助）　多かる（形・ク・体）　を（格助）、　いと（副）　ある（動・ラ変・体）　まじき（助動・不適・体）

語釈・文法

古典《いにしえぶみ》　昔に著述された書物。過去の長い年月に渡って人々に愛好され、模範となってきたものをいう。

師《し》　学問や技術・芸能などを人に教授する者。先生。ここでは賀茂真淵を指す。

わろき　師の古典の学説に誤りがある、の意。「よし」「あし」が絶対的評価を伴った語であるのに対して、「よろし」と対になって相対

う人が多いようだけれど、これはつまり私の先生の意向であっ
ことと思ふ人多かめれど、これすなはちわが
（名・格助・動・四・体・名・形・ク・体・助動・定・已・接助・代・接・名・格助）

て、いつもお教えになったのは、
師の心にて、常に教へられしは、
（名・格助・名・助動・断・用・接助・副・動・下二・未・助動・尊・用・助動・過・体・係助）

「後に良い考えが出て来たとしたら、
「後によき考への出で来たらんには、
（名・格助・形・ク・体・名・格助・動・カ変・用・助動・完・未・助動・仮・体・格助・係助）

必ずや先生の学説と異なるからといって、遠慮してくれるな。」
必ずしも師の説に違ふとて、なはばかりそ。」
（副・副助・名・格助・名・格助・動・四・終・格助・副・動・四・用・終助）

とお教えになった。これは大変尊い教えであって、
となん教へられし。こはいと尊き教へ
（格助・係助・動・下二・未・助動・尊・用・助動・過・体・代・係助・副・形・ク・体・名）

私の先生がたいそう優れていらっしゃる（理由の）一つである。
にて、わが師のよにすぐれ給へる
（助動・断・用・接助・名・格助・名・格助・副・動・下二・用・補動・四・命・助動・存・体）

一つなり。
（名・助動・断・終）

的評価を示す語。「あし」は、そのものに対する不快の念があるが「わろし」にはない。

多《おお》かめれど　もとの形は、「多かる＋めれ＋ど」で、「多かんめれど」と発音する。形容詞「多し」の連体形「多かる」が撥《はつ》音便化して無表記化したもの。

必《かなら》ずしも　「必ず」を強めた言い方。真淵の「自分の学説と異なるからといって、遠慮するな」という弟子への強い思いが表れている。

なはばかりそ　遠慮してくれるな。「な…そ」は婉曲《えんきょく》の禁止の意味を表す。

よに　世間に比べるものがないほどに、という意味から、たいそう、などと訳す。

■第二段落（七二・9～七三・10）

段意

古代のことを調べ考えることは、一人や二人で成し遂げられることではない。そのうえ、優れた学者の説でも誤りがあるものだ。また、この学説が絶対と思っていても、案外別の人が良い説を考えることもある。先生の説だからといって固執してはならない。また、先生の学説の誤りを指摘するのは、世の学者たちが長く本当に良い説を知らないままになるからである。誤りを言わず取り繕うのは、先生ばかりを尊重して学問の道を思案しないことだ。

現代語訳・品詞分解

だいたい古代のことを調べ考えることは、決して一人、二人の
おほかたいにしへを考ふること、さらに一人、二人
（副・名・格助・動・下二・体・名・副・名・名）

語釈・文法

さらに　下に打消の表現を伴って、全く…ない、決して…ない、の意。

力を持って、　全て明らかにし尽くすことはとてもできない。

の　力　もて、　ことごとく　明らめ　尽くす　べく　も　あら

格助　名　(連語)　副　動・下二・用　動・四・終　助動・可・用　係助　補動・ラ変・未

そのうえ、たとえ優れた学者の説であるようだからといっても、　たくさ

ず。　また、　よき　人　の　説　なら　ん　からに、　多く

助動・消・終　接　形・ク・体　名　格助　名　助動・断・未　助動・婉・体　接助　形・ク・用

んの(解釈の)中には、　間違いもどうしてないだろうか。(いや、ある。)　必ずし

の　中　に　は、　誤り　も　などか　なから　ん。　必ず

格助　名　格助　係助　名　係助　副　形・ク・未　助動・推・体　副

もよくないことも混じらないことはできない。　その人自身

わろき　こと　も　まじら　で　は　え　あら　ず。　そ　の

形・ク・体　名　係助　動・四・未　接助　係助　副　動・ラ変・未　助動・消・終　代　格助

の心では、　今となっては昔の精神がすっかり明白で、

おの　が　心　に　は、　今　は　いにしへ　の　意　ことごとく

代　格助　名　格助　係助　名　係助　名　格助　名　副

この解釈をさしおいては、　あるはずもない、

明らかなり、　これ　を　おき　て　は、　ある　べく　も　あら

形動・ナリ・終　代　格助　動・四・用　接助　係助　動・ラ変・体　助動・当・用　係助　補動・ラ変・未

と確信していることも、　案外、　別の人の違っ

ず、　と　思ひ定め　たる　こと　も、　思ひのほかに、　また　人

助動・消・終　格助　動・下二・用　助動・存・体　名　係助　形動・ナリ・用　副　名

た良い解釈も出てくるものである。　数多くの(人の)

の　異なる　よき　考へ　も　出で来る　わざ　なり。　あまた　の

格助　形動・ナリ・体　形・ク・体　名　係助　動・カ変・体　名　助動・断・終　副　格助

手(考察)を通るにつれて、　以前の解釈に関することを、　さらに

手　を　経る　まにまに、　先々　の　考へ　の　上　を、　なほ

名　格助　動・下二・体　副　名　格助　名　格助　名　格助　副

十分に考え尽くすので、　次々に詳しくなっていくものであるので、

よく　考へ究むる　からに、　次々に　詳しく　なりもてゆく　わざ

副　動・下二・体　接助　副　形・シク・用　動・四・体　名

先生の説であるといって、　必ずしも固執して守るべきもの

なれ　ば、　師　の　説　なり　とて、　必ず　なづみ　守る

助動・断・已　接助　名　格助　名　助動・断・終　格助　副　動・四・用　動・四・終

え…ず　…できない、の意。「え」は下に打消や反語の表現を伴って不可能を表す副詞。

おのが　代名詞「おの」に、格助詞「が」の付いたもの。ここでは連体修飾格としてとらえ、「自身の」と訳す。

いにしへ《エ》の意《こころ》　「いにしへ」は古代の意。「意」は、表面からは知り得ない精神などを表す。

おきては　「置く」という動詞に、接続助詞の「て」、係助詞の「は」が付いたもの。「置く」には、「そのままにしておく」という意味があり、転じて「さしおいては」などと訳す。

思《おも》ひ《イ》のほかに　案外にも。思いがけないことに。

まにまに　ある事柄につれて、別の事柄も進行している様子を表す。…につれて、などと訳す。ここでは、多くの人が研究をするにつれて、過去のものより研究が深まっていくこと。

なりもてゆく　だんだんとそのようになっていく、の意。

なづみ　こだわり執着すること。「なづむ」は、①行き悩む、②悩み苦しむ、③こだわる、執着する、④ひたすら打ち込む、などの意を表す。ここは③の意。

ひたぶるに　ひたすらに。一途に。もっぱらそのことに集中する様を言う。

いふ《ウ》かひ《イ》なき　「いふかひなし」は、①取り立

でもない。

べき に も あら ず。
助動・当・体 助動・断・用 係助 補動・ラ変・未 助動・消・終

良いか悪いかを区別せず、

よき 悪しき を 言は
形・ク・体 形・シク・体 格助 動・四・未

ひたすらに古い説を守るのは、

ず、 ひたぶるに 古き を 守る
助動・消・用 形動・ナリ・用 形・ク・体 格助 動・四・体

学問の道には取り立てて言う

は、 学問 の 道 に
係助 名 格助 名 格助

価値がないことである。

は いふかひなき わざ なり。
係助 形・ク・体 名 助動・断・終

やはり、自身の先生などの(説が)誤りであるこ

また、 おの が 師 など の
接 名 格助 名 副助 格助

とを言い表すのは、

わろき こと を 言ひ表す は、
形・ク・体 名 格助 動・四・体 係助

非常に恐れ多いことではあるけれども、

いと も かしこく は あれ
副 係助 形・ク・用 係助 補動・ラ変・已

それも言わなければ、

ど、 それ も 言は ざれ ば、
接助 代 係助 動・四・未 助動・消・已 接助

世の学者はその説によって迷って、

世 の 学者 そ の 説 に
名 格助 名 代 格助 名 格助

長く良い説を知る機会がない(ことになる)。

惑ひ て、 長く よき を 知る 期 なし。
動・四・用 接助 形・ク・用 形・ク・体 格助 動・四・体 名 形・ク・終

先生の説であるとして、

師 の 説 なり
名 格助 名 助動・断・終

誤りを知っていながら、

と し て、 わろき を 知り ながら、
格助 動・サ変・用 接助 形・ク・体 格助 動・四・用 接助

言わないで包み隠して、

言は ず 包み隠し て、
動・四・未 助動・消・用 動・四・用 接助

良いように取り繕っているようなことは、

よさまに 繕ひをら ん は、
形動・ナリ・用 動・ラ変・未 助動・婉・体 係助

単に先生ばかりを尊んで、

ただ 師 を のみ 尊み て、
副 名 格助 副助 動・四・用 接助

(学問の)道を思案しないことである。

道 を ば 思は ざる なり。
名 格助 係助 動・四・未 助動・消・体 助動・断・終

てて言うほどの価値がない、②言ったところでどうにもならない、の意を表す。ここは①の意。

かしこくはあれど 恐れ多いことではあるけれども。「かしこし」は恐れ多い、の意、「ど」は逆接の確定条件を表す接続助詞で「…けれども」と訳す。

繕《つくろ》ひ《イ》を《オ》らんは 取り繕っているようなことは。「繕ひをり」は、「繕ふ」に、…し続ける、…している、の意の「をり(居り)」がついた複合動詞。「ん」は婉曲の助動詞で、…ような、と訳す。

■第三段落(七三・11〜終わり)

段意

宣長は、学問の道がはっきりすることを思い、古代の精神が明らかになることが一番大切だと考えている。先生を尊重するという礼儀に欠けるのを非難したい人は非難すればよい。常識的な善人になろうとして古代の精神の解釈を曲げることはできない。それは先生の考えでもあるので先生を尊重することにもなる。

現代語訳・品詞分解

宣長は、（学問の）道を尊んで古代のことを思案して、
宣長　は、　道　を　尊み　いにしへ　を　思ひ　て、
名　係助　名　格助　動・四・用　名　格助　動・四・用　接助

いちずに（学問の）道がはっきりとするようなことを思い、
ひたぶるに　道　の　明らかなら　ん　こと　を　思ひ、
形動・ナリ・用　名　格助　形動・ナリ・未　助動・婉・体　名　格助　動・四・用

古代の精神が明らかになることを最も重要なことだと思うがゆえに、
いにしへ　の　意　の　明らかなら　ん　こと　を　宗　と　思ふ
名　格助　名　格助　形動・ナリ・未　助動・婉・体　名　格助　名　格助　動・四・体

個人として先生を尊ぶという義理が欠けるようなことをも、
が　ゆゑ　に、　私　に　師　を　尊む　理　の　欠け　ん
格助　名　格助　名　格助　名　格助　動・四・体　名　格助　動・下二・未　助動・婉・体

どうしても心にかけられないことがあるのを、
こと　を　ば、　え　しも　顧み　ざる　こと　ある　を、
名　格助　係助　副　副助　動・上一・未　助動・消・体　名　動・ラ変・体　格助

やはりよくないと、非難するような人は非難してくれ。
なほ　わろし　と、　そしら　ん　人　は　そしり　てよ。
副　形・ク・終　格助　動・四・未　助動・婉・体　名　係助　動・四・用　助動・強・命

それは仕方がないことだ。私は人に非難されまい、
そ　は　せん方なし。　我　は　人　に　そしら　れ　じ、
代　係助　形・ク・終　名　係助　名　格助　動・四・未　助動　助動・消意・終

善人になろうとして、（学問の）道を曲げ、古代の精神を
よき　人　に　なら　ん　とて、　道　を　曲げ、　いにしへ
形・ク・体　名　格助　動・四・未　助動・意・終　格助　名　格助　動・下二・用　名

曲げて、そのままにしておくことはできないのである。
の　意　を　曲げ　て、　さて　ある　わざ　は　え　せ
格助　名　格助　動・下二・用　接助　副　動・ラ変・体　名　係助　副　動・サ変・未

これはつまりは私の先生のお考えなので、
ず　なん。　これ　すなはち　わ　が　師　の　心　なれ　ば、
助動・消・用　係助　代　接　名　格助　名　格助　名　助動・断・已　接助

語釈・文法

理《ことわり》　①物事の道筋。道理。②理由。わけ。ここは①の意味。

顧《かへり》**みざること**　心にかけられないこと。「顧みる」は心にかけて気にする、という意。宣長が古代の精神を追究するあまり、先生を尊ぶ配慮ができないことを表す。

なほ《オ》　それでもやはり。宣長のここまでの話を聞いて、それでも納得できないのであればということである。

そしりてよ　非難せよ。「そしる」は非難して言うこと。「てよ」は強意の助動詞「つ」の命令形。

せん方《かた》**なし**　「せん方」は「なすべき方法」という意味。それがないとは「仕方がない」ということ。

曲《ま》**げ**　事実などをゆがめること。

さてある　そのままの状態でおいておく。誤りを正さないことを指す。

すなは《ワ》**ち**　①つまり。②そういうわけで。ここは①の意。

かへ《エ》**りて**　逆に。かえって。

かえって先生を尊ぶことにもなるはずではないか。

かへりて は 師 を 尊む に も ある べく や。

副 係助 名 格助 動・四・体 助動・断・用 係助 補動・ラ変・体 助動・当・用 係助

鑑賞

宝暦《ほうれき》十三（一七六三）年二十五日、本居宣長と賀茂真淵は、三重の松坂《まつさか》で、お互いの生涯でただ一度だけ対面した。この時、宣長は三四歳、真淵は六七歳。この年に宣長は真淵に入門し、その後は手紙のやりとりを通じて教えを受けた。

『玉勝間《たまかつま》』は、賀茂真淵が亡くなってから書かれたものであるが、生前には、真淵は宣長を時に褒め、また時に叱責する関係であったらしい。賀茂真淵は宣長に宛てた書状で、『古事記』の祝詞・宣命に助辞があると宣長が発見したことについて、「自分は気づかなかったことで感服した」と極めて温かく褒め称えている。その一方で、賀茂真淵は、『万葉集』や『古今《こきん》和歌集』といった古歌を重んじたため、己の弟子である宣長が中世以降の和歌である『新古今和歌集』の研究をすることについてはよく思わず、文書で叱責したという逸話がある。

自分が気づかなかった点を弟子が指摘した際、素直に褒め称えたという真淵のエピソードは器の大きい人柄を表している。また、本文からは、師の学説の誤りを指摘したり違う学説を唱えたりしたことに対する宣長の一本芯の通った学問姿勢が垣間見えて面白い。この師弟は必ずしも意見が一致するわけではないながらも、やはり宣長にとって真淵は偉大な師であり、終生心から敬愛していた人なのであろう。

教科書の問題（解答・解説）

教科書 七四ページ

❓ 教科書本文下に示された問題

❓ 「これ」とは何を指すか。（p.七三）

解答　その人自身が古代の精神を明らかにしたと確信している学説。

❓ 「よき人」とは、どのような人か。（p.七三）

解答　先生の誤りを指摘することなどしない、先生の教えに忠実な弟子で世間や仲間から常識的と思われる人。

[解説]　江戸時代は、目上の人を敬う儒学の教えの影響が強く、師匠の考えに異を唱えることには抵抗があった。

■ 学習の手引き

❶ 作者は、「師の説になづまざること」がなぜ必要であると述べているか。

解答　学問では、一人や二人の学者によって全てが明らかにされることはあり得ず、多くの学者が古い学説を踏まえて研究することで、次々に詳しくなっていくものだから。先生の説だからといって古い考えに固執していると良い考えが出てこないから。

［解説］　この当時、先生の説を尊重する考えが主流であって、宣長の思想は先駆的であった。先生の説に固執しないという考えは、宣長の学問への情熱ゆえである。

❷作者のいう「学問の道」〔七三・6〕**とは、何を追究することか。**

解答　古典から古代の精神を追究すること。

■語句と表現

①「わろし」と「悪《あ》し」の意味の違いを調べよう。

解答　「わろし」…「あし」よりは程度が軽く、相対的によくないと判断する場合に用いる。

「悪し」…物事の本質や状態がよくないという意味で、かつ、それに対して不快感を抱いているような場合に用いる。

［解説］　「悪し」と書いて、「あし」と読むことに注意。言葉のニュアンスの違いが分かると、より古文を味わうことができる。

②傍線部「からに」の違いに注意して現代語訳しよう。

解答　(1)たとえ優れた学者の説であるようだからといっても

(2)十分に考え尽くすので

［解説］　(1)(2)ともに、「からに」は接続助詞であるが、意味のとり方が異なる。(1)「からに」は、推量の助動詞「ん（む）」の連体形の下につくとき、逆接の仮定条件となる。「たとえ…といっても」「…だからといって」などと訳す。(2)ここでの「からに」は順接の確定条件で「…ので」と訳す。

出典・作者

出典　『玉勝間《たまかつま》』　随筆。十五巻。江戸時代後期に成立。執筆開始は寛政《かんせい》五年〔一七九三〕とされ、その後、宣長の没年まで書き続けられた。古典の注釈、学問論、古道論など、幅広い分野についての見識がつづられている。

作者　本居宣長《もとおりのりなが》〔一七三〇—一八〇一〕　江戸時代後期の国学者。伊勢《いせ》国松坂《まつさか》に生まれる。医学を志すが、契沖《けいちゅう》に啓発されて国学の道に進み、『源氏《げんじ》物語』などを研究した。賀茂真淵に出会ってからは『古事記《こじき》』の研究に着手し、『古事記伝』を完成させた。ほかに『古今集遠鏡《こきんしゅうとおかがみ》』『初山踏《ういやまぶみ》』など、多数の著書がある。

6 日記1

●日記を読み、作者の境遇や出来事を的確に捉える。
●日記に表れている作者のものの見方、感じ方、考え方を理解する。

更級《さらしな》日記

菅原孝標女《すがわらのたかすえのむすめ》

教科書 七六〜七七ページ

門出

大意 (十歳の頃、地方官の父に連れられ上総国《かずさの》に下り、)都を遠く離れた東国で成長した人――私は、どんなにか田舎じみた娘であったろうに、この世に物語というものがあるのを知って、どうにかしてそれを見たいものだと思い、姉や継母《ままはは》などが『源氏《げんじ》物語』などの物語を話題にしているのを耳にするごとに、いっそう詳しく知りたいという思いが募った。そこで、あれこれと筋を聞き出そうとするのだが、相手も全部覚えているわけではない。じれったく思うあまりに、自分の背丈と同じ大きさの薬師仏《やくしほとけ》を作り、手を洗い清め、人の見ていない時に一心に祈願していたが、十三歳の時、父の任期が終わって、やっと上京することになった。門出の日、住み慣れた家に、薬師仏がぽつんと残っているのを見て、つい人知れず泣いてしまった。

■**第一段落**(初め〜七六・10)

段意 片田舎の上総国で成長した人――私は、姉や継母などが物語について話すのを聞くにつけ、物語の世界に憧れた。姉や継母などが私の思うとおりに語ってくれないじれったさに、等身大の薬師仏を作って、早く上京して、あるだけ全ての物語を読めるようにと祈願していたが、十三歳の時、父が京に帰ることになり、「いまたち」という所に移った。

現代語訳・品詞分解

都から東国へ行く道の果て（である常陸国）よりも、もっと奥の方（の上総国）で
あづまぢ の 道 の 果て より も、 なほ 奥つ方 に
名 格助 名 格助 名 格助 係助 副 名 格助

成長した人（私）は、（今から思うと）どんなにか田舎びて見苦しかったであろうに、
生ひ出で たる 人、 いかばかり かは あやしかり けむ を、
動・下二・用 助動・完・体 名 副 係助 形・シク・用 助動・過推・体 接助

どうして（そんなことを）思い始めたのか、世の中に物語というものが
いかに 思ひはじめ ける こと に か、 世の中 に 物語
副 動・下二・用 助動・過・体 名 助動・断・用 係助 名 格助 名

あるそうだがそれを、どうにかして見たいものだと思
と いふ もの の あん なる を、 いかで 見 ばや
格助 動・四・体 名 格助 動・ラ変・体 助動・伝・体 格助 副 動・上一・未 終助

い続けて、することもない退屈な昼間や、夜遅くまで起きている時などに、姉や、
と 思ひ つつ、 つれづれなる 昼間、 宵居 など に、 姉、 継母
格助 動・四・用 接助 形動・ナリ・体 名 名 副助 格助 名 名

継母などといった（大人の）人々が、その物語（はどうとか）、あの物語（はどうとか）、光源氏の
など やう の 人々 の、 その 物語、 かの 物語、 光源氏
副助 名 格助 名 格助 代 格助 名 代 格助 名 名

生涯（はどうとか）など、ところどころ話すのを聞いていると、
の ある やう など、 ところどころ 語る を 聞く に、
格助 動・ラ変・体 名 副助 名 動・四・体 格助 動・四・体 接助

ますます（物語に）心ひかれる気持ちが募るのだけれども、私の望むとおりに、どうして
いとど ゆかしさ まされ ど、 わ が 思ふ まま に、 そらに
副 名 動・四・已 接助 代 格助 動・四・体 名 格助 形動・ナリ・用

（姉や継母などが物語の一部始終を）そらんじて語ってくれようか。（語ってくれはしない。）ひどくじれったい
いかで か おぼえ 語ら む。 いみじく 心もとなき まま
副 係助 動・下二・用 動・四・未 助動・推・体 形・シク・用 形・ク・体 名

いので、自分の背丈と同じ大きさに薬師仏を作って（もらい）、手を洗い清めなどして、
に、 等身 に 薬師仏 を つくり て、 手洗ひ など し
格助 名 格助 名 格助 動・四・用 接助 動・四・用 副助 動・サ変・用

語釈・文法

あづ《ズ》まぢ《ジ》の道《みち》の果《は》てよりも 『古今和歌六帖《こきんわかろくじょう》』の「あづまぢの道の果てなる常陸帯《ひたちおび》のかごとばかりもあひ見てしがな」（紀友則《きのとものり》）を踏まえたもの。「あづまぢの道の果て」とは、常陸国（今の茨城県）の意。

あやしかりけむを 田舎びて見苦しかったであろうに。「あやし」は、①不可解だ、②異常だ、③不都合だ、④身分が低い、⑤見苦しい、粗末だ、などの意を表す。ここは⑤の意。

いかに思《おも》ひ《イ》はじめけることにか 下に「あらむ」が省略されている。

いかで見《み》ばや どうにかして見たいものだ。「いかで」は、①どういうわけで、どうやって（疑問）、②どうして、なんで（反語）、③どうにかして、ぜひ（願望）、などの意味を表す副詞。ここは③の用法である。「ばや」は、希望の終助詞。

つれづれなり することがなく、手持ちぶさただ。所在ない。退屈だ。

継母《ままはは》 作者の義理の母は、後に上総大輔《たいふ》と呼ばれた女流歌人。

光源氏《ひかるげんじ》 『源氏物語』の主人公。

いとど ますます。いっそう。

ゆかしさ 心がひかれること。ここでは、物語

人のいない時にこっそりと（仏間に）入っては、「（どうか私を）早く京に上らせてく
て、 人ま に みそかに 入り つつ、 「京 に 疾く 上げ
接助 名 格助 形動・ナリ・用 動・四・用 接助 名 格助 副 動・下二・用

ださって、 たくさんあると聞いております物語を、 あるだけ全てお見せ
給ひ て、 物語 の 多く 候ふ なる、 ある 限り
補動・四・用 接助 名 格助 副 動・四・終 助動・伝・体 動・ラ変・体 名

くださいませ。」 と、 身を投げ出して（一生懸命に）額を床につけて、 お祈り
見せ 給へ。」 と、 身 を 捨て て 額 を つき、 祈り
動・下二・用 補動・四・命 格助 名 格助 動・下二・用 接助 名 格助 動・四・用 動・四・用

申し上げているうちに、 十三歳になる年、 （父の任期が満ちて）上京しよう
申す ほどに、 十三 に なる 年、 上ら む とて、
補動・四・体 接助 名 格助 動・四・体 名 動・四・未 助動・意・終 格助

ということで、（陰暦）九月三日に門出をして、いまたちという所に移った。
九月三日 門出 し て、 いまたち と いふ 所 に 移る。
名 名 動・サ変・用 接助 名 格助 動・四・体 名 格助 動・四・終

を読みたいと思う気持ちをいう。

そらに　記憶を頼りに物事を行うさま。ここでは、物語を暗記していることをいう。

心《こころ》もとなきままに　「心もとなし」は、①もどかしい、じれったい、②気がかりだ、③様子や事情をよく知らない、などの意味を表す。ここは①の意。「ままに」は、原因・理由を表し、…ので、…から、と訳す。

人《ひと》ま　人のいない時。人目のないすき。

みそかに入《い》りつつ　こっそりと入っては。「みそかなり」は、人目につかないようにするさま。

身《み》を捨《す》てて　身を投げ出して。

額《ぬか》をつき　額を床につけて礼拝すること。

門出《かどで》　当時は、出発前に吉日を選んでいったんよそに移り、そこから実際に旅に出た。

■第二段落（七六・11〜終わり）

段意

門出の日、いよいよ車に乗ろうとして、ふと見ると、がらんとした家の中に、ただ薬師仏だけがぽつんと立っていらっしゃるのを、残して去るのが悲しくて、人知れず泣いてしまった。

現代語訳・品詞分解

長年の間遊びなじんできた家を、 外からまる見えになるほどに（調度類を）取り
年ごろ 遊びなれ つる 所 を、 あらはに こほち散らし て、
名 動・下二・用 助動・完・体 名 格助 形動・ナリ・用 動・四・用 接助

払い散らかして、（旅立ちの準備のために）大騒ぎをして、夕日が沈む頃で、たいそうもの寂しく一面に霧が
たち騒ぎ て、 日 の 入り際 の、 いと すごく 霧りわたり
動・四・用 接助 名 格助 名 格助 副 形・ク・用 動・四・用

語釈・文法

年《とし》ごろ　長年の間。数年来。

あらは《ワ》に　隠れている部分がないさま。

こほち散《ち》らして　「こほつ」は、壊す、破壊する、の意を表す。「こほち散らす」で、壊し

立ち込めている時に、車に乗ろうとして、（わが家の方に）ふと目をやったところ、人のい
たる（助動・存・体）　に（格助）、車（名）　に（格助）　乗る（動・四・終）　とて（格助）、うち見やり（動・四・用）　たれ（助動・完・已）　ば（接助）、人ま（名）

ない時に何度もお参りしては、額を床につけて礼拝した薬師仏が立っていらっしゃるのを、
に（格助）　は（係助）　参り（動・四・用）　つつ（接助）、額（名）　を（格助）　つき（動・四・用）　し（助動・過・体）　薬師仏（名）　の（格助）　立ち（動・四・用）

お見捨て申し上げる（残したまま去る）のが、悲しくて、人知れず
給へ（補動・四・命）　る（助動・存・体）　を（格助）、見捨て（動・下二・用）　奉る（補動・四・体）、悲しく（形・シク・用）　て（接助）、人（名）　知れ（動・下二・未）

泣けてきてしまった。
ず（助動・消・用）　うち泣か（動・四・未）　れ（助動・自・用）　ぬ（助動・完・終）。

てばらばらにするという意になるが、ここでは、御簾《みす》や几帳《きちょう》などの調度類を乱暴に取り払うことを表していると考えられる。

日《ひ》の入《い》り際《ぎわ》の　…で、と訳す。「入り際の」の「の」は、同格の格助詞。

すごし　ぞっと身にしみて寒気を感じるような様子についていう語で、①気味が悪い、②ひどく寂しい、③ぞっとするほどすばらしい、などの意を表す。ここは②の意。

見《み》捨《す》て奉《たてまつ》る　…申し上げる。「奉る」は謙譲の補助動詞。薬師仏への敬意を表したもの。

鑑賞

(1) 物語的な構想をうかがわせる書き出し

『更級日記』の冒頭の一節である。「あづまぢの道の果てなる常陸帯のかごとばかりもあひ見てしがな」という古歌の表現を引用し、自らを「生《い》ひ出でたる人」と他人を言うように表して、物語的な構想をうかがわせる書き出しである。

五十一歳で夫に死別した作者が、これまでの生涯を回想して、父の任国上総国での生い立ちから書き始めている。その点で日々の事件を記録した日記とは異なっている。作者が父に伴われて上総国へ出かけたのは、寛仁《かんにん》元年〔一〇一七〕十歳の時といわれる。当時の地方官の任期は四年で、寛仁四年〔一〇二〇〕十三歳の時に帰京することになる。

(2) 「物語」に対するひたむきな憧れ

作者の父は、名門菅原《すがわら》氏の末流であったが、中央にとどまって昇進し得る望みはなかった。それで地方官を望んで、ようやく得たのが上総介《かずさのすけ》という職であったらしい。地方に出ていくのは経済的には有利であったが、文化的には決して好ましいことではなかった。大部分の地方官は、任期が終わって再び都へ上ることだけを楽しみにして、国府の館に持ち込んだわずかな都風の生活にしがみついて任期を過ごそうとするのであった。作者の一家の場合もその例にもれない。

平安京の文化や都の面影をしのばせるなにがしかの道具や習俗によって、やりきれない日々の退屈を慰めるのは、都の

生活を経験した大人だけである。作者は、姉や継母の口を通して「物語」の世界を知り、そこに強い関心を抱くようになったと思われる。実物を知らずに話に聞くだけであったからこそ興味をそそられるし、作者の思うままに語ってくれないからこそ関心をかきたてられる、ということになって、ついに薬師仏に願をかけることになるのである。冒頭の一節には、物語に対する、作者のいじらしいほどひたむきな憧れがいきいきと描写されている。

(3)二人の母と、夢見心地の生涯

作者の父は、上総介在任中、作者にとっては継母にあたる妻を同伴し、作者の生母は都にとどまっていた。この継母は、高階成行《たかしなのしげゆき》の娘で、後に上総大輔と呼ばれた女流歌人である。宮仕えの経験があり、地方官の莫大《ばくだい》な収入による豪奢《ごうしゃ》な生活を期待して作者の父のもとに身を寄せたが、その夢を裏切られ、帰京した次の年〔一〇二二〕、作者十四歳の時に離婚して去っていった。作者にとっては、物語の世界への窓を開き、夢を植えつけて通過していった美しい影のような存在である。

二人の母に養育された作者は、生涯いつも何かを夢見て過ごす人となる。青春時代を全て物語への夢に費やしてしまうのは、作者自身の性格と、幼時の境遇によるのであろう。

(4)少女らしい感傷

門出の日、住み慣れた家の調度類が整理されていき、「人まには参りつつ、額をつきし薬師仏」をこの片田舎に残して、自分だけが憧れの京に上るとなると、作者の胸にも悲しみが込み上げてくる。季節は晩秋(陰暦九月三日)でもあり、見慣れたものへの愛着の情、別離の感傷に、人に隠れて泣いてしまった——という少女の胸に鮮やかに印《しる》されたものを、作者は、その四十年後にいきいきと表現している。

当時は、現代の人々よりも早熟で、十四、五歳から大人扱いされ、結婚することもある時代であった。ようやく大人の世界のことに少しずつ目が開けていく年頃の、薬師仏に祈り、別れるという初々しい感傷がよくうかがえる。

教科書の問題(解答・解説)

教科書 七七ページ

? 教科書本文下に示された問題

? 「京に疾く上げ給ひて」と思ったのはなぜか。(p.七六)

解答 上総国ではかなわない、たくさんあるという物語を全て見るという願いを京でかなえたいと思ったから。

[解説] 東国の上総国にいたのでは、物語の実物を見る機会はほとんど得られない。それがかなうのは、文化の中

心である京の都においてのみである。

■学習の手引き

❶作者は、どこでどのような生活をしていたのか。

解答　作者は、地方官の父の任国である上総国で、父や姉、継母とともに暮らしていた。都を遠く離れた東国の地にあって、雅《みやび》やかなものに身近に触れる機会を持てない作者は、姉や継母などが話題にする物語に心を奪われ、それを聞くのが何よりの楽しみという生活を送っていた。

❷作者が物語に憧れている様子は、どのように描かれているか、順を追ってまとめよう。

解答　①物語というものが世の中にあると聞き、何とかして見たいと思うようになった。
②姉や継母などがいろいろな物語を話題にするのを聞いて、もっと知りたいと思った。
③自分の望みどおりには、姉や継母などが物語をそらんじて語ってくれないので、じれったく思った。
④物語がたくさんあるという京へ上って、その全てを読みたいと願って、等身大の薬師仏を作ってもらい、人のいない時に仏間に入っては一心に祈っていた。

❸門出にあたっての作者の心情は、どのようなものであったか。

解答　たくさんの物語を読むために早く上京したいという願いがかなってうれしいはずなのに、長年の間遊び慣れた館を離れ、熱心に祈った薬師仏を見捨てて旅立つのだと思うと、さすがに涙がこぼれるほど寂しくも悲しくも感じられた。

■語句と表現

①「うち泣かれぬ。」〔七七・6〕の傍線部「れ」を、文法的に説明しよう。

解答　自発の助動詞「る」の連用形。

[解説]　助動詞「る」には、受身・尊敬・自発・可能の用法がある。自発は、特に意識していないのに自然にそうなるという意味で、心の動きに関係のある動詞（「思ふ・しのぶ・泣く」など）に付いている場合は自発の用法であることが多い。

物語

教科書 七八～七九ページ

大意 母が探し求めて見せてくれる物語で心が晴れるが、続きを読みたいと思ってもなかなか手に入らない。地方から上京してきたおばが、『源氏《げんじ》物語』をはじめとするさまざまな物語を贈ってくれたため、うれしくて昼も夜も夢中になって読みふけった。

■第一段落（初め～七八・12）

段意 ふさぎこんでばかりいる私を慰めようと、母は物語類を探し求めてくれる。『源氏物語』の一部だけは手に入ったが、全部を早く読みたくて、太秦《うずまさ》寺に願をかけたが、かなえられなかった。そのうち、地方から上京してきたおばの家を訪問したところ、おばは、久しぶりに会った私を歓迎し、かねてから私が読みたいと思っていた『源氏物語』全巻と、『伊勢《いせ》物語』をはじめ、数々の物語を贈ってくれた。

現代語訳・品詞分解

（私が）このようにふさぎこんでばかりいるので、心を慰めようと、
かく（副） のみ（副助） 思ひくんじ（動・サ変・用） たる（助動・存・体） を、（接助） 心（名） も（係助） 慰め（動・下二・未） む（助動・意・終）

心配して、母が、物語などを探し求めて（きて）見せてくださるので、
と、（格助） 心苦しがり（動・四・用） て、（接助） 母、（名） 物語（名） など（副助） 求め（動・下二・用） て（接助） 見せ（動・下二・用） 給ふ（補動・四・体）

なるほど（母の思惑どおりに）自然と気が晴れてゆく。『源氏物語』の「若紫」の巻などを読んで、
に、（接助） げに（副） おのづから（副） 慰みゆく。（動・四・終） 紫（名） の（格助） ゆかり（名） を（格助） 見（動・上一・用）

（その）続きが見たいと思うけれども、人に相談することなど
て、（接助） 続き（名） の（格助） 見（動・上一・未） まほしく（助動・希・用） おぼゆれ（動・下二・已） ど、（接助） 人語らひ（名） など（副助）

語釈・文法

思《おも》ひ《イ》くんじたるを 「思ひくんず」は「思ひ屈す」の音韻が変化したもの。ふさぎこむ、の意。

心苦《こころぐる》しがりて 心を痛めて、見ていられない気持ちで。「心苦しがる」は、形容詞「心苦し」から派生した動詞。

げに なるほど。母親の思惑どおりに、の意。

人語《ひとかた》らひ《イ》 人に相談すること。

都《みやこ》なれぬほどにて 着いたばかりで都に慣れない頃なので、の意。

もできない。 （また、家の者は）誰もまだ都に慣れない頃なので、
も え せ ず。 誰 も いまだ 都なれ ぬ ほど に
係助 副 動・サ変・未 助動・消・終 代 係助 副 動・下二・未 助動・消・体 名 助動・断・用

（物語の続きを）見つけ出すこともできない。ひどくもどかしく、 読みたいと思われるので、
て、 え 見つけ ず。 いみじく 心もとなく、 ゆかしく おぼゆる
接助 副 動・下二・未 助動・消・終 形・シク・用 形・ク・用 形・シク・用 動・下二・体

この『源氏物語』を、 第一巻から全てお見せくださいと、
まま に、 こ の 源氏の物語、 一の巻 より して みな
名 格助 代 格助 名 名 格助 副助 名

心の中で（仏様に）祈る。 親が太秦寺に参籠なさった
見せ 給へ と、 心 の うち に 祈る。 親 の 太秦 に
動・下二・用 補動・四・命 格助 名 格助 名 格助 動・四・終 名 格助 名 格助

時にも（いっしょについていって）、 ほかのことはさしおいてこのことだけをお願い
こもり 給へ る に も、 異事 なく こ の こと を
動・四・用 補動・四・命 助動・完・体 格助 係助 名 形・ク・用 代 格助 名 格助

申し上げて、 （参籠が終わって寺から）出たらすぐにこの物語を最後まで読み終えようと思った
申し て、 出で む まま に こ の 物語 見果て
動・四・用 接助 動・下二・未 助動・仮・体 名 格助 代 格助 名 動・下二・未

けれども、 （祈りはかなわず）読むことができない。たいそう残念で嘆かずには
む と 思へ ど、 見え ず。 いと 口惜しく 思ひ嘆か
助動・意・終 格助 動・四・已 接助 動・下二・未 助動・消・終 副 形・シク・用 動・四・未

いられなかった時に、おばにあたる人が地方から上京していた所（家）に（親が私を）行かせたところ、
るる に、 をば なる 人 の 田舎 より 上り たる 所
助動・自・体 格助 名 助動・断・体 名 格助 名 格助 動・四・用 助動・存・体 名

「たいそうかわいらしく成長したことね。」
に 渡い たれ ば、 「いと うつくしう 生ひなり に
格助 動・四・用 助動・完・已 接助 副 形・シク・用 動・四・用 助動・完・用

などと言って、しみじみと懐かしがり、珍しがって、 （私が）帰る時に、「何を（お土
けり。」 など、 あはれがり、 めづらしがり て、 帰る に、 「何 を
助動・嘆・終 副 動・四・用 動・四・用 接助 動・四・体 格助 代 格助

産に）差し上げましょうか。 実用的なものは、 きっとつまらないでしょう。
か 奉ら む。 まめまめしき もの は、 まさなかり な
係助 動・四・未 助動・意・体 形・シク・体 名 係助 形・ク・用 助動・強・未

ゆかしくおぼゆるままに　読みたいと思われるので。「ゆかし」は、心ひかれる対象について、知りたい、見たい、聞きたいなどの気持ちを表す。「ままに」は、原因・理由を表す用法。

一《いち》の巻《まき》よりして　『源氏物語』冒頭の「桐壺《きりつぼ》」の巻から、ということ。「して」は強意。

こもり　「こもる」は、勤行《ごんぎょう》や祈念などのために寺社に何日か参籠《さんろう》すること。作者も親とともに参籠した。

異事《ことごと》なく　ほかのことはさしおいて。

出《い》でむままに　寺から出たらすぐに。この「ままに」は、即時の意（ある事態の後すぐに別の事態が起きること）を表す用法で、…と同時に、…やいなや、などと訳す。

口《くち》惜《お》し　残念だ。がっかりする。

思《おも》ひ嘆《イなげ》かるるに　「るる」は自発の助動詞「る」の連体形。「に」は時を示す格助詞。

を《オ》ばなる人《ひと》　作者の母の姉には『蜻蛉日記《かげろう》』の作者の藤原道綱母《ふじわらのみちつなのはは》がいるが、その人はこの時既に故人である。この「をば」は未詳だが、地方官の妻となって夫とともに任国にいたのが、この頃上京したものであろう。

渡《わた》いたれば　「渡い」は「渡し」のイ音便。父母が作者をおばの所に行かせたということ。

うつくしう生《シュウおイ》ひなりにけり　「うつくし」は、

む。
助動・推・終

（あなたが）見たがっていらっしゃるとかいうものを差し上げましょう。」

ゆかしく し 給ふ なる もの を 奉ら む。」
形・シク・用 動・サ変・用 補動・四・終 助動・伝・体 名 格助 動・四・未 助動・意・終

と言って、『源氏物語』の五十余巻を、蓋のある木の箱に入ったまま全部と、『ざい中将』、

とて、 源氏 の 五十余巻、 櫃 に 入り ながら、 ざい中将、
格助 名 格助 名 名 格助 動・四・用 接助 名

『とほぎみ』、『せりかは』、『しらら』、『あさうづ』などという物語類を、

とほぎみ、 せりかは、 しらら、 あさうづ など いふ 物語ども、
名 名 名 名 副助 動・四・体 名

一袋にいっぱいに入れて（くださり）、（それを）もらって帰る気持ちのうれしさは大変なものだったよ。

一袋 取り入れ て、 得 て 帰る 心地 の うれしさ ぞ
名 動・下二・用 接助 動・下二・用 接助 動・四・体 名 格助 名 係助

いみじき や。
形・シク・体 間助

かわいい、「生ひなる」は、成長する、育つ、の意。「けり」は詠嘆で、驚きを示す。

奉《たてまつ》らむ 「奉る」は「与ふ」の謙譲語。おばが姪《めい》に敬語表現を用いているが、当時は年下でも、いとしく思うものには敬語を用いた。

まめまめしきもの 「まめまめし」は、①きまじめだ、②実用的だ、の意を表す。ここは②の意で、「まめまめしきもの」と「物語」が対照的に扱われている。

まさなかりなむ 「まさなし」は、よくない、好ましくない、不都合だ、の意。「な」は下に推量の助動詞を伴い、強意となる。

ゆかしくし給《たま》ふなるもの 前からあなたが見たがっていらっしゃるとかいうもの。おばは、作者が物語を見たがっているのを以前から知っていたことがうかがわれる。

■第二段落（七八・13〜終わり）

段意

『源氏物語』を読める喜びは、后《きさき》の位も問題にならないと思うほどだった。それからは、昼も夜も夢中になって読みふけった。僧が夢に現れて「法華経《ほけきょう》の第五巻を早く習いなさい。」と言ったが、気にもとめず、物語の文章などがそらで浮かんでくるほど熱中し、そのうち自分も美人になり、夕顔《ゆうがお》や浮舟《うきふね》のようになるだろう、と夢想していた私の心は、何ともとりとめがなく、あきれ果てたものだった。

現代語訳・品詞分解

胸をわくわくさせて、（これまで、とびとびに）わずかばかり見ては話の筋もよく分からずじれっ

はしるはしる、 わづかに 見 つつ 心 も 得 ず
副 形動・ナリ・用 動・上一・用 接助 名 係助 動・下二・未 助動・消・用

語釈・文法

心《こころ》も得《え》ず 全体の話の筋もよく分からず。

たく思っていた『源氏物語』を、　第一巻から、　ほかの人もまじらず
心もとなく　思ふ　源氏　を、　一の巻　より　して、　人　も　まじら
形・ク・用　動・四・体　名　格助　名　格助　副助　名　係助　動・四・未

（たった一人で）几帳の中にうつぶして、　次々に取り出して読む
ず　几帳　の　うち　に　うち臥し　て、　引き出で　つつ
助動・消・用　名　格助　名　格助　動・四・用　接助　動・下二・用　接助

気持ちは、　（女性最高の地位である）后の位も何にしようか。（問題にならないと思うほど
見る　心地、　后　の　位　も　何　に　か　は　せ　む。
動・上一・体　名　名　格助　名　係助　代　格助　係助　動・サ変・未　助動・意・体

であった。）昼は一日中、　夜は目の覚めている限り、　灯火
昼　は　日暮らし、　夜　は　目　の　覚め　たる　限り、　灯
名　係助　副　名　係助　名　格助　動・下二・用　助動・存・体　名　名

を身近にともして、　この物語を読む以外には何もしないので、
を　近く　ともし　て、　これ　を　見る　より　ほか　の　こと
格助　形・ク・用　動・四・用　接助　代　格助　動・上一・体　格助　名　格助　名

いつのまにか自然と、　（物語の文章が）そらで頭に浮かんでくる
なけれ　ば、　おのづから　など　は、　そらに　おぼえ浮かぶ　を、
形・ク・已　接助　副　副助　係助　形動・ナリ・用　動・四・体　格助

のを、（我ながら）すばらしいことと思っていたところ、夢の中に、　たいそう清楚な感じの僧で、
いみじき　こと　に　思ふ　に、　夢　に、　いと　清げなる　僧
形・シク・体　名　格助　動・四・体　接助　名　格助　副　形動・ナリ・体　名

黄色い地の袈裟を着ている僧が現れて、
の、　黄なる　地　の　袈裟　着　たる　が　来　て、
格助　形動・ナリ・体　名　格助　名　動・上一・用　助動・存・体　格助　動・カ変・用　接助

「法華経の第五巻を早く習いなさい。」　と（私に）言うのを見たけれども、
「法華経　五の巻　を　疾く　習へ。」　と　言ふ　と　見れ　ど、
名　名　格助　副　動・四・命　格助　動・四・終　格助　動・上一・已　接助

（その夢のことは）人にも話さず、　（また、法華経を）習おうという気も起こさず、
人　に　も　語ら　ず、　習は　む　と　も　思ひかけ
名　格助　係助　動・四・未　助動・消・用　動・四・未　助動・意・終　格助　係助　動・下二・未

物語のことだけを心に思いつめて、　私は今は
ず、　物語　の　こと　を　のみ　心　に　しめ　て、　我　は
助動・消・用　名　格助　名　格助　副助　名　格助　動・下二・用　接助　代　係助

何《なに》にかはせむ　何にしようか、何にもならない、の意から転じて、問題にならない、の意。「かは」は反語を示す。

おのづ《ズ》からなどは　いつのまにか自然と。「などは」は語勢を強めるために置かれたもの。

おぼえ浮《う》かぶ　『源氏物語』の文章が頭に思い浮かぶ。

いと清《きよ》げなる僧《そう》の…着《き》たるが来《き》て　「清げなり」は、容貌・姿などが美しく、きれいなさま。「僧の」の「の」は同格の格助詞。…で、と訳す。下に連体形の語があるので、その連体形の直後に「の」の直前の語「僧」を補う。

わろし　「よし」「あし」が絶対的評価を伴った語であるのに対して、「よろし」と対になって相対的評価を示す語である。他と比較すると、まあよくない、ほどの意。

盛《さか》りにならば　年頃になったら。女盛りになったら。「盛り」はここでは女盛りをいう。

髪《かみ》もいみじく長《なが》くなりなむ　髪が黒く豊かで長いことは、美人の第一要件であった。

夕顔《ゆうがお》・浮舟《うきふね》の女君《おんなぎみ》　いずれも薄幸の女性たち。「鑑賞」参照。

やう《ヨウ》にこそあらめ　ようになるだろう。「やうにあらむ」の強調表現。「こそ—め」で係り結び。

（まだ幼いから）器量がよくないのだよ、（しかし）年頃になったら、顔立ちもこのう
このごろ　わろき　ぞ　かし、盛り　に　なら　ば、かたち　も
名　形・ク・体　終助　終助　名　格助　動・四・未　接助　名　係助

えもなくよくなり、髪もすばらしく長くなるにちがいない、
限りなく　よく、髪　も　いみじく　長く　なり　な　む、
形・ク・用　形・ク・用　名　係助　形・シク・用　形・ク・用　動・四・用　助動・強・未　助動・推・終

（そして『源氏物語』で）光源氏に愛された夕顔や、宇治の薫大将の愛を受けた浮舟の女君のようになる
光の源氏　の　夕顔、宇治の大将　の　浮舟の女君　の　やうに　こそ
名　格助　名　名　格助　名　格助　助動・比・用　係助

だろう、と思っていた私の心は、（今思うと）まずもって実にたわい
あら　め、と　思ひ　ける　心、まづ　いと　はかなく、
補動・ラ変・未　助動・推・已　格助　動・四・用　助動・過・体　名　副　副　形・ク・用

もなく、あきれ果てたものだった。
あさまし。
形・シク・終

はかなく、あさまし　「はかなし」は、定めない、頼りにならない、とりとめがない、の意。「あさまし」は、驚きあきれる、の意。頼りなくあきれかえったことだ、の意となる。物語に耽溺《たんでき》していた少女時代を回想して、反省し悔恨した表現である。

鑑賞

〈『源氏物語』への傾倒〉　物語への憧れを胸に抱いて帰京した作者だったが、継母《ままはは》との別離や乳母の死などによって、ふさぎこんで日を送るようになっていた。そんな作者を慰めようと、実母がいろいろな物語を探してきて見せてくれる。作者は、『源氏物語』の続きを読みたいと思うが、その願いはなかなかかなえられなかった。

〈后の位も何にかはせむ〉　そうした折、地方から上京したおばの家に遊びに行ったところ、作者の成長ぶりを喜び、『源氏物語』をはじめ、さまざまな物語を贈ってくれた。作者は、それ以後、昼も夜も物語を読みふける。物語の世界に没入する作者の喜びと満足感は、「后の位も何にかはせむ。」という言葉に凝縮されている。当時の女性ならば誰もが憧れたはずの「后の位」も、『源氏物語』の与えてくれる感激に比べたら物の数ではないというところに、作者の物語への耽溺ぶりがよく表れている。

それにしても、これほどの物語類を所蔵し、惜しみなく作者に与えたおばとは、いったいどういう人物なのか。詳細は不明だが、やはり菅原《すがわら》氏という学問・文学の家に属する一人であったろうと思われる。当時、書物入手の困難はひととおりではなかったのに、中下流の受領《ずりょう》階級でこうした物語類を所蔵していたのも、菅原氏一族なればこそであろう。物語好きの姪に理解を示し、現実生活に役立つ実用品でなく、虚構

の世界を楽しむ物語を与えたという点も、おばが幼少から文学に親しむ環境に育ったことをうかがわせる。

〈物語の世界に生きる〉　物語に心を奪われていた作者が特に心ひかれたのは、光源氏に愛されながら、物《もの》の怪《け》にとり殺される夕顔や、薫《かおる》大将と匂宮《におうみや》の二人の男性に愛された板挟みの苦悩から入水《じゅすい》自殺を選んだ浮舟であった。どちらも数奇な運命にもてあそばれ、死の影を色濃く帯びた女性である。こうした女主人公に憧れて自分もそうなることを夢見ていた少女時代を振り返り、そのあまりにも非現実的・夢想的な心の在りように晩年の作者は、「まづいとはかなく、あさまし。」と嘆息を禁じえないのであった。

教科書の問題（解答・解説）

❓教科書本文下に示された問題

❓何が「そらにおぼえ浮かぶ」のか。（p.七八）

解答　『源氏物語』の文章。

［解説］　『源氏物語』に熱中するあまり、場面の様子や登場人物の言動などを描いた文章をそっくり暗記してしまい、それが頭に思い浮かぶというのである。

■学習の手引き

❶作者が『源氏物語』を手に入れることができた経緯をまとめよう。

解答　①ふさぎこんでいる作者を慰めようとして、母が物語を探してきて見せてくれる。

②「紫のゆかり」を見て、その続きを見たいと思うが、人に相談もできず、まだ都に慣れないので入手できない。

③太秦寺に参籠して、「源氏の物語、一の巻よりしてみな見せ給へ」と願を立てるが手に入らない。

④田舎から上京したおばのもとを訪れ、櫃《ひつ》に入ったままの「源氏の五十余巻」を贈られる。

教科書　七九ページ

❷『源氏物語』を読む感動は、どのように描かれているか。

解答　『源氏物語』を読む感動は、「后の位も何にかはせむ。」という表現に凝縮されている。作者は、『源氏物語』を読む喜びに比べたら、当時の女性にとって最高の「后の位」も問題にならないと思っていた。

［解説］　長らく切望していた『源氏物語』をようやく入手できた作者は、几帳《きちょう》の中で一人うつぶして、昼も夜も読書に没頭した。作者にとって、『源氏物語』は、当時の女性の誰もが憧れたはずの「后の位」にも代えがたい満足感を与えてくれるものだったのである。「はしるはしる」〔七八・13〕、「昼は日暮らし…ほかのことなければ」〔七

九・1〕、「そらにおぼえ浮かぶを、いみじきことに思ふ」〔七九・2〕などにも熱中ぶりが表れている。

❸ **「まづいとはかなく、あさまし。」〔七九・8〕とあるが、作者はどのようなことに対してそう思ったのか、また、なぜそう思ったのか、話し合おう。**

[解説]「まづいとはかなく、あさまし。」は、晩年、日記の執筆を始めた作者が、物語に耽溺していた少女時代を振り返って評した言葉である。すっかり物語の世界に入り込み、悲劇の女主人公になることを夢見ていた少女時代の自分は、さまざまな体験を積んで世の中の現実を知った晩年の作者から見ると、あまりにも非現実的・夢想的であった。人生の半ば以上を過ぎて信仰に目覚めた作者にとっては、少女時代、物語に耽溺して法華経を習わなかったことも深い悔恨になっているにちがいない。

以上のような点について、話し合いを深めていこう。

■語句と表現

① **次の傍線部の助詞「の」の用法の違いを説明しよう。**

解答 (1)親の太秦に＝主格の格助詞。
(2)后の位も＝連体修飾格の格助詞。
(3)いと清げなる僧の＝同格の格助詞。

[解説] (3)は、「いと清げなる僧」と「黄なる地の袈裟《けさ》着たる(僧)」が同じであることを示している。同格の「の」は、「…で」と訳し、後の語句に体言がない場合は前の語句の体言を補って解釈する。

出典・作者

出典 『更級《さらしな》日記』 日記文学。一巻。康平《こうへい》二年〔一〇五九〕以降に書かれたと考えられている。父が上総国での任期を終えて京へと帰る旅の記録から書き起こし、その後の生活を、五十歳を過ぎた晩年に回想して書いたといわれる。京での生活や、宮仕えのこと、結婚や夫との死別などを描きつつ、幼い頃の物語世界への憧れと幻想が、厳しい現実生活によって崩され、人生の終末に信仰の世界に救いを求めようとするに至るまでの精神的な遍歴が描き出されている。

作者 菅原孝標女《すがわらのたかすえのむすめ》〔一〇〇八―?〕 父である菅原孝標は、菅原道真《みちざね》の子孫。母は藤原倫寧《ふじわらのともやす》の娘で、『蜻蛉《かげろう》日記』の作者である藤原道綱母《みちつなのはは》の異母妹にあたる。三十二歳で祐子《ゆうし》内親王に仕えたが、宮仕え生活には合わなかった。まもなく橘俊通《たちばなのとしみち》と結婚して子をもうけ、平穏な生活を願っていたが、五十一歳で夫と死別し、晩年は孤独な生活を送りながら、半生を回想して『更級日記』を書いた。『浜松中納言物語』『夜の寝覚《ねざめ》』などの物語の作者だともいわれている。

蜻《かげ》蛉《ろう》日記

なげきつつひとり寝《ぬ》る夜

藤原道綱母《ふじわらのみちつなのはは》

教科書　八〇～八一ページ

大意

九月頃、夫の兼家《かねいえ》がよその女にやろうとした手紙を見つけて驚くが、見たことだけでも分からせたいと、「うたがはし…」の歌を手紙に書きつけた。これで縁も途絶えるかと思っていたら、案の定、十月の末に三夜続けて姿を見せなかった。その後なにくわぬ顔でやって来た兼家が、ある夕方、方角が悪いと言って出ていくので、召し使いにつけさせたところ、町の小路《こうじ》の女のもとに行ったと報告してきた。二、三日たって夜明け前に兼家が訪ねてきたが、門を開けさせずにいると、例の女の所へ行ってしまった。翌朝、「なげきつつ…」の歌を色あせた菊につけて贈ったが、兼家の返歌は真情に乏しいものだった。悪びれもせずに平気な顔で通ってくる兼家の無神経さがますます気にくわない。

■第一段落（初め～八〇・6）

段意

九月頃、夫の兼家が帰った後で、よその女にやろうとした手紙を見つけた。見たという証拠の歌を手紙に書きつけて、これで縁も途絶えるかと嘆いていると、兼家はなにくわぬ顔で訪れてきては思わせぶりなことを言う。

現代語訳・品詞分解

九月頃になって、（夫の兼家が）帰っていった時に、

九月	ばかり	に	なり	て、	出で	に	たる	ほど	に、
名	副助	格助	動・四・用	接助	動・下二・用	助動・完・用	助動・完・体	名	格助

（置き忘れた）文箱があるのを何の気なしに開けて見ると、

箱	の	ある	を	手まさぐり	に	開け	て	見れ	ば、
名	格助	動・ラ変・体	格助	名	格助	動・下二・用	接助	動・上一・已	接助

（よその）女のもとに送ろうとした手紙が入っている。

人	の	もと	に	やら	む	と	し	ける	文	あり。
名	格助	名	格助	動・四・未	助動・意・終	格助	動・サ変・用	助動・過・体	名	動・ラ変・終

語釈・文法

箱《はこ》　「文箱」（ふみばこ・ふばこ）のこと。

手《て》まさぐりに　何の気なしに。手なぐさみに。文箱の中をあらためる意図を持って開けたわけではないことを表す。

文《ふみ》　手紙。広く文字で書かれたものを指し、①文書、書物、②手紙、③漢詩、などの意を表す。

知《し》られむ　兼家に知られるようにしよう。分か

驚きあきれて、　せめて(手紙を)見てしまったということだけでも知られるようにしようと
あさましさ に、 見 て けり と だに 知ら れ
名 格助 動・上一・用 助動・完・用 助動・過・終 格助 副助 動・四・未 助動・受・未

思って、　(手紙の端に次の歌を)書きつける。
む と 思ひ て、 書きつく。
助動・意・終 格助 動・四・用 接助 動・下二・終

疑わしいこと。よその女に差し上げようとしているお手紙を見ると、こちらへのおいでは途絶
うたがはし ほか に 渡せ る ふみ 見れ ば ここ
形・シク・終 名 格助 動・四・命 助動・存・体 名 動・上一・已 接助 代

えてしまうというのでしょうか。
や とだえ に なら む と す らむ
係助 名 格助 動・四・未 助動・推・終 格助 動・サ変・終 助動・現推・体

などと思っているうちに、　案の定、　十月の末頃に、　三夜続
など 思ふ ほどに、 むべ なう、 十月 つごもりがた に、 三夜
副助 動・四・体 接助 副 形・ク・用 名 名 格助 名

けて(兼家の)姿の見えない時がある。　(その後やって来た兼家は)なにくわぬ
しきり て 見え ぬ 時 あり。 つれなう て、 「しばし
動・四・用 接助 動・下二・未 助動・消・体 名 動・ラ変・終 形・ク・用 接助 副

顔をして、「しばらく(訪れないで、あなたの気持ちを)試しているうちに。」などと、思わせぶりなことを言う。
こころみる ほどに。」 など、 気色 あり。
動・上一・体 接助 副助 名 動・ラ変・終

■第二段落 (八〇・7〜八一・6)

段意

ある夕方、兼家の行動に不審を抱いて調べさせたところ、町の小路に愛人がいることが分かり、夜明け前に訪れてきた兼家を門前払いすると、その女の所へ行ってしまった。翌朝、切ない女心を歌で伝えた。

現代語訳・品詞分解

私の家から、　夕暮れ方、　(兼家が)「宮中の方角からはふさがっていたのだ。」
これ より、 夕さりつかた、 「内 の 方 ふたがり けり。」
代 格助 名 名 格助 名 動・四・用 助動・嘆・終

と言って出ていくので、　不審に思って、　召し使いに後をつけさせて(様子を)見させると、
とて 出づる に、 心得 で、 人 を つけ て 見すれ ば、
格助 動・下二・体 接助 動・下二・未 接助 名 格助 動・下二・用 接助 動・下二・已 接助

らせよう。知らせよう。

むべなう《ノウ》 「むべ」は「うべ」と同じで、もっともなことに、なるほど、の意の副詞。「むべなし」は、「むべ」に「なし」が付いたものだが、意味は、案の定、思っていたとおり、の意で、悪い予感が的中した時に用いる。

三《み》夜《よ》しきりて見《み》えぬ 三夜続けて兼家が姿を見せない。「しきる(頻る)」は、度重なる、の意。当時の習俗では、男が三夜続けて女のもとに通い、三夜目に「所顕《ところあらわ》し」という宴を開くことで、結婚が公然のものとなった。

つれなし 平然としている。さりげない。他者からの働きかけに反応を示さないさま。

しばしこころみるほどに 下に「三日もたってしまった」という意味のことが省略されている。

語釈・文法

これより 私の家から。

そこそこ どこそこ。しかじかの所。

とまり給《たま》ひ《イ》ぬる 車をお停めになった。牛車《ぎっしゃ》がその家まで行った、の意。

「町の小路にあるどこそこの家に、(車を)お停めになりました。」
「町の小路 なる そこそこ に なむ、とまり 給ひ ぬる。」
名 助動・在・体 代 格助 係助 動・四・用 補動・四・用 助動・完・体

と報告してきた。 思ったとおりだと、 ひどく情けないと思うけれども、
とて 来 たり。 され ば よ と、いみじう 心憂し と 思へ
格助 動・カ変・用 助動・完・終 動・ラ変・已 接助 間助 格助 形・シク・用 形・ク・終 格助 動・四・已

何と言ってよいのかも分からずにいるうちに、 二、三日ほど
ども、いは む やう も 知ら で ある ほどに、二、三日
接助 動・四・未 助動・婉・体 名 係助 動・四・未 接助 動・ラ変・体 接助 名

して、 夜明け前の頃に(私の家の)門をたたく時があった。
ばかり あり て、暁がた に 門 を たたく 時 あり。
副助 動・ラ変・用 接助 名 格助 名 格助 動・四・体 名 動・ラ変・終

あの人の来訪であるらしいと思うが、 気が進まなくて、 門を開けさせないでい
さ な めり と 思ふ に、憂く て、開け させ
副 助動・断・体 助動・定・終 格助 動・四・体 接助 形・ク・用 接助 動・下二・未 助動・使・未

ると、 例の(町の小路の)家と思われる所に行ってしまった。
ね ば、例 の 家 と おぼしき ところ に ものし
助動・消・已 接助 名 格助 名 格助 形・シク・体 名 格助 動・サ変・用

翌朝、 このまま済ましてはおくまいと思って、
たり。 つとめて、なほ も あら じ と 思ひ て、
助動・完・終 名 副 係助 動・ラ変・未 助動・消意・終 格助 動・四・用 接助

あなたのおいでがなくて嘆き続けてひとり寝る夜が明けるまでの間は、どんなに待ち遠しく久しいものであるか、あなたはご存じでしょうか。(戸を開ける間さえ待ちきれぬあなたでは、お分かりになりますまいね。)
なげき つつ ひとり 寝る 夜 の あくる 間 は いかに
動・四・用 接助 名 動・下二・体 名 格助 動・下二・体 名 係助 副
久しき もの と かは 知る
形・シク・体 名 格助 係助 動・四・体

と、 いつもよりは改まって書いて、 色のあせた菊に挿し
と、例 より は ひきつくろひ て 書き て、移ろひ たる
格助 名 格助 係助 動・四・用 接助 動・四・用 接助 動・四・用 助動・存・体

さればよと 「さればよと」は、予測が的中した時に用いる。「さればよと」は、下の「いみじう心憂しと」と並んで、「思へども」にかかる。

心憂《こころう》し 情けない。不愉快だ。

暁《あかつき》がた 夜が明ける前のまだ暗い時。暁がたの来訪は、宮中の宿直《とのい》明《あ》けの場合もあるが、別の女性のもとからの帰途を思わせる。

さなめり そうであるらしい。兼家の来訪であるらしい。「な」は、断定の助動詞「なり」の連体形「なる」が「なん」と撥《はつ》音化し、その撥音が表記されない形。

ものしたり 行ってしまった。「ものす」は、人物の動作や存在などを、漠然と表す場合に用いる。ここは「行く」の意。

例《れい》よりはひきつくろひ《イ》て書《か》きて いつもよりは改まって書いて。料紙や筆跡に心を配ることにより、兼家に対して距離を置く態度を示す。

移《うつ》ろひ《イ》たる菊《きく》にさしたり 色のあせた菊に添えて持たせてやった。兼家の心がよその女へ移ったことを諷《ふう》し、また、愛を失ってうちしおれたわが身のたとえともしたのである。「移ろふ」は、色あせる、心変わりする、の意。

あくるまでもこころみむ 夜が明けるまで戸を開けてくれるのを待ってみよう。「あくる」は、

（て贈っ）た。

菊 に さし たり。
名 格助 動・四・用 助動・完・終

（兼家の）返事は「夜が明けるまで戸を開けてくれるのを待ってみようと思ったのだが、急な（太政官への呼び出しを伝える）召使が来合わせたので（そのまま行ってしまいました）。（あなたがご立腹なさるのも）全くもっともなことですよ。

返り事、「あくる まで も こころみ
名 動・下二・体 副助 係助 動・上一・未

む と し つれ ど、 とみなる 召使 の 来あひ
助動・意・終 格助 動・サ変・用 助動・完・已 接助 形動・ナリ・体 名 格助 動・四・用

たり つれ ば なむ。 いと 理なり つる は。
助動・完・用 助動・完・已 接助 係助 副 形動・ナリ・用 助動・完・体 終助

本当にあなたのおっしゃるとおり、（冬の夜はなかなか明けずつらいものだが、）冬の夜でもない真木の戸も、いつまでも開けてもらえないのはつらいものだと分かりましたよ。」（とある。）

げに や げに 冬 の 夜 なら ぬ 真木 の 戸
副 間助 副 名 格助 名 助動・断・未 助動・消・体 名 格助 名

も おそく あくる は わびしかり けり」
係助 形・ク・用 動・下二・体 係助 形・シク・用 助動・嘆・終

作者の和歌の中の「あくる」と同じ掛詞《かけことば》。

とみなる 「とみ（頓）」は、急であるさま。

いと理《ことわり》なりつるは （ご立腹なさるのも）全くもっともなことですよ。「理なり」は、当然だ、道理に合っている、の意。

げにやげに 本当にごもっとも、ごもっとも。「げに」を強めて詠嘆的に表現した語。

わびし 動詞「侘《わ》ぶ」が形容詞化した語。物事が思うようにならない失望・落胆を表す。①がっかりだ。興ざめだ。②困ったことだ。③つらい。やりきれない。④悲しい。切ない。⑤貧しい。みすぼらしい。ここは③の意。

■第三段落（八一・7～終わり）

段意 兼家は、そしらぬふりではぐらかすので、やりきれない思いが募り、その無神経さに不愉快な気持ちになる。

現代語訳・品詞分解

それにしても、全くどういう気持ちか理解に苦しんだくらいに平気な様子で通ってきた。

さても、 いと あやしかり つる ほど に 事なしび たり。
接 副 形・シク・用 助動・完・体 名 格助 動・上二・用 助動・存・終

（せめて）しばらくはこっそりと気づかれないように、「宮中に（急用で参内した）。」などと言って（その場を取り繕って）いるのが当然であるのに、いよいよ不愉快に思うことが限りなく続いていることよ。

しばし は 忍び たる さま に、「内 に。」 など 言ひ
副 係助 動・上二・用 助動・存・体 名 格助 名 格助 副助 動・四・用

つつ ぞ ある べき を、 いとどしう 心づきなく 思ふ
接助 係助 動・ラ変・体 助動・当・体 接助 形・シク・用 形・ク・用 動・四・体

こと ぞ 限りなき や。
名 係助 形・ク・体 間助

語釈・文法

事《こと》なしびたり 「事なしぶ」は、何もなかったふりをする。そしらぬふりをする。

忍《しの》ぶ ①人目につかないようにする。隠す。②こらえる。我慢する。ここは①の意。

いとどしう《シュウ》 いっそう甚だしく。町の小路の女のもとに通うのさえ不愉快なのに、それを隠そうともしない態度にいっそう不愉快に思う、ということ。

心《こころ》づきなし 気にくわない。不愉快だ。

鑑賞

夫の兼家に愛人のいることを知った作者が、激しく燃える怨情《えんじょう》と抵抗のうちに、なお夫の心を得ようと苦悩する切ないまでの女心を描いた部分である。

平安朝貴族の結婚様式は招婿婚《しょうせいこん》であり、また一夫多妻制である。作者の家へ兼家が通ってくるのであり、また、作者以外の女性の家へも通うことが容認されて、町の小路の女のような愛人を同時に持つことができる時代であった。この時、兼家には正妻の時姫があり、子どもも多くいた。女性の地位は低く、夫の通いが止まれば、事実上の離婚という不安定な生活をせざるをえなかったのである。

当時の結婚形態を念頭に置いて読む時、夫の愛を失った女性の哀れさと、不安と悲嘆と怨恨の心情がまず想像される。

一子道綱《みちつな》を出産した直後に、夫の愛人の存在に気づいた時の驚きと嘆きは、「ここやとだえにならむとすらむ」「さればよと、いみじう心憂し」に凝集している。そうした女性の心情に無神経な夫のわがままを、潔癖な作者はどうしても許せなかったのである。激しく燃える夫への怨情は、暁がたの訪問を拒む抵抗となる。そして、その怨情の底にある、夫の愛を得ようともだえる切ない女心を詠んだのが、「なげきつつ…」の歌である。「移ろひたる菊」に添えた複雑な女の心情は、気まぐれな浮気心の主である兼家には理解できなかったのであろう。なにくわぬ顔をして通ってくる兼家に対して、作者は、「心づきなく思ふことぞ限りなきや。」と、深い嘆息のうちに吐き捨てるように、その不満を述べている。

教科書の問題（解答・解説）

教科書 八一ページ

❓教科書本文下に示された問題

❓「さ」とは何を指すか。（p.八〇）

解答 兼家が訪ねてきたこと。

［解説］ 夜明け前に門をたたく音から、兼家の来訪らしいと推定した。

■学習の手引き

❶作者と兼家との間にどのようなことが起こったのか、時間を追ってまとめよう。

解答 ①九月頃、兼家が帰った後、文箱の中からよその女に宛てた手紙を見つけ、自分が見たという証拠としてその手紙に歌を書きつけておいた。

②十月の末頃、兼家が三晩続けて訪れないこと（町の小路の女との結婚）があり、その後やって来た兼家は作者に思わせぶりなことを言う。

③ある日の夕方、兼家が方違えのためと言って出ていくのを不審に思った作者は、召し使いに後をつけさせて、町の小路の女の存在を確認する。

④二、三日後の夜明け前、作者は、門をたたく音で兼家の来訪を知るが、開けさせなかったところ、兼家は町の小路の女のもとに行ってしまった。

⑤翌朝、作者が「なげきつつ…」の歌を色あせた菊に添えて贈ると、兼家から「げにやげに…」の返歌がある。

⑥兼家はその後も平気な様子で通ってきて、作者はその無神経さに不快感を覚える。

❷三首の歌は、それぞれどのようなことを伝えようとしたものか。

解答 ・「うたがはし…」＝よその女に宛てた兼家の手紙を自分が見たことを伝え、夫の不実を責める気持ちや、自分との縁が切れるのではないかと不安に思う気持ちを伝えようとした。

・「なげきつつ…」＝兼家が町の小路の女に心を移したことを嘆く気持ちや、夫の訪れがなく一人で過ごす夜のつらさを伝えようとした。

・「げにやげに…」＝妻の悲嘆と怨嗟《えんさ》に対する一定の理解と、昨夜つれなくされたことへの不満を伝えようとした。

❸「移ろひたる菊にさしたり。」〔八一・3〕とあるが、どうしてそのようなことをしたのか。

解答 兼家の愛情が町の小路の女のほうに移ってしまったことと、捨て去られようとしているわが身のうちしおれた心情を暗示するため。

❹作者の心情について、感じたことを話し合おう。

［解説］当時の結婚形態が現代とどのように違うのかを押さえて、作者の強烈な独占欲と嫉妬について話し合うようにする。またその際には、作者の性格と兼家の性格の相違や、言い募っていくうちに激していく感情や心理の起伏・変化にも注目するとよいだろう。

■語句と表現

①「ならむとすらむ」〔八〇・4〕の「ならむ」と「すらむ」について、それぞれ文法的に説明しよう。

解答 ・ならむ＝ラ行四段活用動詞「なる」の未然形＋推量の助動詞「む」の終止形

・すらむ＝サ行変格活用動詞「す」の終止形＋現在推量の助動詞「らむ」の連体形（係助詞「や」の結び）

あまぐもにそる鷹《たか》

教科書 八二〜八三ページ

大意

（「なげきつつひとり寝《ぬ》る夜」から十五年後、夫婦の仲は険悪になり、作者の惨めな思いはいっそう深刻になった。）つくづくと思い続けることは、夫に失望して、死んでしまいたいという願いばかりであったが、たった一人の愛児道綱《みちつな》が、自分の死後、頼るべき人もなくて、どのようになるのかと思うと、心配で死ぬに死ねなかった。いっそ出家でもしようかと道綱に訴えると、「母上が尼になるなら、私も法師になる。」と言ってひどく泣いた。切なさのあまり冗談に紛らわしてしまおうとして、「出家して鷹が飼えなくなったら、どうするの。」と言ったら、道綱は鷹を空に放ってしまった。私も侍女も涙をこらえきれなかった。

現代語訳・品詞分解

つくづくと思い続けることは、やはり何とかして自らの意志で早く死ぬ

つくづくと	思ひ続くる	こと	は、	なほ	いかで	心と	疾く
副	動・下二・体	名	係助	副	副	副	副

ことになりたいと願うよりほかに何もないのだが、

死に	も	し	にしがな	と	思ふ	より	ほか	の	こと
名	係助	動・サ変・用	終助	格助	動・四・体	格助	名	格助	名

ただこの一人いる子（道綱）のことを考えると、

も	なき	を、	ただ	こ	の	一人	ある	人	を	思ふ	に
係助	形・ク・体	接助	副	代	格助	名	動・ラ変・体	名	格助	動・四・体	接助

ひどく悲しくなる。一人前に育てて、安心して任せられるような妻な

ぞ、	いと	悲しき。	人	と	なし	て、	後ろやすから	む
係助	副	形・シク・体	名	格助	動・四・用	接助	形・ク・未	助動・婉・体

どと結婚させれば、死ぬのも気が楽だろうと思っていたのだが、

妻	など	に	預け	て	こそ、	死に	も	心やすから	む
名	副助	格助	動・下二・用	接助	係助	動・ナ変・用	係助	形・ク・未	助動・推・終

語釈・文法

つくづくと思《おも》ひ《イ》続《つづ》くること　天禄《てんろく》元年（九七〇）六月の頃で、夫兼家《かねいえ》の訪れは全く途絶え、もう一か月以上も姿を見せない。絶望に近い厭《えん》世《せい》観が作者をとらえて離さないのである。

心《こころ》と　自らの意志で。進んで。

後《うし》ろやすからむ妻《め》　道綱の妻として安心できるような素質・条件を備えた女性。「後ろやすし」は、将来のことも安心できる、心が許せる、の意で、「後ろめたし」（不安だ、気がかりだ、気が許せない）の対義語。

預《あず》けて　人に託して。ここは結婚させて、の意。

（今死んだら、道綱は）どんな（に心細い）気持ちであてどのない暮ら
とは 思ひ しか、 いかなる 心地 し て さすらへ むず
格助 係助 動・四・用 助動・過・已 形動・ナリ・体 名 動・サ変・用 接助 動・下二・未 助動・推・終

しをすることになるだろうと思うと、 やはりとても死にきれない。 「どうしようか。
らむ と 思ふ に、 なほ いと 死に難し。 「いかが は
助動・現推・体 格助 動・四・体 接助 副 副 形・ク・終 副 係助

尼になって、 この世のことを思い切れるかどう
せ む。 かたち を 変へ て、 世 を 思ひ離る や
動・サ変・未 助動・意・体 名 格助 動・下二・用 接助 名 格助 動・下二・終 係助

か試してみよう。」 と（道綱にしんみり）語ると、まだ（子どもで）たいした分別もない
と こころみ む。」 と 語らへ ば、 まだ 深く も あら
格助 動・上一・未 助動・意・終 格助 動・四・已 接助 副 形・ク・用 係助 補動・ラ変・未

ようなのに、 ひどくしゃくりあげておいおいと泣いて、
ぬ なれ ど、 いみじう さくり も よよと 泣き て、
助動・消・体 助動・断・已 接助 形・シク・用 名 係助 副 動・四・用 接助

「（母上が）そのように（尼に）おなりになったら、私も法師になって暮らしましょう。
「さ なり 給は ば、 まろ も 法師 に なり て こそ
副 動・四・用 補動・四・未 接助 代 係助 名 格助 動・四・用 接助 係助

何の生きがいがあって世間の人たちの中に立ち交じって暮らしましょう
あら め。 何 せ む に かは 世 に も
動・ラ変・未 助動・意・已 代 動・サ変・未 助動・意・体 格助 係助 名 格助 係助

か。（いや暮らしはしません。）」と言って、ひどくおいおいと声を立てて泣くので、 私も涙を
まじろは む。」 とて、 いみじく よよと 泣け ば、 我 も
動・四・未 助動・意・体 格助 形・シク・用 副 動・四・已 接助 代 係助

こらえきれないけれども、 あまりの切なさに、 冗談に紛らわしてしまおうと思って、
え せきあへ ね ど、 いみじさ に、 たはぶれ に 言ひなさ
副 動・下二・未 助動・消・已 接助 名 格助 名 格助 動・四・未

「では（法師になって）鷹が飼えなくなったら、どうなさるおつもりなの。」
む とて、 「さて 鷹 飼は で は、 いかが し 給は
助動・意・終 格助 接 名 動・四・未 接助 係助 副 動・サ変・用 補動・四・未

と言ったところ、 （道綱は）そっと立って駆け出して行って、とま
むずる。」 と 言ひ たれ ば、 やをら 立ち走り て、 しするゑ
助動・意・体 格助 動・四・用 助動・完・已 接助 副 動・四・用 接助 動・下二・用

心《こころ》やすからむ　悩みや憂いがなく、心が穏やかだろう。気が楽だろう。

思《おも》ひ《イ》しか　思ったけれども。上の「こそ」を受けて已然形《いぜん》で結び、逆接の意で下に続く。

さすらへ《エ》むずらむ　あてどのない暮らしをすることになるだろう。「さすらふ」は、あちこちさまよい歩く、零落する、の意。「むず」は、「むとす」のつづまった、推量と意志を表す助動詞。…だろう。…しようとする。…しよう。

いかがはせむ　どうしようか。「む」は「いかが」と呼応して、連体形となっている。

かたちを変《か》へ《エ》て　出家して、僧の姿になって。ここは、尼になること。

世《よ》を思《おも》ひ《イ》離《はな》るや　この世を思い捨てることができるか。

まだ深《ふか》くもあらぬなれど　まだ深い考えも持っていないけれども。子どもだから深い事情などは分からないけれども、と解する説もある。

さくりもよよと泣《な》きて　しゃくりあげて激しく泣いて。「さくり」は、しゃくりあげて激しく泣くこと。「よよ（と）」は、おいおいとしゃくりあげて泣くさま。

世《よ》にもまじろは《ワ》む　「世にまじろふ」は、世の中に交じる、交際する、の意。ここは、具体的には、宮仕えする、官職につく、の意。

り木につないでいた鷹(の足)をつかみ(空へ)放してしまった。見ている侍女も涙をこらえきれず、

たる　鷹　を　握り放ち　つ。　見る　人　も　涙　せきあへ

助動・存・体　名　格助　動・四・用　助動・完・終　動・上一・体　名　係助　名　動・下二・未

ましても、(私は)一日中悲しかった。心に思うことは、

ず、　まして、　日暮らし　悲し。　心地　に　おぼゆる　やう、

助動・消・用　副　副　形・シク・終　名　格助　動・下二・体　名

出家を巡って母子で言い争うと、尼になろうかと思案している私よりも先に、わが子が大切な鷹

あらそへ　ば　思ひ　に　わぶる　あまぐも　に　まづ　そる

動・四・已　接助　名　格助　動・上二・体　名　格助　副　動・四・体

を空に放って頭を剃って法師になる決意を示したのは、いじらしくも悲しいことだ。

鷹　ぞ　悲しかり　ける

名　係助　形・シク・用　助動・嘆・体

ということである。

と　ぞ。

格助　係助

えせきあへ《エ》ねど　涙を抑えることができないけれども。「せきあふ」は、(涙などを)せき止めてこらえきる。「え…ず」は、不可能の意。

いみじさに　あまりの深刻さゆえに。わが子の激しい反応と、それをふびんに思う気持ちに耐えきれなくなったのである。

言《イ》ひなさむとて　言い紛らわそうとして。

さて　道綱が出家してしまって、の意。

まして　他人の侍女でさえそうなのだから、まして母である私は、の意。

あらそへ《エ》ば…(歌)　「あまぐも」の「あま」に「天」と「尼」を、「そる」に「逸る」(飛び去る)」と「剃る」(髪を下ろして出家する)」を掛け、自分が出家して尼になる前に、息子の鷹が空へ飛び去ったと詠んでいる。息子が母を思う気持ちが、母親の悲しみをより深くしている。

とぞ　下に「思ふ」「詠める」などが省略されている形。

鑑賞

天禄元年〔九七〇〕から二年にかけて、作者と兼家の夫婦仲は険悪の極に達する。兼家には近江《おうみ》という通い所(女性)ができて、作者の惨めな思いはいっそう深刻になる。夫婦のいざこざに悩み疲れたあげくの出家発願《ほつがん》に、子どもまで巻き込むことの切なさが描き出され、「あらそへば…」の和歌に結集されている。

愛児道綱の将来を心配して、死ぬに死ねないと深い嘆息をもらす作者の姿には、強く温かい母性愛がにじみ出ている。思いあまって道綱に出家を打ち明けた時、道綱に与えた衝撃は、予想もしないほど深刻なものであった。激しい慟哭《どうこく》の果

てに、日頃大切にかわいがってきた鷹までも放してしまう。そのひたむきないじらしさに、作者も侍女も涙をこらえきれない。母としての愛情と、妻としての愛情の対立葛藤の渦中に苦悩する薄幸な女性の姿に心を打たれる。

この文章の直後には、「日暮るるほどに、文《ふみ》見えたり。天《てん》下《げ》のそらごとならむと思へば、『ただいま、心地悪《あ》しくて。』とてやりつ。」（日暮れ頃、あの人から手紙が来た。とんだうそっぱちだろうと思ったので、「今は、気分が悪いから（返事などできない）。」と言って使いの者を帰した。）という文章が続き、こうした夫婦の争いの憂悶《ゆうもん》からの解放を求めて、作者は石山寺参詣にと出かけるのである。

教科書の問題（解答・解説）

教科書 八三ページ

? 教科書本文下に示された問題

? 「まだ深くもあらぬ」とは、どういうことか。（p.八二）

解答　道綱は年が若くて、まだ思慮分別も深くないということ。（子どもの道綱には夫婦間の深い事情は分からない、と解する説もある。）

■ 学習の手引き

❶ 「かたちを変へて、世を思ひ離るやとこころみむ。」（八二・5）とはどういうことか、説明しよう。

解答　兼家との夫婦関係に絶望して早く死んでしまいたいが、道綱の将来が心配なので、死ぬわけにもいかない。それならば尼になることで、夫との愛憎の執着から逃れられるか試してみようということ。

❷ 道綱が鷹を放ったのはなぜか。

解答　母から出家の妨げになるもののように言われた鷹を放つことによって、母とともに自分も出家するつもりだという強い決意を示すため。

[解説]　道綱は、「まろも法師になりてこそあらめ。」という発言が本心からのものであることを示すため、大切に育てている鷹を空に放ったのである。

❸ 「あらそへば…」（八二・12）の歌に込められた心情について、考えよう。

解答　大切な鷹を放ってまで母とともに出家する決意を示したわが子の愛情に感激し、ただもういじらしく思うと同時に悲しくてたまらない。

[解説]　作者は、何物を犠牲にしても母に従うという決意を表明した道綱のいじらしさに心を打たれている。

■ 語句と表現

① 次の部分を品詞分解し、文法的に説明しよう。

解答　(1)死に（名詞）―も（強意の係助詞）―し（サ行変格活用動詞「す」の連用形）―にしがな（自己の願望を表す終助詞）

(2)さすらへ（ハ行下二段活用動詞「さすらふ」の未然形）―むず（推量の助動詞「むず」の終止形）―らむ（現在推量の助動詞「らむ」の連体形）

[解説]　(1)の「にしがな」は、動詞・助動詞の連用形に付いて「…たいものだ」という自己の願望を表す。「死に」をナ行変格活用動詞「死ぬ」の連用形、「にしがな」を、完了の助動詞「ぬ」の連用形＋自己の願望の終助詞「しが」＋詠嘆の終助詞「な」と解する説もある。(2)の「むずらむ」は、全体で「…だろう」という推量の意を表す。「らむ」は、「いかなる心地して」という疑問の意を含む語句と呼応しているとみて連体形としたが、終止形と解する説もある。

②次の傍線部を文法的に説明しよう。

解答　(1)心やすからむとは思ひしか、＝過去の助動詞「き」の已然形。

(2)我もえせきあへねど＝打消の助動詞「ず」の已然形。

(3)いかがし給はむずる。＝意志の助動詞「むず」の連体形。

[解説]　(1)の「しか」は、上にある係助詞「こそ」の結びになっているが、文が終止せず、逆接の意で下に続く。

出典・作者

出典　『蜻蛉日記《かげろうにっき》』三巻から成る日記文学。天延《てんえん》二年〔九七四〕以後の成立。一夫多妻の社会で権勢家の妻とはなったが、時姫のような北の方の地位を得られない悔しさ、兼家の愛を独占できない苦悩を、強烈に吐露した作品である。地の文による描写と和歌との関連によって作者の内面がみごとに描き出されている。

作者　藤原道綱母《ふじわらのみちつなのはは》〔九三六？―九九五？〕藤原倫寧《ともやす》の娘。父は、受領《ずりょう》（地方国守）を歴任し、その財力と篤実な人柄、肉親愛で作者の心の支えとなった。評判の美貌と歌才から、藤原兼家（後に摂政関白にまで昇進した貴族）に求婚されたが、兼家には正室時姫以外に七人の妻妾《さいしょう》がいた。一夫多妻の婚姻習俗の中で、夫の愛を独占できない女の悲劇的な悲嘆と苦悩と、それがゆえに一子の道綱にかける母性愛とに生きた女流歌人である。

7 作り物語1

●作り物語の内容を的確に読み取り、登場人物の行動や心情を捉える。
●作り物語を多面的・多角的な視点から読み、考えを広げる。

源《げん》氏《じ》物語（一）　紫式部《むらさきしきぶ》

教科書　八六〜八八ページ

光源氏《ひかるげんじ》の誕生　〔桐壺《きりつぼ》〕

大意

どの帝《みかど》の御代《みよ》であったか、女御《にょうご》や更衣《こうい》が大勢仕えていた中で、特に重んじられる身分ではない更衣が帝の愛情を一身に受けていた。そのため、周囲の人々の嫉妬を買い、更衣は、心労のあまり病気がちになっていった。それだけに帝もますますいとおしく思い、世間の語り草になりそうなほどであった。帝の溺愛ぶりは楊貴妃《ようきひ》の例にも比べられそうになったが、更衣は帝の愛情だけを支えとして宮仕えを続けていた。更衣は、父の大納言《だいなごん》が既に亡くなり、教養ある母に大切に支えられていたが、それでも何かの折にはやはり不安であった。帝と更衣には浅からぬ縁があったのか、玉のように美しい皇子《みこ》が生まれた。帝はこの皇子を秘蔵の子として大切にしていた。

■第一段落（初め〜八六・7）

段意

どの帝の御代であったか、女御や更衣が大勢仕えていた中で、特に重んじられる身分ではない更衣（桐壺の更衣）が帝の愛情を一身に受けていた。そのため、周囲の人々の嫉妬を買い、更衣は、心労のあまり病気がちになって、実家に下がっていることが多かった。帝は、世間の目もはばからず、更衣をますます厚遇なさるのだった。

現代語訳・品詞分解

語釈・文法

いづ《ズ》れの御時《おおんとき》にか　下に「ありけむ」などが省

どの帝の御代であったか、　女御や、　更衣が大勢お仕え申し上げなさっていた
いづれ　の　御時　に　か、　女御、　更衣　あまた　候ひ　給ひ
代　格助　名　助動・断・用　係助　名　名　副　動・四・用　補動・四・用

中に、　たいして重んじられる身分の家柄ではない女性で、
ける　中　に、　いと　やむごとなき　際　に　は　あら
助動・過・体　名　格助　副　形・ク・体　名　助動・断・用　係助　補動・ラ変・未

とりわけ(帝の)ご寵愛を受けていらっしゃる女性があった。　初めから
ぬ　が、　すぐれて　時めき　給ふ　あり　けり。　はじめ
助動・消・体　格助　副　動・四・用　補動・四・体　動・ラ変・用　助動・過・終　名

自分こそは(帝のご寵愛を身に受けよう)と自負していらっしゃった御方々は、　(この更衣を)気
より　我　は　と　思ひあがり　給へ　る　御方々、　めざましき
格助　代　係助　格助　動・四・用　補動・四・命　助動・存・体　名　形・シク・体

にくわない者だとさげすんだりねたんだりなさる。　(この更衣と)同じ身分、　(あるいは)それよ
者　に　おとしめ　そねみ　給ふ。　同じ　ほど、　それ　より
名　格助　動・下二・用　動・四・用　補動・四・終　形・シク・終　名　代　格助

り低い身分の更衣たちは、　なおさら心穏やかではない。　朝夕の宮仕え
下﨟　の　更衣たち　は、　まして　やすから　ず。　朝夕　の
名　格助　名　係助　副　形・ク・未　助動・消・終　名　格助

につけても、　ほかの御方々の心をただもう(嫉妬で)騒がせて、
宮仕へ　に　つけ　て　も、　人　の　心　を　のみ　動かし、
名　格助　動・下二・用　接助　係助　名　格助　名　格助　副助　動・四・用

恨みを受けることが積み重なったせいだろうか、　たいそ
恨み　を　負ふ　積もり　に　や　あり　けむ、　いと
名　格助　動・四・体　名　助動・断・用　係助　補動・ラ変・用　助動・過原推・体　副

う病弱になっていき、　何となく心細そうに実家に下がっていることが多いのを、(帝は)ま
あつしく　なりゆき、　もの心細げに　里がちなる　を、　いよいよ
形・シク・用　動・四・用　形動・ナリ・用　形動・ナリ・体　格助　副

すますもの足りなくいとしいものにお思いになって、　他人の非難に対して
飽か　ず　あはれなる　もの　に　思ほし　て、　人　の　譏り
動・四・未　助動・消・用　形動・ナリ・体　名　格助　動・四・用　接助　名　格助　名

も気がねなさることがおできにならず、　世間の語り草にもなってしまい
を　も　え　憚ら　せ　給は　ず、　世　の　例　に　も
格助　係助　副　動・四・未　助動・尊・用　補動・四・未　助動・消・用　名　格助　名　格助　係助

略されている。「今は昔」などと同じく、物語の語りだしの常套《じょうとう》的な型。まず時代を示して、次に人物を紹介する。

候《さぶら》ひ《ィ》　「候ふ」は、貴人にお仕えする、の意。

やむごとなし　並々でない、なおざりにできない、身分が高い、などの意。

際《きわ》　身分。家柄。

時《とき》めく　①時勢に乗って栄える。②寵愛《ちょうあい》を受ける。ここは②の意。

我《われ》は　下に「時めくべし」などが省略されている。

思《おも》ひ《ィ》あがる　自負する。誇りを持つ。悪い意味に使っているのではない。

御方々《おおんかたがた》　ここでは、女御たちを指す。

めざまし　気にくわない。目障りだ。

下﨟《げろう》　身分の低いこと。

人《ひと》の心《こころ》　「人」は、ほかの女御や更衣を指す。

積《つ》もり　「積もる」の連用形が名詞化したもの。

あつしく　「あつし」は、病弱になる、病気が重くなる、の意。

飽《あ》かず　「飽く」(満足する)＋「ず」で、もの足りなく思う、の意。あるいは「飽かず」全体で、甚だ、極めて、の意。両様の説があるが、どちらでも通じる。

え憚《はばか》らせ給《たま》は《ワ》ず　「え」と「ず」が呼応して不可能を示す。…できない。「憚る」は、遠慮

そうなご待遇である。
なり ぬ べき 御もてなし なり。
動・四・用 助動・強・終 助動・推・体 名 助動・断・終

■第二段落（八六・8〜八七・2）

段意

帝の更衣に対する溺愛ぶりは、上達部《かんだちめ》や殿上人《てんじょうびと》などの目を背けさせ、国の乱れのもとになった楊貴妃の例も引き合いに出されそうなほどであった。更衣はいたたまれないことも多いが、帝の愛情を支えに宮仕えしていた。

現代語訳・品詞分解

上達部や、殿上人なども不快げにそれぞれ目を背けて、とても
上達部、上人 など も あいなく 目 を そばめ つつ、いと
名 名 副助 係助 形・ク・用 名 格助 動・下二・用 接助 副

見ていられないほどの、ご寵愛ぶりである。中国にも、こういう（女性に
まばゆき、人 の 御おぼえ なり。唐土 に も、かかる 事
形・ク・体 名 格助 名 助動・断・終 名 格助 係助 動・ラ変・体 名

関わる）ことが原因で、世の中も乱れてひどいことになったのだと、
の 起こり に こそ、世 も 乱れ 悪しかり けれ と、
格助 名 格助 係助 名 係助 動・下二・用 形・シク・用 助動・過・已 格助

次第に世間でも、苦々しく思うようになり、人々の悩みの種になって、
やうやう 天の下 に も、あぢきなう、人 の もて悩みぐさ
副 名 格助 係助 形・ク・用 名 格助 名

楊貴妃の例も引き合いに出し（て非難し）そうになっていくので、
に なり て、楊貴妃 の 例 も 引き出で つ べく
格助 動・四・用 接助 名 格助 名 係助 動・下二・用 助動・強・終 助動・推・用

（この更衣は）とてもいたたまれないことが多いけれども、（帝の）もったいない
なりゆく に、いと はしたなき こと 多かれ ど、かたじけなき
動・四・体 接助 副 形・ク・体 名 形・ク・已 接助 形・ク・体

ご愛情のまたとないのを頼りにして宮仕えをしていらっしゃる。
御心ばへ の 類ひなき を 頼み にて 交じらひ 給ふ。
名 格助 形・ク・体 格助 名 格助 動・四・用 補動・四・終

する、慎む、の意。

世《よ》の例《ためし》にもなりぬべき　溺愛の見本として世間での悪い例にもなってしまいそうな、の意。「ぬ」は、強意。

語釈・文法

上人《うえびと》　殿上人。四位《しい》、五位で、清涼殿の殿上の間に上ることを許された者と六位の蔵人《くろうど》をいう。

あいなし　①感心しない、②筋がたたない、③（連用形で）むやみに、などの意。どの意でとることもでき、解釈には諸説ある。

目《め》をそばめつつ　（それぞれの人が）目を背けて。「そばむ」は「目をそばむ」の形で、（視線を）背ける、の意。「つつ」は、複数の人がある動作を同時にしていることを表す。

まばゆし　まぶしいことから、恥ずかしい、きまりが悪い。さらに、見ていられない、目を背けたいほどだ、の意を表す。

御《おん》おぼえ　「御」は尊敬を表す接頭語。「おぼえ」は、「おぼゆ」の連用形が名詞化したもの。①記憶、②世間の評判・信望、③（「御おぼえ」の形で）寵愛を受けること、などの意がある。

かかる事《こと》 後の「楊貴妃の例《ためし》」に応じる。

やうやう《ヨウヨウ》 次第に。少しずつ。

あぢ《ジ》きなし 筋道に沿っておらず、無意味だ、が原義。苦々しい、おもしろくない、つまらない、などの意になる。

はしたなし 中途半端である、体裁が悪い、いたたまれない、などの意。

かたじけなし （高貴な人に対して）もったいない。恐れ多い。

心《こころ》ばへ《エ》 心のありさま。思いやり。

■第三段落（八七・3〜10）

段意

更衣は、父の大納言が既に亡くなり、教養ある母が、両親のそろった妃《きさき》たちにもそれほど劣らぬように、どんな儀式をも執り行っていたが、これといった後ろ盾がないので、何かの折にはやはり心細そうであった。

現代語訳・品詞分解

（この更衣の）父の大納言は亡くなって、母の北の方が、古風で教養の

父	の	大納言	は	亡くなり	て、	母	北の方	なむ、	いにしへ
名	格助	名	係助	動・四・用	接助	名	名	係助	名

ある人で、両親がそろっていて、現在のところ世

の	人	の	よし	ある	に	て、	親	うち具し、	さしあたり
格助	名	格助	名	動・ラ変・体	助動・断・用	接助	名	動・サ変・用	動・四・用

間の評判が華々しい御方々にもそれほどひけをとらないように、

て	世	の	おぼえ	はなやかなる	御方々	に	も	いたう	劣ら
接助	名	格助	名	形動・ナリ・体	名	格助	係助	副	動・四・未

（宮中の）どんな儀式をもお取り計らいなさったが、

ず、	何事	の	儀式	を	も	もてなし	給ひ	けれ	ど、
助動・消・用	名	格助	名	格助	係助	動・四・用	補動・四・用	助動・過・已	接助

語釈・文法

母北《ははきた》の方《かた》 更衣の母で、大納言の北の方。「北の方」は、ここでは正妻の意。正妻は寝殿造りの北の対《たい》の屋《や》に居住していたので「北の方」と呼ぶ。「母北の方なむ」は、直接的には「もてなし給《たま》ひけれど」にかかる。

親《おや》うち具《ぐ》し 両親がそろっていて。「具す」は、備わる、そろう、の意。

いたう《トウ》 「いたく」のウ音便。「いたく」は、一般に、たいそう、などと現代語訳するが、下に打消や禁止の表現を伴う場合は、それほど、

これといってしっかりした後ろ盾がないので、改まったことの

取り立て て はかばかしき 後ろ見 し なけれ ば、 事 ある

動・下二・用 接助 形・シク・体 名 副助 形・ク・已 接助 名 動・ラ変・体

ある時は、やはり頼るあてもなく心細そうである。

時 は、 なほ 拠りどころ なく 心細げなり。

名 係助 副 名 形・ク・用 形動・ナリ・終

■第四段落（八七・11～終わり）

段意

帝と更衣とは浅からぬ前世からの因縁があったのか、玉のように美しい皇子（光源氏）まで生まれた。第一皇子は右大臣の娘、弘徽殿《こきでん》の女御が産んだ男子で、これは疑いのない皇太子として大切にされたが、生まれたばかりの若宮は帝の秘蔵の子としてかわいがられた。

現代語訳・品詞分解

（帝と更衣は）前世でも、ご因縁が深かったのだろうか、世にまたとなく美し

前 の 世 に も、 御契り や 深かり けむ、 世 に なく

名 格助 名 格助 係助 名 係助 形・ク・用 助動・過原推・体 名 格助 形・ク・用

い光り輝く皇子までお生まれになった。（帝は）早く

清らなる 玉 の 男皇子 さへ 生まれ 給ひ ぬ。 いつしか

形動・ナリ・体 名 格助 名 副助 動・下二・用 補動・四・用 助動・完・終 副

（この皇子が見たい）と待ち遠しくお思いになって、急いで（宮中に）参上させてご覧になる

と 心もとながら せ 給ひ て、 急ぎ 参ら せ て

格助 動・四・未 助動・尊・用 補動・四・用 接助 動・四・用 動・四・未 助動・使・用 接助

と、類いまれな（美しい）若宮のお顔立ちである。第一皇子は、

御覧ずる に、 めづらかなる 児 の 御かたち なり。 一の皇子

動・サ変・体 接助 形動・ナリ・体 名 格助 名 助動・断・終 名

右大臣の（娘で）女御（になっている人）がお産みになった方で、後見人の勢力が強く、疑い

は、 右大臣 の 女御 の 御腹 に て、 寄せ 重く、 疑ひ

係助 名 格助 名 格助 名 助動・断・用 接助 名 形・ク・用 名

たいして、などと訳す。

はかばかし　しっかりしている。頼もしい。

後ろ見《うしろみ》し　「後ろ見」は後ろ盾。更衣の身内の有力な政治家。ふつうは父や兄があたる。「し」は強意。

事《こと》ある時《とき》　改まった儀式や宴会などのある時。

語釈・文法

契《ちぎ》り　前世からの約束、因縁。ここは、帝と更衣の因縁。

清《きよ》らなり　第一級の人物に対して用い、清純で光り輝く崇高な美しさをいう。

いつしか　①いつの間にか、早くも、②（その時が来るように待ち望む気持ちを込めて）早く、の両義があるが、ここは②の意。

心《こころ》もとながる　待ち遠しく思う。形容詞「心もとなし」から派生した動詞。

参《まい》らせて　参上させて。「参る」は、ここでは「来《く》」の謙譲語。当時の風習では出産は穢《けが》れとされ、宮中は神を祭る清浄な所なので、実家に下がって出産していた。

もない皇太子（になる方）と、　世間でも大切にお扱い申し上げているけれど、　この（若宮
なき　儲けの君　と、　世　に　もてかしづき　聞こゆれ　ど、　こ　の
形・ク・体　名　格助　名　格助　動・四・用　動・下二・已　接助　代　格助

の）照り映えるお美しさにはお並びになることができそうもなかったので、
御にほひ　に　は　並び　給ふ　べく　も　あら　ざり
名　格助　係助　動・四・用　補動・四・終　助動・可・用　係助　補動・ラ変・未　助動・消・用

（帝は第一皇子を）ひととおりの大切な方とお思いになるだけで、
けれ　ば、　おほかた　の　やむごとなき　御思ひ　に　て、
助動・過・已　接助　名　格助　形・ク・体　名　助動・断・用　接助

この宮を、　ご自分の秘蔵っ子として心を込めてご養育なさることはこのうえ
こ　の　君　を　ば、　私物　に　思ほし　かしづき　給ふ　こと
代　格助　名　格助　係助　名　格助　動・四・用　動・四・用　補動・四・体　名

もない。
限りなし。
形・ク・終

めづ《ズ》らかなり　「めづらし」から派生した形容動詞。よくも悪くも普通とは違うさまをいう。ここは、めったに見られないほど美しいという意。

御《おおん》かたち　顔つき。顔かたち。容貌。「御」という尊敬の接頭語が付いているのは、若宮（光源氏）のことだからである。

寄《よ》せ　後見。後ろ盾として世話をする人。

もてかしづ《ズ》く　大切に世話をする。大切に養い育てる。「もて」は、意味を強め語調を整える接頭語。

御《おおん》にほひ《オイ》　「にほひ」は、視覚的な美しさをいう語。色の映えて美しいさま。

私物《わたくしもの》に　個人的に思いのままにおかわいがりになる御子として、の意。

鑑賞

『源氏物語』の冒頭は「いづれの御時にか」で始まる。これは、漠然と過去のことをいう語だが、単なる「昔」あるいは「今は昔」とは違い、歴史的存在としてのある天皇の治世を志向したもので、古くから、桐壺の帝の御代は延喜《えんぎ》の醍醐《だいご》帝の治世をモデルとしている（これを準拠という）といわれている。冒頭でまず時代を設定し、次いで主人公の両親を紹介する。以後、主人公（光源氏）の生涯を、その誕生から死（物語には直接描かれない）までを描いていくわけだが、これは物語の伝統的な型である。

桐壺の帝と桐壺の更衣との物語は悲恋物語となっていて、それを受ける形で主人公光源氏の誕生がある。桐壺の更衣は、確たる地位が保証されている、大臣や親王家といった「いとやむごとなき際」の出身ではなく、父の大納言は既に亡く、母が精いっぱいの努力をしていたものの、これといった後ろ盾のない心細い存在であった。当時の通念からすれば、後宮における妃の待遇はその出自や後見人の勢力によって決まる

べきものだったため、大納言家出身の桐壺の更衣が「すぐれて時めき給ふ」事態は通念に反することであり、世間の常識に背く桐壺の帝の寵愛は周囲の反発を招くことになる。

更衣は周囲の嫉妬・羨望・反発により「いとあつしくなりゆき、もの心細げに里がちなる」ことになるが、帝は逢《あ》いがたさから「いよいよ飽かずあはれなるものに思ほして」更衣に対する愛着を強めていく。権門出身の女性を顧みず、これといった後見人もない更衣一人を溺愛することは、外戚政治の否定につながるものであるため、宮廷の男性貴族も、次第に「あいなく目をそばめつつ」という批判的な見方をするようになり、国の乱れを憂え始める。ここで注意すべきは、後宮の女性たちの反発が感情的であったのに対して、宮廷の男性貴族たちの非難が道理を尽くした形をとって書き分けられている点である。

こうして身分不相応な帝の寵愛を受け、後宮の秩序を乱したため、更衣は、さまざまの嫉妬・非難・迫害を受けることになるが、そこに若宮（光源氏）が誕生する。「清らなる玉の男皇子《をのこみこ》さへ」の「さへ」は、帝の深い愛情に加えて皇子まで生まれたという強調表現である。そして超越的な美貌の若宮に帝は格別の愛情を示す。皇位継承者となる第一皇子に対しては、公人として尊重するにすぎないが、光源氏に対しては、私人として純粋な愛情を注ぎ、第一皇子以上に寵愛したという。『源氏物語』は、こうして極めて緊迫した状況から始まるのである。

教科書の問題（解答・解説）

? 教科書本文下に示された問題

? なぜ「ましてやすからず。」と思ったのか。（p.八六）

解答　身分の高い女御が寵愛されるのならば当然とも思えるが、自分と同じ程度の身分である桐壺の更衣が帝の愛を独占しているのは妬ましくてたまらないから。

? 桐壺の更衣はなぜ「心細げ」なのか。（p.八七）

解答　父の大納言は既に亡くなっており、しっかりした後ろ盾になる人もいないから。

■ 学習の手引き

教科書 八八ページ

❶桐壺の更衣に対する帝の寵愛ぶりは、どのようであったと語られているか。

解答　周囲の女御・更衣の嫉妬やさげすみによる心労が重なって実家に下がりがちであってもますますいとおしく思う。また、上達部や殿上人が正視に堪えないほどの寵愛ぶりで、やがて中国の楊貴妃の例のように国が乱れてしまいそうな愛情のかけ方である。

❷帝の、「玉の男皇子」〔八七・12〕と「一の皇子」〔八七・16〕に対する扱いは、どのように異なっているか。

解答　・玉の男皇子＝寵愛する更衣との間に生まれた皇子であり、類いまれな顔立ちであるがゆえに、思いのままにかわいがることのできる秘蔵の子として、このうえない愛情を注いだ。

・一の皇子＝右大臣家出身という並びない身分の女御が産んだ皇子であるから、後ろ盾も重く、しかも第一皇子であったため、将来の皇太子として尊重はしたが、ひととおりの愛し方であった。

いわば前者は私的なもの、後者は公的なものとしての違いがある。

❸物語の書きだしについて気づいたことを話し合おう。

［解説］「いづれの御時にか（どの帝の御代であったか）」という書き出しは、単なる「昔」あるいは「今は昔」とは違い、天皇の名は明らかにしないものの、この物語が限定された一つの時代、天皇を中心とする宮廷を舞台としたものであることを想像させる。作者の紫式部《むらさきしきぶ》は、初めに時代と舞台を読者に示すことによって、物語にリアリティーを与えようとしたのであろう。

■語句と表現

①次の傍線部の敬語について、その種類と、誰の誰に対する敬意かを確かめよう。

解答　⑴え憚らせ＝尊敬語・作者の帝に対する敬意。

給はず＝尊敬語・作者の帝に対する敬意。

⑵心もとながらせ＝尊敬語・作者の帝に対する敬意。

給ひて＝尊敬語・作者の帝に対する敬意。

［解説］⑴・⑵のどちらも、尊敬の助動詞「す」に尊敬の補助動詞「給ふ」を重ねて用いた二重敬語（最高敬語）である。

②次の傍線部の「ぬ」を文法的に説明しよう。

解答　⑴際にはあらぬ＝打消の助動詞「ず」の連体形。

⑵世の例にもなりぬべき＝強意の助動詞「ぬ」の終止形。

［解説］打消の助動詞「ず」は未然形に、強意の助動詞「ぬ」は連用形に付く。

③次の語の意味の違いを調べよう。

解答　⑴めざまし…気にくわない。目障りだ。

ねたし…くやしい。腹立たしい。いまいましい。

⑵清らなり…気品があり輝くように美しい。

清げなり…清潔な感じがして美しい。

［解説］⑴「めざまし」は目が覚めるほど意外という意味。ここでは悪い場合で使われているが、良い場合は思いのほかすばらしいといった意味になる。⑵「清げなり」よりも「清らなり」のほうが一段上の美しさを表す。

若紫《わかむらさき》 〔若紫〕

教科書 八九〜九四ページ

大意

夕霞《ゆうがすみ》に紛れて、光源氏《ひかるげんじ》は惟光《これみつ》と小柴垣《こしばがき》の僧坊をのぞき見する。気品のある四十過ぎの尼君が持仏《じぶつ》を据えてお勤めをしている姿が見える。女房が二人ほどいて、女の子たちが大勢遊んでいる。そこに十歳ぐらいの少女が駆け込んできた。将来がたいへん楽しみに思われるかわいらしさで、尼君に少し似ている。少女は、雀《すずめ》の子を犬君《いぬき》が逃がしたと尼君に訴えて悔しがっている。少女の世話役と見られる女房が雀を探しに立った後、尼君の小言が始まった。叱られている少女の顔立ちや髪の美しさに光源氏の視線は集中するが、それは自分が心から慕う藤壺《ふじつぼ》の宮に少女が生き写しだからなのであった。尼君は、少女のあまりの幼さに、自分亡き後の少女の身の上が心配だと嘆いた。そこに尼君の兄の僧都《そうず》が現れ、光源氏の北山《きたやま》来訪を知らせたので、尼君はあわてて簾《すだれ》を下ろしてしまう。聖《ひじり》の庵室《あんしつ》に帰っていく光源氏の脳裏には少女の面影が深く刻まれ、藤壺の宮の代わりとして、あのかわいらしい少女をずっと自分の手もとに置きたいものだ、と思うのであった。

第一段落（初め〜八九・14）

段意

夕霞に紛れて、光源氏は惟光とともに小柴垣の僧坊をのぞき見する。西向きの部屋で持仏を据えてお勤めしているのは尼であった。この尼君は四十過ぎぐらいで、色が白く気品があって、普通の人とは見えなかった。

現代語訳・品詞分解

日もたいへん長いうえに、なすこともなくて所在ないので、夕暮れのたいそう霞んでいるのに紛れて、（光源氏は）あの小柴垣のところにお出かけになる。

日	も	いと	長き	に、	つれづれなれ	ば、	夕暮れ	の	いたう
名	係助	副	形・ク・体	接助	形動・ナリ・已	接助	名	格助	副

霞み	たる	に	紛れ	て、	か	の	小柴垣	の	もと	に
動・四・用	助動・存・体	格助	動・下二・用	接助	代	格助	名	格助	名	格助

語釈・文法

日《ひ》もいと長《なが》きに 光源氏が北山に行ったのは、「三月《やよひ》つごもり」であるから、晩春から初夏にかけての、日の長い時節であった。

紛《まぎ》れて 目立たないように夕暮れの霞《かす》んでいる

供人たちはお帰しになって、 惟光の朝臣と（小柴
立ち出で 給ふ。 人々 は 帰し 給ひ て、 惟光朝臣 と
動・下二・用 補動・四・終 名 係助 動・四・用 補動・四・用 接助 名 格助

垣の内を）おのぞきになると、 ちょうどこの（目の前の）西に面した部屋に、 持仏を安置申し上
のぞき 給へ ば、 ただ この 西面 に しも、 持仏 据ゑ
動・四・用 補動・四・已 接助 副 代 格助 名 格助 副助 名 動・下二・用

げてお勤めをする（それは）尼なのであったよ。 簾を少し巻き上げて、
奉り て 行ふ 尼 なり けり。 簾 少し 上げ て、
補動・四・用 接助 動・四・体 名 助動・断・用 助動・嘆・終 名 副 動・下二・用 接助

花をお供えするようである。中の柱に寄りかかって座って、 肘掛けの上にお経を置いて、
花 奉る めり。 中 の 柱 に 寄りゐ て、 脇息 の 上 に
名 動・四・終 助動・定・終 名 格助 名 格助 動・上一・用 接助 名 格助 名 格助

ひどくだるそうに読経している尼君は、 並の身分
経 を 置き て、 いと 悩ましげに 読みゐ たる 尼君、 ただ人
名 格助 動・四・用 接助 副 形動・ナリ・用 動・上一・用 助動・存・体 名 名

の人とは見えない。 四十過ぎぐらいで、 たいそう色が白く
と 見え ず。 四十余 ばかり に て、 いと 白う
格助 動・下二・未 助動・消・終 名 副助 助動・断・用 接助 副 形・ク・用

気品があって痩せているけれども、 頬の様子はふっくらとしていて、 目もとの辺り
あてに 痩せ たれ ど、 つらつき ふくらかに、 まみ の
形動・ナリ・用 動・下二・用 助動・存・已 接助 名 形動・ナリ・用 名 格助

や、 髪が可憐な感じに切りそろえられている端も、 かえって長い
ほど、 髪 の うつくしげに そが れ たる 末 も、 なかなか
名 名 格助 形動・ナリ・用 動・四・未 助動・受・用 助動・存・体 名 係助 副

ものよりも格別に当世風で気がきいているものだな、 と（光源氏は）しみじ
長き より も こよなう 今めかしき もの かな、 と あはれに
形・ク・体 格助 係助 形・ク・用 形・シク・体 名 終助 格助 形動・ナリ・用

み心ひかれてご覧になる。
見 給ふ。
動・上一・用 補動・四・終

中に紛れて。主語は光源氏。

かの小柴垣《こしばがき》 この少し前の原文に、光源氏が聖の僧坊から出て見渡した時に、この小柴垣を目にした記事があるので、「かの」と言った。

のぞき給《たま》へ《エ》ば 垣間見《かいまみ》なさると。「のぞき見」「垣間見」は当時の風俗の一つで、ここから恋愛が始まるというのが作り物語の一つの約束事であった。

西面《にしおもて》 西に面した部屋。極楽浄土は西方にあると信じられていたので、西に向かって勤行《ごんぎょう》するのである。

行《おこな》ふ《ウ》 仏道修行する。勤行する。

尼《あま》なりけり なんと尼であったよ。「けり」は、のぞいて見て初めて分かったという驚きを表す。

ただ人《びと》 普通の人。並の身分の人。

あてなり 高貴だ。上品だ。優雅だ。気品を伴った優雅さをいう。

つらつき 顔つき。頬の辺りの様子。

うつくしげなり かわいらしい。可憐《かれん》な感じだ。「うつくし」から派生した形容動詞。

なかなか むしろ。かえって。「今めかしき」に係る。

今《いま》めかし 現代的だ。当世風だ。新しくて気のきいた感じをいう。

■第二段落（九〇・1〜5）

段意

年配の女房が二人ほど、ほかに女の子たちが大勢いて遊んでいた。そこに成人したらさぞかし美しくなるだろうと思われる、十歳ぐらいのかわいらしい少女が駆け込んできた。その顔は、泣いた後なのか、こすって赤くなっていた。

現代語訳・品詞分解

こぎれいな年配の女房が二人ほど、そのほかに、（召し使いの）女の子が出入りして遊んでいる。その中に、十歳ばかりであろうかと見えて、白い下着に、山吹襲（の上着）などで体になじんでいる上着を着て走ってきた女の子は、大勢見えていた子どもたちと比べようもなく、たいそう将来の美しさが感じられて、見るからにかわいらしい顔立ちである。髪は扇を広げたようにゆらゆらとして、顔は（泣いた後らしく）手でこすってひどく赤くして立っている。

清げなる（形動・ナリ・体） 大人（名） 二人（名） ばかり（副助）、 さては（接）、 童べ（名） ぞ（係助） 出で入り（動・四・用）
遊ぶ（動・四・体）。 中（名） に（格助）、 十（名） ばかり（副助） に（助動・断・用） や（係助） あら（補動・ラ変・未） む（助動・推・体） と（格助）
見え（動・下二・用） て（接助）、 白き（形・ク・体） 衣（名）、 山吹（名） など（副助） の（格助） 萎え（動・下二・用） たる（助動・存・体） 着（動・上一・用）
て（接助） 走り来（動・カ変・用） たる（助動・完・体） 女子（名）、 あまた（副） 見え（動・下二・用） つる（助動・完・体） 子ども（名） に（格助）
似る（動・上一・終） べう（助動・当・用） も（係助） あら（補動・ラ変・未） ず（助動・消・用）、 いみじく（形・シク・用） 生ひ先（名） 見え（動・下二・用） て（接助）、
うつくしげなる（形動・ナリ・体） かたち（名） なり（助動・断・終）。 髪（名） は（係助） 扇（名） を（格助） 広げ（動・下二・用） たる（助動・存・体）
やうに（助動・比・用） ゆらゆらと（副） し（動・サ変・用） て（接助）、 顔（名） は（係助） いと（副） 赤く（形・ク・用） すりなし（動・四・用）
て（接助） 立て（動・四・命） り（助動・存・終）。

語釈・文法

清《きよ》げなり　きれいだ。美しい。「清し」から派生した形容動詞。清潔な感じのすっきりした美しさを表す。

大人《おとな》　一人前の女房。年配の女房。

山吹《やまぶき》などの萎《な》えたる　「の」は同格を表す。

似《に》るべう《ビョウ》もあらず　似ているはずもなく、の意で、比べようもなく優れているということ。「べう」は、「べく」のウ音便。

生《お》ひ《イ》先《さき》見《み》えて　成人したらさぞかし美しくなることであろうと、今から思いやられる、ということ。「生ひ先」は、成長していく先、将来性、の意。「見ゆ」は、推測する、思われる、の意。

扇《おうぎ》を広《ひろ》げたるやう《ヨウ》にゆらゆらとして　肩の辺りで切りそろえられた髪が、扇を逆さまに広げたように広がり揺れているさま。髪がふさふさと豊かであることを表す。

赤《あか》くすりなして　こすったと見えて赤くなって。泣いて顔が赤くなるほどこすった状態をいう。

■第三段落（九〇・6〜12）

段意　駆け込んできた少女は、尼君に似ていた。どうしたのかと問う尼君に、少女は、雀の子を犬君が逃がしたと訴えて悔しがっている。少女の世話役と思われる女房が、雀を探しに立って行った。

現代語訳・品詞分解

「何事ですか。子どもたちとけんかをなさったのですか。」と言っ
「何ごと ぞ や。 童べ と 腹立ち 給へ る か。」 とて、
名 終助 係助 名 格助 動・四・用 補動・四・命 助動・完・体 係助 格助

て、尼君が見上げている顔立ちに、（その子と）少し似ているところがあるので、
尼君 の 見上げ たる に、 少し おぼえ たる ところ
名 格助 動・下二・用 助動・存・体 格助 副 動・下二・用 助動・存・体 名

（女の子は尼君の）娘であるようだと（源氏の君は）ご覧になる。「雀の子を犬君が逃
あれ ば、 子 な めり と 見 給ふ。 「雀 の 子
動・ラ変・已 接助 名 助動・断・体 助動・定・終 格助 動・上一・用 補動・四・終 名 格助 名

がしてしまったの、伏籠の中に閉じ込めておいたのになあ。」
を 犬君 が 逃がし つる、 伏籠 の うち に 籠め たり
格助 名 格助 動・四・用 助動・完・体 名 格助 名 格助 動・下二・用 助動・存・用

と言って、たいそう残念だと思っている。そこ
つる ものを。」 とて、 いと 口惜し と 思へ り。 こ
助動・完・体 終助 格助 副 形・シク・終 格助 動・四・命 助動・存・終 代

に座っていた（先ほどの）年配の女房が、「いつものように、うっかり者（の犬君）が、こんな不始末を
の ゐ たる 大人、 「例 の、 心なし の、 かかる わざ を
格助 動・上一・用 助動・存・体 名 名 格助 名 格助 動・ラ変・体 名 格助

してお叱りを受けるなんて、本当に困ったことですね。（雀は）ど
し て さいなま るる こそ、 いと 心づきなけれ。 いづ方
動・サ変・用 接助 動・四・未 助動・受・体 係助 副 形・ク・已 代

ちらへ参りましたか、本当にかわいらしくだんだんなってきていたのになあ。
へ か まかり ぬる、 いと をかしう やうやう なり つる
格助 係助 動・四・用 助動・完・体 副 形・シク・用 副 動・四・用 助動・完・体

烏などが見つけたら大変です。」と言って立って行く。
ものを。 烏 など も こそ 見つくれ。」 とて 立ち て
終助 名 副助 係助 係助 動・下二・已 格助 動・四・用 接助

語釈・文法

何《なに》ごとぞや　何事ですか。詰問の言葉。

おぼえたる　似ている。「おぼゆ」は、似通う、の意。尼君は、実はこの少女の祖母である。

子《こ》なめり　尼君の子であるようだ。「なめり」は、「なるめり」の撥《はつ》音便「なんめり」の撥音「ん」を表記しなかったもの。

逃《に》がしつる　「つる」は完了の助動詞「つ」の連体形で、余情を含ませた言い方。

籠《こ》めたりつるものを　閉じ込めておいたのになあ。

口《くち》惜《お》し　残念だ。がっかりする、の意。

このゐ《イ》たる大人《おとな》　前段落の「清げなる大人二人ばかり」のうちの一人。

例《れい》の　また、いつものように。下の「さいなまるる」にかかる。

心《こころ》なし　思慮の足りない者。犬君のことをいう。

かかるわざ　こんなこと。少女が飼っていた雀の子を逃がしてしまったこと。

さいなまるるこそ　おとがめを受けるのは。叱られるなんて。「さいなむ」は、責めたてる、の意。

心《こころ》づきなし　気にくわない。困ったことだ。

髪がゆったりとしてたいへん長く、見苦しくない人のようだ。

行く。 髪 ゆるるかに いと 長く、 めやすき 人 な めり。

動・四・終／名／形動・ナリ・用／副／形・ク・用／形・ク・体／名／助動・断・体／助動・定・終

少納言の乳母と人が呼んでいるらしい（この）人は、この子の世話役なのであろう。

少納言 の 乳母 と ぞ 人 言ふ める は、 こ の 子 の 後ろ見 なる べし。

名／格助／名／格助／係助／名／動・四・終／助動・定・体／係助／代／格助／名／格助／名／助動・断・体／助動・推・終

■第四段落（九〇・13～九二・3）

段意

尼君の小言が始まる。叱られている少女の顔立ちや髪の美しさに、光源氏の視線はくぎづけになるが、それは、心から慕う藤壺の宮に少女がよく似ているからだと気づいて、思わず涙ぐんでしまう。

現代語訳・品詞分解

尼君は、「本当にまあ、なんと幼いこと。子どもっぽくていらっしゃることよ。

尼君、 「いで、 あな 幼 や。 いふかひなう ものし 給ふ

名／感／感／形・ク・語幹／間助／形・ク・用／動・サ変・用／補動・四・体

私のこのように今日明日にもと思われる命を、

かな。 おの が かく 今日 明日 に おぼゆる 命 を ば、

終助／代／格助／副／名／名／格助／動・下二・体／名／格助／係助

何ともお思いにならないで、雀なんかを追いかけていらっしゃるとは。

何 と も 思し たら で、 雀 慕ひ 給ふ ほど よ。

代／格助／係助／動・四・用／助動・存・未／接助／名／動・四・用／補動・四・体／名／間助

（生き物を捕らえるのは）仏罰を被ることになりますよ、といつも申し上げていますのに、情けないこと。」

罪 得る こと ぞ と 常に 聞こゆる を、 心憂く。」 とて、

名／動・下二・体／名／終助／格助／副／動・下二・体／接助／形・ク・用／格助

まかる　ここは「行く」の丁寧語で、参ります、の意。

烏《からす》などもこそ見《み》つくれ　烏などが見つけでもしたら大変だ。「もこそ」は、悪い事態を予測して、そうなっては困るという気持ちを表し、…したら困る、の意。

めやすき人《ひと》なめり　見苦しくない人のようだ。「めやすし」は、見た目に感じがよい、見苦しくない、無難だ、の意。

後《うし》ろ見《み》　世話役。背後にいて、世話をしたり保護したりする人。ここは養育担当者。

語釈・文法

いで　本当にまあ。驚き嘆く気持ちを表す。

あな幼《おさな》や　「あな」は、強い感動から発する語で、後に続けて形容詞の語幹を用いることが多い。「幼」は「幼し」の語幹。「や」は、詠嘆の意を添える間投助詞。

いふ《ウ》かひ《イ》な《ノ》う《ウ》ものし給《たま》ふ《ウ》かな　「いふかひなし」は、ここでは、子どもっぽい、たわいない、の意。「ものす」は、動作・存在を表す動詞の代わりに用いる語。ここは、「ものし給ふ」で「あり」の尊敬表現になっている。

と言って、「こちらへ(いらっしゃい)。」と言うと、(女の子は)膝をついて座った。顔つきが実にかわい
「こちや。」と言へば、ついゐたり。つらつきいと
代 間助 格助 動・四・已 接助 動・上一・用 助動・完・終 名 副

らしくて、眉の辺りがほんのりと美しく見え、あどけなく(髪を)かき上げてい
らうたげにて、眉のわたりうちけぶり、いはけなくかいやり
形動・ナリ・用 接助 名 格助 名 動・四・用 形・ク・用 動・四・用

る額の様子、髪の生えぐあいが、たいそう愛らしい。成長していく様子を見届
たる額つき、髪ざし、いみじううつくし。ねびゆかむ
助動・存・体 名 名 形・シク・用 形・シク・終 動・四・未 助動・婉・体

けたい人だなあ、と(光源氏の)目がとまりなさる。それという
さまゆかしき人かな、と目とまり給ふ。さるは、
名 形・シク・体 名 終助 格助 名 動・四・用 補動・四・終 接

のも実は、このうえもなく心を込めて思慕申し上げるお方に、たいへんよく似申し上げてい
限りなう心を尽くし聞こゆる人に、いとよう似
形・ク・用 名 格助 動・四・用 補動・下二・体 名 格助 副 形・ク・用 動・上一・用

ることが、思わず見つめる(理由な)のであった、と思うにつけ
奉れるが、まもらるるなりけり、と思ふ
補動・四・命 助動・存・体 格助 動・四・未 助動・自・体 助動・断・用 助動・嘆・終 格助 動・四・体

ても涙がこぼれる。
にも涙ぞ落つる。
格助 係助 名 係助 動・上二・体

聞《き》こゆるを　申し上げているのに。
心憂《こころう》く　情けない。嘆かわしい。連用形の言いさしは、会話によくある表現。
らう《ロウ》たげなり　見るからにかわいらしい。
眉《まゆ》のわたりうちけぶり　生えたままの眉毛で、手入れをしていないさま。初々しい感じがする。
いは《ワ》けなし　あどけない。子どもっぽい。
うつくし　①かわいい。いとしい。②かわいらしい。愛らしい。③美しい。りっぱだ。ここは②の意。
ねびゆかむさま　成長していく様子。「ねびゆく」は、だんだんと成長していく、大人びていく、の意。
さるは　それというのも実は。
似《に》奉《たてまつ》れるが　似申し上げているのが。「奉る」は謙譲の補助動詞。少女は藤壺の宮の姪《めい》であるが、光源氏はそれを知らない。
まもる　じっと見つめる。

■第五段落（九二・4〜九三・5）

段意　尼君が少女の髪をかきなでながら、「あなたの母君は十歳ぐらいで父に死に別れたが、その時には十分ものをわきまえていた。私が死んだらどうやって生きていくのか。」と泣いているのを見るのも悲しい。尼君が少女の将来を案じて歌を詠むと、女房の一人が尼君に和して歌を返す。そこに尼君の兄の僧都がやって来て、光源氏の北山来訪を知らせたので、尼君は慌てて簾を下ろしてしまう。僧都が挨拶に参上するという声が聞こえてきたので、光源氏は聖の庵室に帰っていった。

現代語訳・品詞分解

尼君は、（女の子の）髪をかきなでながら、「櫛ですくことを嫌がりなさるけれども、
尼君（名）、髪（名）を（格助）かき撫で（動・下二・用）つつ（接助）、「梳る（動・四・体）こと（名）を（格助）うるさがり（動・四・用）

きれいな御髪ですこと。本当にたわいもなくいらっしゃるのが、
給へ（補動・四・已）ど（接助）、をかし（形・シク・終）の（格助）御髪（名）や（間助）。いと（副）はかなう（形・ク・用）ものし（動・サ変・用）給ふ（補動・四・体）

かわいそうで気がかりです。これぐらい（の年）になれば、本当に
こそ（係助）、あはれに（形動・ナリ・用）後ろめたけれ（形・ク・已）。かばかり（副）に（格助）なれ（動・四・已）ば（接助）、いと（副）

こんなふう（に幼稚）でない人もあるのになあ。亡くなった姫君は、十歳ほどで殿（父
かから（動・ラ変・未）ぬ（助動・消・体）人（名）も（係助）ある（動・ラ変・体）ものを（終助）。故姫君（名）は（係助）、十（名）ばかり（副助）

君）に先立たれなさった頃には、とてもよくものの道理をわき
にて（格助）殿（名）に（格助）おくれ（動・下二・用）給ひ（補動・四・用）し（助動・過・体）ほど（名）、いみじう（形・シク・用）もの（名）は（係助）

まえていらっしゃいましたよ。たった今にも私が（あな
思ひ知り（動・四・用）給へ（補動・四・命）り（助動・存・用）し（助動・過・体）ぞ（終助）かし（終助）。ただ今（名）おのれ（代）

たを）見捨て申し（て死んでしまっ）たならば、どうやってこの世に生きておいでになろうとするので
見捨て（動・下二・用）奉ら（補動・四・未）ば（接助）、いかで（副）世（名）に（格助）おはせ（動・サ変・未）む（助動・意・終）と（格助）

しょう。」と言って、ひどく泣くのをご覧になるにつけても、
す（動・サ変・終）らむ（助動・現推・体）。」とて（格助）、いみじく（形・シク・用）泣く（動・四・体）を（格助）見（動・上一・用）給ふ（補動・四・体）も（係助）、

（光源氏は）わけもなく悲しい。（女の子は）幼心にも、やはり（しんみりして、尼君を）じっと見
すずろに（形動・ナリ・用）悲し（形・シク・終）。幼心地（名）に（格助）も（係助）、さすがに（副）うちまもり（動・四・用）て（接助）、

つめて、伏し目になってうつむいた（その）時に、（顔に）こぼれかかっ
伏し目（名）に（格助）なり（動・四・用）て（接助）うつぶし（動・四・用）たる（助動・完・体）に（格助）、こぼれかかり（動・四・用）

語釈・文法

梳《けず》る　櫛《くし》で髪をとかす。すく。

を《オ》かしの御髪《みぐし》や　きれいな御髪ですこと。形容詞の語幹（シク活用は終止形）には、格助詞「の」を伴って連体修飾語となり、感動を表す用法がある。

はかなし　①思いどおりにならない。期待外れだ。②心細い。弱々しい。③頼りにならない。④取り立てて言うほどのこともない。⑤幼い。未熟だ。⑥みすぼらしい。ここは⑤の意。「はかなう」は「はかなく」のウ音便。

あは《ワ》れに　心にしみてもの悲しくなる気持ちを踏まえて、かわいそうで、の意。

後《うし》ろめたし　気がかりだ。不安だ。心配だ。

かばかりになれば　これぐらいの年になれば。少女の年頃は、第二段落に「十ばかりにやあらむ」とあった。

かからぬ　こんなでない。こんなに幼稚でない。

おくれ給《たま》ひ《イ》しほど　（殿に）死別なさった時。「おくる」は、死別する、先立たれる、の意。

すずろに　何とはなしに。わけもなく。「すずろなり」は、特別な目的や理由もなしに、何かをしたり、ある状態になったりすること。

さすがに　そうはいうものの、やはり。

めでたう《トウ》見《み》ゆ　みごとに美しく見える。「めで

てくる髪の毛が、つやつやとしてみごとに美しく見える。
たる　髪、　つやつやと　めでたう　見ゆ。
助動・存・体　名　副　形・ク・用　動・下二・終

これからどこで生い立っていくのかも分からない若草のようなこの子を、後に残して消えてい
生ひ立た　む　ありか　も　知ら　ぬ　若草　を　おくらす
動・四・未　助動・婉・体　名　係助　動・四・未　助動・消・体　名　格助　動・四・体

く露の身の私は、消えようにも消えていくところもありません。（死ぬにも死にきれませんよ。）
露　ぞ　消え　む　そら　なき
名　係助　動・下二・未　助動・婉・体　名　形・ク・体

また（そこに）座っていた年配の女房が、「ごもっとも。」と泣いて、
また　ゐ　たる　大人、「げに。」と　うち泣き　て、
副　動・上一・用　助動・存・体　名　副　格助　動・四・用　接助

若草の生い立っていく将来のことも分からないうちに、どうして露は消えようとするのでしょ
初草　の　生ひゆく　末　も　知ら　ぬ　ま　に　いかで
名　格助　動・四・体　名　係助　動・四・未　助動・消・体　名　格助　副

うか。（それまでは生きていらっしゃいませ。）
か　露　の　消え　む　と　す　らむ
係助　名　格助　動・下二・未　助動・意・終　格助　動・サ変・終　助動・原推・体

と申し上げているところに、（尼君の兄の）僧都が向こうから来て、「こちらは
と　聞こゆる　ほど　に、　僧都　あなた　より　来　て、　「こなた
格助　動・下二・体　名　格助　名　代　格助　動・カ変・用　接助　代

（外から）まる見えではございませんか。今日に限って端近においでなのですね。
は　あらはに　や　侍ら　む。　今日　しも　端　に　おはしまし
係助　形動・ナリ・用　係助　補動・ラ変・未　助動・推・体　名　副助　名　格助　動・四・用

ここの上の聖の所に、源氏の中将が、
ける　かな。　この　上　の　聖　の　方　に、　源氏の中将　の、
助動・嘆・体　終助　代　格助　名　格助　名　格助　名　格助　名　格助

瘧病のまじないのためにおいでになったことを、たった今聞きつけま
瘧病まじなひ　に　ものし　給ひ　ける　を、　ただ今　なむ
名　格助　動・サ変・用　補動・四・用　助動・過・体　格助　名　係助

した。たいそう人目を避けておいでになったので、存じま
聞きつけ　侍る。　いみじう　忍び　給ひ　けれ　ば、　知り
動・下二・用　補動・ラ変・体　形・シク・用　動・上二・用　補動・四・用　助動・過・已　接助　動・四・用

たし」は、賞美すべきさまをいい、すばらしい、みごとだ、美しい、などの意を表す。

生《お》ひ《イ》立《た》たむ…（歌）　少女を「若草」に、自分を「露」にたとえて、身の振り方も定まらぬ少女を残しては、死ぬに死ねないという内容。

ありか　在り場所。落ち着き所。どういう人の妻になっているかの意味を込めた表現。

おくらす　後に残して死ぬ。先立って死ぬ。

そら　方向。場所。

げに　なるほど。ごもっとも。予告や評判、他人の言動などに対して納得した気持ちを表す。

初草《はつくさ》の…（歌）　尼君の歌を受け、「若草」を「初草」に言い換えて、少女の行く末を見届けるまで尼君は死んではいけない、という内容。

あらはに《ワ》や侍《はべ》らむ　外からまる見えではございませんか。「あらはなり」は、まる見えである状態。「侍り」は丁寧の補助動詞。

今日《きょう》しも　よりにもよって光源氏がここ北山に来ている今日という日に、の意。

おは《ワ》しましけるかな　「ありけるかな」の尊敬表現。

この上《かみ》の聖《ひじり》の方《かた》に　この寺よりも高い所にいる高徳の僧の所に。光源氏は、この僧のもとに瘧病《わらわやみ》を治すための祈祷《きとう》に来たのである。

瘧病《わらわやみ》まじなひ《イ》　「瘧病」は、マラリアに似た発

せんで、ここにおりますのに、お見舞いにも参上しませんでした。」

侍ら で、 ここ に 侍り ながら、 御訪ひ に も まうで
（補動・ラ変・未／接助／代／格助／動・ラ変・用／接助／名／格助／係助／動・下二・未）

とおっしゃると、(尼君は)「まあ大変。たいそ

ざり ける。」 と のたまへ ば、 「あな いみじ や。 いと
（助動・消・用／助動・過・体／格助／動・四・已／接助／感／形・シク・終／間助／副）

う見苦しい様子を誰かが見てしまったかしら。」と言っ

あやしき さま を 人 や 見 つ らむ。」 とて、
（形・シク・体／名／格助／名／係助／動・上一・用／助動・完・終／助動・現推・体／格助）

て、簾を下ろしてしまった。「世間で評判が高くていらっしゃる光源氏を、

簾 下ろし つ。 「こ の 世 に ののしり 給ふ 光源氏、
（名／動・四・用／助動・完・終／代／格助／名／格助／動・四・用／補動・四・体／名）

こうした機会に拝見なさいませんか。世を捨て

かかる ついで に 見 奉り 給は む や。 世 を
（動・ラ変・体／名／格助／動・上一・用／補動・四・用／補動・四・未／助動・勧・終／係助／名／格助）

てしまった法師の気持ちにも、すっかり人の世の悩み事を忘れ、

捨て たる 法師 の 心地 に も、 いみじう 世 の 憂へ
（動・下二・用／助動・完・体／名／格助／名／格助／係助／形・シク・用／名／格助／名）

見ただけで命が延びると思われるほどの美しい人のご容姿なのです。さあご挨拶を申し

忘れ、 齢 延ぶる 人 の 御ありさま なり。 いで 御消息
（動・下二・用／名／動・上二・体／名／格助／名／助動・断・終／感／名）

上げましょう。」と言って(僧都が座を)立つ音がするので、(光源氏は)お帰りに

聞こえ む。」 とて 立つ 音 すれ ば、 帰り 給ひ
（動・下二・未／助動・意・終／格助／動・四・体／名／動・サ変・已／接助／動・四・用／補動・四・用）

なった。

ぬ。
（助動・完・終）

熱する病気。「まじなひ」は、加持祈禱によって病気や災害を取り除くこと。

ものし給《たまイ》ひけるを　いらっしゃったのを。「ものす」は「来《く》」の意。

いみじう《ジュウ》忍《しの》び給《たまイ》ひければ　たいそう人目を避けておいでなので。「忍ぶ」は、上二段活用で、身分を知られないようにこっそりする、の意。

まう《モウ》でざりける　参上しなかった。「まうづ」は「行く」の謙譲語。光源氏に対する敬意。

のたまへ《エ》ば　おっしゃると。「のたまふ」は「言ふ」の尊敬語。

あやしきさま　見苦しい様子。

ののしり給ふ《たまウ》　この「ののしる」は、評判となる、盛んにうわさされる、の意。

見奉《みたてまつ》り給は《たまワ》むや　拝見なさいませんか。「奉る」は謙譲の補助動詞で、光源氏を高める。「給ふ」は尊敬の補助動詞で、尼君を高める。いわゆる二方面の敬語。

法師《ほうし》の心地《ここち》　出家した者は、喜怒哀楽、美醜に対する好悪の感情などを迷妄としてしりぞける。「法師」は、僧都自身のことを指す。

消息《しょうそこ》　①手紙。ことづて。②来意を告げること。案内。訪れること。ここは②の意で、挨拶。

聞《き》こえむ　申し上げよう。「聞こゆ」は、「言ふ」の謙譲語。

■第六段落（九三・6～終わり）

段意

光源氏は、かわいい人を見たものだ、だからすき者はこうした忍び歩きをして思いがけない人を見つけるのだと思う。光源氏の脳裏にはこの少女の面影が深く刻まれ、藤壺の宮の身代わりとして、自分の手もとに置いて明け暮れ見たいものだ、と思うのであった。

現代語訳・品詞分解

何とも可憐な人を見たものだなあ、　こうであるから、　最近の色
あはれなる　人　を　見　つる　かな、　かかれ　ば、　こ　の
形動・ナリ・体　名　格助　動・上一・用　助動・完・体　終助　動・ラ変・已　接助　代　格助

好みの連中はただもうこのような忍び歩きをして、　めった
すき者ども　は　かかる　歩き　を　のみ　し　て、　よく
名　係助　動・ラ変・体　名　格助　副助　動・サ変・用　接助　副

に見つけられないような人をもうまく見つけるというわけなのだな、　たまに出かけて
さる　まじき　人　を　も　見つくる　なり　けり、　たまさかに
動・ラ変・体　助動・消当・体　名　格助　係助　動・下二・体　助動・断・用　助動・嘆・終　形動・ナリ・用

さえ、　このように思いもかけないことを見るものだよ、
立ち出づる　だに、　かく　思ひのほかなる　こと　を　見る　よ、
動・下二・体　副助　副　形動・ナリ・体　名　格助　動・上一・体　間助

とおもしろくお思いになる。　それにしても、本当にかわいらしい子だったなあ、
と　をかしう　思す。　さても、　いと　うつくしかり　つる　児
格助　形・シク・用　動・四・終　接　副　形・シク・用　助動・完・体　名

どういう（素性の）人なのだろう、あのお方（藤壺の宮）のお身代わりとして、　明け暮れの心
かな、　何人　なら　む、　か　の　人　の　御代はり　に、　明け暮れ
終助　名　助動・断・未　助動・推・体　代　格助　名　格助　名　格助　名

の慰めにでも見たいものだ、　と思う心が（光源氏の中に）深く取り付いて
の　慰め　に　も　見　ばや、　と　思ふ　心　深う　つき
格助　名　格助　係助　動・上一・未　終助　格助　動・四・体　名　形・ク・用　動・四・用

しまった。
ぬ。
助動・完・終

語釈・文法

あは《ワ》れなる人《ひと》　何とも可憐な人。しみじみとかわいらしく心ひかれる人。

すき者《もの》　色好みといわれる人。風流なことに強い関心を持っている人。「すき者ども」の「ども」は複数であることを表す接尾語。

歩《あり》き　歩き回ること。出かけること。「歩《あり》く」の連用形が名詞化した語。「歩む」が人の歩行を意味するのに対して、「歩《あり》く」は広く移動する意なので、車などを使った外出も含まれる。

思《おも》ひ《イ》のほかなることを見《み》るよ　思いもかけないことを目にするものだ。

見《み》ばや　見たいものだ。「ばや」は、自己の願望を表す終助詞。

鑑賞

(1)小柴垣の垣間見――宿命的な出会い

恋人の夕顔を亡くした翌年、光源氏十八歳の晩春のことである。垣間見は当時の恋の風俗でもあった。まず光源氏の目にとまったのは、意外にも尼であった。「尼なりけり。」の「けり」には、その意外性に対する驚きの気持ちが込められている。尼の立ち居振る舞いや気高い容貌の外面描写は、光源氏の「あはれに見給ふ。」という感想・判断でしめくくられる。次いで、光源氏の視線は、大勢の少女の中の一人にくぎづけになる。尼の場合と同様に、その少女の外面的な描写の後に、「ねびゆかむさまゆかしき人かな」と、光源氏自身の心理的対応が記されている。この少女に目がとまり、心を魅せられた理由――「さるは、限りなう心を尽くし聞こゆる人に、いとよう似奉れるが、まもらるるなりけり」――に、はたと気づいた時、光源氏は、藤壺の宮に生き写しの少女との宿命的な出会いに思わず落涙するのである。この光源氏の微妙な心理の変化をたどった内面描写に注目して、今後の物語の展開に留意すべきである。

(2)少女のあどけなさ

少女の魅力は、可憐さと無邪気さである。それが最も象徴的に示されているのが雀の子の事件である。泣いた後の「顔はいと赤くすりなし」た姿や、尼君に叱られながら髪をなでられている情景は、光源氏の眼底に焼き付いてしまうほどの印象を与えるのである。尼君の嘆きによって語られる少女の境遇に、光源氏は、もはや垣間見の傍観者の立場を忘れ、「すずろに悲し。」と、一座の人々と一体になって憂えているのである。

(3)適切な比喩(隠喩)の効果

「若草」「初草」=「少女」、「露」=「尼君」。この比喩は、両者の類似性や共通性を直接に結び付け、さまざまな形で想像力を刺激する効果を果たしている。散文的な説明よりも、少女や尼君の映像を印象的に思い浮かべ、本質的な特性を直観的につかむことができる。また、「露」が「若草」(初草)を養い育てるという関係が、そのまま尼君と少女の関係を表していることも効果的である。「若草」から想像される特性――初々しさ、新鮮さ、あどけなさ、可憐さ、将来性、生命力など、また、「露」から連想される特性――はかなさ、あわれさ、清らかさ、無常さなどを結び付けて鑑賞してほしい。なお、「若草」と「露」、「露」と「消ゆ」(死ぬ)の縁語にも注意したい。

(4)主役を引き立てる脇役の効果

脇役の尼君の叱責と嘆きは、結果的に主役の少女の身の上と境遇を物語っていて、しかも少女のあどけなさを効果的に表現している。また、最後に登場する僧都は、場面を転換するための舞台回しの役目を担っているといえよう。僧都の言葉によって簾は下ろされ、垣間見をしている光源氏は未練を残して立ち帰る。読者は、次の場面を期待して、物語の進展に関心を高める。脇役たちは、それぞれの立場で主役の少女と光源氏とを支えているのである。

教科書の問題（解答・解説）

教科書　九四ページ

❓ 教科書本文下に示された問題

❓なぜ「子なめり」と思ったのか。（p.九〇）

解答　少女の顔立ちと尼君の顔立ちに少し似ているところがあったから。

[解説]　直前の「尼君の見上げたるに、少しおぼえたるところあれば」が理由にあたる。実際は、孫娘であった。

❓「かからぬ人」とはどういう人か。（p.九二）

解答　尼君がいつ死ぬか分からないというのに何とも思わず、生き物を捕らえるのは仏罰を受けることになると戒めているのに、逃がした雀を恋い慕うような幼さを持っていない人。

[解説]　少女の幼さを嘆く「いで、あな幼や。」で始まる尼君の小言の内容を読み取る。

❓「若草」と「初草」は、何をたとえているか。（p.九二）

解答　少女（若紫）

❓「帰り給ひぬ。」の主語は誰か。（p.九三）

解答　光源氏

[解説]　直前の「立つ」は僧都の動作なので注意。

■学習の手引き

❶少女（若紫）はどのように描かれているか。

解答　①「十ばかりにやあらむと見えて、白き衣《きぬ》、山吹などの萎えたる着て走り来たる女子《をんなご》、あまた見えつる子どもに似るべうもあらず、いみじく生ひ先見えて、うつくしげなるかたちなり。髪は扇を広げたるやうにゆらゆらとして、顔はいと赤くすりなして立てり。」〔九〇・1〕

②「つらつきいとらうたげにて、眉のわたりうちけぶり、いはけなくかいやりたる額つき、髪《かん》ざし、いみじううつくし。」〔九〇・15〕

③「ねびゆかむさまゆかしき人かな」〔九二・1〕

④「伏し目になりてうつぶしたるに、こぼれかかりたる髪、つやつやとめでたう見ゆ。」〔九二・9〕

⑤二首の和歌に用いられている比喩表現「若草」「初草」

――のように、(a)まず、容貌・髪など外面的美しさが詳しく、しかも反復して述べられ（①・②・④）、(b)次に、光源氏の心中に想像される成人後の美しさを暗示する述べ方（①・③）となっている。(c)そして、この類いまれな美しさを、「限りなう心を尽くし聞こゆる人」（藤壺の宮）に二重映しにすることによって、光源氏の心をとらえて離さぬ印象として描いている。こうした点を、いかにもがんぜない少女の場合にふさわしいように、雀の子事件に関連させ、また尼君の叱責や、女房との唱和の和歌を通して描くという配慮がなされている。用意周到な、きめの細かい手法である。

❷「生ひ立たむ…」（九二・11）**と「初草の…」**（九二・13）**の歌に詠まれた思いについて考えよう。**

解答　いずれも少女の将来に対する不安が詠まれている。尼君は、孫娘を残しては死ぬにも死ねないと嘆き、乳母は、少女の将来を見届けるまで長生きしてくれと尼君に願っている。

❸光源氏の、この少女（若紫）に対する気持ちの変化を、順を追ってまとめよう。

解答　①大勢いるほかの子どもとは比べようのない少女の愛らしさに目がとまる。
②尼君に似ているのでその子かと思う。
③少女の顔つきや額の様子、髪の生え具合が愛らしくて、これから成長していくさまを見たいと思う。
④少女に目がくぎづけになるのは、ひそかに思慕する藤壺の宮によく似ているからだと気づく。
⑤かわいらしい子だったと、その素性が気になる。
⑥藤壺の宮の身代わりとして、少女を身近に置いて、明け暮れの心の慰めに見たいと思う。

■語句と表現

①光源氏の視点を通して描かれていることが分かる部分を指摘しよう。

解答
・「めり」を使った表現
「花奉るめり」（八九・11）「子なめり」（九〇・7）
「めやすき人なめり」（九〇・11）
「少納言の乳母《めのと》とぞ人言ふめるは」（九〇・12）
・「見る」動作を表す表現
「あはれに見給ふ」（八九・14）「（子なめり）と見給ふ」（九〇・7）「目とまり給ふ」（九二・1）「いみじく泣くを見給ふも」（九二・8）
[解説]「見る」などの動詞や、視覚による推定を表す「めり」などから、光源氏がこの場面を見ていることが分かる。

②「烏などもこそ見つくれ。」（九〇・10）**を、傍線部に注意して現代語訳しよう。**

解答　烏などが見つけたら大変だ。

［解説］「もこそ」は、悪い事態を予測して、そうなっては困るという懸念・憂慮を表す。「…たら困る」「…たら大変だ」のように現代語訳すればよい。

③次の傍線部の「侍り」の違いを説明しよう。

解答 ⑴知り侍らで＝丁寧の補助動詞。⑵ここに侍りながら＝本動詞で「あり」「をり」の丁寧語。また、活用形も異なっており、⑴は未然形で、⑵は連用形である。

言語活動

1 九一ページの絵は、十七世紀頃に土佐光吉《とさみつよし》によって描かれたものである。絵と本文とを比べて、気がついたことを話し合おう。

［解説］登場人物を比較してみる。小柴垣の僧坊にいる人物は、本文では「尼君（＝少女の祖母）」「大人二人ばかり（少納言の乳母など）」「童べ（＝召し使いの女の子）」「少女（＝若紫）」「僧都（＝尼君の兄）」と垣間見している「光源氏」と控えている「惟光朝臣」である。それに対し、絵に描かれているのは、「尼君（右端に座っている）」「若紫（尼君の前に立っている）」「童べ（＝召し使いの女の子）」「大人（木に手を伸ばしている乳母）」「光源氏」「惟光朝臣」の六名。

出典・作者

出典 『源氏《げんじ》物語』 成立年代は諸説あって、一定していないが、十一世紀初め頃の成立と見られている。壮大な構想のもと、一人の主人公に、巻ごとに女性を配し、その女性との恋物語を通して、人間の愛のあり方を深く追究した作品で、後世の文学に多大な影響を与え、今日なお多くの人々に読み継がれている。また全体は、五十四帖《じょう》から成り、光源氏の一生を語る正編（「桐壺《きりつぼ》」～「幻《まぼろし》」）と、その子薫《かおる》の半生を描く続編（「匂宮《におうみや》」～「夢浮橋《ゆめのうきはし》」）とに分けて考えられている。

作者 紫式部《むらさきしきぶ》〔生没年未詳〕 藤原為時《ふじわらのためとき》の娘。父方母方とも歴代歌道・詩文の道に優れ、幼時より聡明《そうめい》であった紫式部は、父の蔵書を次々に読んで向学心を満足させたという。この時に身につけた和漢の素養が『源氏物語』の構想、文章の的確さ、漢籍の豊富な引用におのずと影響を与えたものと考えられる。

長徳《ちょうとく》四年〔九九八〕頃、藤原宣孝《のぶたか》と結婚し、賢子《けんし》（後の大《だい》弐三位《にのさんみ》・歌人）をもうけたが、三年余りで宣孝と死別した。その後の寡居の間に物語の初めの部分を書き上げ、一躍物語作家として名を知られ、その文名によって藤原道長《みちなが》に見いだされたとされる。寛弘《かんこう》二年〔一〇〇五〕か三年頃、道長の娘の中宮彰子《しょうし》のもとに出仕した。宮仕え後も物語の執筆は精力的に続いたらしい。長和《ちょうわ》二年〔一〇一三〕、宮仕えを辞去したと見られる。

8 歴史物語1

- 作品の特色に注意しながら、歴史物語の内容を的確に読み取る。
- 関心を持った事柄について調べ、ものの見方、感じ方、考え方を深める。

大鏡《おおかがみ》(一)

雲林院《うりんいん》の菩提講《ぼだいこう》〔序〕

教科書 九六～九八ページ

大意

雲林院の菩提講に参詣した時、私（作者）は、二人の老人と出会った。大宅世継《おおやけのよつぎ》と夏山繁樹《なつやまのしげき》、繁樹の後妻である。世継と繁樹は出会いを喜び、世継は長年見聞きしてきたことを語り合いたいと言った。二人の話を聞いていた私は、あまりに昔の話なので驚き、そばにいた若侍は、「信じられない話だ。」と言った。

現代語訳・品詞分解

先頃、(私が)雲林院の菩提講に参詣いたしましたところ、

先つころ、(名) 雲林院(名) の(格助) 菩提講(名) に(格助) 詣で(動・下二・用) て(接助) 侍り(補動・ラ変・用)

普通の人よりは格段に年をとって、

しか(助動・過・已) ば、(接助) 例(名) の(格助) 人(名) より(格助) は(係助) こよなう(形・ク・用) 年(名) 老い、(動・上一・用)

異様な感じの老爺が二人と、老婆(一人)とが(説教の席で)出会って、同じ所に座っていたようです。

うたてげなる(形動・ナリ・体) 翁(名) 二人、(名) 嫗(名) と(格助) 行き会ひ(動・四・用) て、(接助) 同じ(形・シク・終) 所(名) に(格助)

ゐ(動・上一・用) ぬ(助動・強・終) めり。(助動・定・終)

よくまあ、(そろいもそろって)同じような様子の老人た

あはれに、(形動・ナリ・用) 同じ(形・シク・終) やうなる(助動・比・体) もの(名) の(格助)

語釈・文法

先《さい》つころ　先頃。「さきつころ」のイ音便。「つ」は「…の」の意で、現代語の中にも、「目《ま》つ毛」のような形で残っている。

詣《もう》でて侍《はべ》りしかば　参詣いたしましたところ。「侍り」は、丁寧の補助動詞。

例《れい》の人《ひと》　普通の人。「例人《れいひと》」ともいう。

こよなう《ノウ》　格段に。「こよなく」のウ音便。

うたてげなる　異様な感じの。非常に高齢の老爺《ろうや》だからである。

ちだなあ、と見ておりましたところ、この老人たちが笑って、
さま　かな、　と　見　侍り　し　に、　これら　うち笑ひ、
名　終助　格助　動・上一・用　補動・ラ変・用　助動・過・体　接助　代　動・四・用

顔を見合わせて言うには、（世継）「長年、昔の知り合いに会って、
見かはし　て　言ふ　やう、　「年ごろ、　昔　の　人　に　対面し
動・四・用　接助　動・四・体　名　名　名　格助　名　格助　動・サ変・用

何とかして世の中の（今までに自分が）見聞きしたこともお話し合い申したい、
て、　いかで　世の中　の　見聞く　こと　を　も　聞こえ合はせ
接助　副　名　格助　動・四・体　名　格助　係助　動・下二・未

（また）現在の入道殿下のご様子をもお話し合い申したいと思っていたところ、
む、　こ　の　ただ今　の　入道殿下　の　御ありさま　を　も
助動・意・終　代　格助　名　格助　名　格助　名　格助　係助

よくまあうれしいことにお会い申したことで
申し合はせ　ばや　と　思ふ　に、　あはれに　うれしく　も　会ひ
動・下二・未　終助　格助　動・四・体　接助　形動・ナリ・用　形・シク・用　係助　動・四・用

すよ。（これで）今は安心してあの世にも参ることができそうです。
申し　たる　かな。　今　ぞ　心やすく　黄泉路　も　まかる
補動・四・用　助動・完・体　終助　名　係助　形・ク・用　名　係助　動・四・終

言いたいと思うことを言わないのは、本当に腹がふくれる（ような）気持ち
べき。　おぼしき　こと　言は　ぬ　は、　げに　ぞ　腹　ふくるる
助動・可・体　形・シク・体　名　動・四・未　助動・消・体　係助　副　係助　名　動・下二・体

がするものですなあ。だから、昔の人は何か言いたくなると、
心地　し　ける。　かかれば　こそ、　昔　の　人　は　もの
名　動・サ変・用　助動・嘆・体　接　係助　名　格助　名　係助　名

穴を掘っては（その中に言いたいことを）言い入れ（て気
言は　まほしく　なれ　ば、　穴　を　掘り　て　は　言ひ入れ
動・四・未　助動・希・用　動・四・已　接助　名　格助　動・四・用　接助　係助　動・下二・用

持ちを晴らし）たのでしょうと思われます。返す返すもうれしいことにお目にか
侍り　けめ　と　おぼえ　侍り。　かへすがへす　うれしく
補動・ラ変・用　助動・過原推・已　格助　動・下二・用　補動・ラ変・終　副　形・シク・用

かったことですなあ。ところで（あなたは）何歳におなりになったのですか。」
対面し　たる　かな。　さても　いくつ　に　か　なり　給ひ
動・サ変・用　助動・完・体　終助　接　名　格助　係助　動・四・用　補動・四・用

嫗《おうな》　老婆。老女。「おうな」「おむな」は老女で、「をうな」「をむな」は女。

ゐ《イ》ぬめり　座っていたようだ。「めり」は推定を表し、自分には…のように見える、の意。

同《おな》じやう《ヨウ》なるもののさま　同じような様子の老人たち。「もの」は、漠然とした対象を表す。「もののあはれ」などと同じ。「さま」の後に「の老人たち」を補って考えるとよい。

言《い》ふ《ウ》やう《ヨウ》　言うには。「やう」は形式名詞で、「言ふ」「思ふ」などの語を受けて、以下に内容を示す。

年《とし》ごろ　長年。

昔《むかし》の人《ひと》　昔の知人。

対面《たいめ》して　会って。「対面《たいめ》」は、「たいめん」の「ん」を表記しない語。

いかで　何とかして。下に、希望や意志を表す「む・まし・ばや・かな」がある時は、何とかして、の意。ほかに、どうして、の意で、疑問や反語を表す用法もある。

聞《き》こえ合《あ》は《ワ》せむ　お話し合い申したい。「聞こえ合はす」は、「言ひ合はす」の謙譲語。

入道殿下《にゅうどうでんが》　藤原道長《ふじわらのみちなが》。「入道」は、出家した場合の呼び方。

まかるべき　参ることができそうです。「まかる」は、「行く」をかしこまった気持ちで言

と言うと、　もう一人の老爺は、　(繁樹)「何歳(か)ということ
ぬる。」 と 言へ ば、 いま 一人 の 翁、 「いくつ と いふ
助動・完・体 格助 動・四・已 接助 副 名 格助 名 名 格助 動・四・体

は、　いっこうに覚えておりません。　しかし、　私は、
こと、 さらに おぼえ 侍ら ず。 ただし、 おのれ は、
名 副 動・下二・用 補動・ラ変・未 助動・消・終 接 代 係助

亡くなった太政大臣貞信公が、蔵人少将と申し上げた頃の小舎人童(としてお仕えしていた)、
故太政大臣貞信公、 蔵人少将 と 申し し 折 の 小舎人童、
名 名 格助 動・四・用 助動・過・体 名 格助 名

大犬丸ですよ。　あなたは、　その御代の(帝の)母后の御方の召し使いで、
大犬丸 ぞ かし。 ぬし は、 そ の 御時 の 母后の宮 の
名 終助 終助 代 係助 代 格助 名 格助 名 格助

有名な大宅世継といいましたなあ。
御方 の 召使、 高名 の 大宅世継 と ぞ いひ 侍り
名 格助 名 名 格助 名 格助 係助 動・四・用 補動・ラ変・用

ですから、　あなたのお年は、　私よりはずっと上でい
し かし な。 されば、 ぬし の 御年 は、 おのれ に は
助動・過・体 終助 終助 接 代 格助 名 係助 代 格助 係助

らっしゃるでしょうね。　私がほんの子
こよなく まさり 給へ ら む かし。 自ら が
形・ク・用 動・四・用 補動・四・命 助動・存・未 助動・推・終 終助 代 格助

どもだった時、　あなたは二十五、六歳ぐらいの
小童 に て あり し 時、 ぬし は 二十五、六
名 助動・断・用 接助 補動・ラ変・用 助動・過・体 名 代 係助 名

(一人前の)男でいらっしゃいました。」　と
ばかり の 男 に て こそ は いませ しか。」 と
副助 格助 名 助動・断・用 接助 係助 係助 補動・サ変・未 助動・過・已 格助

言うと、　世継は、　「そうそう、　そうでありました。
言ふ めれ ば、 世継、 「しかしか、 さ 侍り し こと
動・四・終 助動・婉・已 接助 名 感 副 動・ラ変・用 助動・過・体 名

ところで、　あなたの(元服後の)お名前は何とおっしゃいますか。」　と
なり。 さても、 ぬし の 御名 は いかに ぞ や。」 と
助動・断・終 接 代 格助 名 係助 副 終助 係助 格助

う謙譲語。
おぼしきこと　言いたいと思うこと。「おぼし」は、こうありたいと思う、の意。
げに　本当に。前出の人の言葉や引用文を受けて、それを肯定する意。
かかれば　だから。このようであるから。
おぼえ侍《はべ》り　思われます。「おぼゆ」は、思われる、の意。
さても　ところで。それにしても。
さらに　下に打消の語がある時は、いっこうに、全く、決して、少しも、の意を表す。
おぼえ侍《はべ》らず　覚えておりません。この「おぼゆ」は、思われる、の意ではなく、記憶している、覚える、の意。
おのれ　私。
貞信公《ていしんこう》　藤原忠平《ただひら》の諡《おくりな》（死後に生前の功績をたたえて付ける称号）。
蔵人少将《くろうどのしょうしょう》　蔵人（天皇の側近で蔵人所の職員）で、近衛《このえ》（天皇や皇居の警護・警備をする近衛府の職員）の少将を兼務している人。
申《もう》しし折《おり》　申し上げた時。世間の人が申し上げた、の意。…でいらっしゃった、と同じ意。
ぬし　あなた。敬意を含んだ表現。
されば　それゆえ。だから。
まさり給《たま》へらむかし　上でいらっしゃるでしょ

言うと、　（繁樹）「（私が）太政大臣のお邸で元服いたしました時、
言ふ めれ ば、「太政大臣殿 にて 元服 つかまつり し
動・四・終 助動・婉・已 接助 名 格助 名 動・四・用 助動・過・体

『おまえの姓は何というのか。』　と（太政大臣が）おっしゃったので、
時、『きむぢ が 姓 は 何 ぞ。』と 仰せ られ しか
名 代 格助 名 係助 代 終助 格助 動・下二・未 助動・尊・用 助動・過・已

『夏山と申します。』　と申し上げたところ、　そのまま、
ば、『夏山 と なむ 申す。』と 申し し を、やがて、
接助 名 格助 係助 動・四・体 格助 動・四・用 助動・過・体 接助 副

（夏山にちなんで）繁樹とお名付けなさいました。」　などと
繁樹 と なむ つけ させ 給へ り し。」など
名 格助 係助 動・下二・未 助動・尊・用 補動・四・命 助動・完・用 助動・過・体 副助

言うので、　（あまりに古い話なので）ひどく驚きあきれてしまいました。誰もみな、（参詣人の
言ふ に、いと あさましう なり ぬ。誰 も、少し
動・四・体 接助 副 形・シク・用 動・四・用 助動・完・終 代 係助 副

中で）まずまずの身分、教養を持つ者たちは、（老人たちの方へ）視線を向けたり、そばに近寄ったりな
よろしき 者ども は、見おこせ、ゐ寄り など し けり。
形・シク・体 名 係助 動・下二・用 動・四・用 副助 動・サ変・用 助動・過・終

どしました。（そのうちに）年の頃三十歳ぐらいの侍らしい者が、　ずっと近く
年 三十 ばかり なる 侍めき たる 者 の、せちに
名 名 副助 助動・断・体 動・四・用 助動・存・体 名 格助 形動・ナリ・用

に寄ってきて、　（侍）「いやはや、たいそうおもしろいことを言うご老人方ですなあ。
近く 寄り て、「いで、いと 興 ある こと 言ふ 老者たち
形・ク・用 動・四・用 接助 感 副 名 動・ラ変・体 名 動・四・体 名

全くもって（お二人の話は）信じられません。」　と言うと、　老翁
かな。さらに こそ 信ぜ られ ね。」と 言へ ば、翁
終助 副 係助 動・サ変・未 助動・可・未 助動・消・已 格助 動・四・已 接助 名

二人は顔を見合わせて大声で笑いました。
二人 見かはし て あざ笑ふ。
名 動・四・用 接助 動・四・終

うね。「給へ」が「給ふ」の命令形なので、「ら」は、完了・存続の助動詞「り」の未然形。

自《みずか》ら　私。

いませしか　いらっしゃいました。「います」は、「あり」の尊敬語。ここでは、尊敬の補助動詞。

しかしか　そうそう。

さ侍《はべ》りしことなり　そうでありました。「侍り」は、「あり」の丁寧語。

きむぢ《ジ》　おまえ。

やがて　そのまま。

あさましうなりぬ　驚きあきれた。「あさましう《シュウ》」は、「あさましく」のウ音便。

少《すこ》しよろしき者《もの》ども　教養のありそうなまずまずの身分の者たち。「よろし」は、上代は「よし」と同じで、好ましい、すばらしい、の意で用いられたが、中古以降は、悪くないという相対的・消極的な評価を表すようになった。

見《み》おこせ　「見おこす」は、離れた所からこちらの方を見る。対義語は「見やる」。

侍《さぶらひ》めきたる者《もの》　侍らしい者。一見侍といったかっこうの者、の意。「めく」は、…らしく見える、の意を添える接尾語。

せちなり　漢語「切」が形容動詞化した語で、心に強く迫る感情やひたすら思うさまを表す。①大切だ。②ひたすらだ。③痛切だ。④深く

心に感じる。ここは②の意。

いで　いやはや。感動や驚きを表す。

老者《ろうざ》たち　老人方。「ろうじゃ」の「じゃ」の発音がしにくいので、「ざ」と発音したもの。ほかにも、「修行者《すぎょうざ》」（しゅ→す、じゃ→ざ）、「宿世《すくせ》」（しゅく→すく）などがある。

あざ笑《わらウ》ふ　大声で笑う、の意。老人たちが周囲の人に気兼ねしていない様子を表す。

鑑賞

『大鏡』は、文徳《もんとく》天皇から後一条天皇までの十四代、百七十六年間にわたる藤原氏摂関時代の歴史を叙述したものである。王朝貴族の全盛期を築き上げた藤原道長の栄華のありさまを描くことを最終目標とし、藤原氏が天皇家の外戚になる藤原冬嗣《ふゆつぐ》から道長に至る藤原氏代々の歴史と、天皇、后《きさき》、大臣などの話が展開されている。「雲林院の菩提講」は、全体の序の部分にあたり、紫野《むらさきの》の雲林院の菩提講を物語の場に設定し、二百歳近い大宅世継と夏山繁樹が出会い、同行した繁樹の妻を交じえ、さらに三十歳ほどの若侍が加わって、問答座談形式によって昔話が進行していく。それを、もう一人の人物（＝作者）が観察して記録していくという展開になっている。二百年近い歴史を語るには、二百歳近い人間の存在が必要不可欠だったのである。

教科書の問題（解答・解説）

教科書　九八ページ

❓ 教科書本文下に示された問題

❓「おぼしきこと」とは何を指すか。（p.九七）

解答　「世の中の見聞くこと」および「ただ今の入道殿下の御ありさま」。

［解説］「おぼしきこと」とは、言いたいと思うこと。世継は、これまで自分が見たり聞いたりした世の中のことや、現在の入道殿下（藤原道長）のことについて、昔の知り合いと語り合いたいと思っている。

■ 学習の手引き

❶「大宅世継」「夏山繁樹」は、それぞれどのような人物と

して設定されているか、まとめよう。

解答　・大宅世継＝二十五、六歳の頃、当時の帝《みかど》（宇多《うだ》天皇と考えられる）の母后の宮に仕えた召し使いとして有名だった。年齢は百九十歳ほどで、自分が見聞きしたことを語り継ごうとしている。

・夏山繁樹＝太政《だいじょう》大臣藤原忠平《ただひら》がまだ蔵人少将だった頃に小舎人童《こどねりわらわ》として仕え始め、元服の際、忠平から繁樹と名付けられた。年齢は百八十歳ほど。

［解説］　教科書脚注を参考にして、二人の人物設定を捉えよう。なお、年齢については、教科書一〇九ページの『大鏡』出典解説に記述がある。

❷「いとあさましうなりぬ。」〔九八・1〕は、誰の、どういう気持ちを表したものか。

解答　作者（書き手）の、二人の老人の話があまりに昔のことなので驚きあきれる気持ち。

［解説］　作者は、大宅世継と夏山繁樹の語る話がはるかに遠い昔のことであり、二人があまりにも高齢であることに驚きあきれたのである。

❸この冒頭の設定から、『大鏡』という作品は、どのような方法で歴史を叙述しようとしていると考えられるか。

解答　超高齢の老爺二人が、自分たちの見聞きしたことを語り合い、それについて三十歳ばかりの若侍が質問や意見を差し挟むという対話的な形式を作者が記録するという方法。

［解説］　本文の終わり近くに登場し、老人たちに話しかける「年三十ばかりなる侍めきたる者」が、世継と繁樹による昔語りの熱心な聞き手になることも想像できるだろう。実際は、世継、繁樹とその妻（本文の「嫗」）に若侍が加わって、座談・問答形式で歴史語りが行われ、傍らで聞いていた作者がこれを記録したという設定になっている。また、主たる語り手は世継である。

■語句と表現

①次の傍線部を文法的に説明しよう。

解答　(1)申し合はせばや＝自己の願望を表す終助詞。

(2)もの言はまほしくなれば＝希望の助動詞「まほし」の連用形。

②次の傍線部の「にて」を文法的に説明しよう。

解答　(1)小童にてありし時＝断定の助動詞「なり」の連用形「に」＋接続助詞「て」。

(2)二十五、六ばかりの男にて＝断定の助動詞「なり」の連用形「に」＋接続助詞「て」。

(3)太政大臣殿にて＝場所を示す格助詞。

道真《みちざね》の左遷 〔左大臣 時平《ときひら》〕

教科書 九九〜一〇三ページ

大意 右大臣菅原《すがわらの》道真は、左大臣藤原《ふじわらの》時平の妬みを買って、大宰権帥《だざいのごんのそち》として筑紫《つくし》に左遷された。そして、筑紫の地で無実の罪を思い、都の人々を回想し、悲しみの日々を送った。

第一段落（初め〜九九・9）

段意 左大臣時平は若く、右大臣道真は年配であり学才もあって重用されていた。時平は道真を快く思っていなかったが、道真にとってよくないことが起こり、昌泰《しょうたい》四年正月二十五日大宰権帥に左遷された。

現代語訳・品詞分解

右大臣（道真）は学才がまことに優れてすばらしくていらっしゃり、ご思慮も、

右大臣	は	才	よに	すぐれ	めでたく	おはしまし、	御心おきて
名	係助	名	副	動・下二・用	形・ク・用	補動・四・用	名

格別に優れていらっしゃいました。左大臣（時平）はお年も若く、

も、	殊のほかに	かしこく	おはします。	左大臣	は	御年	も
係助	形動・ナリ・用	形・ク・用	補動・四・終	名	係助	名	係助

学才も格別に劣っていらっしゃったことにより、

若く、	才	も	殊のほかに	劣り	給へ	る	に	より、
形・ク・用	名	係助	形動・ナリ・用	動・四・用	補動・四・命	助動・存・体	格助	動・四・用

右大臣への（帝の）ご信任が格別でいらっしゃいましたので、左大臣は

右大臣	の	御おぼえ	殊のほかに	おはしまし	たる	に、	左大臣
名	格助	名	形動・ナリ・用	補動・四・用	助動・存・体	接助	名

おもしろくなくお思いになっているうちに、そうなる前世からの定めでいらっ

やすから	ず	思し	たる	ほどに、	さるべき	に	や
形・ク・未	助動・消・用	動・四・用	助動・存・体	接助	連	助動・断・用	係助

語釈・文法

才《ざえ》 学問。教養。特に漢学などの学識。

かしこし 「かしこし」は、①恐ろしい、怖い、②恐れ多い、もったいない、③才知に優れている、利発だ、④すばらしい、巧みだ、⑤好都合だ、などの意。また、連用形を副詞的に用いて、⑥甚だしく、たいそう、などの意を表す。ここは③の意。

劣《おと》り給《たま》へ《エ》る 「給ふ」は尊敬の補助動詞。語り手である大宅世継《おおやけのよつぎ》の時平への敬意を表す。

御《おん》おぼえ 「おぼえ」は、よい評判。信望。身分の高い人に厚遇されること。

思《おぼ》したる 「思す」は世継の時平への敬意。

しゃったのでしょうか、
おはし（補動・サ変・用）けむ、（助動・過原推・体）

右大臣の御身にとってよくないことが起こって、
右大臣（名）の（格助）御ため（名）に（格助）よから（形・ク・未）ぬ（助動・消・体）こと（名）

昌泰四年正月二十五日に、
出で来（動・カ変・用）て、（接助）昌泰四年（名）正月二十五日、（名）

大宰権帥に任命申し上げて、
大宰権帥（名）に（格助）なし（動・四・用）奉り（補動・四・用）

お流されになりました。
て、（接助）流さ（動・四・未）れ（助動・受・用）給ふ。（補動・四・終）

■第二段落（九九・10～一〇〇・8）

段意 道真の子どもたちも別々の場所に配流《はいる》され、一家は離散した。道真は庭の梅の花を歌い、宇多《うだ》法皇に救いを求める歌を贈った。

現代語訳・品詞分解

この大臣（道真）には、子どもがたくさんいらっしゃいましたが、姫君たちは
この（代）大臣、（名）子ども（名）あまた（副）おはせ（動・サ変・未）し（助動・過・体）に、（接助）女君たち（名）

婿をとり、男君たちは、みな年齢や才能に応じて官位がおありでしたが、
は（係助）婿（名）とり、（動・四・用）男君たち（名）は、（係助）みな（名）ほどほど（名）に（格助）つけ（動・下二・用）て（接助）

とでしたのに、その男君たちもみな方々にお流されになって悲しいこ
位ども（名）おはせ（動・サ変・未）し（助動・過・体）を、（接助）それ（代）も（係助）みな（名）方々（名）に（格助）流さ（動・四・未）

幼くていらっしゃった男君や、
れ（助動・受・用）給ひ（補動・四・用）て（接助）悲しき（形・シク・体）に、（接助）幼く（形・ク・用）おはし（補動・サ変・用）ける（助動・過・体）男君、（名）

女君たちは、（父君を）慕って泣いていらっしゃったので、「小さい者は（連れ
女君たち、（名）慕ひ泣き（動・四・用）て（接助）おはし（補動・サ変・用）けれ（助動・過・已）ば、（接助）「小さき（形・ク・体）は（係助）

さるべきにやおは《ワ》しけむ 「さるべき」は、当然そうなるはずの、という意味の連体詞。ここでは、前世からの定め、の意。「おはし」はここでは尊敬の補助動詞で、世継の道真への敬意。

なし奉《たてまつ》りて 「奉り」は謙譲の補助動詞。世継の道真への敬意を表す。

流《なが》され給《たま》ふ《ウ》 「れ」は受身の助動詞。「給ふ」は尊敬の補助動詞。世継の道真への敬意を表す。

語釈・文法

あまたおは《ワ》せしに たくさんいらっしゃいましたが。「あまた」は、たくさん、大勢、の意。「し」は、過去の助動詞「き」の連体形。「き」は、原則として連用形に接続するが、サ変の場合は未然形にも付く。

ほどほどにつけて 「ほどほど」は年齢、身分。

それもみな 「それ」は道真の息子たち。

方々《かたがた》に流《なが》され給《たま》ひ《イ》て 「れ」は受身。道真の息子たちは、それぞれ別々の場所に配流された。後に「同じ方に遣はさざりけり」とある。

小《ちい》さきはあへ《エ》なむ 「あへ」は「敢ふ」。こらえ

て行っても)差し支えないであろう。」と、朝廷もお許しになられたのですよ。
あへ な む。」 と、 朝廷 も 許さ せ 給ひ
動・下二・用 助動・強・未 助動・推・終 格助 名 係助 動・四・未 助動・尊・用 補動・四・用

帝のご処置は、 極めて厳しいものでございまし
し ぞ かし。 帝 の 御おきて、 きはめて あやにくに
助動・過・体 終助 終助 名 格助 名 副 形動・ナリ・用

たので、 この(成人した)お子様たちを、 同じ方面におやりになりませんでし
おはしませ ば、 こ の 御子ども を、 同じ 方 に 遣はさ
補動・四・已 接助 代 格助 名 格助 形・シク・終 名 格助 動・四・未

た。 (道真公は)あれやこれやとたいそう悲しくお思いになって、 お庭先
ざり けり。 方々 に いと 悲しく 思し召し て、 御前
助動・消・用 助動・過・終 名 格助 副 形・シク・用 動・四・用 接助 名

の梅の花をご覧になって、
の 梅 の 花 を 御覧じ て、
格助 名 格助 名 格助 動・サ変・用 接助

(やがて春になり)東風が吹いたならば、(それに乗せて)香りを(筑紫まで)送り届けてくれ、梅の
東風 吹か ば にほひ おこせよ 梅 の 花 あるじ なし
名 動・四・未 接助 名 動・下二・命 名 格助 名 名 形・ク・終

花よ。主人がいないからといって、春を忘れないでくれ。
とて 春 を 忘る な
格助 名 格助 動・下二・終 終助

また、 亭子の帝(宇多法皇)に差し上げなさいました(歌)、
また、 亭子の帝 に 聞こえさせ 給ふ、
接 名 格助 動・下二・用 補動・四・体

(配所へ)流されていく私は、水中のごみのようになってしまいました。 わが君は(どうか水をせ
流れゆく 我 は 水屑 と なり果て ぬ 君 しがらみ
動・四・体 代 係助 名 格助 動・下二・用 助動・完・終 名 名

きとめる)しがらみとなって(私を)引き止めてください。
と なり て とどめよ
格助 動・四・用 接助 動・下二・命

る、たえる、構わない、の意。「な」は下に推量の助動詞があるので強意。「む」は推量。

朝廷《おおやけ》 朝廷、天皇、皇居、の意。

許《ゆる》させ給《たま》ひ《イ》しぞかし 「せ給ふ」は二重敬語(最高敬語)。「かし」は念押しの意の終助詞。

御《おん》おきて 「おきて」は、処置、の意。

あやにくにおは《ワ》しませば 「あやにくなり」は、厳しい、意地が悪い、の意。「おはします」は帝《みかど》への敬意。

同《おな》じ方《かた》に遣《つか》は《ワ》さざりけり 同じ方面におやりになりませんでした。「遣はす」は、①「行かす」「やる」「派遣す」などの尊敬語で、お送りになる、おつかわしになる、の意と、②「贈る」「与ふ」などの尊敬語で、お与えになる、の意がある。ここは①の意。

方々《かたがた》に あれやこれやと。

思《おぼ》し召《め》して…御覧《ごらん》じて 「思し召す」「御覧ず」は、ともに尊敬語で、道真への敬意。

東風《こち》吹《ふ》かば…(歌) 梅の花を擬人化し、変わらない梅と配流される自分を対照。「な」は禁止。

にほ《オ》ひ《イ》おこせよ 香りをよこしておくれ。「おこす」は、(こちらへ)送ってくる、届けてくる、よこす、の意。

亭子《ていじ》の帝《みかど》 在位中、道真を重く用いた宇多法皇のこと。道真にとって最も頼りになる存在。

第三段落（一〇〇・9〜一〇一・3）

段意

無実の罪により罰せられたことを嘆き、道真は山崎《やまざき》で出家する。都を遠ざかることを心細く思い、また播磨国《はりまの》明石《あかし》では感慨にふける駅《うまや》の長《おさ》を見て漢詩を作った。

現代語訳・品詞分解

身に覚えのないことによって、このように罰せられなさるのを、

なき（形・ク・体）　こと（名）　に（格助）　より、（動・四・用）　かく（副）　罪せ（動・サ変・未）　られ（助動・受・用）　給ふ（補動・四・体）　を、（格助）

ひどくお嘆きになって、そのまま山崎でご出家なさいまして、

かしこく（形・ク・用）　思し嘆き（動・四・用）　て、（接助）　やがて（副）　山崎（名）　にて（格助）　出家せ（動・サ変・未）　しめ（助動・尊・用）

都が遠ざかるにつれて、しみじみと心細くお思いになり、（次の歌をお詠みになった。）

給ひ（補動・四・用）　て、（接助）　都（名）　遠く（形・ク・用）　なる（動・四・体）　まま（名）　に、（格助）　あはれに（形動・ナリ・用）　心細く（形・ク・用）　思さ（動・四・未）　れ（助動・自・用）　て、（接助）

（妻である）あなたが住んでいる家の（木立ちの）梢を（流罪の道を）たどりながら隠れてしまうま

君（代）　が（格助）　住む（動・四・体）　宿（名）　の（格助）　梢（名）　を（格助）　ゆくゆくと（副）　隠るる（動・下二・体）　まで（副助）

聞《き》こえさせ給《たま》ふ《ウ》　「聞こえさす」は謙譲の動詞。この場合は歌を差し上げる。宇多法皇への敬意。「給ふ」は尊敬の補助動詞で、道真への敬意。「聞こえさせ」を、謙譲の動詞「聞こゆ」の未然形＋尊敬の助動詞「さす」の連用形とする説もある。

流《なが》れゆく…（歌）　配流される自分自身を「水《み》屑《くず》」に、宇多法皇を「しがらみ」にたとえた歌。宇多法皇の力にすがろうとしている。

語釈・文法

なきことにより　無実の罪で、の意。

かしこく　「かしこし」の連用形には、副詞的に用いて、非常に、甚だしく、の意を表す用法がある。

やがて　そのまま。すぐに。

ままに　①…につれて。②…のとおりに。③…するやいなや。④…ので。ここは①の意。

君《きみ》が住《す》む…（歌）　「宿」は家。「ゆくゆくと」は、行きながら。「はや」は、詠嘆の終助詞「は」に間投助詞「や」が付いたもので、強い感動、詠嘆の意を表す。家を離れる悲しみを詠んだ

で振り返り見たことですよ。
も 返り見 し は や
係助 動・上一・用 助動・過・体 終助 間助

また、播磨国にお着きになって、明石の駅という所にお泊まりになって、
また、 播磨国 に おはしまし着き て、 明石の駅 と いふ 所
接 名 格助 動・四・用 接助 名 格助 動・四・体 名

駅の長がたいそう悲しく思っている様
に 御宿り せ しめ 給ひ て、 駅 の 長 の いみじく
格助 名 動・サ変・未 助動・尊・用 補動・四・用 接助 名 格助 名 格助 形・シク・用

子をご覧になって、お作りになった詩は、
思へ る 気色 を 御覧じ て、 作ら しめ 給ふ 詩、
動・四・命 助動・存・体 名 格助 動・サ変・用 接助 動・四・未 助動・尊・用 補動・四・体 名

本当に悲しいものでした。
いと 悲し。
副 形・シク・終

駅長莫《なカレ》レ驚《クコト》時《ノ》変《へん》改《がいスルヲ》

駅長よ、驚くことはない。時勢が変わ(り、大臣だった私が配流され)ることを。
駅長 驚ク コト 莫カレ 時 ノ 変改スル ヲ
名 動・四・体 名 形・ク・命 名 格助 動・サ変・体 格助

一《いち》栄《えい》一《いち》落《らく》是《こレ》春《しゅん》秋《じう》

花が美しく咲き葉が寂しく落ちるのが春と秋(の自然の姿で、人間も栄え、衰えるもの)なのだから。
一栄 一落 是レ 春秋
名 名 代 名

■第四段落(一〇一・4~12)

段意

筑紫では野山の煙を見ては無実の罪を悲しみ、雲を見ては都に帰ることを思い、月を見ては清らかな自分の心への理解を訴え、歌を詠んでいた。

現代語訳・品詞分解

こうして筑紫にお着きになって、(目に入る)ものをしみじみと心細
かくて 筑紫 に おはし着き て、 もの を あはれに
接 名 格助 動・四・用 接助 名 格助 形動・ナリ・用

歌。「君」を宇多法皇とする説もある。

おは《ワ》しまし着《つ》きて 「おはしまし着く」は、「行き着く」の尊敬語。お着きになる。

御宿《おんやど》りせしめ給《たま》ひて 「しめ給ふ」は、二重敬語。

いみじく思《おも》へ《エ》る 「いみじ」は、程度が甚だしいこと。この場合は、たいそう悲しく思う。

気色《けしき》 視覚的に捉えた感じや様子を表す。①人の表情。態度。②自然の景色。情景。③兆候。兆し。④意向。意中。⑤機嫌。気分。⑥いささか。一部分。ここは①の意。

駅《えき》長《ちょう》莫《なカレ》レ驚《おどろクコト》 「莫」は禁止の意。

時《ときノ》変《へん》改《がいスルヲ》 時勢が変化するのを。右大臣だった道真が大宰権師として配流されること。

一栄一落《いちえいいちらく》 春に花が美しく咲き、秋に葉が寂しく落ちること。道真自身の栄華と没落を示すが、時平一門の未来をも暗示。この詩では悲哀を乗り越え、諦観に達している。

語釈・文法

心細《こころぼそ》く思《おぼ》さるる夕《ゆう》べ 「るる」は自発の助動詞「る」の連体形。尊敬ととる説もある。

くお感じになる夕暮れ、遠くの方に所々に煙が立つのをご覧になって、

心細く　思さ　るる　夕べ、　遠方　に　ところどころ　煙　立つ
形・ク・用　動・四・未　助動・自・体　名　名　格助　名　名　動・四・体

を　御覧じ　て、
格助　動・サ変・用　接助

夕方になると、野にも山にも立ち上る煙は、（私の心の中で無実の罪を悲しむ）嘆きという木を

夕され　ば　野　に　も　山　に　も　立つ　煙　なげき
動・四・已　接助　名　格助　係助　名　格助　係助　動・四・体　名　名

添えるので（あんなに）いよいよ激しく燃えるのだなあ。

より　こそ　燃えまさり　けれ
格助　係助　動・四・用　助動・嘆・已

また、雲が浮いて漂うのをご覧になって、

また、　雲　の　浮き　て　漂ふ　を　御覧じ　て、
接　名　格助　動・四・用　接助　動・四・体　格助　動・サ変・用　接助

山から離れ、飛び去っていく雲が（再び山の所に）帰ってくる姿を見る時は、（都に帰れないと諦め

山　わかれ　飛びゆく　雲　の　かへり来る　影　見る　時
名　動・下二・用　動・四・体　名　格助　動・カ変・体　名　動・上一・体　名

ている私も、都に帰れるのではないかと）やはり、自然に頼みに思われてしまうことだ。

は　なほ　頼ま　れ　ぬ
係助　副　動・四・未　助動・自・用　助動・完・終

そう（いう配流の身）であっても（いつか無実の罪が晴れて都に帰れるだろう）と、ご自身の身の上をお

さりとも　と、　世　を　思し召さ　れ　ける　なる　べし。
接　格助　名　格助　動・四・未　助動・自・用　助動・過・体　助動・断・体　助動・推・終

思いになったのでしょう。月の明るい夜（詠まれた歌）、

月　の　明かき　夜、
名　格助　形・ク・体　名

海どころか、もっと深く満々とたたえる水の底まで（澄みきっている私の）清らかな心を、月は照

海　なら　ず　たたへ　る　水　の　底　まで　に
名　助動・断・未　助動・消・用　動・四・命　助動・存・体　名　格助　名　副助　格助

らして（私の潔白を明らかにして）くれるだろう。

清き　心　は　月　ぞ　照らさ　む
形・ク・体　名　係助　名　係助　動・四・未　助動・推・体

御覧《ごらん》じて　「御覧ず」は「見る」の尊敬語。

夕《ゆう》されば…（歌）　「なげき」は、「嘆き」に「投げ木」（焚《た》き火にする木）を掛ける。「煙」「木」は「燃え」の縁語。「燃えまさりけれ」は、いよいよ激しく燃えるのだなあ、の意。「けれ」は詠嘆。「こそ」を受けて已然《いぜん》形。

山《やま》わかれ…（歌）　「わかれ」の主語は「雲」。「影」は、姿。「頼む」は、無実の罪が晴れて都に戻ることを期待する、の意。「れ」は自発。自然に都に帰りたい気持ちがわき上がってくる。「雲」にわが身をたとえた歌。

さりとも　そうはいっても。配流の身であっても、無実の罪が晴れて都に帰れるのではないかと思うのである。

世《よ》　道真の身の上。

思《おぼ》し召《め》されけるなるべし　「べし」は推量。

海《うみ》ならず…（歌）　「海ならずたたへる水の底」は、海どころか、もっと深く満々とたたえる水の底。水が清らかならば、月の光は底まで届くということを詠んで、自分の心の清らかさを強調しつつ、そのことを分かってくれる存在を求めた歌。

これ　「海ならず…」の歌。

かしこく　みごとに。巧みに。

あそばしたりかし　「あそばす」は、音楽を奏

この歌は、本当にみごとにお詠みになったものですよ。なるほど月や太陽だけは

これ、 いと かしこく あそばし たり かし。 げに 月日 こそ

代 副 形・ク・用 動・四・用 助動・完・終 終助 副 名 係助

(清らかな心を)照らして(はっきりと見て)くださるだろうというのでしょう。

は 照らし 給は め と こそ は あ めれ。

係助 動・四・用 補動・四・未 助動・推・已 格助 係助 係助 動・ラ変・体 助動・定・已

■第五段落（一〇一・13〜一〇二・6）

段意 道真は、筑紫では家に閉じこもり謹慎していた。そして、その思いを白居易《はくきょい》の詩を踏まえた詩に託した。

現代語訳・品詞分解

筑紫にいらっしゃる所のご門をかたく閉ざして(謹慎して)いらっしゃいます。

筑紫 に おはします 所 の 御門 かため て おはします。

名 格助 動・四・体 名 格助 名 動・下二・用 接助 補動・四・終

大弐のいる役所は遥かに離れていますが、(その)高い建物の上の瓦などが、

大弐 の 居所 は 遥かなれ ども、 楼 の 上 の 瓦 など

名 格助 名 係助 形動・ナリ・已 接助 名 格助 名 格助 名 副助

見るともなく自然にお目にとまるうえに、

の、 心 に も あら ず 御覧じやら れ ける

格助 名 助動・断・用 係助 補動・ラ変・未 助動・消・用 動・四・未 助動・自・用 助動・過・体

またすぐ近くに観音寺という寺がありましたから、

に、 また いと 近く 観音寺 と いふ 寺 の あり

接助 接 副 形・ク・用 名 格助 動・四・体 名 格助 動・ラ変・用

(その)鐘の音をお聞きになって、お作りになった(のが

けれ ば、 鐘 の 声 を 聞こし召し て、 作ら しめ

助動・過・已 接助 名 格助 名 格助 動・四・用 接助 動・四・未 助動・尊・用

次の)詩ですよ。

給へ る 詩 ぞ かし。

補動・四・命 助動・完・体 名 終助 終助

都府楼《とふろう》ハ纔《わづ》カニ看《み》二瓦ノ色ヲ一

(遥か遠くに見える)都府楼は、わずかに瓦の色を見るだけで、

都府楼 ハ 纔カニ 瓦 ノ 色 ヲ 看

名 係助 形動・ナリ・用 名 格助 名 格助 動・上一・用

する、歌謡を歌う、和歌を詠む、の意の尊敬語。

げに なるほど。歌の趣旨に納得する意。

あめれ 「あるめれ」の撥音便「あんめれ」の撥《はつ》音を表記しない形。

語釈・文法

御門《みかど》かためて ご門をかたく閉ざして謹慎して。流罪中なので、外部と交渉しない。

大弐《だいに》の居所《いどころ》 大宰府庁のこと。「大弐」は次官であるが、長官の帥には親王が任命され、実務を執るのは「大弐」であることが多い。道真は「権帥」だが、名目だけで実務は執らない。

心《こころ》にもあらず御覧《ごらん》じやられ 「御覧じやる」は、「見やる」の尊敬語。「心にもあらず」と、自発の「れ」から、見る気持ちがないのについ目が向いてしまうことが分かる。

聞《き》こし召《め》して お聞きになって。「聞こし召す」は「聞く」の尊敬語。

作《つく》らしめ給《たま》へる 「しめ給ふ」は、「しむ」が尊敬の場合、二重敬語として、天皇、皇后、高貴な身分の人に対して用いる。お…になられる。お…なされる。「筑紫に」からここまでの敬語は、全て語り手の世継から道真への敬

観音寺《ハ》只《たダ》聴《きク》二鐘《ノ》声《ヲ》一

（近くの）観音寺は、ただ鐘の音を聴くだけだ。（左遷された私は、外に出ず、謹慎しているばかりだ。）

観音寺（名） ハ（係助） 只ダ（副） 鐘（名） ノ（格助） 声（名） ヲ（格助） 聴ク（動・四・終）

この詩は、『白氏文集』の、白居易の、「遺愛寺の鐘の音は寝たまま枕をかたむけて聞き、香炉峰の雪は簾をはね上げて眺める」という詩に（対して）、

これ（代） は、（係助） 文集（名） の、（格助） 白居易（名） の、（格助） 「遺《ゐ》愛《あい》寺《じノ》鐘《ハ》欹《そばだテテ》レ枕《ヲ》聴《キ》、香《かう》炉《ろ》峰《ほうノ》雪《ハ》撥《かかゲテ》レ簾《すだれヲ》看《みル》

（遺愛寺（名） ノ（格助） 鐘（名） ハ（係助） 枕（名） ヲ（格助） 欹テ（動・下二・用） テ（接助） 聴キ、（動・四・用）
香炉峰（名） ノ（格助） 雪（名） ハ（係助） 簾（名） ヲ（格助） 撥ゲ（動・下二・用） テ（接助） 看ル）」（動・上一・終） と（格助） いふ（動・四・体） 詩（名）

いっそう優れているほどにお作りになったと、昔の学者たちは申しました。

に、（格助） まさざまに（形動・ナリ・用） 作ら（動・四・未） しめ（助動・尊・用） 給へ（補動・四・命） り（助動・完・終） と（格助） こそ、（係助） 昔（名） の（格助）
博士ども（名） 申し（動・四・用） けれ。（助動・過・已）

■第六段落（一〇二・7～終わり）

段意

重陽《ちょうよう》の節句には醍醐《だいご》天皇から授けられた御衣《おんぞ》を見ては、往時のことを思い出して漢詩を作った。

現代語訳・品詞分解

また、あの筑紫で、九月九日に菊の花をご覧になった折に、

また、（接） か（代） の（格助） 筑紫（名） にて、（格助） 九月九日（名） 菊（名） の（格助） 花（名） を（格助） 御覧じ（動・サ変・用）

まだ京にいらっしゃった時、

ける（助動・過・体） ついで（名） に、（格助） いまだ（副） 京（名） に（格助） おはしまし（動・四・用） し（助動・過・体） 時、（名）

意を表す。

都府楼《とふろう》… 謹慎中のため外出しない意味を込めて「纔《わずカニ》看《み》」という。

観音寺《かんのんじ》… ここでも「只《ただ》聴《きく》」に謹慎中のために近くの観音寺にさえ行かない意を込める。

欹《そばだテテ》レ枕《まくらヲ》聴《きキ》 寝たまま枕をかたむけて聞く。

撥《かかゲテ》レ簾《すだれヲ》看《みル》 簾をはね上げて眺める。この部分は『枕草子《まくらのそうし》』にも引用されて有名。

まさざまに いっそう優れているほどに、の意。左遷という逆境を超越し、自由な境地を歌う点では白居易の詩のほうが優れているが、無実の罪を晴らすため、厳格な生活態度で生きようとするひたむきな心情という点で道真の詩のほうが優れている。

昔《むかし》の博士《はかせ》ども申《もう》しけれ 昔の博士たちは申しました。「博士」は学者。「申す」は「言ふ」の謙譲語。世継の道真への敬意。

語釈・文法

御覧《ごらん》じけるついでに ご覧になったついでに。「ついで」は、機会、折、場合、の意。

いまだ京《きょう》におはしまし《ワ》し時《とき》 京での菊の宴の回想の場面では、過去の助動詞「き」が用いら

（前年の）九月のちょうど今夜、宮中で菊の宴があった時に、この

九月 の 今宵、内裏 にて 菊の宴 あり し に、こ
名 格助 名 名 格助 名 動・ラ変・用 助動・過・体 格助 代

大臣がお作りになった詩を、醍醐天皇がたいそう

の 大臣 の 作ら せ 給ひ ける 詩 を、帝 かしこく
格助 名 格助 動・四・未 助動・尊・用 補動・四・用 助動・過・体 名 格助 名 形・ク・用

う感心なさって、御衣をお授けになりましたのを、

感じ 給ひ て、御衣 賜はり 給へ り し を、
動・サ変・用 補動・四・用 接助 名 動・四・用 補動・四・命 助動・完・用 助動・過・体 格助

筑紫に持ってお下りになっていたので、（その御衣を）

筑紫 に 持て下ら しめ 給へ り けれ ば、御覧ずる
名 格助 動・四・未 助動・尊・用 補動・四・命 助動・存・用 助動・過・已 接助 動・サ変・体

ご覧になると、いよいよその時のことをお思い出しになって、お作りになった（詩）、

に、いとど その 折 思し召し出で て、作ら しめ 給ひ
接助 副 代 格助 名 動・下二・用 接助 動・四・未 助動・尊・用 補動・四・用

ける、
助動・過・体

去年ノ今夜侍《じシ》二清《せい》涼《りやう二》一

秋《しう》思《しノ》詩編独《リ》断《ツ》レ腸《はらわたヲ》

恩《おん》賜《しノ》御《ぎよ》衣《いハ》今在《ありここ二》レ此

去年の今夜は清涼殿（の菊の宴）に伺候し、

去年 ノ 今夜 清涼 ニ 侍シ
名 格助 名 名 格助 動・サ変・用

「秋思」という御題で詩編を作り、（自分は感ずるところがあって）独り断腸の思いを述べた。

秋思 ノ 詩編 独リ 腸 ヲ 断ツ
名 格助 名 名 名 格助 動・四・終

（その時帝は詩を褒めて御衣をくださったが、）その恩賜の御衣は（配流となった）今もここにある。

恩賜 ノ 御衣 ハ 今 此 ニ 在リ
名 格助 名 係助 名 代 格助 動・ラ変・終

れている。「菊の宴ありし」「給へりしを」も同様。

九月《ながつき》の今宵《こよい》　陰暦九月九日の夜。

感《かん》じ給《たまイ》ひて、御衣《おんぞ》賜《たまワ》はり給《たまエ》へりしを　「給ひ」「賜はり」「給へ」は帝への敬意。「御衣」は衣服の敬称。ここでは天皇の衣類のこと。

持《も》て下《くだ》らしめ給《たまエ》へりければ　「持て下」ったのである。主語は道真。

御覧《ごらん》ずるに　主語は道真。道真への敬意を表す。

その折《おり》　一年前の九月九日の夜、漢詩を詠み、御衣を賜った時。

侍《じシ》二清《せい》涼《りょう二》一　清涼殿《せいりょうでん》の菊の宴に伺候した。清涼殿は天皇が日常生活をする場所。

独《ひとリ》断《たツ》レ腸《はらわたヲ》　自分は感ずるところがあって独り断腸の思いを述べた。前の「この大臣《おとど》の作らせ給ひける詩」が「秋思詩編」。

恩《おん》賜《しノ》御《ぎょ》衣《い》　「帝かしこく感じ給ひて、御衣賜はり給へりし」を受ける。

今《いま》在《ありここ二》レ此　「筑紫に持て下らしめ給へりけれ」を受ける。

余香《よこう》　御衣に焚きしめられた残り香。

感《かん》じ申《もう》されき　感嘆申し上げなさいました。「申す」は謙譲の補助動詞。世継の道真への敬意を表す。

捧《ささゲ》持《チテ》毎日拝《はいス》二余《よ》香《かうヲ》一

ささげ持って毎日(御衣に焚きしめられた)香の残り香をありがたくお受け申し上げる。

捧ゲ持チ	テ	毎日	余香	ヲ	拝ス
動・四・用	接助	名	名	格助	動・サ変・終

この詩を、たいそう深く人々は感嘆申し上げなさいました。

こ	の	詩、	いと	かしこく	人々	感じ	申さ	れ	き。
代	格助	名	副	形・ク・用	名	動・サ変・用	補動・四・未	助動・尊・用	助動・過・終

鑑賞

四十歳を過ぎるまで、文章博士《もんじょうはかせ》、一地方官として中央政治に関係のなかった道真が、宇多天皇の信任を得るきっかけになったのは、「阿衡《あこう》事件」であるといわれる。「阿衡事件」というのは、宇多天皇が自分を皇位につけるについて力を尽くしてくれた藤原基経《もとつね》に、政務を任せようとして出された詔《みことのり》の中に「宜《よろ》しく阿衡の任を以《もつ》て卿の任と為《な》すべし」とあった「阿衡(中国の殷《いん》の宰相の官名)」について、これは位は高いけれども、実際の政治には携わらないものだ、として基経が政務を放棄した事件である。基経の真意は、自分の存在を誇示するところにあったが、道真が堂々の論陣を張って、基経をいさめたところ、その鋭い論鋒《ろんぽう》と文章の迫力に圧倒された基経は、心を動かされ、事は収まったのであった。この事件で、藤原氏の専横を憎んだ宇多天皇は、道真を藤原氏に対抗して重用するようになったのである。

基経が亡くなり、その息子の時平の時代になって悲劇は起きた。既に宇多天皇は皇位を幼い醍醐《だいご》天皇に譲っていた。入道された宇多法皇が、道真左遷の知らせに驚いて皇居に駆けつけてみると、内裏の門は堅固に閉ざされていて、法皇は諦めて去るしかなかったという。

教科書の問題(解答・解説)

教科書　一〇三ページ

❓ **教科書本文下に示された問題**

❓ **道真が亭子の帝に歌を贈ったのはなぜか。**(p.一〇〇)

解答　自分を重用してくれた亭子の帝に救いを求め、流罪を許されたいと思ったから。

❓ **「さりとも」の後には、どのような内容の事柄が省略されているか。**(p.一〇一)

解答　いつか無実の罪が晴れて、都に帰ることを許されるだろう、という内容。

? 「御門かためておはします。」とは、どのような様子を指しているのか。(p.一〇一)

解答 自ら住まいの門を閉ざし、外出もせず人とも会わずに謹慎している様子。

■ 学習の手引き

❶ **道真が左遷された理由についてどのように語られているか、まとめよう。**

解答 右大臣菅原道真は、学才がまことに優れて思慮も深く、醍醐天皇に重用されていたが、年も若く学才も劣っていた左大臣藤原時平がそれを快く思っていなかったところ、前世からの定めゆえか、道真にとってよくないことが起こった。

[解説] 醍醐天皇に重用された菅原道真は、着々と他氏を排斥してきた藤原氏にとって強力な対抗者と見なされ、時平の讒言《ざんげん》(醍醐天皇を廃して道真の女婿斉世《ときよ》親王を皇位につけようとしたという内容)によって失脚させられた。これが歴史的事実であるが、『大鏡』は、時平の讒言や事件の真相を詳しくは語らず、「さるべきにや」「よからぬこと」のような言い方で、道真の厚遇を妬んだ時平の画策によるものであることを婉曲《えんきょく》に表現している。

❷ **道真が作った和歌と漢詩について、それぞれに込められた心情をまとめよう。**

解答
・「東風吹かば…」＝都を追われる悲しみと自邸の梅の花に対する惜別の情。
・「流れゆく…」＝過酷な運命の激変にわが身の無力さを思い、先帝の力にすがりたいという悲痛な心。
・「君が住む…」＝遥《はる》かな筑紫への旅の途次、遠ざかる都を懐かしみ、妻との別れを惜しむ気持ち。
・「駅長…」＝全ては移り変わるもので、栄枯盛衰は世の常であるという諦めの気持ち。
・「夕されば…」＝筑紫に着いて改めて感じるわが身の不運と、胸の中で燃えるやり場のない嘆きと悲しみ。
・「山わかれ…」＝かなうまいと思いながらも、もしかしたら都に戻れるかもしれないというはかない希望。
・「海ならず…」＝わが身の潔白を何とかして分かってもらいたいという切実な願い。
・「都府楼…」＝配所でひたすら謹慎に努める気持ち。
・「去年…」＝帝とともにあった宮中を懐かしむ気持ちと、帝にささげる至誠の心。

❸ **語り手は、道真をどのような人物として捉えているか、考えよう。**

解答 漢字などの才知に優れ、思慮深く帝からの信任がとりわけ厚い人物。

[解説] 語り手は、「才よにすぐれめでたく」「御心おきて

も、殊のほかにかしこく」〔九九・5〕と、道真が優秀な人物であると説明している。また、「御おぼえ殊のほかにおはしましたる」〔九九・7〕と、帝から頼りにされて格別に厚遇されていたと評価している。

■語句と表現

①次の傍線部の「かしこく」の意味を確認しよう。

解答 (1)才能・思慮・分別などの点で優れている。
(2)(連用形を副詞的に用いて)甚だしく。たいそう。
(3)みごとに。すばらしく。巧みに。
(4)(連用形を副詞的に用いて)甚だしく。たいそう。
(5)(連用形を副詞的に用いて)甚だしく。たいそう。

②次の傍線部を品詞分解し、文法的に説明しよう。

解答 (1)なし(サ行四段活用動詞「なす」の連用形)―奉り(ラ行四段活用動詞「奉る」の連用形・謙譲の補助動詞)―て(単純接続の接続助詞)―流さ(サ行四段活用動詞「流す」の未然形)―れ(受身の助動詞「る」の連用形)―給ふ(ハ行四段活用動詞「給ふ」の終止形・尊敬の補助動詞)
(2)許さ(サ行四段活用動詞「許す」の未然形)―せ(尊敬の助動詞「す」の連用形)―給ひ(ハ行四段活用動詞「給ふ」の連用形・尊敬の補助動詞)―し(過去の助動詞「き」の連体形)
(3)聞こえさせ(サ行下二段活用動詞「聞こえさす」の連用形・謙譲の本動詞)―給ふ(ハ行四段活用動詞「給ふ」の連体形・尊敬の補助動詞)
［別解］聞こえ(ヤ行下二段活用動詞「聞こゆ」の未然形・謙譲の本動詞)―させ(尊敬の助動詞「さす」の連用形)―給ふ(ハ行四段活用動詞「給ふ」の連体形・尊敬の補助動詞)
(4)かく(副詞)―罪せ(サ行変格活用動詞「罪す」の未然形)―られ(受身の助動詞「らる」の連用形)―給ふ(ハ行四段活用動詞「給ふ」の連体形・尊敬の補助動詞)―を(動作の対象を表す格助詞)
(5)出家せ(サ行変格活用動詞「出家す」の未然形)―しめ(尊敬の助動詞「しむ」の連用形)―給ひ(ハ行四段活用動詞「給ふ」の連用形・尊敬の補助動詞)―て(単純接続の接続助詞)
(6)作ら(ラ行四段活用動詞「作る」の未然形)―しめ(尊敬の助動詞「しむ」の連用形)―給ふ(ハ行四段活用動詞「給ふ」の連体形・尊敬の補助動詞)―詩(名詞)

鶯宿梅《おうしゅくばい》

〔雑々物語《くさぐさのものがたり》〕

教科書 一〇四〜一〇五ページ

大意

清涼殿の御前の梅の木が枯れたので、帝《みかど》はそれに代わる梅の木をお求めになった。夏山繁樹《なつやましげき》が花の様子も木の格好も素晴らしい梅の木を見つけ掘り取ったのだが、家のあるじが木に歌を結い付けた。「勅命でございますので梅の木は差し上げますが、鶯《うぐいす》が飛んできて、私の宿は、と問うたらどう答えたら良いのでしょう」という風流な和歌は、帝を責めることなく梅の木への愛惜の念を伝えたもので、梅の木のあるじは紀貫之《きのつらゆき》の娘であった。帝はかわいそうなことをしたと恥ずかしく思われ、繁樹も良い木を見つけた褒美をいただきながらつらいような気持ちがした。この思い出を繁樹は懐かしく思って笑った。

現代語訳・品詞分解

「たいへん趣があってしみじみとした情趣がございましたことは、

「いと をかしう あはれに 侍り し こと は、

副 形・シク・用 形動・ナリ・用 補動・ラ変・用 助動・過・体 名 係助

この天暦（村上天皇）の御代に、清涼殿の御前の梅の木が枯れてしまったので、

この 天暦 の 御時 に、 清涼殿 の 御前 の

代 格助 名 格助 名 格助 名 格助 名 格助

梅 の 木 の 枯れ たり しか ば、 求め させ

名 格助 名 格助 動・下二・用 助動・完・用 助動・過・已 接助 動・下二・未 助動・使・用

（梅の木を手に入れようと）探させなさったところ、だれだれ殿が蔵人でいらっしゃった時、

給ひ し に、 なにがしぬし の 蔵人 に て いますがり

補動・四・用 助動・過・体 接助 名 格助 名 助動・断・用 接助 補動・ラ変・用

（その命を）お受けして、『若い者たちは（ふさわしい梅の木を）見て価値を理解

し 時、 承り て、 『若き 者ども は え 見知ら

助動・過・体 名 動・四・用 接助 形・ク・体 名 係助 副 動詞・四・未

語釈・文法

あは《ワ》れに 情趣が深いさま。形容動詞「あはれなり」の連用形。

清涼殿《せいりやうでん》 天皇が日常を過ごす御殿で政務も行う。

求《もと》めさせ給《たまイ》ひ 「させ」は使役の助動詞「さす」の連用形。本文は使役としたが尊敬でとることも可能。

蔵人《くろうど》 蔵人所の職員。天皇と天皇家の私的な要件を伝達する役目。天皇身辺の雑事や宮中での物資の調達を担う。

まかり歩《あり》き 「まかり歩《あり》く」は動き回る。「歩く」の謙譲語。

することができないだろう。おまえが探して来なさい。』とおっしゃったので、

じ。 きむぢ 求めよ。』 と のたまひ しか ば、

助動・消推・終 名 動・下二・命 格助 動・四・用 助動・過・已 接助

都中を歩き回りましたけれども、（適当な梅の木が）ございませんでした

一京 まかり歩き しか ども、 侍ら ざり し

名 動・四・用 助動・過・已 接助 動・ラ変・未 助動・消・用 助動・過・体

が、西の京（右京）のどこそこにある家に、色濃く咲いている（紅

に、 西の京 の そこそこ なる 家 に、 色濃く 咲き

接助 名 格助 代 助動・在・体 名 格助 形・ク・用 動・四・用

梅の）木で、枝ぶりもみごとなものがございましたのを、

たる 木 の、 様体 うつくしき が 侍り し を、

助動・存・体 名 格助 名 形・シク・体 格助 動・ラ変・用 助動・過・体 格助

掘り取りましたところ、家の主人が、『木にこれを結び付けて（それを）持って

掘り取り しか ば、 家あるじ の、 『木 に これ 結ひ付け

動・四・用 助動・過・已 接助 名 格助 名 格助 代 動・下二・用

参上しなさい。』と（召し使いに）言わせなさったので、何かわけが

て 持て参れ。』 と 言は せ 給ひ しか ば、 あるやう

接助 動・四・命 格助 動・四・未 助動・使・用 補動・四・用 助動・過・已 接助 名

あるのだろうと思って（その手紙を）持って参上してお控えしていたところ、（帝が）『何だ。』

こそ は とて 持て参り て 候ひ し を、 『何 ぞ。』

係助 係助 格助 動・四・用 接助 動・四・用 助動・過・体 接助 名 終助

とご覧になったところ、女の筆跡で書いてございましたことは、

とて 御覧じ けれ ば、 女 の 手 にて 書き て

格助 動・サ変・用 助動・過・已 接助 名 格助 名 格助 動・四・用 接助

侍り ける、

補動・ラ変・用 助動・過・体

天皇の御命令なのでまったく恐れ多いことです（梅の木はお持ちください）。（ただ）鶯が私の家

勅 なれ ば いと も かしこし 鶯 の 宿 は

名 助動・断・已 接助 副 係助 形・ク・終 名 格助 名 係助

は（どこ）と問うたならばどのように答えましょうか。

と 問は ば いかが 答へ む

格助 動・四・未 接助 副 動・下二・未 助動・意・体

侍《はべ》ら　丁寧の本動詞。「ございます」と訳す。

色濃《いろこ》く　色が濃いという意味で紅色・紫色についていうことが多い。

様体《ようだい》　容姿。ここでは、梅の木の枝ぶりのこと。

持《も》て参《まい》れ　「持って行く」の謙譲語。ここでは命令形で使われているので、持って参上しなさい、の意。

御覧《ごらん》じ　終止形は「ご覧ず」。「見る」の尊敬語。「見給ふ」より尊敬の度合いが高いので帝や后《きさき》などの見る動作に使う。漢語の「御覧」に「ず」を付けたサ変の複合動詞。

勅《ちょく》なれば　「なれ」は、断定の助動詞「なり」の已然《いぜん》形。已然形＋接続助詞「ば」は順接の確定条件。「…ので」と訳す。

かしこし　もったいない。恐れ多い。尊い者や権力のある者など、畏敬する者に対して恐れ敬う気持ちを表す。

あやしく　物事の真相・原因などがつかめないいぶかしさを言う。梅の木に手紙がついている理由を帝はわからないでいる。

あまえ　恥ずかしく思う、きまり悪く思う。清涼殿にふさわしい梅の木であれば、しっかりとした持ち主が十分に手入れをしていることが予想され、当然ながら持ち主にも梅の木に愛着がある。帝はそれに思い至らなかったこ

とあったので、 どういうことかといぶかしくお思いになって、『何という人

と ありける に、あやしく 思し召し て、『何者 の

格助 動・ラ変・用 助動・過・体 接助 形・シク・用 動・四・用 接助 名 格助

の家か。』と（人を遣わして）調べさせなさったところ、 貫之殿の御息女

家 ぞ。』と 尋ね させ 給ひ けれ ば、貫之のぬし

名 終助 格助 動・下二・未 助動・使・用 補動・四・用 助動・過・已 接助 名

の住んでいる邸であったのだった。 『残念なことをしてしまった

の 御女 の 住む 所 なり けり。『遺恨 の わざ

格助 名 格助 動・四・体 名 助動・断・用 助動・詠・終 名 格助 名

ことだなあ。』とおっしゃって、 恥ずかしがっていらっしゃっ

を も し たり ける かな。』とて、あまえ おはしまし

格助 係助 動・サ変・用 助動・完・用 助動・詠・体 終助 接助 動・下二・用 補動・四・用

いました。 繁樹の、 一生の恥辱は、 このことでございましたでしょうか。

ける。 繁樹、今生 の 辱号 は、これ や 侍り けむ。

助動・過・体 名 名 格助 名 係助 代 係助 動・ラ変・用 助動・過推・体

そうはいうものの、『望んでいたような木を持って参った。』 ということで、衣服を褒美

さるは、『思ふ やうなる 木 持て参り たり。』とて、衣 被け

接助 動・四・体 助動・比・体 名 動・四・用 助動・完・終 格助 名 動・下二・未

としていただいたことも、 （かえって）つらくなってしまいました。』

られ たり し も、からく なり に き。』

助動・受・用 助動・完・用 助動・過・体 係助 形・ク・用 動・四・用 助動・完・用 助動・過・終

と言って、 にこやかに笑う。

とて、こまやかに 笑ふ。

格助 形動・ナリ・用 動・四・終

とを恥ずかしく思っている。

今生《こんじょう》の辱号《ぞくごう》 一生の恥辱、の意。繁樹自身は誰かに責められてはいないが、ふさわしい梅を見つけられて良かったという安堵《あんど》感で、持ち主の思いに考えが至らず帝に恥ずかしい思いをさせてしまった自分を不甲斐《ふがい》なく感じている。

衣被《きぬかず》けられ 高貴な人から褒美として衣服をいただいて肩にかけること。物々交換が多く行われていた時代、衣服は他の物とも交換がしやすく、褒美としてよく与えられた。

からく 苦しい、つらい、の意。

こまやかに 心がこもっている、の意で思いやりや感情を込めた表現。繁樹が、一生の恥辱と思うほど鶯宿梅のエピソードは心に残った。心優しい村上天皇が存命中の思い出を振り返り、懐かしんでほほえんでいる。

鑑賞

「鶯宿梅」は、紀貫之の娘が大切にしていた梅の木を奪ってきてしまったことを、村上天皇が恥ずかしくお思いになった、という天皇の優しい気持ちが表れた話である。

『大鏡《おおかがみ》』には、他にも、村上天皇の思いやり深さがうかがえる逸話がある。村上天皇は、藤原安子《ふじわらのあんし》を中宮としていたが、女御である藤原芳子《ほうし》（御髪が非常に長くて美しかったこと・古今集をそらんじていたことが有名）への寵愛が深かった。そのことに中宮安子は強い嫉妬心を抱いていた。その安子が亡くなったあと、天皇は「故宮（安子）の、いみじうめざましく、やすからぬものに思したりしかば、思ひ出づるに、い

とほしく、悔しきなり」と芳子への寵愛が以前ほどではなくなったと話す。芳子を寵愛したことで、安子にどれほど心痛を与えたかを省みて後悔しているのだが、これも「鶯宿梅」と根幹は同じなのではないだろうか。

村上天皇は、梅のあるじの和歌の真意を理解し、権威者でありながらとがめたりすることなく自身の軽率な行動を反省した。また、その原因となった梅を探しあてた繁樹には当然のごとく褒美を与えて労をねぎらっている。謙虚さと寛容さを持ち合わせ、思いやりにあふれた村上天皇の人柄が見えてくるだろう。

「鶯宿梅」の歌は、『拾遺《しゅうい》和歌集』が初出で、『大鏡』や謡曲などを通じて、さまざまな形で現代に伝わっている。

教科書の問題（解答・解説）

❓教科書本文下に示された問題

❓「え見知らじ。」とは、どのようなことをいっているのか。（p.一〇四）

解答　若い者では、木の知識も乏しく、良い梅の木とはどのようなものか判別するのは難しいだろうということ。

[解説]　この時に繁樹が何歳だったのかは定かではないが、繁樹ならばと見込まれて、梅の木探しを命じられたのである。

■学習の手引き

教科書　一〇五ページ

❶「勅なれば…」〔一〇五・1〕の歌には、「家あるじ」のどのような思いが込められているか。

解答　大切にしている梅の木を手放してしまうのはつらく悲しいという思い。

[解説]　天皇がその梅をご所望ということであれば、命を受けた側が拒むことはできないため、紀貫之の娘も拒もうなどとは思っていないのだが、自身の梅への愛惜の気持ちを鶯に代弁させたのである。

父の紀貫之は、「人はいさ心も知らずふるさとは花ぞ昔の香ににほひける」が知られているように、よく梅を歌に詠んだ人であった。梅の木は亡き父をしのぶよすがでもあったのだろう。梅が掘り取られてしまった時、「私の宿は？」と戸惑うのは、紀貫之の娘自身でもある。

❷語り手は、村上天皇の人柄をどのように捉えているか。

解答　歌の意味をすぐさま理解する風流人で、相手の気持ちを思いやることのできる人物。

❸「こまやかに笑ふ。」〔一〇五・6〕とあるが、その時の語り

手の心情はどのようなものであったと考えられるか、話し合おう。

［解説］ 優しい帝に関われたことを懐かしんでいると同時に、褒美をいただいた自身を得意に感じていると思われる。

■語句と表現

①次の部分から敬語を指摘し、その種類と、誰の誰に対する敬意かを確かめよう。

解答 (1)①持て参れ…謙譲語。家あるじの帝に対する敬意。

②言はせ給ひ…尊敬語。繁樹の家あるじに対する敬意。

③持て参りて…謙譲語。繁樹の帝に対する敬意。

④候ひしを…謙譲語。繁樹の帝に対する敬意。

⑤御覧じければ…謙譲語。繁樹の帝に対する敬意。

［解説］ ①は、家あるじの言葉であるから、家あるじからの敬意。②③④⑤は、本文冒頭から「からくなりにき。」までが繁樹の言葉であることから、繁樹からの敬意となる。

花山天皇《かさん》の出家《すけ》

〔花山院 師貞《もろさだ》〕

教科書 一〇六～一〇九ページ

大意　花山天皇が出家しようとした夜のこと、ためらいがちな天皇を藤原道兼《ふじわらのみちかね》はうそ泣きまでしてせきたて、ひそかに宮中から連れ出した。ところが、天皇が剃髪《ていはつ》すると、道兼は約束を破って帰ってしまう。天皇は道兼にだまされたことを知り、無念の涙を流した。道兼の父の兼家《かねいえ》も、道兼が出家する羽目にならないよう、源氏の武者をつけていた。

■第一段落（初め～一〇六・11）

段意　花山天皇は十七歳で即位し、十九歳で花山寺《かさんじ》において出家した。

現代語訳・品詞分解

永観二年（名）　八月二十八日（名）、位（名）　に（格助）　つか（動・四・未）　せ（助動・尊・用）　給ふ（補動・四・終）。御年（名）

（花山天皇は）永観二年八月二十八日、ご即位なさいました。御年十

十七（名）。寛和二年（名）　丙戌（名）　六月二十二日（名）　の（格助）　夜（名）、あさましく（形・シク・用）　候ひ（補動・四・用）

七歳（の時です）。寛和二年丙戌六月二十二日の夜、意外で驚きましたことは、

し（助動・過・体）　こと（名）　は（係助）、人（名）　に（格助）　も（係助）　知ら（動・四・未）　せ（助動・使・用）　させ（助動・尊・用）　給は（補動・四・未）　で（接助）、

誰にもお知らせにならないで、

みそかに（形動・ナリ・用）　花山寺（名）　に（格助）　おはしまし（動・四・用）　て（接助）、御出家（名）　入道（名）　せ（動・サ変・未）　させ（助動・尊・用）

ひそかに花山寺においでになって、ご出家入道なさったことであります。

給へ（補動・四・命）　り（助動・完・用）　し（助動・過・体）　こそ（係助）。御年（名）　十九（名）。世（名）　を（格助）　保た（動・四・未）　せ（助動・尊・用）

（時に）御年十九歳。世をお治めになったのは二年間。

語釈・文法

位《くらい》につかせ給《たま》ふ《ウ》　天皇の位におつきになる。即位なさる。「せ給ふ」は最高敬語。

あさましく候《さぶら》ひ《イ》しこと　意外で驚きましたこと。「あさまし」は、事の意外さに驚きあきれる気持ちを表し、意外だ、驚きあきれることだ、ただただ驚くばかりだ、などと訳される。「候ふ」は丁寧の補助動詞。

みそかに　「みそかなり」は、人目を忍んで行うさまを表し、ひそかにする、の意。

おはし《ワ》まして　おいでになって。この「おはします」は「行く」の尊敬語。

世《よ》を保《たも》たせ給《たま》ふ《ウ》こと　天皇として世の中をお治

ご出家の後二十二年間ご存命になりました。
給ふ こと 二年。その 後 二十二年 おはしまし き。
補動・四・体 名 名 代 格助 名 名 動・四・用 助動・過・終

■第二段落（一〇六・12〜一〇七・7）

段意 月が明るいからと出家を躊躇《ちゅうちょ》する天皇を、道兼は、神璽《しんじ》・宝剣が東宮《とうぐう》に渡っているからもう遅いと、必死で説得する。

現代語訳・品詞分解

しみじみとお気の毒に思われますことは、ご退位なさった夜、藤壺の
あはれなる こと は、おり おはしまし ける 夜 は、藤壺
形動・ナリ・体 名 係助 動・上二・用 補動・四・用 助動・過・体 名 係助 名

上の御局の小戸からお出ましになったところ、
の 上の御局 の 小戸 より 出で させ 給ひ ける
格助 名 格助 名 格助 動・下二・未 助動・尊・用 補動・四・用 助動・過・体

有明の月がたいそう明るかったので、（天皇が）「あ
に、有明の月 の いみじく 明かかり けれ ば、「顕証に
接助 名 格助 形・シク・用 形・ク・用 助動・過・已 接助 形動・ナリ・用

まりにあらわ（で気がひけること）だなあ。どうしたらよかろうか。」とおっしゃった
こそ あり けれ。いかが す べから む。」と 仰せ
係助 補動・ラ変・用 助動・嘆・已 副 動・サ変・終 助動・適・未 助動・推・体 格助 動・下二・未

のですが、「そうかといって、（今更）お取りやめになってよいものではござい
られ ける を、「さりとて、とまら せ 給ふ べき
助動・尊・用 助動・過・体 接助 接 動・四・未 助動・尊・用 補動・四・終 助動・当・体

ません。（既に）神璽、宝剣が（東宮の御方に）お渡りになってしまいましたからに
やう 侍ら ず。神璽、宝剣 渡り 給ひ ぬる に は。」
名 動・ラ変・未 助動・消・終 名 名 動・四・用 補動・四・用 助動・完・体 格助 係助

は。」と、粟田殿（道兼）がせきたて申し上げなさったのは、まだ天皇がお
と、粟田殿 の 騒がし 申し 給ひ ける は、まだ 帝
格助 名 格助 動・四・用 補動・四・用 補動・四・用 助動・過・体 係助 副 名

めになること。「せ給ふ」は二重敬語。
おは《ワ》しましき　ご存命でいらっしゃった。ご在世になった。この「おはします」は「あり」の尊敬語。

語釈・文法

あは《ワ》れなること　しみじみとお気の毒に思われること。以下で述べられる花山天皇の出家に対する作者の感慨である。「あはれなり」は、対象への感情移入による主観的な感動・情趣を表す語で、中古では喜怒哀楽のいずれについても用いられた。

おりおは《ワ》しましける夜《よ》　天皇の位を退かれた夜。「おる」は、位を退く、職を辞める、の意。

有明《ありあけ》の月《つき》　夜が明けてもまだ空に残っている月。陰暦の毎月十六日以降の明け方の月。

顕証《けんしょう》にこそありけれ　はっきりしすぎるなあ。「けれ」は、係助詞「こそ」の結びで已然《いぜん》形。

いかがすべからむ　どうしたらよいだろうか。

さりとて　そうだからといって。月が明るくて目立ちすぎるからといって。

渡《わた》り給《たま》ひぬるには　東宮《とうぐう》（春宮・皇太子）の御

出ましにならなかった前に、(粟田殿が)自

出で　させ　おはしまさ　ざり　ける　さき　に、　手づから

動・下二・未　助動・尊・用　補動・四・未　助動・消・用　助動・過・体　名　格助　副

分自身で(神璽、宝剣を)取って、東宮の御方にお渡し申し上げなさってしまったので、

取り　て、　春宮　の　御方　に　渡し　奉り　給ひ　て

動・四・用　接助　名　格助　名　格助　動・四・用　補動・四・用　補動・四・用　助動・完・用

(天皇が)宮中へお帰りになるようなことはあってはならないとお思いになって、

けれ　ば、　帰り入ら　せ　給は　む　こと　は　ある

助動・過・已　接助　動・四・未　助動・尊・用　補動・四・未　助動・婉・体　名　係助　動・ラ変・体

そのように申し上げなさったのだと(いうことです)。

まじく　思し　て、　しか　申させ　給ひ　ける　と　ぞ。

助動・消当・用　動・四・用　接助　副　動・下二・用　補動・四・用　助動・過・体　格助　係助

■第三段落（一〇七・8〜一〇八・2）

段意

亡き弘徽殿《こきでん》の女御《にょうご》の手紙を取りに帰ろうとする天皇を、道兼は、出家の機会を失ってしまうことになりますよと、うそ泣きまでして、懸命に連れ出そうと努力する。

現代語訳・品詞分解

(天皇が)明るい月の光を、気がひけることとお思いになっている時に、月の

さやけき　影　を、　まばゆく　思し召し　つる　ほど　に、　月

形・ク・体　名　格助　形・ク・用　動・四・用　助動・完・体　名　格助　名

おもてに群雲がかかって、(辺りが)少し暗くなっていったので、

の　顔　に　群雲　の　かかり　て、　少し　暗がりゆき　けれ

格助　名　格助　名　格助　動・四・用　接助　副　動・四・用　助動・過・已

(天皇は)「私の出家は(やはり)実現するのだなあ。」とおっしゃって、

ば、　「わ　が　出家　は　成就する　なり　けり。」　と　仰せ

接助　代　格助　名　係助　動・サ変・体　助動・断・用　助動・嘆・終　格助　動・下二・未

方にお渡りになってしまった以上は。「渡る」は、ある所に移動する、移る、の意。

騒《さわ》がし申《もう》し給《たま》ひ《イ》けるは　せきたて申し上げなさったのは。「騒がす」は、せきたてる、の意。

帰《かえ》り入《い》らせ給《たま》は《ワ》むこと　天皇が宮中へお帰りになるようなこと。「せ給ふ」は二重敬語。

しか申《もう》させ給《たま》ひ《イ》けるとぞ　そのように申し上げなさったということです。「しか」は、そのように、そう、の意。「ぞ」は係助詞で、下に「言ふ」「聞く」などの結びが省略されている。「申させ」は、「言ふ」の謙譲語「申さす」の連用形で、敬意の対象は天皇。「申さす」は、「申す」よりも高い敬意を表す。

語釈・文法

さやけき影《かげ》　明るい月の光。「さやけし」は、はっきりしている、明るい、の意。「影」は、日・月・灯火などの光。

まばゆく　恥ずかしく、きまり悪く。

顔《かお》　おもて。表面。

群雲《むらくも》　群がっている雲。一群れの雲。

成就《じょうじゅ》するなりけり　実現するのだなあ。助動詞

歩き出しなさる時に、（亡くなった）弘徽殿
られて、歩み出でさせ給ふほどに、弘徽殿の女御
助動・尊・用 接助 動・下二・未 助動・尊・用 補動・四・体 名 格助 名

の女御のお手紙で、平素破り捨てずに取っておいて御身から離さないでご覧になっていらっしゃっ
の御文《おんふみ》の、日ごろ破り残して御身も放たず
格助 名 格助 名 動・四・用 接助 名 係助 動・四・未 助動・消・用

たお手紙を思い出しなさって、「ちょっと（待て）。」とおっしゃって、
御覧じけるを思し召し出でて、「しばし。」とて、取り
動・サ変・用 助動・過・体 格助 動・下二・用 接助 副 格助 動・四・用

取りにお戻りになった時のことですよ、粟田殿が、「どうして
に入りおはしましけるほどぞかし、粟田殿の、「いかに
格助 動・四・用 補動・四・用 助動・過・体 名 係助 終助 名 格助 副

このように（未練がましく）お思い込みになってしまわれるのですか。今この機
かくは思し召しならせおはしましぬるぞ。ただ今
副 係助 動・四・未 助動・尊・用 補動・四・用 助動・完・体 終助 名

会を逃したら、自然と差し障りも生じてまいりましょう。」
過ぎば、おのづから障りも出でまうで来なむ。」
動・上二・未 接助 副 名 係助 動・カ変・用 助動・強・未 助動・推・終

と言って、うそ泣きをなさったのは。
と、そら泣きし給ひけるは。
格助 名 動・サ変・用 補動・四・用 助動・過・体 係助

「けり」は詠嘆の意。
御文《おんふみ》の お手紙で。「の」は同格、「で」と訳す。
破《や》り残《のこ》して 破らないで残しておいて。
しばし 少しの間。「待て」が省略されている。
いかに どうして。
かく このように。天皇が手紙を取りに戻ろうと考えたことを指す。
思《おぼ》し召《め》しならせおはしまし《ワ》ぬるぞ お思い込みになってしまわれるのですか。「思し召しなる」は「思ひなる」の尊敬語。
おのづ《ズ》から 自然に。ひとりでに。物事が自然にそうなる意を表す副詞。
障《さわ》り 妨げ。出家への差し障り。
出《い》でまう《モウ》で来《き》なむ きっと起こってまいりましょう。「出でまうで来《く》」は「出で来」の丁寧語。
そら泣《な》き うそ泣き。いつわり泣き。

■第四段落（一〇八・3〜10）

段意

天皇が安倍晴明《あべのせいめい》の家の前を通ると、中から、天変によって天皇が退位したことを察知した晴明の声が聞こえる。天皇も感慨無量であったことだろうと思われる。

現代語訳・品詞分解

さて、（粟田殿が、天皇を）土御門大路を東の方に向かってお連れ出し申し上げなさった時に、
さて、土御門より東ざまに率て出だし参らせ
接 名 格助 名 格助 動・上一・用 接助 動・四・用 補動・下二・用

（天皇が）安倍晴明の家の前をお通り過ぎになると、
給ふに、晴明が家の前を渡らせ給へ
補動・四・体 格助 名 格助 名 格助 名 格助 動・四・未 助動・尊・用 補動・四・已

語釈・文法

東《ひんがし》ざま 東の方向。「ざま」は方角・方向を表す接尾語。
率《い》て出《い》だし参《まい》らせ給《たま》ふ《ウ》に お連れ出し申し上げなさった時に。「率る」は、引き連れる、伴う、

ば、自らの声にて、手をおびたたしくはたはたと
接助　名　格助　名　格助　名　格助　形・シク・用　副
晴明自身の声で、手をしきりにぱちぱちとたたいて、

打ちて、「帝おりさせ給ふと見ゆる天変あり
動・四・用　接助　名　動・上二・未　助動・尊・用　補動・四・終　格助　動・下二・体　名　動・ラ変・用
「天皇がご退位なさると思われる天空の異変があったが、

つるが、すでになりにけりと見ゆるかな。
助動・完・体　接助　副　動・四・用　助動・完・用　助動・過・終　格助　動・下二・体　終助
既にご退位は済んでしまったと思われるなあ。

参りて奏せむ。車に装束疾うせよ。」と
動・四・用　接助　動・サ変・未　助動・意・終　名　格助　名　副　動・サ変・命　格助
宮中に参上して奏上しよう。車に支度を早くしろ。」と

言ふ声聞かせ給ひけむ、さりともあはれに
動・四・体　名　動・四・未　助動・尊・用　補動・四・用　助動・過婉・体　接　形動・ナリ・用
言う(晴明の)声をお聞きになった(その時の天皇の)お気持ちは、覚悟のうえのご出家とは申し

は思し召しけむかし。「かつがつ、式神一人内裏
係助　動・四・用　助動・過推・終　終助　副　名　名　名
ながら感慨無量にお思いになったことでしょうよ。(晴明が)「とりあえず、式神一人宮中へ参上せ

に参れ。」と申しければ、目には見えぬ
格助　動・四・命　格助　動・四・用　助動・過・已　接助　名　格助　係助　動・下二・未　助動・消・体
よ。」と申しましたところ、(人間の)目には見えない何ものかが、

ものの、戸を押し開けて、御後ろをや見参らせ
名　格助　名　格助　動・下二・用　接助　名　格助　係助　動・上一・用　補動・下二・用
戸を押し開けて、(天皇の)後ろ姿を見申し上げたのでしょうか、

けむ、「ただ今、これより過ぎさせおはします
助動・過原推・体　名　代　格助　動・上二・未　助動・尊・用　補動・四・終
「ちょうど今、ここ(家の前)をお通りになっているようです。」

めり。」といらへけりとかや。その家、土御門町口
助動・定・終　格助　動・下二・用　助動・過・終　格助　係助　間助　代　格助　名　名
と答えたとかいうことです。その(晴明の)家は、土御門大路と町口小路の交わる辺りですから、(花山寺への)お通り道であったのですなあ。

なれば、御道なりけり。
助動・断・已　接助　名　助動・断・用　助動・嘆・終

の意。

渡《わた》らせ給《たま》へ《ヱ》ば　天皇がお通り過ぎになると。

自《みずか》らの声《こえ》にて　晴明自身の声で。

おびたたしく　しきりに。「おびたたし」は、程度が甚だしいさまを表す。

はたはたと　副詞で擬声語。手をぱちぱちと打つ音。

天変《てんぺん》　天空に起こる異変。

参《まい》りて　参内して。宮中に参上して。

車《くるま》に装束《そうぞく》疾《と》うせよ　車に支度を早くしろ。車に牛をつけることなどをいう。「装束」は用意・準備。

さりとも　そうはいっても。そうだったとしても。覚悟のうえのご出家とはいっても。

式神《しきがみ》　陰陽師《おんようじ》が使役する鬼神をいう。ふつうは人の目に見えないとされる。

目《め》には見《み》えぬものの　「目には見えぬもの」は、作者の立場からの言い方。式神のこと。下の「の」は主格。

御後《おうし》ろ　花山天皇の後ろ姿。

これより　この家の前を通って。

いらへ《ヱ》けりとかや　答えたとかいうことです。「とかや」は文末に用いて、伝聞を示す。

■第五段落（一〇八・11〜終わり）

段意 天皇が出家してしまうと、道兼は約束を破って逃げ出した。天皇はだまされたことに気づいて泣いた。

現代語訳・品詞分解

(天皇が)花山寺にお着きになって、ご剃髪なさった後になって、
花山寺 に おはしまし着き て、 御髪 おろさ せ 給ひ
名 格助 動・四・用 接助 名 動・四・未 助動・尊・用 補動・四・用

粟田殿は、「(私はいったん)退出いたしまして、(父の)大臣(兼
て 後 に ぞ、 粟田殿 は、 「まかり出で て、 大臣 に も、
接助 名 格助 係助 名 係助 動・下二・用 接助 名 格助 係助

家)にも、(出家前の)変わらぬ姿をもう一度見せ、これこれと事情をお話しして、
変はら ぬ 姿 いま 一度 見え、 かく と 案内 申し
動・四・未 助動・消・体 名 副 名 動・下二・用 副 格助 名 動・四・用

必ず(ここに)戻って参りましょう。」と申し上げなさったので、
て、 必ず 参り 侍ら む。」 と 申し 給ひ けれ
接助 副 動・四・用 補動・ラ変・未 助動・意・終 格助 動・四・用 補動・四・用 助動・過・已

(天皇は)「私をだましたのだなあ。」とおっしゃってお泣きになった
ば、 「朕 を ば 謀る なり けり。」 とて こそ 泣か
接助 代 格助 係助 動・四・体 助動・断・用 助動・嘆・終 格助 係助 動・四・未

そうです。しみじみとおいたわしく悲しいことでありますよ。
せ 給ひ けれ。 あはれに 悲しき こと なり な。
助動・尊・用 補動・四・用 助動・過・已 形動・ナリ・用 形・シク・体 名 助動・断・終 終助

(粟田殿が)平素、よく(天皇がご出家なさったら)お弟子としてお仕えいたしましょうと約束しておいて、
日ごろ、 よく 御弟子 にて 候は む と 契り て、 すかし
名 副 名 格助 動・四・未 助動・意・終 格助 動・四・用 接助 動・四・用

おだまし申し上げなさったとかいうのは恐ろしいことですよ。東三条殿(兼家)は、ひょっ
申し 給ひ けむ が おそろしさ よ。 東三条殿 は、 もし
補動・四・用 補動・四・用 助動・過伝・体 格助 名 間助 名 係助 副

として(粟田殿も成り行き上)出家なさるのではないかと気がかりなために、(こういう場合に)
さる こと や し 給ふ と あやふさ に、 さる べく
動・ラ変・体 名 係助 動・サ変・用 補動・四・体 格助 名 格助 連 助動・適・用

語釈・文法

おは《ワ》しまし着《つ》きて 行き着きなさって。「おはします」は「行く」の尊敬語。

御《み》髪《ぐし》おろさせ給《たま》ひ《イ》て ご剃髪なさって。ご出家なさって。「おろす」はそり落とす。

まかり出《い》でて 花山天皇の御前を退出いたしまして。「まかり出づ」は「出づ」の謙譲語。

変《か》は《ワ》らぬ姿《すがた》 出家以前の姿。剃髪する前の在俗の姿。

見《み》え 相手に見られる気持ちで、見せる、の意となる。

案内《あない》 物事の事情。子細。

参《まい》り侍《はべ》らむ 参りましょう。「参らむ」の丁寧な表現。「侍り」は丁寧の補助動詞。

謀《はか》るなりけり だましたのだなあ。

悲《かな》しきことなりな 悲しいことでありますよ。「な」は終助詞で、文末に付いて詠嘆を表す。

契《ちぎ》りて 約束して。

すかし申《もう》し給《たま》ひ《イ》けむ おだまし申し上げなさったとかいうこと。「すかす」は、だます、の意。

もし あるいは、ひょっとして。

さることやし給《たま》ふ《ウ》 そのようなことをなさるのではないか。「さること」とは、道兼も天皇

ふさわしくて思慮分別に富んだ人々で、何の誰それというりっぱな源氏の武者たちを、
おとなしき 人々、なにがし かがし と いふ いみじき 源氏
形・シク・体 名 名 名 格助 動・四・体 形・シク・体 名

護衛として添えなさっていたということです。
の 武者たち を こそ、御送り に 添へ られ たり けれ。
格助 名 格助 係助 名 格助 動・下二・未 助動・尊・用 助動・存・用 助動・過・已

(武者たちは)京の町のうちは隠れて(後をつけ)、(鴨川の)堤の付近から姿を現してお供いたしたそうです。
京 の ほど は 隠れ て、堤 の わたり より ぞ うち出で
名 格助 名 係助 動・下二・用 接助 名 格助 名 格助 係助 動・下二・用
参り ける。
動・四・用 助動・過・体

(特に)寺(に着いてから)などでは、もしや、誰かが無理に(粟田殿を)出家させ申し上げはしないかと気遣って、一尺ばかりの刀を抜きかけてお守り申し上げたということです。
寺 など にて は、もし、おして 人 など
名 副助 格助 係助 副 副 名 副助
や なし 奉る とて、一尺 ばかり の 刀ども を 抜きかけ
係助 動・四・用 補動・四・体 格助 名 副助 格助 名 格助 動・下二・用
て ぞ 守り 申し ける。
接助 係助 動・四・用 補動・四・用 助動・過・体

といっしょに出家してしまうこと。
あやふ《ウ》さに　気がかりなために。
さるべく　こういう場合にふさわしくて。
おとなし　年配で思慮分別がある。落ち着いている。
なにがしかがし　何の誰それ。
いみじ　りっぱだ。優れている。
源氏《げんじ》　清和《せいわ》天皇から出た清和源氏。源頼光《みなもとのよりみつ》の一族であろうという。
御送《おんおく》り　お見送り。護衛、の意。
おして　無理に。強引に。
なし奉《たてまつ》る　道兼を出家の身になし申し上げる。

鑑賞

『大鏡』は、世に隠され、歪《ゆが》められた暗い事実をも大胆に追究しようとする。この点が『栄花《えいが》物語』とは根本的に違う「批判精神」である。十九歳、在位わずかに二年という若き花山天皇の突然の退位・出家という異常な事件は、兼家・道兼父子の陰謀であった。花山天皇は、愛する弘徽殿の女御の死による悲しみから、出家の気持ちを漏らしたところを、兼家たちにつけ込まれたのである。月がこうこうと照る中で、一瞬躊躇する天皇、もうひと押しと焦る道兼。両者の心理が手に取るようにうかがえる。道兼は天皇が本当に出家するのを見届けると、さっさと逃げ出したのである。「大臣《おとど》にも、変はらぬ姿いま一度見え、かくと案内申して」という理由づけだが、実は全てを指揮しているのは兼家だったのである。その証拠に兼家は、道兼がもののはずみで出家したりしては困ると、屈強の武者たちを道兼の警護として送っている。人目につく都の中は隠れて尾行し、鴨《かも》川の堤からは公然と姿を現した。そして、花山寺では、道兼に出家を迫る者がいては大変と、厳重に警戒していた。その様子が、「一尺ばかりの刀どもを抜きかけてぞ守り申しける。」と語られている。

教科書の問題（解答・解説）

教科書 一〇九ページ

◆教科書本文下に示された問題

◆何を「いかがすべからむ。」と言っているのか。（p.一〇七）

解答 このまま内裏を抜け出して出家を決行するか、それとも取りやめるかということ。

［解説］ 花山天皇は、自らの姿をあらわに照らす月光の明るさに気がひけて、ひそかに内裏を抜け出して出家することにためらいを感じたのである。

◆なぜ「わが出家は成就するなりけり。」と言ったのか。（p.一〇七）

解答 明るい月光が群雲に遮られて辺りが暗くなり、内裏を抜け出しやすくなったから。

［解説］ 花山天皇は、月に雲がかかったことにより、自らの出家を天が後押ししていると感じたとも考えられる。

■学習の手引き

❶花山天皇のとった行動と、その時々の心理とを説明しよう。

解答 ①明るい月光が不都合に感じられて躊躇する気持ちが生じ、どうしたらよいかと粟田殿（道兼）に問う。

②月に雲がかかって辺りが暗くなったので、天に後押しされた気がして、自分の出家はやはり成就するのだと思う。

③亡き弘徽殿の女御の手紙を思い出し、形見として手元に置くべく取りに戻ろうとする。

④安倍晴明の家の前を通った時、自分の退位を既成のことと語る清明の言葉を聞く。後戻りできないと覚悟する。

⑤花山寺で剃髪した後になって、粟田殿に欺かれていたことを悟るが、後悔の気持ちで泣くことしかできない。

❷花山天皇の出家を実現させるために道兼がとった行動をまとめ、なぜそのようにしたのかを考えよう。

解答 常日頃、花山天皇が出家する時は自分も剃髪して弟子として仕えると約束していた。そして、天皇が出家を決意したところで、皇位のしるしの神璽・宝剣を東宮に移してしまう。決行の夜、天皇が出家にためらいを見せると、既に神璽・宝剣が東宮へ移ったので今更取りやめられないと説得する。また、天皇が弘徽殿の女御の手紙を取りに戻ろうとすると、うそ泣きまでしてせきたて、花山寺に連れていく。そこで天皇の剃髪を見届けた後、ともに出家するという約束を破棄して帰ってしまう。

［解説］ 粟田殿（道兼）が自分も剃髪して弟子として仕えると誓ったのは、花山天皇の信頼を得て出家をそそのかすためである。背後で指揮をとっていたのは、粟田殿の父の東三条殿《とうさんじょうどの》（兼家）であろう。

❸語り手の感想が記されている部分を抜き出し、語り手がこの事件をどのように見ていたのか、話し合おう。

解答 ・「あさましく候ひしこと」〔二〇六・9〕
・「あはれなること」〔二〇六・12〕
・「さりともあはれには思し召しけむかし。」〔二〇八・6〕
・「あはれに悲しきことなりな。」〔二〇八・14〕
・「すかし申し給ひけむがおそろしさよ。」〔二〇八・15〕

［解説］右に挙げた箇所のほか、第二段落における真相の暴露（粟田殿が神璽と宝剣を東宮に移して花山天皇が退位せざるをえない状況にした）などから、作者が、まだ若い花山天皇が在位二年で出家・退位したことを思いがけない悲劇と捉え、この事件は兼家が黒幕となって息子の道兼に実行させたと見ていることが分かる。作者は、花山天皇に極めて同情的で、兼家・道兼に批判的である。

■語句と表現

①次の傍線部の敬語について、その種類と、誰の誰に対する敬意かを確かめよう。

解答 (1)とまらせ給ふ＝尊敬語・粟田殿の花山天皇に対する敬意。
やう侍らず＝丁寧語・粟田殿の花山天皇に対する敬意。
(2)騒がし申し＝謙譲語・語り手（世継）の花山天皇に対する敬意。
給ひけるは＝尊敬語・語り手の粟田殿に対する敬意。
(3)過ぎさせ＝尊敬語・式神の花山天皇に対する敬意。
おはします＝尊敬語・式神の花山天皇に対する敬意。
(4)案内申して＝謙譲語・粟田殿の東三条殿に対する敬意。
(5)すかし申し＝謙譲語・語り手の花山天皇に対する敬意。
給ひけむ＝尊敬語・語り手の粟田殿に対する敬意。

［解説］『大鏡』の本文は、大半が大宅世継によって語られていることなので、地の文として書かれている部分は、「作者」ではなく「語り手（世継）」からの敬意となる。

出典・作者

出典 『大鏡《おおかがみ》』 平安時代後期（十二世紀初め頃）に成立した歴史物語。藤原氏の興隆期から全盛期に至る歴史を、中国の司馬遷《しばせん》の『史記《しき》』と同じ紀伝体を採用して記述。藤原道長の栄華を述べることを目的としているが、人物や事件を躍動的に描きつつ、藤原氏に対する批判を織り交ぜている。百七十六年間の歴史を語るという設定から、百九十歳ほどの大宅《おおやけの》世継《よつぎ》と百八十歳ほどの夏山繁樹《なつやまのしげき》という超人的な老人が登場し、対話・問答形式で物語が進行する。『今鏡《いまかがみ》』『水鏡《みずかがみ》』『増《ます》鏡《かがみ》』と続く鏡物の祖として、後世の歴史物語に影響を与えた。

作者 未詳。諸説あるが、定説といえるものはない。

9 詩歌

●詩歌に関するさまざまな作品を読み、考えを深める。
●表現や構成の特色を踏まえながら作品を読み、言語文化についての理解を広げる。

教科書 一一四～一一九ページ

八代集の世界

古今和歌集《こきん》

▼「わがやどの…」の歌 〔夏〕

題知《し》らず　　よみ人知《びとし》らず

わがやどの池の藤波咲きにけり山ほととぎすいつか来鳴かむ

■品詞分解

題《だい》(名) 知ら《し》(動・四・未) ず(助動・消・終)

わ(代) が(格助) やど(名) の(格助) 池《いけ》(名) の(格助) 藤波《ふじなみ》(名) 咲き《さ》(動・四・用) に(助動・完・用) けり(助動・嘆・終)

山ほととぎす《やま》(名) いつ(代) か(係助) 来《き》(動・カ変・用) 鳴か《な》(動・四・未) む(助動・推・体)

こ(代) の(格助) 歌《うた》(名)、ある(連) 人《ひと》(名) の(格助) 言は《いワ》(動・四・未) く(接尾)、

柿本人麻呂《かきのもとのひとまろ》(名) が(格助) なり(助動・断・終)。

■語釈・文法

わがやど　私の家。

藤波《ふじなみ》　藤の花。花房が風に揺れるイメージ。「波」には池の水面の「波」を掛ける。藤は晩春の風物。

咲《さ》きにけり　助動詞「けり」は詠嘆。ここで句切れとなる。（三句切れ）

山《やま》ほととぎす　山にいるほととぎす。夏の風物。

いつか来鳴《きな》かむ　いつ来て鳴くのだろうか。早く来て鳴いてほしい、という気持ちを込めている。

■現代語訳

題は不明

我が家の（庭の）池（が夏風に波立ってそのほとり）の藤の花が（みごとに）咲いたことだよ。山ほととぎすはいつここに来て鳴くだろうか。

この歌は、ある人が言うには、柿本人麻呂の歌である。

■鑑賞

この歌は『古今和歌集』巻第三「夏歌」の冒頭に置かれている。藤の花は晩春、山ほととぎすは初夏の風物であるので、春と夏との橋渡しの歌として置かれたと考えられる。「いつか来鳴かむ」は、ほととぎすの訪れ、夏の訪れを待ち望む気持ちを表現したものである。左の注釈では、藤とほととぎすをともに詠み込む歌が『万葉集』に多いことから、その代表歌人の一人である柿本人麻呂の歌ではないか、という説が紹介されている。

▼「むすぶ手の…」の歌　〔離別〕

■品詞分解

志賀《しが》 名　の 格助　山越《やまご》え 名　にて、格助　石井《いしい》 名　の 格助　もと 名　にて 格助
もの 名　言《い》ひ《イ》 動・四・用　ける 助動・過・体　人《ひと》 名　の 格助　別《わか》れ 動・下二・用　ける 助動・過・体
折《をり》 名　に 格助　詠《よ》め 動・四・已　る 助動・完・体　紀貫之《きのつらゆき》

むすぶ 動・四・体　手《て》 名　の 格助　しづく 名　に 格助　にごる 動・四・体　山《やま》 名　の 格助　井《い》 名
の 格助　あか 動・四・未　で 接助　も 係助　人《ひと》 名　に 格助　別《わか》れ 動・下二・用　ぬる 助動・完・体　かな 終助

■語釈・文法

むすぶ手《て》のしづくににごる山《やま》の井《い》の　この部分全体が、次の「あかで」を導く序詞《じょことば》。「むすぶ」は手で掬《すく》うこと。水を掬った時にこぼれる雫《しずく》で濁ってしまうほどその石で囲んだ井戸が浅い様子を描く。この序詞がかかっていく「あか」は、「十分に満足する（飽く）」の意味と、仏に供える水である「閼伽《あか》」との意味を持つ。「飽く」は次に「あかで」と打消接続の助詞を伴い、濁って水が十分に飲めず「満足できない」という意味へとつながっていく。

あかで　満足できないで。序詞を受けて、「水が十分に飲めず満足できない」という意味と、次に置かれる「満足できないままに人と別れた」という内容をつないでいる。

■現代語訳

志賀の山越えの時に、石で囲んだ湧き水のもとで言葉を交わした人と別れる時に詠んだ（歌）

手で掬って飲もうとすると雫で濁ってしまい井戸の水が十分に飲めない。その満足できない状態のように、出会ったあなたとも物足りないままにお別れとなってしまったなあ。

■鑑　賞

「山の井」は、掘って水を汲み上げる井戸ではなく、清水をせき止めた浅い井戸であるため手で掬うとすぐ濁ってしまい、山越えの旅人に十分な水を与えてくれない。この具体的な場面を序詞にして、山越えの途中、清水の元でわずかな水を掬ったり、言葉を交わし合ったりしながら心惹《ひ》かれていっ

た女性と、十分満足できないままに別れてしまったという名残惜しさを詠んだ歌である。序詞には、音の響きだけで次の語句を導く「無心《むしん》の序」と、この歌のように「満足できない」という意味を導き前後をつなげる働きをする「有心《うしん》の序」とがある。この「有心の序」により水を掬う動作、こぼれる雫、濁る清水、と場面を繊細に描写しつつ、後半で主題が引き出されていく構成によって、厚みのある世界が生まれている。

■作者

紀貫之《きのつらゆき》〔八七一？―九四六？〕平安時代前期の歌人。『古今和歌集』の撰者《せんじゃ》の中心人物であり、この歌集の「仮名序《かなじょ》」を執筆した。『古今和歌集』に百二首入集《にっしゅう》しているほか、以後の勅撰《ちょくせん》集入集約四百五十二首という数は、藤原定家《ふじわらのさだいえ》に次いで多い。土佐守《とさのかみ》に任ぜられ、任地では『新撰和歌集《しんせんわかしゅう》』を編纂《へんさん》した。また、土佐からの帰京の様子は『土佐日記《とさにっき》』に描かれているが、仮名書きのこの日記は、平安時代の日記文学の先駆けともなった。没後、家集《かしゅう》の『貫之集』が編纂された。

▼「うたた寝に…」の歌 〔恋二〕

■品詞分解

題《だい》（名）　知《し》ら（動・四・未）　ず（助動・消・終）

小野小町《おののこまち》

うたた寝《ね》（名）　に（格助）　恋《こい》しき（形・シク・体）　人《ひと》（名）　を（格助）　見《み》（動・上一・用）　て（助動・完・用）

し（助動・過・体）　より（格助）　夢《ゆめ》（名）　てふ《チョウ》（連語）　もの（名）　は（係助）　頼《たの》みそめ（動・下二・用）

て（助動・完・用）　き（助動・過・終）

■語釈・文法

見《み》てしより　見てしまってから。「て」は完了の助動詞「つ」の連用形、「し」は過去の助動詞「き」の連体形。

夢《ゆめ》てふ《チョウ》もの　夢というもの。「てふ」は「といふ」が転じた形。

頼《たの》みそめてき　頼みに思い始めてしまった。「頼みそめ」は、頼みに思う、当てにする、という意味の「頼む」に、…し始める、という意味の「初《そ》む」が付いた形。

■現代語訳

題は不明

うたた寝の夢で恋しい人を見てしまってからは、（はかない）夢というものを頼みに思い始めてしまった。

■鑑賞

『古今和歌集』巻第十二恋歌《こいのうた》二は、この歌の作者小野小町の歌を冒頭に三首置いているが、この「うたた寝に…」の歌はその二首目である。冒頭の歌は「思ひつつ寝ればや人の見えつらむ夢と知りせば覚めざらましを」（その人のことを恋しく思いながら寝たので夢にその人が現れたのだろうか。もしそれが夢と分かっていたら目を覚まさなかったのに。）という歌である。続くこの「うたた寝に…」の歌は、夢に恋しい人が現れるという体験をし、それはその人が自分を思ってくれているからだと、夢の意味を頼りにし始めた、というものである。当時は、恋しい人を強く思って寝るとその人が自分の夢に現れる、または相手の夢に自分が現れる、という信仰があったが、作者はそうした「夢の意味」をそれまでは信じていなかった。しかし、実際の鮮明な体験によってその疑いが一掃された、という趣向がこの歌の眼目である。ただし、「夢てふものは頼みそめてき」とあるところからは、実際に相手の男の心は当てにならず、夢以外を頼ることができないつらさもにじんでいる。

■作者

小野小町《おののこまち》〔生没年未詳〕 平安時代前期の女流歌人。「六歌仙《ろっかせん》」「三十六歌仙」の一人。情熱的な恋愛歌が多いのが特徴である。美女として名高く、その伝説的な生涯は、御伽草子《おとぎぞうし》や謡曲《ようきょく》の材料にも採られ、美貌と才能を誇った盛りの頃と、そのなれの果ての老醜の姿を伝えている。また、全国各地に「小町伝説」として伝えられ、その遺跡が散在している。

■出典・編者

『古今和歌集《こきんわかしゅう》』 醍醐《だいご》天皇の勅命により編まれた日本で最初の勅撰和歌集。九〇五年頃に成立。撰者は紀貫之、紀友則《とものり》、壬《み》生忠岑《ぶのただみね》、凡河内躬恒《おおしこうちのみつね》の四人。歌数は短歌を中心に二十巻、約千百首。冒頭に紀貫之の「仮名序」、末尾に紀淑望《よしもち》の「真名序」が置かれる。春（上下）、夏、秋（上下）、冬、賀《が》、離別、羈《き》旅《りょ》、物名《もののな》、恋（一―五）、哀傷、雑《ぞう》（上下）雑体《ざってい》、大歌所御《おおうたどころのおん》歌《うた》に分かれ、整然とした巧みな配列が見られる。こうした部《ぶ》立《だて》は後の和歌集の基礎となった。歌風は『万葉集』の素朴で雄大な「ますらをぶり」に対して、繊細で洗練された表現で「たをやめぶり」といわれる。制作年代や歌風から、『万葉集』からの過渡的な歌風の「読み人知らずの時代」、六歌仙を中心として七五調、縁語や掛詞《かけことば》などの知的な技巧が用いられるようになった「六歌仙の時代」、さらに表現技巧が駆使された「撰者の時代」の三期に分かれる。

後撰《ごせん》和歌集

▼「来や来やと…」の歌 〔恋一〕

■品詞分解

あひ知《いし》り	て	侍《はべ》り	ける	人	の	もと
動・四・用	接助	補動・ラ変・用	助動・過・体	名	格助	名
に、	返《かえ》り事《ごと》	見《み》	む	とて	遣《つか》はし	
格助	名	動・上一・未	助動・意・終	格助	動・四・用	

ける（助動・過・体）

元良親王《もとよしのみこ》

来《く》（動・カ変・終）や（係助）来《く》（動・カ変・終）や（係助）と（格助）待《ま》つ（動・四・体）夕暮《ゆうぐ》れ（名）と（格助）
今《いま》（名）は（係助）とて（格助）帰《かえ》る（動・四・体）朝《あした》（名）と（格助）いづ《ズ》れ（代）
まされ（動・四・已）り（助動・存・終）

返《かえ》し（動・四・用）

藤原《ふじわら》かつみ

夕暮《ゆうぐ》れ（名）は（係助）松《まつ》（名）に（格助）も（係助）かかる（動・四・体）白露《しらつゆ》（名）の（格助）
おくる（動・四・体）朝《あした》（名）や（係助）消《き》え（動・下二・用）は（係助）果《は》つ（動・下二・終）らむ（助動・原推・体）

語釈・文法

あひ《イ》知《し》る　男女が交際する。情を交わす。

返《かえ》り事《ごと》見《み》む　自分の送った歌にどのような返事をするか試してみよう。

来《く》や来《く》やと待《ま》つ夕暮《ゆうぐ》れ　男が来るか来るかと待つ夕暮れ。

今《いま》はとて帰《かえ》る朝《あした》　訪ねてきた男が、それでは、といって帰って行く朝。当時の男女関係は、夜、男が女の元を訪ね、翌朝には帰って行くという「妻問婚《つまどいこん》」の形態であった。

いづ《ズ》れまされり　どちらがまさっているか。「り」は存続の助動詞。

松《まつ》にもかかる白露《しらつゆ》　「松にかかる白露」と「待つことを心にかけているはかない白露のような自分」とを掛けている。松の細い葉に置く白露は、はかないものを象徴する。

おくる朝《あした》や消《き》えは果《は》つらむ　「おくる」の「おく」は、白露が「置く」、「起くる」と、男を「送る」の掛詞《かけことば》。一夜をともにした男を見送る朝には、自分はすっかり白露のように消え果ててしまうだろう、という意味。「果つ」は、「…終わる、すっかり…しきる」の意。「消え」は「露」の縁語。

現代語訳

交際しておりました女性の元に、どう返事をするか試してみようと思って歌を贈った。

来るか来るかと男を待っている夕暮れと、（一夜を過ごした後）男が、それではこれで、といって帰る朝とではどちら（の切なさ）がまさっているか。

返歌

男の人を待つ夕暮れ時、待つことばかりを心に掛ける私は細い松の葉に置くはかない白露のようなものですが、起きて、一夜をともにしたその人を見送る翌朝は、白露が消えてしまうように、私もすっかり身も心も消え果てているでしょう。（朝の切なさの方がまさっています。）

鑑賞

男が夕暮れ時に女を訪ねて夜をともにし、翌朝には帰って行くという当時の「妻問婚」において、女は常に待つ存在であり、男の訪問がなくなれば関係消滅という、はかない関係であった。当時、風流の中でも恋愛の情趣をよく解する「色《いろ》好《この》み」として知られていた元良親王は、この「来や来やと…」の歌を女に贈って、夕方男を待つつらさと、朝男を見送るつらさのどちらが一層切ないかと尋ねている。これに対して、藤原かつみは、我が身をはかない白露にたとえつつ、朝、露が消えてしまうように、男を見送る朝には自分の身も心もすっかり消え果てているだろう、と返し、後者が切ないと述べている。親王の歌は、女性の抱える苦悩を具体的に思いやっている歌とも見える一方、複数の女性に同じ問いをかけていることから、恋愛の情趣を楽しんでいる側面もある。

■作者

元良親王《もとよしのみこ》〔八九〇―九四三〕 陽成《ようぜい》天皇の第一皇子。父が退位後の親王であったため、皇位には縁がなかった。風流を好む貴公子として、『大和物語《やまと》』などの歌物語に逸話を残す。『後撰和歌集』以降の勅撰集に二十首入集。『元良親王集』には、親王は「いみじき色好みにおはしまし」とあり、この「来や来やと…」の歌を藤原かつみだけではなく、他の女性にも贈って返歌を求めたことが記されている。ちなみに、そこでは「待つ夕暮れ」の方が切ない、という返歌がなされている。

藤原《ふじわらの》かつみ〔生没年未詳〕 命婦《みょうぶ》。（五位以上の位を持つ女官。）

■出典

『後撰《ごせん》和歌集』 二番目の勅撰和歌集。村上天皇の命により宮中に置かれた和歌所の寄人《よりゅうど》（職員）である源順《みなもとのしたごう》、大中臣能《おおなかとみのよし》宣《のぶ》、清原元輔《きよはらのもとすけ》、紀時文《きのときぶみ》、坂上望城《さかのうえのもちき》の五人（梨壺《なしつぼ》の五人）によって九五一年以後に撰進された。二十巻、約千四百二十五首。『古今和歌集』時代の歌が主で撰者らの歌はなく、いわば『古今和歌集』の続編という内容となっている。

拾《しゅう》遺《い》和歌集

▼「わが背子《せこ》が…」の歌 〔恋三〕

■品詞分解

三百六十首《さんびゃくろくじっしゅ》	の	中《なか》	に	曽禰好忠《そねのよしただ》			
名	格助	名	格助				
わが	背子《せこ》	が	来《き》	まさ	ぬ	宵《よい》	の
代名	名	格助	動・カ変・用	補動・四・未	助動・消・体	名	格助
秋風《あきかぜ》	は	来《こ》	ぬ	人《ひと》	より	も	
名	係助	動・カ変・未	助動・消・体	名	格助	係助	
うらめしき	かな						
形・シク・体	終助						

■語釈・文法

わが背子《せこ》 私の愛しい人。「背子」はここでは女性が夫、または恋人を呼ぶ語。

来《き》まさぬ宵《よい》 おいでにならない宵。「まさ」は尊敬の意を表す補助動詞「ます」。上代に多く用いられた。「ぬ」は打消の助動詞「ず」の連体形。

■現代語訳

私の愛しい人が訪ねておいでにならない宵に吹く秋風は、（独り寝の肌寒さが身にしみて、）来ない人よりもうらめしいことであるよ。

■鑑賞

女性の立場で、男の訪れを待つ切ない女の気持ちを詠んだ歌。いつ来るのか分からない、果たして本当に来るかどうか分からない男を待つ秋の宵、冷たい秋風が吹いて、一人で寝る肌寒さがいやが上にも切なく感じられる、という内容で、独り寝の恨みを秋風に向けるという趣向である。

■作者

曽禰好忠《そねのよしただ》〔生没年未詳〕 平安時代中期の歌人。中古三十六歌仙の一人。百首歌の創始者とされる。『拾遺和歌集』以降の勅撰集に九十四首入集。用語や語法が新奇で革新的であったため、当時は異端視されたが、後代の歌人に大きな影響を与えたとされる。

■出典

『拾遺《しゅうい》和歌集』 三番目の勅撰和歌集。成立は一〇〇五年以降とされる。二十巻、約千三百五十首。「拾遺」は、文字通り『古今和歌集』『後撰和歌集』で撰《えら》び遺《のこ》された歌を拾う、という意味である。花山天皇の命によるもので、天皇自身が積極的に歌撰に関わったとされるが、詳細は不明である。

後拾遺和歌集

▼「都をば…」の歌 〔羇旅《きりょ》〕

■品詞分解

陸奥国《みちのくに》（名） に（格助） まかり下《お》り（動・四・用） ける（助動・過・体） に、（格助） 白河《しらかわ》の関《せき》（名）
にて（格助） 詠《よ》み（動・四・用） 侍《はべ》り（補動・ラ変・用） ける（助動・過・体） 能因法師《のういんほうし》

都《みやこ》（名） を（格助） ば（係助） 霞《かすみ》（名） と（格助） とも（名） に（格助） 立《た》ち（動・四・用） しか（助動・過・已） ど（接助）
秋風《あきかぜ》（名） ぞ（係助） 吹く（動・四・体） 白河《しらかわ》の関《せき》（名）

■語釈・文法

まかり下《くだ》りけるに 下向しました時に。「まかる」は、「行く」の謙譲語。また、他の動詞の上に付いて、その動作を改まった表現にし、謙譲や丁寧の意を添える。

都《みやこ》をば 「をば」で、動作・作用の対象を強く示す。「ば」は、係助詞「は」の濁音化したもの。

霞《かすみ》とともに立《た》ちしかど 春霞が立つとともに出発したが。

「霞」は、春に立つ霞。「立ち」は、「霞が立つ」意と「旅に出立する」の意を掛ける。

現代語訳

陸奥国へ下向しました時に、白河の関で詠みました(歌)

都を春霞が立つ頃に旅立ったのだが、もう秋風が吹いていることだ、ここ白河の関では。

鑑賞

「白河の関」は、同じ福島県にある「勿来《なこそ》の関」とともに、平安時代の重要な関所であった。ここを越えると陸奥《みちのく》なので、この関を越える感慨が古来歌に詠まれてきた。この歌も春霞が立つと同時に都を出発し、秋風の吹く頃にようやく白河の関にまで来た、というしみじみとした旅の感慨が主題となっている。近世になって松尾芭蕉《まつおばしょう》が『奥の細道』の中でこの歌を踏まえて「心もとなき日数《ひかず》重なるままに、白河の関にかかりて旅心定まりぬ。…中にもこの関は三関の一にして、風騒の人、心をとどむ。秋風を耳に残し…」とつづっている。

作者

能因法師《のういんほうし》〔九八八―?〕 二十代後半に出家し、難波などに住み、奥州をはじめ諸国を旅した。生涯を通じて歌人たちとの幅広い交流があり、藤原長能《ながとう》とは師弟関係にあり、和歌での師資相承の始まりとされるほか、和歌六人党の指導者的立場にあったといわれる。「中古三十六歌仙」の一人であり、歌学書に『能因歌枕』がある。

▼「もの思へば…」の歌 〔雑《ぞう》六・神祇《じんぎ》〕

品詞分解

男《おとこ》	に	忘《わす》ら	れ	て	侍《はべ》り	ける
名	格助	動・四・未	助動・受・用	接助	補動・ラ変・用	助動・過・体

ころ、	貴船《きぶね》	に	参《まい》り	て、	御手洗川《みたらしがわ》	に
名	名	格助	動・四・用	接助	名	格助

蛍《ほたる》	の	飛《と》び	侍《はべ》り	ける	を	見《み》	て
名	格助	動・四・用	補動・ラ変・用	助動・過・体	格助	動・上一・用	接助

詠《よ》め	る	和泉式部《いずみしきぶ》
動・四・已	助動・完・体	

もの	思《おも》へ《エ》	ば	沢《さわ》	の	蛍《ほたる》	も	わ	が	身《み》	より
名	動・四・已	接助	名	格助	名	係助	代	格助	名	格助

あくがれ出《い》づる	魂《たま》	か	と	ぞ	見《み》る
動・下二・体	名	係助	格助	係助	動・上一・体

語釈・文法

男《おとこ》に忘《わす》られて 男に忘れられて。男が通ってこなくなったことをいう。「男」は、二度目の夫の藤原保昌《やすまさ》。

貴船《きぶね》に参《まい》りて 貴船神社に参詣して。

もの思《おも》へ《エ》ば 思い悩んでいると。

あくがれ出《い》づ《ズ》 身体から離れ、さまよい出る。「あくがる」は、心・魂が人の体から抜け出す、の意。

現代語訳

夫に忘れられておりました頃、貴船神社に参詣して、御

手洗川に蛍が飛んでおりましたのを見て詠んだ(歌)
思い悩んでいると、沢辺を飛ぶ蛍（の明かり）も、私の体から抜け出た魂ではないかと見えるよ。

■鑑賞

悩み事があると魂は体を離れていくという俗信が、当時広く行われていた。この歌はそうした俗信を背景に詠まれたもので、二度目の夫である藤原保昌の愛が冷めたことに悩み、貴船神社の神に訴えたものである。闇夜に、ちらちらと光を放って飛び交う蛍は、恋しさゆえにわが身からさまよい出た魂のように見えるという詠みぶりは、恋に苦しむ者の心中をよく捉えている。『源氏物語』の「葵《あおい》」の巻でも、六条御息《ろくじょうのみやす》所《どころ》の生霊《いきりょう》が葵の上のもとに現れる場面に「もの思ひにあくがるなる魂は、さもやあらむ（そうもあろうか、の意）」などと描かれている。

■作者

和泉式部《いずみしきぶ》〔生没年未詳〕　越前守大江雅致《えちぜんのかみおおえのまさむね》の娘。和泉守橘道貞《たちばなのみちさだ》の妻で、女房名の「和泉式部」はこれに由来する。冷泉《れいぜい》天皇の第三皇子為尊《ためたか》親王と、親王没後はその弟である敦道《あつみち》親王と恋愛関係になり、この経緯を『和泉式部日記』につづった。宮の死後、一条《いちじょう》天皇中宮彰子《しょうし》に仕え、紫式部《むらさきしきぶ》、赤染衛門《あかぞめえもん》らと同僚であった。後、藤原保昌の妻となり丹後《たんご》に下った。「中古三十六歌仙」の一人に数えられる。家集に『和泉式部集』があり、情熱と才気、感覚の鋭さを示している。

■出典

『後拾遺和歌集《ごしゅういわかしゅう》』　四番目の勅撰和歌集。二十巻。歌数約千二百二十首。白河天皇の勅命を受け、藤原通俊《みちとし》が一〇八六年頃に奏上した。『拾遺集』にもれた歌に当代の歌を加えた構成で、女流歌人の歌が多い。

金葉和歌集

▼「世の中は…」の歌　〔雑上〕

■品詞分解

百首歌《ひゃくしゅうた》（名）中《ちゅう》（名）に（格助）述懐《じゅっかい》（名）の（格助）心《こころ》（名）を（格助）詠《よ》め（動・四・已）る（助動・完・体）　源俊頼朝臣《みなもとのとしよりあそん》

世《よ》（名）の（格助）中《なか》（名）は（係助）憂《う》き（形・ク・体）身《み》（名）に（格助）そへ《エ》（動・四・已）る（助動・存・体）
影《かげ》（名）なれ（助動・断・已）や（係助）思《おも》ひ《イ》捨《す》つれ（動・下二・已）ど（接助）離《はな》れ（動・下二・未）ざり（助動・消・用）
けり（助動・嘆・終）

■語釈・文法

百首歌《ひゃくしゅうた》　百首の和歌を集めた歌集。ここでは平安後期の堀河天皇時代の百首歌。

憂《う》き身《み》にそへ《エ》る影《かげ》なれや　「憂き身」はつらいこの我が身、の意。「そへる」は動詞「添ふ」に存続の助動詞「り」の連体形が付いた形。「や」は疑問の係助詞で、ここで句切れとなる。

思《おも》ひ《イ》捨《す》つれど　「思ひ捨つれ」は、見捨てる、見放す、の意の「思い捨つ」の已然《いぜん》形。

■現代語訳

百首歌の中で、身の不遇を嘆く題でわが心中を詠んだ(歌)

この世はつらい(わが)身に連れ添っている影なのか。見捨てるけれども離れなかったことだなあ。

■鑑　賞

つらく苦しい我が身ゆえに世の中をもう見捨ててしまおう、と思ったが、それはかなわないことであった。この世に生きる限り、つらいことからは逃れられず、そんな世の中はまるで私の身について回る影のようなものなのだろうかと、身の不遇を嘆く歌。当時の無常観、仏教的厭世《えんせい》観と響き合うものがあり、広く共感を得たといわれる。

■作　者

源俊頼朝臣《みなもとのとしよりあそん》〔一〇五五?—一一二九?〕　平安時代後期の歌人。源経信《つねのぶ》の子で俊恵《しゅんえ》の父。『金葉《きんよう》和歌集』の撰者。勅撰集に二百十首近く入集している。自由で清新、素朴な歌風で知られる。歌論書『俊頼髄脳《ずいのう》』、家集に『散木奇歌集《さんぼくきか》』がある。

▼「梅の花笠…」の歌〔雑下・連歌《れんが》〕

■品詞分解

蓑虫《みのむし》〔名〕 の〔格助〕 梅《うめ》〔名〕 の〔格助〕 花《はな》〔名〕 の〔格助〕 咲《さ》き〔動・四・用〕 たる〔助動・存・体〕 枝《えだ》〔名〕
に〔格助〕 ある〔動・ラ変・体〕 を〔格助〕 見《み》〔動・上一・用〕 て〔接助〕　律師慶暹《りっしけいせん》

梅《うめ》〔名〕 の〔格助〕 花笠《はながさ》〔名〕 着《き》〔動・上一・用〕 たる〔助動・存・体〕 蓑虫《みのむし》〔名〕

前《まえ》〔名〕 なる〔助動・存・体〕 童《わらわ》〔名〕 の〔格助〕 付《つ》け〔動・下二・用〕 ける〔助動・過・体〕

雨《あめ》〔名〕 より〔格助〕 は〔係助〕 風《かぜ》〔名〕 吹《ふ》く〔動・四・終〕 な〔終助〕 と〔格助〕 や〔係助〕 思《おも》ふ《ウ》〔動・四・終〕
らむ〔助動・現推・体〕

■語釈・文法

蓑虫《みのむし》　「蓑」は「笠」「雨」の縁語。「蓑」「笠」は雨具である。

風吹《かぜふ》くなとや思《おも》ふ《ウ》らむ　風よ吹くな、と思っているだろうか。「や」は疑問の係助詞。「らむ」は現在推量で「(今頃は)〜ているだろう」と訳す。

■現代語訳

蓑虫が梅の花が咲いている枝にいるのを見て(口ずさんだ句)

梅の花笠を着ている蓑虫よ。
（すると）私の前にいる（召使いの）少年が付けた（上の句）
雨よりは風よ吹くなと思っているだろうか。

鑑賞

これは、花を付けた梅の枝に蓑虫がぶら下がっているのを見た作者が、見たそのままを「梅の花笠着たる蓑虫」と七・七の音で口ずさんだところ、前にいた召使いの少年が上の句にあたる五・七・五を付けた、というもので、二人で一つの歌を完成させる「短連歌《たんれんが》」の形である。「蓑虫」は文字通り雨具である「蓑」を着ているから雨は平気だが、風に揺られるのは嫌であろうし、風はせっかく花笠に見えている梅の花をも散らしてしまうから、「風吹くな」と思っているだろう、と「童」が気の利いた上の句を付けたところがこの歌の面白さである。

作者

律師慶暹《りつしけいせん》〔九九三—一〇六四〕　平安時代中期の天台宗の僧。歌人。

出典

『金葉和歌集《きんようわかしゅう》』　五番目の勅撰和歌集。十巻、約六百七十首。白河法皇の勅命により源俊頼が編纂にあたったが、三度にわたり撰び直されて、一一二七年頃までに受理された。勅撰集で初めて「連歌の部」を設けたことが特色である。清新な叙景歌や奇抜な着想・表現など、革新的な歌風が特色である。

詞《し》花《か》和歌集

▼「よもすがら…」の歌　〔雑上〕

品詞分解

家《いへ》（名）　に（格助）　歌合《うたあはせ》（名）　し（動・サ変・用）　侍《はべ》り（補動・ラ変・用）　ける（助動・過・体）　に（格助）
詠《よ》め（動・四・已）　る（助動・完・体）　富士《ふじ》（名）　の（格助）　高嶺《たかね》（名）　に（格助）　雲《くも》（名）　消《き》え（動・下二・用）　て（接助）
左京　大夫顕輔《さきょうのだいぶあきすけ》
よもすがら（副）
清見《きよみ》が関《せき》（名）　に（格助）　澄《す》め（動・四・已）　る（助動・存・体）　月《つき》（名）　かな（終助）

語釈・文法

よもすがら　一晩中。歌全体にかかる。一晩中、雲もなく、澄んだ月が見えている。
清見《きよみ》が関《せき》　今の静岡県の太平洋岸に設けられた関所。海の方向に月が見える。

現代語訳

家で歌合をしました折に詠んだ（歌）
富士の高い峰に雲が消えて、一晩中、清見が関からは澄んだ月が見えていることよ。

■鑑賞

海の迫る清見が関にいる作者は、雲のない富士山を背に、海の方向に澄んだ月を眺めている。「清見」は地名であるが、そこには「澄んだ月が見えている」という意味が重ねられている。富士山と清見が関という、離れた二つの名所を俯瞰《ふかん》する清澄感に満ちた大景を描いた歌である。なお、歌合においては、「雲が終夜消ゆ」という表現が不適切、また、「富士」には「煙」を取り合わせるべきで「雲」も不適切とされ、負の判定を受けた。

■作者

左京大夫顕輔《さきょうのだいぶあきすけ》〔一〇九〇―一一五五〕 平安時代後期の歌人。『詞花和歌集』の撰者。

■出典

『詞花《しか》和歌集』 六番目の勅撰和歌集。十巻、約四百首。歌数は八代集の中で最少。崇徳上皇《すとくじょうこう》の命により、藤原顕輔が一一五一年頃に奏上。曽禰好忠《そねのよしただ》、和泉式部《いずみしきぶ》、大江匡房《おおえのまさふさ》などの歌を多く収める。

千載《せんざい》和歌集

▼「花に染む…」の歌 〔雑中〕

■品詞分解

花《はな》	の	歌《うた》	あまた	詠《よ》み	侍《はべ》り	ける
名	格助	名	副	動・四・用	補動・ラ変・用	助動・過・体

時《とき》	円位法師《えんいほうし》
名	

花《はな》	に	染《そ》む	心《こころ》	の	いかで	残《のこ》り	けむ
名	格助	動・四・体	名	格助	副	動・四・用	助動・過原推・終

捨《す》て	果《は》て	て	き	と	思《おも》ふ《ウ》	わ	が
動・下二・用	補動・下二・用	助動・完・用	助動・過・終	格助	動・四・体	代	格助

身《み》	に
名	格助

■語釈・文法

花《はな》に染《そ》む心《こころ》 花に執着する心。「染む」は、熱心になる、関心をもつ、執着する、の意。

いかで残《のこ》りけむ どうして残ったのだろうか。助動詞「けむ」は「いかで」と呼応して、過去の原因を推量する。ここで句切れとなる。（三句切れ）

捨《す》て果《は》ててき すっかり捨ててしまった。「果つ」は、すっかり…する、…しきる。助動詞「て」は完了の「つ」の連用形、「き」は過去の助動詞の終止形。

■現代語訳

花の歌を多く詠みました時（の歌）

花に執着する心がどうして残ったのだろうか。すっかり（俗世での心を）捨ててしまったと思うわが身に。

■鑑賞

仏道に専心し、俗世の価値や感情にとらわれないように出家した作者だが、花を題に多数の歌を詠んだ時に、花の美しさに心とらわれ執着している自分を発見した、という歌。執着が残る「心」と、それを捨てたはずの「身」を対照的に詠んでいる。

■作者

円位法師《えんいほうし》〔一一一八―一一九〇〕平安時代末期の歌人。西行《さいぎょう》とも呼ばれた。鳥羽《とば》院の北面の武士であったが、二十三歳で突如出家、その理由は定かではない。俗名は佐藤義清《さとうのりきよ》。出家後は全国を歴遊し、自然や人事を歌に詠んだ。そのおおらかで自在な詠みぶりを、後鳥羽院は「生得《せいとく》の歌人」とたたえ、後の文人たちも追慕したとされる。『新古今和歌集』に最多の九十四首入集。家集『山家集《さんか》』がある。

■出典

『千載《せんざい》和歌集』 七番目の勅撰和歌集。二十巻、一二八八首。後白河法皇の命により藤原俊成《としなり》が撰進。一一八八年頃成立。主要な歌人は、源俊頼《みなもとのとしより》、藤原俊成、藤原基俊《もととし》、崇徳《すとく》上皇、俊恵《しゅんえ》、和泉式部《いずみしきぶ》、藤原清輔《きよすけ》ら。余情《よじょう》、幽玄《ゆうげん》を重んじて、『新古今和歌集』への道を開いたとされる。

新古今和歌集

▼「駒とめて…」の歌 〔冬〕

百首歌《ひゃくしゅうた》奉《たてまつ》りし時《とき》　　藤原定家朝臣《ふじわらのさだいえあそん》

■品詞分解

百首歌《ひゃくしゅうた》（名）／奉り《たてまつ》（動・四・用）／し（助動・過・体）／時《とき》（名）

駒《こま》（名）／とめ（動・下二・用）／て（接助）／袖《そで》（名）／うち払ふ《はらウ》（動・四・体）／陰《かげ》（名）／も（係助）／なし（形・ク・終）／佐野《さの》（名）

の（格助）／わたり（名）／の（格助）／雪《ゆき》（名）／の（格助）／夕暮れ《ゆうぐ》（名）

■語釈・文法

駒《こま》　馬。

袖《そで》打《う》ち払《はら》ふ《ウ》陰《かげ》もなし　袖の雪を振り払おうにも、家はもとより、木陰のような物陰もない様子。ここで句切れとなる（三句切れ）。

佐野《さの》のわたり　佐野の渡し場。『万葉集』の「苦しくも降り来る雨かみわの崎狭野《さの》の渡りに家もあらなくに」（困ったことに降ってくる雨よ。三輪の崎の狭野の渡し場には雨宿りできる家もないのに）を本歌とし、「さののわたり」の部分を引いたものである。

■現代語訳

百首歌を奉った時（の歌）

馬をとめて袖（に積もった雪）を振り払う物陰もない。佐野の渡し場のあたりに雪が降る夕暮れよ。

■鑑　賞

『万葉集』の歌を本歌とする歌である。「本歌取り」は、有名な古歌の用語・語句を意識的に取り入れ、古歌との二重写しにすることで味わいを深める技法である。作者の父藤原俊成の頃から意識的に行われるようになり、この「駒とめて…」の歌は、この技法を代表する歌の一つとして知られる。本歌取りを行う際は、本歌の主題を変えて詠むことが推奨され、ここでは本歌の「雨」を「雪」に、また、「旅の苦しさ」を「冬の夕暮れの寂寥《せきりょう》感」に変えている。世界は見渡す限り白一色、そこに「駒」がぽつんと配置されるという、非常に絵画的で優美な印象を与える歌である。

■作　者

藤原定家朝臣《ふじわらのさだいえあそん》（一一六二―一二四一）　藤原俊成の子で、『新古今和歌集』の中心的撰者。『千載《せんざい》和歌集』以降の勅撰集に四百六十五首入集。父俊成が唱えた「幽玄《ゆうげん》」（超俗的な自然美や孤独の寂寥感の表出）の世界をさらに進め、「艶《えん》」（感覚的、気分的な情緒美）、「有心《うしん》」（対象に対する深い観察により表現される叙情）を求め、『新古今和歌集』の美意識を導いた。歌論『近代秀歌《きんだいしゅうか》』『詠歌大概《えいがのたいがい》』、日記『明月記《めいげつき》』、家集『拾遺《しゅうい》愚草《ぐそう》』がある。

▼「面影の…」の歌　〔恋二〕

■品詞分解

水無瀬《みなせ》恋十《こいじゅう》五首《ごしゅう》歌合《うたあわせ》 名　に、 格助　春恋《はるのこい》 名　の 格助　心《こころ》 名　を 格助

皇太后宮大夫《こうたいごうぐうのだいぶ》俊成女《としなりのむすめ》

面影《おもかげ》 名　の 格助　かすめ 動・四・已　る 助動・存・体　月《つき》 名　ぞ 係助　宿《やど》り 動・四・用　ける 助動・嘆・体

春《はる》 名　や 係助　昔《むかし》 名　の 格助　袖《そで》 名　の 格助　涙《なみだ》 名　に 格助

■語釈・文法

面影《おもかげ》のかすめる月《つき》　「かすめる」は霞んでいる、の意。愛しい人の面影が霞んでいる、という意味と、その面影が重なっている月が霞んで見えているという意味を掛けている。

宿《やど》りける　ここで句切れとなる（三句切れ）。下の句の「袖」を濡《ぬ》らす「涙」の上に、月が映っているさまをいう。

春《はる》や昔《むかし》　『伊勢物語』の「月やあらぬ春や昔の春ならぬわが身ひとつはもとの身にして」（月は愛する人と眺めたあのときの月ではないのか、春はあの人と過ごしたあの春ではないのか。あの人を失ってしまったのに私だけが元のままの自分なのに）の歌を本歌とする。（同歌は『古今和歌集』

に在原業平《ありわらのなりひら》の歌として採られた歌でもある。）

■現代語訳

水無瀬の恋の十五首の歌合に「春の恋」を（詠んだ歌）

（あの人）の面影が霞んで（重なって）見える（春の）月が宿っているなあ。「春や昔」と嘆く袖の涙（の上）に。

■鑑賞

「春や昔」を『伊勢物語』から引用することによって、失われた恋をしみじみと思う『伊勢物語』の物語性を呼び起こす本歌取りの歌である。その本歌の上に、春の朧月に恋人の面影を慕い、涙する姿を描きだし、失われた恋の切なさを二重写しにした歌である。作者の祖父である藤原俊成は「艶《えん》」（優雅な美しさ）に見える、と評した。

■作者

皇太后宮大夫俊成女《こうたいごうぐうのだいぶとしなりのむすめ》（一一七一？―一二五二？）鎌倉時代前期の歌人。『新古今和歌集』に二十九首入集。藤原俊成の娘の子で、俊成の養女となった。後鳥羽院に出仕し、女流歌人の第一人者として、当時の歌壇の中心となった。

▼「奥山の…」の歌　〔雑中〕

■品詞分解

住吉歌合《すみよしうたあわせ》（名）に、（格助）山《やま》（名）を（格助）　太上天皇《だいじょうてんのう》

奥山《おくやま》（名）の（格助）おどろ（名）が（格助）下《した》（名）も（係助）踏み分け《ふわ》（動・下二・用）て（接助）道《みち》（名）

ある（動・ラ変・体）世《よ》（名）ぞ（係助）と（格助）人《ひと》（名）に（格助）知ら《し》（動・四・未）せ（助動・使・未）む（助動・意・体）

■語釈・文法

道《みち》「道」は藪《やぶ》の中の道、の意と、政《まつりごと》の道、の意を掛けている。

「踏み」は縁語。

■現代語訳

住吉歌合で山を（題に詠んだ歌）

奥山のいばらの下をも踏み分けて（入っていって）、道のある世だということを人々に知らせよう。

■鑑賞

奥山のいばらの道に道を作るように、この世の中に正しい政治を行って、どのような場所にも政道があることを人々に知らせなければならない、という強い決意を述べた歌。下の句の強意の係助詞「ぞ」、意志の助動詞「む」がその強い意志を表現している。「おどろの道」が公卿を意味するところから、貴族たちを統制し従えようという意志もうかがえる。

■作者

太上《だいじょう》天皇（一一八〇―一二三九）「太上天皇」とは天皇譲位後の称号で、ここでは後鳥羽上皇《ごとばじょうこう》を指す。『新古今和歌集』

の編纂を命じる。鎌倉幕府執権北条義時《しっけんほうじょうよしとき》の追討を企てた承久《じょうきゅう》の乱に破れて隠岐《おき》に流された。配流の後も『新古今和歌集』の改訂（切継《きりつ》ぎ）を続け、隠岐で没した。

■出典

『新古今和歌集《しんこきんわかしゅう》』　八番目の勅撰和歌集。二十巻、約一九八〇首。後鳥羽上皇の命により、源通具《みちとも》、藤原有家《ありいえ》、藤原定家《さだいえ》、藤原家隆《いえたか》、藤原雅経《まさつね》、寂蓮《じゃくれん》らが撰進した。一二〇五年に成立したが、その後も上皇の意志により改訂が行われた。初句切れ、三句切れの歌が多く、体言止めや本歌取りの技巧と洗練された言葉によって、幽玄《ゆうげん》の世界、妖艶《ようえん》な情緒美を表現した。こうした特徴は、「万葉調」「古今調」に対して、「新古今調」といわれる。

教科書　一一八ページ

教科書の問題（解答・解説）

❓教科書本文下に示された問題

❓（「わが背子が…」の歌）この歌は、男女どちらの立場で詠まれているか。（p.一一五）

解答　女の立場。

[解説]「背子」とは「兄子」「夫子」などとも書き、①男性が兄弟を呼ぶ、②女性が夫や恋人を呼ぶ、③男性同士が親しんで呼ぶ、の意味があるが、この歌は「わが背子」が「おいでにならない宵の秋風が恨めしい」、という内容なので、②の意味となり、女性の立場で詠まれた歌となる。

❓（「梅の花笠…」の歌）慶暹の句と童の句とで関係し合う語を指摘しよう。（p.一一七）

解答　慶暹の句「蓑」、童の句の「雨」（蓑は雨具）。

[解説]「蓑虫」の名は、からだから分泌した糸をより合わせて蓑（雨具）のような巣を作ってその中にすむところから名付けられたものである。

❓（「よもすがら…」の歌）「富士」と「清見が関」と「月」との位置関係はどうなっているか。（p.一一七）

解答　海岸にある清見が関から海の方向に月を望み、背後に富士がそびえている。

[解説]清見が関は今の静岡県の海岸に置かれた関所。南方に海が開けることから、この方角に月が見えている。そこから北側を望むと、雲ひとつない富士が控えているという位置関係になる。

■学習の手引き

❶句切れには句点を付け、歌の頭から文の順序を入れ替えずに現代語訳しよう。

解答　・「わがやどの池の藤波咲きにけり／山ほととぎ

すいつか来鳴かむ」（我が家の庭の池が夏風に波立ってそのほとりの藤の花がみごとに咲いたことだよ。山ほととぎすはいつここに来て鳴くだろうか。）

・「世の中は憂き身にそへる影なれや／思ひ捨つれど離れざりけり」（この世はつらい（わが）身に連れ添っている影なのか。見捨てるけれども離れなかったことだなあ。）

・「雨よりは風吹くなとや思ふらむ／梅の花笠着たる蓑虫」（雨よりは風よ吹くなと思っているだろうか。梅の花笠を着ているような蓑虫であるよ。）

・「花に染む心のいかで残りけむ／捨て果ててきと思ふわが身に」（花に執着する心がどうして残ったのだろうか。すっかり俗世での心を捨ててしまったと思うわが身に。）

・「駒とめて袖うち払ふ陰もなし／佐野のわたりの雪の夕暮れ」（馬をとめて袖に積もった雪を振り払う物陰もない。佐野の渡し場に雪が降る夕暮れよ。）

・「面影のかすめる月ぞ宿りける／春や昔の袖の涙に」（あの人の面影が霞んで重なって見える霞んだ春の月が宿っているなあ。「春や昔」と嘆く袖の涙の上に。）

❷序詞、掛詞、縁語が用いられている歌を指摘し、それぞれ、その効果やおもしろさを説明しよう。

解答 ・「むすぶ手の…」＝

序詞…「むすぶ手のしづくににごる山の井の」。「あかで」を導く。意味内容のある序詞として、歌の場面を具体的に説明している。

掛詞…「あか」。「飽か」（満足する）と「閼伽」（仏に供える水）とを掛けている。また、「飽か」は打消接続の「で」を伴って、「満足しないで」という意味となり、水が十分に飲めず「満足できない」と、出会った人と「満足できない」ままに別れたという二つの意味を表現する。

これらの技法によって、限られた音数で内容豊かな表現を可能にした。

・「夕暮れは…」＝

掛詞…「松」と男を「待つ」、白露が「置く」と男を「送る」、「起くる」をそれぞれ掛けている。

縁語…「消え」は「（白）露」の縁語。

二つの技法によって、はかないわが身を嘆く女の心情が重層的に表現されている。

・「都をば…」＝

掛詞…「立ち」。「旅立つ」と霞が「立つ」とを掛けている。

縁語…「立ち」は「霞」の縁語。「白」は「秋」の縁語。

二つの技法によって、都を出立してからの長い時間と距離を、イメージ豊かに表現している。

・「梅の花笠…」＝
縁語…「蓑」は「笠」「雨」の縁語。

　文字通り蓑を着たような姿の「蓑虫」の心境を想像するという、ユーモラスな世界のイメージを豊かなものにしている。
・「奥山の…」＝
掛詞…「道」。藪の中の道、の意と、政の道、の意を掛けている。

縁語…「踏み」は「道」の縁語。

　二つの技法によって、「藪の中の道」に、自らが立ち向かう「政道」を重ね、厳しい現状に屈せず進みたい、という強い意志が表現されている。

言語活動

1 元良親王の贈歌（一一五・2）**に対する返歌を、各自で創作して発表しよう。**

［解説］　元良親王の問いは、女性に対して次のどちらがつらいか、と問うものである。
①男が来るか来るかと待っている夕暮れ時。
②一夜をともにした男が「それではこれで」といって帰って行く朝。
　本文の藤原かつみの返歌では、②がつらい、としているが、当時の男女関係において不安定な女性の立場を考えると、どちらの返答もあり得る。また、どちらも同じようにつらくて、どちらがまさっているとはいえない、という答えも可能だろう。なお、元良親王がこの歌を贈った他の女性からは「今はとて別るるよりも高砂のまつはまさりて苦してふなり」（『元良親王集』、①がつらい）「夕暮は頼む心になぐさめつ帰る朝《あした》は消《け》ぬべきものを」（『栄花《えいが》物語』、②がつらい）、との返歌があったことが残されている。

歌合《うたあわせ》

天徳四年内裏歌合

教科書 二二〇～二二一ページ

大意

「天徳四年内裏歌合」では、二十番目に「恋」の題で壬生忠見《みぶのただみ》と平兼盛《たいらのかねもり》が対戦した。両歌とも甲乙付けがたい秀歌であったため、判者の私（藤原実頼《ふじわらのさねより》）としてもなかなか判定できずにいた。そのような折、天皇が右方の兼盛の歌を口ずさんだことから、判者の補佐役である源朝臣《みなもとのあそん》が、天皇のご意向は兼盛の歌にあるのでは、といったことで、兼盛の勝ちとなった。しかし、左方の忠見の歌もたいそう優れており、私としては引き分けではないかという思いが残った。

■第一段落（初め～二二〇・5）

段意

「天徳四年内裏歌合」では、二十番目に「恋」の題で壬生忠見（左方）、平兼盛（右方）が対戦した。結果は「忍ぶれど…」の歌を詠んだ右方の勝ちとなった。

現代語訳・品詞分解

二十番
二十番（名）

左方　　壬生忠見
左（名）　忠見（名）

恋をしているという私の噂がもう立ってしまったことだ。他人に知られないように慕い始めたのに。

恋	す	てふ	わ	が	名	は	まだき	立ち
名	動・サ変・終	（連語）	代名	格助	名	係助	副	動・四・用

に	けり	人	知れ	ず	こそ	思ひそめ	しか
助動・完・用	助動・嘆・終	名	動・下二・未	助動・消・用	係助	動・下二・用	助動・過・已

語釈・文法

恋《こい》すてふ《チョウ》わが名《な》　恋をしているという私の噂《うわさ》。「てふ」は「といふ」が縮まった形。「名」は、噂、評判。

まだき　早くも。もう。

立《た》ちにけり　「けり」は詠嘆の助動詞。ここで句切れとなる。（三句切れ）

人知《ひとし》れずこそ思《おも》ひ《イ》そめしか　他人に知られないように慕い始めたのに。係助詞「こそ」の結びは、過去の助動詞「き」の已然《いぜん》形「しか」。

右方　勝ち　平兼盛
右　名｜勝　名｜兼盛　名

包み隠していたけれど顔色に現れてしまったなあ。私の恋は。「物思いをしているのか」と人が尋ねるほどに。
忍ぶれ　動・上二・已｜ど　接助｜色　名｜に　格助｜出で　動・下二・用｜に　助動・完・用｜けり　助動・嘆・終｜わ　代名｜が　格助
恋　名｜は　係助｜もの　名｜や　係助｜思ふ　動・四・体｜と　格助｜人　名｜の　格助｜問ふ　動・四・体｜まで　副助

「こそ…已然形」の形で文が終わらずに下に続くときは逆接の意となる。（この歌は上句と下句が倒置されている）

忍《しの》ぶれど　包み隠すけれども。「忍ぶ」は包み隠す、秘密にする、の意。

色《いろ》に出《い》でにけり　顔色に出てしまったなあ。主語は「色」は顔色。ここで句切れとなる。「わが恋」で、倒置されている。

ものや思《おも》ふ《ウ》　物思いをしているのか。「もの思ふ」は思い悩む、物思いにふけるの意。「や」は問いかけの係助詞。

■第二段落（一二〇・6～終わり）

段意

左右の歌どちらも優れていたため、当初判者である私（藤原実頼）は、勝敗はつけられません、と帝《みかど》に申し上げたが、帝はなんとしてもこれを判定するようにとお命じになる。そこで補佐役である源朝臣に譲るが、朝臣も頭を下げたままかしこまるばかりである。左方、右方とも勝利を祈るように歌を詠み上げるが、帝の判定のお言葉もない。そんなとき帝が密かに右方兼盛の歌を詠じなさったことから、源朝臣が「帝のご意向は右方にあるのでは」と言ったため、右方の勝ちとなった。しかし私としては、左方の忠見の歌もたいそう素晴らしく、この勝負は引き分けではないかという思いがしばらく残った。

現代語訳・品詞分解

私（実頼）が（天皇に）申し上げることには、「左右の歌は、
小臣　名｜奏し　動・サ変・用｜て　接助｜云は　動・四・未｜く、（接尾）｜「左右　名｜の　格助｜歌、名

両方とも優れている。勝ち負けを判定申し上げることはできない。」
伴　名｜に　格助｜以つて（連語）｜優なり。形動・ナリ・終｜勝り　名｜劣り　名｜を　格助｜定め　動・下二・用

語釈・文法

奏《そう》して　「奏す」は帝に申し上げる、の意の尊敬語。絶対敬語。

定《さだ》め申《もう》すこと能《あた》は《ワ》ず　判定申し上げることはできない。「定む」は、判定する、の意。「能ふ」は、できる、の意。

と。

申す こと 能は ず。」 と。 勅 し て 云は く、
補動・四・体 体 動・四・未 助動・消・終 格助 名 動・サ変・用 接助 動・四・未 (接尾)
(帝が)命令なさって言うことには、

「各々 尤だ 歎美す べし。 但し 猶ほ 之 を 定め
名 副 動・サ変・終 助動・当・終 接 副 代 格助 動・下二・用
「どちらの歌も大変に褒め称えるべきものだ。ただしやはり勝ち負けを判定し奏上せよ。」と。

申す べし。」 と。 小臣、 大納言源朝臣 に 譲る も、
補動・四・終 助動・命・終 格助 名 名 格助 動・四・体 接助
私(実頼)は、源朝臣に(判定を)譲るが、

敬屈し て 答へ ず。 此 の 間、 相互 に 詠み揚ぐる
動・サ変・用 接助 動・下二・未 助動・消・終 代 格助 名 名 格助 動・下二・体
頭を下げかしこまって答えない。この間、左方の人々と右方の人々がそれ

こと、 各々 我 が 方 の 勝 を 請ふ に 似 たり。
名 名 代 格助 名 格助 名 格助 動・四・体 格助 動・上一・用 助動・存・終
ぞれ歌を詠み上げることは、それぞれ自分の方の勝ちを願う様子に見えている。

小臣 頻りに 天気 を 候ふ に、 未だ 判勅 を 給は
名 副 名 格助 動・四・体 接助 副 名 格助 動・四・未
私(実頼)は何度も天皇のご意向をうかがうが、まだ判定の言葉をお下しにならず、

ず、 密かに 右方 の 歌 を 詠ぜ しむ。
助動・消・用 形動・ナリ・用 名 格助 名 格助 動・サ変・未 助動・尊・終
密かに右方の歌を声に出してお詠みになる。

源朝臣 密かに 語つ て 云は く、 「天気 若しくは 右 に
名 形動・ナリ・用 動・四・用 接助 動・四・未 (接尾) 名 接 名 格助
源朝臣がこっそり語って言うことには、「天皇のご意向はもしかして右方に

在る か。」 と いへ れ ば、 之 に 因つ て
動・ラ変・体 終助 格助 動・四・已 助動・完・已 接助 名 格助 動・四・用 接助
あることよ。」と言ったので、これによってとうとう右方を

遂に 右 を 以つて 勝 と 為す。 思ふ 所 有り、
副 名 格助 (連語) 名 格助 動・四・終 動・四・体 名 動・ラ変・用
勝ちとする。(私は)思うところがあって、

暫く は 持 に 疑ふ なり。 但し 左歌 甚だ 好し。
副 係助 名 格助 動・四・体 助動・断・終 接 名 副 形・ク・終
しばらくの間は引き分けではないかと疑う。左方の歌もたいそうよい(歌である)。

勅《ちょく》して　天皇が命令を下すこと。「勅」は天皇の仰せ、命令の意。

歎《たん》美《び》　感心して褒めること。

之《これ》を定《さだ》め申《もう》すべし　勝ち負けを判定し申し上げよ。「これ」は勝ち負けを指す。「申す」は謙譲語で、天皇が自らに敬意を表す自敬表現。助動詞「べし」は命令。

小臣《しょうしん》　判者の一人である左大臣藤原実頼が、自らを謙遜して言った表現。

我《わ》が方《かた》の勝《かち》を請《こ》ふ《ウ》　自分の方の勝利を願う。

頻《しき》りに天気《てんき》を候《うかが》ふ《ウ》　天皇の意向が気になって、何度も様子をうかがうさま。

判勅《はんちょく》を給《たま》は《ワ》ず　判定のお言葉をお下しにならず。「給ふ」は「与ふ・授く」の尊敬語。

詠《えい》ぜしむ　声に出してお詠みになる。「しむ」は尊敬の助動詞。

若《も》しくは　もしかして。「若《も》しは」に同じ。

持《じ》に疑《うたが》ふ《ウ》　引き分けではないかと疑う。この後に、負となった左方の歌を「甚《はなは》だ好《よ》し」としている。

鑑賞

『天徳四年内裏歌合』のテーマは二十、本文はその最後の「恋」の題のもと、詠み手は左方が壬生忠見、右方が平兼盛で、最終的に兼盛の勝ちとなった部分である。両歌甲乙付けがたい秀歌で判定が難航したため、こっそり口ずさんだ兼盛の歌を帝はお気に召されたのでは、との推測から兼盛の勝ちと

なった。帝が兼盛の歌を口ずさんだのは、果たして気に入ったからなのか、両歌を比べるためにまず詠じたのか、定かではない。判者の藤原実頼も、両者引き分けではないかという思いを捨てられず書き残している。

教科書　二一一ページ

教科書本文下に示された問題（解答・解説）

❓「之」とは何か。（p.二一〇）

解答　勝ち負け。

[解説]　天皇は両方の歌を「歎美すべし」と褒めながらも、どちらの歌が優れているかを判定せよと命じている。

■学習の手引き

❶左右の歌に共通する点は何か、考えよう。

解答　秘めたはずの恋心が人に知られてしまったさまを詠んでいる点。

[解説]　「他人に知られないように思い始めた」（忠見）「包み隠していたが」（兼盛）と、どちらも秘めた恋心がその強さゆえに外に現れてしまった、という趣向で詠まれている。

❷右歌が「勝」となった経緯をまとめよう。

解答　判者、補佐役、天皇、いずれも判定を下すことができず、当初は判定が難航。その後、天皇が兼盛の歌を口ずさんだのを聞いた補佐役源朝臣が、天皇の意向を示すものではないか、と言ったことから兼盛の歌が「勝」となった。

■語句と表現

①傍線部に注意して現代語訳しよう。

解答　(1)（天皇に）申し上げることには
(2)右方の歌を声に出してお詠みになる。

[解説]　(1)「奏す」は「天皇に申し上げる」の意。
(2)「しむ」は尊敬の助動詞。

言語活動

1 この忠見と兼盛の歌が併せて収録されている作品を調べ、分かったことを発表しよう。

[解説]『沙石集《しゃせき》』「歌ゆゑ《エ》に命を失ふ事」に収録されているエピソードでは、敗れた忠見が失意のために病を得て命を落とした、とある。ほかに両歌は、『拾遺和歌集』『小倉百人一首』にも撰入《せんにゅう》されている。

出典

『天徳四年内裏歌合《てんとくよねんだいりうたあわせ》』　九六〇年、村上天皇の主催により宮中清涼殿で行われた。歌合は九世紀の中頃から行われ、当初は社交遊戯的な性質が強かったが、次第に文学的な色彩を持ち、この「天徳四年内裏歌合」においては整然と歌の技量を競うとともに、進行、衣装、調度品、管絃《かんげん》や宴《うたげ》の趣向にまで念入りな準備が施され、後世の歌合の基準となったとされる。

六百番歌合

教科書 一二一～一二二ページ

大意

「六百番歌合」の十三番目「枯野《かれの》」の題では、「見し秋を…」の歌を詠んだ左方の「勝」となった。この歌の「草の原」という語句に対して右方から「聞き苦しい」と非難があったが、これに対して判者の藤原俊成《としなり》は、『源氏《げんじ》物語』の「花宴《はなのえん》」の巻の歌を背景とする、深みのある優美な美しさをたたえた歌だと評価した。さらには『源氏物語』を見ないような歌人は大変に残念なことだと強く言い切った。

■第一段落（初め～一二一・5）

段意

「六百番歌合」では、十三番目に「枯野」の題で藤原良経《よしつね》（左方・歌合主催者）と藤原隆信《たかのぶ》（右方）が対戦した。結果は「見し秋を…」の歌を詠んだ左方の「勝」となった。

現代語訳・品詞分解

十三番（十三番）名　枯野（枯野）名

語釈・文法

女房《にょうぼう》　この歌合の主催者である藤原良経が実名をはばかってこのように記した。

見《み》し秋《あき》を何《なに》に残《のこ》さむ　「見し秋」は、秋の間に

左方　勝ち
左（名）　勝（名）

女房（藤原良経）
女房（名）

見た秋（秋に見た景色）を何に残そうか、草の原も（枯れ野）一色に変わる野辺の景色に。
見（動・上一・用）　し（助動・過・体）　秋（名）　を（格助）　何（代）　に（格助）　残さ（動・四・未）　む（助動・意・終）　草（名）　の（格助）　原（名）
ひとつ（名）　に（格助）　変はる（動・四・体）　野辺（名）　の（格助）　けしき（名）　に（格助）

右方
右（名）

藤原隆信朝臣
隆信朝臣（名）

霜にあって枯れた野辺のしみじみとした趣を見ない人が、秋の気配には心を留めたのだろうか。
霜枯（名）　の（格助）　野辺（名）　の（格助）　あはれ（名）　を（格助）　見（動・上一・未）　ぬ（助動・消・体）　人（名）　や（係助）
秋（名）　の（格助）　色（名）　に（格助）　は（係助）　心（名）　とめ（動・下二・用）　けむ（助動・過推・体）

■第二段落（一二二・1〜終わり）

段意

左右がそれぞれ相手の歌に対する非難の言葉を交わし、その後判者の藤原俊成が判詞を述べた。右方が難じた左方の「草の原」は、『源氏物語』の「花宴」の巻の歌を念頭に置いて理解すべきで、『源氏物語』を読まずに歌を詠む歌人は非常に残念だと強く言い切り、左方の勝ちとした。

現代語訳・品詞分解

右方が申して言うことには、「『草の原』は、聞き苦しい（不吉でよくない）。」
右方（名）　申し（動・四・用）　て（接助）　云は（動・四・未）　く（接尾）、「『草（名）　の（格助）　原（名）』、聞きよから（形・ク・未）　ず（助動・消・終）。」

左方が申して言うことには、「右の歌は、古めかしい。」
左方（名）　申し（動・四・用）　て（接助）　云は（動・四・未）　く（接尾）、「右（名）　の（格助）　歌（名）、古めかし（形・シク・終）。」

見た美しい景色。「し」は過去の助動詞「き」の連体形。

草《くさ》の原《はら》ひとつに変《か》は《ワ》る野辺《のべ》のけしき　「草の原」は、秋に多くの花が咲いた野原。「ひとつに変はる野辺」は、その野原が冬枯れ一色になってしまった様子。

語釈・文法

草《くさ》の原《はら》　「草の原」は野原、草原の意味に加えて、草の茂った墓所の意味がある。

判《はん》じて云《い》は《ワ》く　以下、この歌合の判者である藤原俊成による判定の言葉。

艶《えん》にこそ侍《はべ》るめれ　「艶」は深みのある、優美

判定して言うことには、　「左方が、『何に残さむ草の原』と言っているのは、
判じ　て　云は　く、「左、『何　に　残さ　む
（動・サ変・用　接助　動・四・未　（接尾）　名　代　格助　補動・四・未　助動・意・終）

優艶であるようだ。
草　の　原』　と　いへ　る、　艶に　こそ　侍る　めれ。
（名　格助　名　格助　動・四・已　助動・存・体　形動・ナリ・用　係助　補動・ラ変・体　助動・婉・已）

右方の人が、　『草の原』を、　非難申し上げることは、
右　の　方人、『草　の　原』、難じ　申す　条、
（名　格助　名　名　格助　名　動・サ変・用　補動・四・体　名）

非常に不快ではないだろうか。　紫式部は、歌人としての力量よりも
もつとも　うたたある　に　や。　紫式部、歌詠み　の　ほど
（副　（連語）　助動・断・用　係助　名　名　格助　名）

物語を書く力量が格別に優れている。　その上、
より　も　物　書く　筆　は　殊勝なり。　そ　の　うへ、
（格助　係助　名　動・四・体　名　係助　形動・ナリ・終　代　格助　名）

（『源氏物語』の）「花宴」の巻は、　ことさらに優艶なものである。
花宴　の　巻　は、　殊に　艶なる　もの　なり。
（名　格助　名　係助　副　形動・ナリ・体　名　助動・断・終）

『源氏物語』を読んでいない歌人は極めて残念である。
源氏　見　ざる　歌詠み　は　遺恨　の　こと　なり。
（名　動・上一・未　助動・消・体　名　係助　名　格助　名　助動・断・終）

右方は、内容・語句表現は、悪くは見えないのではないか。
右、心詞、悪しく　は　見え　ざる　に　や。
（名　名　形・シク・用　係助　動・下二・未　助動・消・体　助動・断・用　係助）

ただし、　並の風体であるようだ。　左の歌が、
ただし、常　の　体　なる　べし。　左　の　歌、
（接　体　格助　体　助動・断・体　助動・推・終　名　格助　名）

まさに勝ちと申し上げるのがよい。」
宜しく　勝つ　と　申す　べし。」
（副　動・四・終　格助　動・四・終　助動・適・終）

な美しさ。「めれ」は婉曲《えんきょく》の助動詞「めり」の已然《いぜん》形で、係助詞「こそ」の結び。

難《なん》じ申《もう》す条《じょう》　非難申し上げること。「難ず」は非難する、の意。「条」は接続助詞のように用いて「…のこと、…の件」という意味を表す。

うたたあるにや　「うたた」は、「うたたある」の形で、不快な気分を起こさせるさまをいう。「に」は断定の助動詞「なり」の連用形、「や」は疑問の係助詞。この後に「あらむ」などが省略されていると考え、「不快ではないだろうか」と訳す。

歌詠《うたよ》みのほど　「歌詠み」は歌人。「ほど」は力量の程度。

物書《ものか》く筆《ふで》　物語を書く筆力、力量。

花宴《はなのえん》の巻《まき》　紫式部《むらさきしきぶ》の『源氏物語』の「花宴」の巻のこと。左の歌、朧月夜《おぼろづきよ》という女性が源氏に贈った「うき身世にやがて消えなば尋ねても草の原をば問はじとや思ふ」（つらいわが身がこのままこの世から消えてしまったならば、あなたは草の原までは私を尋ねてこないだろうと思う）という歌を念頭に置いている。「草の原」は、この世から消えてしまった「私」の魂のあるところ、すなわち「墓所」を暗示している。

源氏見《げんじみ》ざる歌詠《うたよ》みは遺恨《いこん》のことなり　『源氏物

語』を読んでいない歌人は大変に残念だ。当時の歌人にとって、『源氏物語』は必須の知識であるとしている。「遺恨」はいつまでも恨みを残すこと。

心詞《こころことば》　「心」は表現内容や趣向のこと。「詞」は歌語、歌の表現、形式のこと。

常《つね》の体《てい》　ごくありふれた平凡な風体《ふうてい》。

鑑賞

「六百番歌合」十三番「枯野」は、左方の「草の原」という語句の可否が眼目となった。右方は、「聞き苦しい」とこれを非難したが、判者藤原俊成は、『源氏物語』の「花宴」の巻の中で朧月夜が詠んだ歌を連想させるとして、左方を「勝」とした。その『源氏物語』では、相手が誰と分からないままに契った源氏が、相手の女（朧月夜）に執拗《しつよう》に名を尋ねたのに対し、女が「私の名前を知らないからといって私が死んでも「草の原」（私の墓所）を尋ねては来ないだろう」という歌を贈ったとある。こうした優艶な背景を持つ「草の原」に対する非難を俊成は不快だとし、『源氏物語』を読んでいない歌詠みは極めて残念だ、と評価したのである。俊成は「幽玄《ゆうげん》」とともに「艶」（優艶）を和歌の理念としており、それが表現されたこの『源氏物語』は、歌人にとっての必須の知識であるとの認識を厳しく示したのである。

教科書の問題（解答・解説）

教科書　一二二ページ

教科書本文下に示された問題

❓「物書く筆」とは、どういうことか。（p.一二二）

解答　物語を書く力量。

［解説］「歌詠みのほど」に対置されている。

■学習の手引き

❶右方と左方による難（非難）と、それに対する藤原俊成の判との関係を、整理してまとめよう。

解答　［右方の難］「草の原」という語句が不吉で聞き苦しい。［右方の難に対する俊成の判］「草の原」は『源氏物語』の「花宴」の巻で朧月夜の歌に用いられた語句である。これを非難することは不快である。『源氏物語』の優艶な世界を踏まえた左方の歌が「勝」である。

［左方の難］右方の歌は古めかしい風体である。［左方難に対する俊成の判］表現内容や趣向（心）、歌の表現、形式（詞）は悪くはないが、平凡な風体である。

❷「源氏見ざる歌詠みは遺恨のことなり。」（一二二・6）とは、どういうことか考えよう。

解答 歌人は『源氏物語』を必読するべきだ。

［解説］『源氏物語』は、平安時代中期の物語文学と和歌文学の集大成とされる壮大な作品である。平安時代末期の歌人である俊成は、それまでに積み重ねられてきたさまざまな文学表現とその理念を文化的財産として踏まえ、その上に新たな世界を切り開くことを目指した。俊成の判詞は、自らの和歌の理念の一つである「艶」が表現されたこの『源氏物語』という古典作品を、歌人にとっての重要知識である、とするものである。

■語句と表現

①傍線部に注意して現代語訳しよう。

解答 (1)申して云はく＝申して言うことには

(2)難じ申す条＝難があることを申し上げること

［解説］(1)の「云はく」は動詞「云ふ」に接尾語「く」が付いた形。接尾語「く」は「…ことには」と訳す。

(2)の「条」は接続助詞のように用いて「…のこと、…の件」と訳す。

出典

『六百番歌合《ろっぴゃくばんうたあわせ》』藤原良経主催。一一九二年に企画され、翌年、十二人の歌人にそれぞれ百首提出させ、計千二百首を六百番の歌合とした大規模な催し。この歌合から三十四首が『新古今《しんこきん》和歌集』に入集《にっしゅう》した。また、当時の歌壇における保守的旧派の六条家と、新風の御子左家《みこひだりけ》の議論が活発に行われた。新風に理解を示す藤原俊成の判詞にはその円熟した和歌観がうかがえ、これに反論した顕昭《けんしょう》の『六百番陳状《ろっぴゃくばんちんじょう》（顕昭陳状）』とともに新古今時代の文芸批評の到達点とされる。

歌論

古今《こきん》和歌集仮名序《かなじょ》

紀貫之《きのつらゆき》

教科書 一二三～一二五ページ

大意

和歌は、人の心をもととして、それがさまざまな言葉になったものである。人々は心に思うことを見るもの聞くものに託して言葉に表しているのである。この世に生きる全てのものは、歌を詠むのであり、天地を動かし、鬼神を感動させ、男女の仲を親しくさせ、勇猛な武士の心をも和ませるのは、歌の徳である。近い時代にその名を知られた歌人について述べる。僧正遍昭《そうじょうへんじょう》は、一首全体の姿は整っているものの、真実味が少ない。在原業平《ありわらのなりひら》は、感情があふれすぎて、言葉での表現が不十分である。文屋康秀《ふんやのやすひで》は、言葉の使い方は上手なのだが、歌全体の姿が内容に似つかわしくない。僧喜《き》撰《せん》は、言葉がぼんやりとして、歌の首尾が一貫していない。小野小町《おののこまち》は、しみじみとして風情があるものの、女性であるがゆえか、力強さがない。大友黒主《おおとものくろぬし》は、歌全体の姿がみすぼらしい。

第一段落（初め～一二三・6）

段意

和歌は人の心をもととして、さまざまな言葉となったものだ。この世の全てのものは歌を詠み、猛々しい武士の心までも和ませる。

現代語訳・品詞分解

和歌は、人の心をもととして、（それが）さまざ
やまと歌 は、人 の 心 を 種 と し て、よろづ の
名 係助 名 格助 名 格助 名 格助 動・サ変・用 接助 名 格助

まな言葉となったものである。この世に生きている人は、
言の葉 と ぞ なれ り ける。世の中 に ある 人、
名 格助 係助 動・四・命 助動・完・用 助動・過・体 名 格助 動・ラ変・体 名

語釈・文法

種《たね》 ①種子。②物事の起こるもと。ここでは、「言の葉」の「葉」に対応して、「人の心」を「種子」にたとえながら、②の意を表している。

世《よ》の中《なか》にある人《ひと》 この世に生きている人。

ことわざしげきものなれば （関わる）出来事や（する）行為がたくさんあるので。「しげし」は、

（関わる）出来事や（する）行為がたくさんあるので、（それらについて）心に思うことを、
ことわざ しげき もの なれ ば、心 に 思ふ こと を、
名 形・ク・体 名 助動・断・已 接助 名 格助 動・四・体 名 格助

見るものや聞くものに託して言葉に表しているのである。
見る もの 聞く もの に つけ て 言ひ出だせ る
動・上一・体 名 動・四・体 名 格助 動・下二・用 接助 動・四・命 助動・存・体

（梅の）花（の枝）で鳴く鶯や、水にすむ蛙の声を聞くと、
なり。花 に 鳴く 鶯、水 に すむ 蛙 の 声 を 聞け
助動・断・終 名 格助 動・四・体 名 名 格助 動・四・体 名 格助 名 格助 動・四・已

（この世に）生きている全てのものは、どれが歌を詠まないということ
ば、生き と し 生け る もの、いづれ か 歌 を
接助 動・四・用 格助 副助 動・四・命 助動・存・体 名 代 係助 名 格助

があろうか。（いや、全てのものが歌を詠むのである。）力をも入れないのに天と地（の神々）を動かし、
詠ま ざり ける。力 を も 入れ ず して 天地
動・四・未 助動・消・用 助動・嘆・体 名 格助 係助 動・下二・未 助動・消・用 接助 名

目に見えない恐ろしい神霊をも感動させ、
を 動かし、目 に 見え ぬ 鬼神 を も あはれ と
格助 動・四・用 名 格助 動・下二・未 助動・消・体 名 格助 係助 形動・ナリ・語幹 格助

男女の仲をも親しくさせ、勇猛な武士の心をも和ま
思は せ、男女 の 仲 を も 和らげ、猛き 武士 の
動・四・未 助動・使・用 名 格助 名 格助 係助 動・下二・用 形・ク・体 名 格助

せるものは、歌なのである。
心 を も 慰むる は、歌 なり。
名 格助 係助 動・下二・体 係助 名 助動・断・終

■第二段落（一二三・7〜一二四・2）

段意

近い時代にその名を知られた人について述べる。僧正遍昭は、一首全体の姿は整っているものの、真実味が少ない。たとえるなら、絵に描いた女性に無駄に心を動かすようなものだ。

現代語訳・品詞分解

近い時代に、その名が評判になっている人は（次のとおりであり）、つまり僧正
近き 世 に、その 名 聞こえ たる 人 は、すなはち
形・ク・体 名 格助 代 格助 名 動・下二・用 助動・存・体 名 係助 接

「繁し・茂し」と書き、ここでは、たくさんある、の意。

言《い》ひ《イ》出《い》だせるなり　言葉に表しているのだ。

花《はな》に鳴《な》く鶯《うぐいす》、水《みず》にすむ蛙《かわず》　春の景物と秋の景物の対句表現。「花」は、ここでは梅の花をいう。

生《い》きとし生《い》けるもの　（この世に）生きている全てのもの。「と」は同じ動詞の間に入って、意味を強める格助詞。「し」は強意の副助詞。

いづ《ズ》れか　どれが…か。（いや、…でない。）「か」は反語の係助詞。

力《ちから》をも入《い》れずして…心《こころ》をも慰《なぐさ》むる　「力をも入れずして天地《あめつち》を動かし」「目に見えぬ鬼神《おにがみ》をもあはれと思はせ」「男女《おとこおんな》の仲をも和らげ」「猛《たけ》き武士《もののふ》の心をも慰むる」は並立の関係。

あは《ワ》れと思《おも》は《ワ》せ　しみじみとさせ。感動させ。

猛《たけ》き武士《もののふ》　武士は人の情を理解しない猛々しいものとされていた。ここでは、そうした武士の心までも和ませるのが歌だと述べている。

語釈・文法

近《ちか》き世《よ》　古今和歌集が撰定された時代から見て近い時代。八〇〇年代後半を指すとみられる。

遍昭は、一首全体の姿は整っているが、真実味が
僧正遍昭は、歌のさまは得たれども、まこと
名　係助　名　格助　名　係助　動・下二・用　助動・存・已　接助　名

少ない。たとえるなら、絵に描いてある女性を見て、
少なし。たとへば、絵に描ける女を見て、
形・ク・終　副　名　格助　動・四・命　助動・存・体　名　格助　動・上一・用　接助

無駄に心を動かすようなものだ。
いたづらに心を動かすがごとし。
形動・ナリ・用　名　格助　動・四・体　格助　助動・比・終

名前に心ひかれて折っただけなのだ、女郎花よ。（僧侶である）私が堕落してしまったと人に話すなよ。
名に愛でて折れるばかりぞ女郎花我
名　格助　動・下二・用　接助　動・四・命　助動・完・体　副助　終助　名　代
おちにきと人に語るな
動・上二・用　助動・完・用　助動・過・終　格助　名　格助　動・四・終　終助

その名《な》聞《き》こえたる人《ひと》　その名が評判になっている人。「聞こゆ」は、①聞こえる、②評判になる、③理解できる、④（「言ふ」の謙譲語）申し上げる、などの意を表す。ここは②の意。

歌《うた》のさま　一首全体の姿。「さま」は、ここでは、歌全体の総合的な味わい、といった意。

まこと少《すく》なし　「まこと」は、真実、事実、古今不変の本質、の意。ここでは、「言葉」に対して「心」が伴っていないことを表している。

いたづ《ズ》らなり　①無駄だ。②むなしい。はかない。③何もない。④ひまだ。ここは①の意。

愛《め》でて　心ひかれて。「愛づ」は、①かわいがる、愛する、②褒める、感動する、心ひかれる、の意を表す。ここは②の意。

折《お》れるばかりぞ　折っただけだ。「ばかり」は、限定の副助詞。「ぞ」は念を押す終助詞。

■第三段落（一二四・3～6）

段意　在原業平は、感情があふれすぎて、言葉での表現が不十分である。しおれた花の色艶がなくなり、香りだけが残っているようなものだ。

現代語訳・品詞分解

在原業平は、その感情があふれすぎて、（表現する）言葉が足りない。
在原業平は、その心あまりて、言葉足らず。
名　係助　代　格助　名　動・四・用　接助　名　動・四・未　助動・消・終

しおれた花が色艶がなくて、香り（だけ）が残っているようなものだ。
しぼめる花の色なくて、にほひ残れるが
動・四・命　助動・完・体　名　格助　名　形・ク・用　接助　名　動・四・命　助動・存・体　格助

語釈・文法

心《こころ》あまりて　感情があふれすぎて。「あまる」は、①多すぎてあふれる、②分に過ぎる、③超える、などの意を表す。ここは①の意。

しぼめる花《はな》の色《いろ》なくて　しおれた花が色艶がな

ごとし。
助動・比・終

この月は去年と同じ(月)ではないのか。この春は去年と同じ春ではないのか。(恋しいあの人がいない
月 や あら ぬ 春 や 昔 の 春 なら ぬ
名 係助 動・ラ変・未 助動・消・体 名 係助 名 格助 名 助動・断・未 助動・消・体

今、)我が身だけは(去年と変わらず)もとのままであって(周囲は全て変わってしまったようだ)。
わ が 身 ひとつ は もと の 身 に して
代 格助 名 名 係助 名 格助 名 助動・断・用 接助

■第四段落（一二四・7〜10）

段意

文屋康秀は、言葉の使い方は上手なのだが、歌全体の姿が内容に似つかわしくない。言うならば、商人がりっぱな衣服を着ているようなものである。

現代語訳・品詞分解

文屋康秀は、言葉(の使い方)は上手であるが、その一首全体の姿が内容に似つかわしくない。
文屋康秀 は、 言葉 は 巧みに て、 そ の さま 身 に 負は ず。
名 係助 名 係助 形動・ナリ・用 接助 代 格助 名 名 格助 動・四・未 助動・消・終

言うならば、商人がりっぱな衣服を着ているようなものだ。
いは ば、 商人 の よき 衣 着 たら む が ごとし。
動・四・未 接助 名 格助 形・ク・体 名 動・上一・用 助動・存・未 助動・婉・体 格助 助動・比・終

吹くやいなや野原の草木がしおれるので、なるほど、(そういう理由で)山風を「嵐」(荒らし)というのだろう。
吹く からに 野辺 の 草木 の しをるれ ば むべ 山風 を 嵐 と いふ らむ
動・四・体 接助 名 格助 名 格助 動・下二・已 接助 副 名 格助 名 格助 動・四・終 助動・原推・終

くて。外に表れる美しさが欠けるという点が、「言葉足らず」である状態のたとえとなっている。

にほひ《オイ》残《のこ》れる　香り(だけ)が残っている。「心あまりて」という状態のたとえとなっている。

月《つき》やあらぬ　この月は去年と同じ(月)ではないのか。「や」は疑問の係助詞。下の「春や昔の春ならぬ」と並立の関係で、「月や昔の月ならぬ」の略であると考えられる。

語釈・文法

言葉《ことば》は巧《たく》みにて　言葉(の使い方)は上手であるが。「巧みなり」は、上手だ、器用だ、などの意。「て」は、ここでは、逆接を表す。

よき衣《きぬ》　りっぱな衣服。「よし」は、①りっぱだ、②美しい、③身分が高く教養がある、④上手だ、などの意を表す。ここは①の意。

吹《ふ》くからに　吹くやいなや。「からに」は、…やいなや、…とすぐに、の意を表す接続助詞。

むべ　「うべ」と同じ。もっともなことに。いかにも。なるほど。

嵐《あらし》といふ《ウ》らむ　嵐というのだろう。「らむ」は

第五段落（一二四・11～一二五・1）

段意

宇《う》治《じ》山《やま》の僧である喜撰は、言葉がぼんやりとして、歌の首尾が一貫していない。言うならば、秋の月を見ているうちに夜明け前の雲に出くわしてしまったようなものだ。その歌はあまり多く知られていないので、比較し検討して歌風を捉えることが十分にはできない。

現代語訳・品詞分解

宇治山の僧（である）喜撰は、言葉がぼんやりとして、（歌の）始めと終わりがはっきりしていない（一貫していない）。言うならば、秋の月を見ているうちに、（いつの間にか）夜明け前の雲に出くわして（月が雲に覆われて）いるようなものだ。

宇治山	の	僧	喜撰	は、	言葉	かすかに	して、	始め	終はり
名	格助	名	名	係助	名	形動・ナリ・用	接助	名	名

確かなら	ず。	いは	ば、	秋	の	月	を	見る	に、	暁	の
形動・ナリ・未	助動・消・終	動・四・未	接助	名	格助	名	格助	動・上一・体	格助	名	格助

雲	に	あへ	る	が	ごとし。
名	格助	動・四・命	助動・存・体	格助	助動・比・終

私の草庵は都の南東にあり、このように（都から離れて心静かに）暮らしている。（それなのにここを、私が）世を嫌って住む宇治山（憂し山）と、世間の人は言うようだ。

わ	が	庵	は	都	の	たつみ	しか	ぞ	住む	世	を
代	格助	名	係助	名	格助	名	副	係助	動・四・体	名	格助

宇治山	と	人	は	いふ	なり
名	格助	名	係助	動・四・終	助動・定・終

（喜撰法師が）詠んだ歌は、多くは知られていないので、あの歌この歌と比較し検討して、（その歌風を）十分に理解することはできない。

詠め	る	歌、	多く	聞こえ	ね	ば、	かれこれ	を	通はし	て、
動・四・命	助動・完・体	名	形・ク・用	動・下二・未	助動・消・已	接助	代	格助	動・四・用	接助

よく	知ら	ず。
副	動・四・未	助動・消・終

原因推量の助動詞。「嵐」は「荒らし」との掛詞《かけことば》で、山の風を「荒らし」と呼び、「嵐」という字を作ったのだろう、ということ。

語釈・文法

かすかにして　ぼんやりとして。「かすかなり」は、①ぼんやりしている、②ひっそりしている、③貧弱だ、④奥深い、などの意を表す。ここは①の意。

始《はじ》め終《お》は《ワ》り確《たし》かならず　（歌の）始めと終わりがはっきりしていない。歌全体を通して一貫した主張がない、ということ。「確かなり」は、①確実だ、②はっきりしている、③信頼できる、などの意を表す。ここは②の意。

暁《あかつき》　夜明け前。

たつみ　南東。辰巳《たつみ》の方角。

しか　このように。そのように。

人《ひと》はいふ《ウ》なり　世間の人は言うようだ。「人」は、ここでは、世間一般の人、の意。「なり」は推定の助動詞。

かれこれ　あれとこれ。ここでは、あの歌この

■第六段落（一二五・2〜5）

段意

小野小町は、しみじみとして風情があり、力強さはない。言うならば、病気に苦しむ高貴な女性に似ている。力強くないのは、女性の歌だからだろう。

現代語訳・品詞分解

小野小町は、昔の衣通姫の系統である。

小野小町（名）は、（係助）いにしへ（名）の（格助）衣通姫（名）の（格助）流（名）なり。（助動・断・終）

しみじみとして風情がある様子であって力強くない。言うならば、高貴な

あはれなる（形動・ナリ・体）やう（名）に（助動・断・用）て（接助）強から（形・ク・未）ず。（助動・消・終）いは（動・四・未）ば、（接助）よき（形・ク・体）

女性が病気で苦しんでいるところがあるのに似ている。

女（名）の（格助）悩め（動・四・命）る（助動・存・体）ところ（名）ある（動・ラ変・体）に（格助）似（動・上一・用）たり。（助動・存・終）

力強くないのは、女性の歌であるからであろう。

強から（形・ク・未）ぬ（助動・消・体）は、（係助）女（名）の（格助）歌（名）なれ（助動・断・已）ば（接助）なる（助動・断・体）べし。（助動・推・終）

（心の中で）思いながら寝たので、あの方が（夢に）現れたのだろうか。夢と知っていたならば、

思ひ（動・四・用）つつ（接助）寝れ（動・下二・已）ば（接助）や（係助）人（名）の（格助）見え（動・下二・用）つ（助動・完・終）らむ（助動・原推・体）

目を覚まさなかっただろうになあ。

夢（名）と（格助）知り（動・四・用）せ（助動・過・未）ば（接助）覚め（動・下二・未）ざら（助動・消・未）まし（助動・反仮・体）を（間助）

■第七段落（一二五・6〜終わり）

段意

大友黒主は、歌全体の姿がみすぼらしい。言うならば、薪を背負ったきこりが、花陰で休んでいるようなものだ。

現代語訳・品詞分解

大友黒主は、その一首全体の姿がみすぼらしい。言うならば、薪を背負っているき

大友黒主（名）は、（係助）そ（代）の（格助）さま（名）いやし。（形・シク・終）いは（動・四・未）ば、（接助）たきぎ（名）負へ（動・四・命）

歌、ということ。

語釈・文法

流《りゅう》　系統。流派。

あは《ワ》れなるやう《ヨウ》にて　しみじみとして風情がある様子であって。「に」は断定の助動詞「なり」の連用形。

よき女《おんな》の悩《なや》めるところある　高貴な女性が病気で苦しんでいるところがある。「の」は主格の格助詞。「悩む」は、①病気で苦しむ、②困る、などの意を表す。ここは①の意。

思《おも》ひ《イ》つつ　思いながら。「つつ」は、動作の並行を表す接続助詞。…ながら、の意。

寝《ぬ》ればや…らむ　寝たので…だろうか。「寝れ」は動詞「寝《ぬ》」の已然《いぜん》形。「ば」は順接の確定条件を表す接続助詞。「や」は疑問の係助詞。

語釈・文法

いやし　①身分が低い。②下品だ。③みすぼらしい。④心が汚い。ここは③の意。

こりが、花の陰で休んでいるようなものだ。
る　山人　の、　花　の　かげ　に　休め　る　が　ごとし。
助動・存・体　名　格助　名　格助　名　格助　動・四・命　助動・存・体　格助　助動・比・終

鏡山というこの山に、さあ立ち寄って（その名のごとく、鏡に映った私の姿を）見ていこう。
鏡山　いざ　立ち寄り　て　見　て　行か　む
名　感　動・四・用　接助　動・上一・用　接助　動・四・未　助動・意・終

年月を重ねた我が身は老いてしまったかと。
年経　ぬる　身　は　老い　や　し　ぬる　と
動・下二・用　助動・完・体　名　係助　名　係助　動・サ変・用　助動・完・体　格助

山人《やまびと》　きこりなどの山で働く人。山で暮らす人。
いざ　さあ。どれ。
年経《としへ》ぬる身《み》　年月を重ねた我が身。「年経《としふ》」は、年月がたつ、年齢を重ねる、の意を表す自動詞。「身」は、我が身、自分、の意。
老《お》いやしぬる　老いてしまったか。「や」は疑問の係助詞。「ぬる」は完了の助動詞「ぬ」の連体形で、係助詞「や」の結び。

鑑賞

「仮名序」は、最初の勅撰和歌集である『古今和歌集』の序文として、紀貫之によって書かれたものである。第一段落では、和歌の本質を「心」と「言葉」に求め、和歌は人の心に生じ、言葉として紡ぎ出されたものであるという論を展開している。和歌は叙情詩であり、心情を「見るもの聞くもの」に託して言い表したものだというのである。また、歌を詠むという行為は、「生きとし生けるもの」全てが本能的にするものであり、和歌は、力を入れずして、天地、鬼神、男女、武士をも動かすことが可能なものであると、和歌の意義や価値を主張している。漢詩文隆盛の時代に、和歌をそれに比肩する文学として宣言しようとした、作者の意気込みが感じられる。

第二段落以降は、「仮名序」の中で当時の歌人評を述べたものであり、第一段落における和歌の本質論の具体例としても読める。「六歌仙《ろっかせん》論」として後世に知られる箇所であるが、実は僧正遍昭以下の六人を「歌仙」とする記述はない。

本文に引用されていないが「仮名序」では奈良時代の歌人、柿本人《かきのもとのひと》麻呂《まろ》の名を挙げて、彼こそが「歌の聖《ひじり》」であるとしている。また、同じ奈良時代の歌人、山部赤人《やまべのあかひと》は、柿本人麻呂と甲乙つけがたい歌の名手であったとも記している。彼らの歌は『万葉集』に収められており、それ以降は、「古《いにしえ》」を心得て歌を詠める人が「多からず（多くない）」という。そうした時代（近き世）にあって、「その名聞こえたる人」として、六人を挙げているのである。つまり、「仮名序」において「歌の聖＝歌仙」とされたのは、柿本人麻呂、山部赤人であり、僧正遍昭らを「六歌仙」とするのは、後世の定義といえる。さらに、「官位《つかさくらい》高き人をばたやすきやうなれば入れず（官位の高い人は軽々しいようなので入れない）」とあることから、六人はあくまで身分の高い人々を除いたうちの、有名な歌人、というくくりであることがわかる。
そのせいもあってか、彼らについての評価は、「まこと少なし」「商人《あきひと》のよき衣着たらむがごとし」といった具合に、少々辛辣《しんらつ》である。とはいえ、作者は彼らを全く評価していなかったわけではない。本文の直後には、彼ら以外に名が知れた歌詠みについての記述があるが、「林に繁《しげ》き木の葉のごとくに多かれど…そのさま知らぬなるべし（林に茂る木の葉のように数は多いが…真の歌の在り方を知らないのだろう）」とだけあり、歌の批評すらなされていない。したがって名を挙げている面々は、少なくとも「近き世」の評価に堪えうる有名歌人であると認識していたことは確かなようである。

教科書本文下に示された問題（解答・解説）

❓「種として」とはどういうことか。また、なぜ「種」という表現が用いられているのか。（p.一一三）

解答　物事の起こるもととして、ということ。ここでは歌のもととなる人の心を種と表現している。和歌を植物にたとえ、「人の心」を「種」に、言葉をその「種」から出た「葉」にたとえている。

❓「心あまりて、言葉足らず。」とはどういうことか。（p.一一四）

解答　感情があふれて言葉が足りない、ということ。

［解説］　在原業平の和歌に対する評価である。「しぼめる花の色なくて、にほひ残れる」とたとえられている。心に対して言葉が足りていないという指摘である。

学習の手引き

教科書　一一五ページ

❶「心に思ふことを、見るもの聞くものにつけて言ひ出だせるなり。」〔一一三・2〕とは、どのように表現することか。具体例を挙げながら説明しよう。

解答　悲しみや喜びなどの心情を、見聞きするものに託して言葉に言い表すこと。例えば、人と別れた悲しみを秋の紅葉に託して詠むといったことである。

❷作者は、和歌の本質と和歌を詠む効用をどのように考えているか、要点を整理しよう。

解答　・和歌の本質…人の心をもととして生まれたさまざまな言葉。

・和歌の効用…天地を動かす。荒々しい神を感動させる。男女を親しくさせる。武士の心を和ませる。

語句と表現

①次の傍線部の「して」を文法的に説明しよう。

解答 (1)種として＝サ行変格活用動詞「す」の連用形＋単純接続の接続助詞「て」。
(2)入れずして＝逆接の確定条件を表す接続助詞。
(3)通はして＝サ行四段活用動詞「通はす」の連用形の一部＋単純接続の接続助詞「て」。
[解説] (2)は状況・状態を示して下に続ける、単純接続の接続助詞とする説もある。

言語活動

1 作者の六歌仙に対する評価についてどう思うか、それぞれの具体的な和歌から考えて、話し合おう。

[解説] 「六歌仙」の歌人評において、次のような比喩を用いてそれぞれの歌風が評価されている。

・僧正遍昭＝「絵に描いた女を見て無駄に心を動かしている」→歌に真実味がない。
・在原業平＝「しおれた花が色艶がなくて、香りだけ残っている」→感情があふれすぎて言葉が足りない。
・文屋康秀＝「商人がりっぱな衣服を着ている」→言葉は巧みだが内容に似つかわしくない。
・喜撰＝「秋の月を見ているうちに夜明け前の雲に出くわす」→言葉が不明瞭で始めと終わりが一貫していない。
・小野小町＝「高貴な女性が病気で苦しんでいるところがある」→しみじみとした風情があって、力強さはない。
・大友黒主＝「薪を背負ったきこりが花陰で休んでいる」→歌全体の姿がみすぼらしい。

作者・出典

出典 『古今《こきん》和歌集仮名序《かなじょ》』 『古今和歌集』の序文として書かれたもの。和歌の本質と効用、起源、表現様式、変遷、歌人評、『古今和歌集』撰定の事情と抱負、といった内容が並べられている。一部中国の『詩経《しきょう》』の模倣も見られるが、和歌に対する独自の見解が示されていて、後世の歌論に与えた影響も大きく、最古の文学評論として重要な意義を持つ。

また、平仮名で書かれた散文の先駆けでもある。

『古今和歌集』は、醍醐《だいご》天皇の勅命により、紀友則《きのとものり》、紀貫之、凡河内躬恒《おおしこうちのみつね》、壬生忠岑《みぶのただみね》によって編まれた、最初の勅撰和歌集。延喜《えんぎ》五年〔九〇五〕頃に成立。歌数は約千百首で、二十巻にまとめられている。冒頭に紀貫之による「仮名序」、末尾に紀淑望《よしもち》による「真名序《まなじょ》」を置いている。

作者 紀貫之《きのつらゆき》〔八七一？―九四六？〕 平安時代前期の歌人・歌学者・官僚。三十六歌仙の一人。若い時から和歌の才能を発揮し、『古今和歌集』を中心となって撰進したことで、一躍歌壇の第一人者となる。

近代秀歌

藤原定家《ふじわらのさだいえ》

教科書 二二六～二二七ページ

大意

古典的歌語を尊重して取り入れ、その上で新しい表現内容を求めることで格調高い歌を作ることが重要である。参照すべき歌は『古今《こきん》和歌集』の「六歌仙《ろっかせん》」以前の歌である。二句・三句をそのまま取り入れたり、四句・五句をそのまま続けて引用したりしてはならない。また、初句・二句の引用では、本歌の作者独自の趣向や主題が現れている句は取ってはならない。また、同時代の歌人の歌からの引用も、絶対に避けたいものだ。

第一段落（初め～二二六・6）

段意

古典的な歌語を尊重し、それでいて表現内容は新しいものを求めるのであれば、寛平《かんぴょう》以前の歌を学ぶべきだ。古典語の尊重ということでは、古歌の詞をそのまま取り込んで新しい内容を詠む方法を「本歌とする」（本歌取り）という。

現代語訳・品詞分解

言葉は古いものを尊重し、表現内容は新しいものを求め、

詞（名）｜は（係助）｜古き（形・ク・体）｜を（格助）｜慕ひ（動・四・用）、｜心（名）｜は（係助）｜新しき（形・シク・体）｜を（格助）｜求め（動・下二・用）、

（私たちには）達することができない高度な歌体を求めて、寛平以前の歌に学ぶならば、

及ば（動・四・未）｜ぬ（助動・消・体）｜高き（形・ク・体）｜姿（名）｜を（格助）｜ねがひ（動・四・用）｜て（接助）、｜寛平（名）｜以往（名）｜の（格助）｜歌（名）｜に（格助）｜なら（動・四・未）｜ば（接助）、

自然とすばらしい（歌が生まれるという）ことがどうしてないということがあるでしょうか。

おのづから（副）｜よろしき（形・シク・体）｜こと（名）｜も（係助）｜などか（副）｜侍ら（動・ラ変・未）｜ざら（助動・消・未）｜む（助動・推・体）。

古い歌（のすばらしさ）を強く求めることに関して、昔の歌の語

古き（形・ク・体）｜を（格助）｜こひねがふ（動・四・体）｜に（格助）｜とり（動・四・用）｜て（接助）、｜昔（名）｜の（格助）

語釈・文法

詞《ことば》　歌に用いる言葉、用語。

心《こころ》　歌の表現内容、趣向のこと。

姿《すがた》　歌の詞と心とにわたる全体的な表現様態。歌体。歌の格調。

寛平《かんぴょう》以往《いおう》　『古今和歌集』における六歌仙とそれ以前の時代。

などか侍《はべ》らざらむ　どうしてないでしょうか。（いや、あります。）「などか」は反語。「侍ら」は「あり」の丁寧語「侍り」の未然形。

句を改めず詠み置い(引用し)ている表現方法を、すなわち「本歌とする」と申します。

歌	の	詞	を	改め	ず	詠みすゑ	たる	を、
名	格助	名	格助	動・下二・未	助動・消・用	動・下二・用	助動・存・体	格助

すなはち	本歌	と	す	と	申す	なり。
接	名	格助	動・サ変・終	格助	動・四・体	助動・断・終

こひ《ィ》ねがふ《ゥ》　ひたすら願い求める。切に願い望む。

■第二段落（一二六・7〜10）

段意　本歌取りにおいては、二句・三句をそのまま取り入れたり、四句・五句をそのまま続けて引用したりした歌は、新しいものには聞こえない。

現代語訳・品詞分解

その本歌について考えてみると、例えば、五七五(初句・二句・三句)の七五(二句・三句)の語句をそのまま取り入れたり、七七(四・五句)の語句を同じように続けてしまったりすると、新しい歌として聞いて思い込めないところがあります。

か	の	本歌	を	思ふ	に、	たとへば、	五七五	の	七五
代	格助	名	格助	動・四・体	接助	副	名	格助	名

の	字	を	さながら	置き、	七七	の	字	を	同じく
格助	名	格助	副	動・四・用	名	格助	名	格助	形・シク・用

続け	つれ	ば、	新しき	歌	に	聞きなさ	れ	ぬ
動・下二・用	助動・完・已	接助	形・シク・体	名	格助	動・四・未	助動・可・未	助動・消・体

ところ	ぞ	侍る。
名	係助	動・ラ変・体

語釈・文法

五七五《ごしちご》の七五《しちご》の字《じ》をさながら置《お》き　本歌の二句・三句の詞をそのまま引用して自分の歌に取り入れること。「五七五」は歌の一〜三句、「七五」はそのうちの二句・三句を指す。

七七《しちしち》　歌の四句・五句のこと。

聞《き》きなされぬ　「聞きなさ」は、聞いて思い込む、の意の「聞きなす」。「れ」は可能の助動詞「る」の未然形、「ぬ」は打消の助動詞「ず」の連体形。

■第三段落（一二六・11〜一二七・3）

段意　本歌取りにおいて、初句・二句を取り入れる際は、その詩句の性質によっては避けるべきだ。枕詞や慣用表現を含むものを取り入れずに歌を詠むことはできないが、歌人独自の趣向が表現され主題に関わるような句は取り入れてはならない、と父藤原俊成《としなり》は私に教えた。

現代語訳・品詞分解

五七(初句・二句)の語句は(歌の)様子によっては(本歌取りを)避けるべきでしょうか。
五七 の 句 は やう に より て 避る べき に
（名 格助 名 係助 名 格助 動・四・用 接助 動・四・終 助動・当・体 助動・断・用）

例えば、「いその神ふるき都」
や 侍ら む。 たとへば、 「いそのかみ ふるき 都」
（係助 動・ラ変・未 助動・推・体 副 (枕詞) 形・ク・体 名）

「ほととぎす鳴くや五月」「ひさかたの天の香具山」
「ほととぎす 鳴く や 五月」 「ひさかたの 天 の 香具山」
（名 動・四・終 間助 名 (枕詞) 名 格助 名）

「たまぼこの道行き人」など申す語句は、何度もこれを詠まなく
「たまぼこの 道行き人」 など 申す こと は、 幾度 も これ
（(枕詞) 名 副助 動・四・体 名 係助 名 係助 代）

ては歌を作ることはできない。(しかし、)「年の内に
を 詠ま で は 歌 出で来 べから ず。 「年 の 内
（格助 動・四・未 接助 係助 名 動・カ変・終 助動・可・未 助動・消・終 名 格助 名）

春は来にけり」「袖ひちてむすびし水」
に 春 は 来 に けり」 「袖 ひち て むすび
（格助 名 係助 動・カ変・用 助動・完・用 助動・嘆・終 名 動・四・用 接助 動・四・用）

「月やあらぬ春や昔の」「桜散る木の下
し 水」 「月 や あら ぬ 春 や 昔 の」 「桜 散る
（助動・過・体 名 名 係助 動・ラ変・未 助動・消・体 名 係助 名 格助 名 動・四・体）

風」など(の語句)は、詠んではいけないと(父藤原俊成は私に)
木 の 下風」 など は、 詠む べから ず と ぞ 教へ
（名 格助 名 副助 係助 動・四・終 助動・当・未 助動・消・終 格助 係助 動・下二・用）

教えました。
侍り し。
（補動・ラ変・用 助動・過・体）

■第四段落(一二七・4~終わり)

段意 同時代の歌人の歌については、その人がたとえ亡くなっていても、最近詠まれた歌で、あの人のあの歌の詩句だと分かるような語句を取り入れることは絶対に避けたい。

語釈・文法

五七《ごしち》の句《く》 本歌の初句・二句のこと。

やうによりて 語句の性質、歌の様子によっては。「やう《ヨウ》」は、様子、状態、の意。

幾度《いくたび》もこれを詠《よ》までは歌出《うたい》で来《く》べからず 前掲の四首の初句・二句のようなものは、何度でもこれを用いないでは歌を詠み出すことはできない。これらは枕詞や掛詞《かけことば》を含み、用いないと歌が詠めないので引用可ということ。

現代語訳・品詞分解

次に、現在肩を並べ（一緒に歌を詠んでい）る仲間、

次（名）に（格助）、今（名）の（格助）世（名）に（格助）肩（名）を（格助）並ぶる（動・下二・体）ともがら（名）、

たとえ亡くなっていても、昨日今日というくらい（最近）に詠まれた歌について は、

たとへば（副）世（名）に（格助）なく（形・ク・用）とも（接助）、昨日（名）今日（名）と（格助）いふ（動・四・体）ばかり（副助）

出で来（動・カ変・用）たる（助動・完・体）歌（名）は（係助）、

一句でもその人が詠んだものだと思わせるような言葉を

一句（名）も（係助）そ（代）の（格助）人（名）の（格助）詠み（動・四・用）

絶対に避けたいと存じます。

たり（助動・完・用）し（助動・過・体）と（格助）見え（動・下二・未）む（助動・婉・体）こと（名）を（格助）必ず（副）避ら（動・四・未）

まほしく（助動・希・用）思う（動・四・用）給へ（補動・下二・用）侍る（補動・ラ変・体）なり（助動・断・終）。

語釈・文法

ともがら　仲間。同輩。

世《よ》になくとも　亡くなっているとしても。「世になし」はこの世に存在しないの意。

避《さ》らまほしく思《おも》う給《たま》へ《エ》侍《はべ》るなり　避けたいと存じます。「まほしく」は希望の助動詞「まほし」の連用形。「思う」は動詞「思ふ」の連用形「思ひ」がウ音便化したもの。「給へ」は謙譲の補助動詞「給ふ」（下二段活用）で、ここは連用形。「侍る」は丁寧の補助動詞、「なり」は断定の助動詞。

鑑賞

藤原定家による歌論書『近代秀歌』は、和歌史の批判、自らの歌道における立場を述べた後、具体的な作歌の原理と方法として「本歌取り」論を展開する。有名な古歌や漢詩の一部を意識的に取り入れて歌を詠むこの技法は、古典の世界の上に新しい世界を創造することによって、重層的で複雑微妙な表現を目指すものである。本歌取り自体は、『万葉集』『古今和歌集』の頃から行われていたが、藤原定家の父俊成の頃から意識的に行われるようになり、定家によって「余《よ》情《じょう》妖艶《ようえん》体《たい》」を実現するための具体的方法として、詳細に論じられるに至った。

定家はこの本文において、どのようにしたら古い詞を用いながら新しい趣向を実現できるかを詳細に述べている。まずは本歌として参照すべき時代は『古今和歌集』における六歌仙とそれ以前の時代、とし、次に二句・三句及び四句・五句を、そのまま続きで取ることを避けるべきとする。さらに、初句・二句については、枕詞などの慣用的表現を除いた本歌独自の趣向や主題が表現された句は、取ってはならないとする。また、同時代の歌人の句も決して取ってはならないとする。このように極めて具体的で分かりやすく本歌取りの手法が示されているのは、和歌に執心した鎌倉幕府三代将軍源《みなもとの》

実朝《さねとも》が、当代随一の歌人である定家を師と仰いで作歌の指導を求めたことに応えた書簡が原型であることによる。そのため文体も丁寧なものとなっている。

なお、本歌取りについて定家は、この他に歌論書『毎月抄《まいげつしょう》』、『詠歌大概《えいがたいがい》』においても、本歌と主題を変えて詠む、取る分量は二句までとして上の句下の句に分けて置く、本歌取りをしたとわかるように取る、など、具体例を示しながら詳細に論じている。

解説

「いそのかみ…」　「いそのかみふるき都のほととぎす声ばかりこそ昔なりけれ」（昔の都である石上（いそのかみ）で鳴くほととぎすの声だけが昔のままだよ。）「いそのかみ」は「ふる（古る）」にかかる枕詞。（『古今和歌集』夏）

「ほととぎす…」　「ほととぎす鳴くや五月のあやめ草あやめも知らぬ恋もするかな」（ほととぎすが鳴いているよ。そんな五月に飾るあやめ草ではないけれど、文目《あやめ》（物事の道筋）を見失うぐらいの恋をしていることだ。「あやめ」は掛詞。（『古今和歌集』恋一）

「ひさかたの…」　「ひさかたの天《あめ》の香具山《かぐやま》この夕《ゆう》へ霞《かすみ》たなびく春立《はるた》つらしも」（天の香具山に、今日の夕方はじめて霞がかかっている。ああ、これでいよいよ春になったようだ。）「ひさかたの」は「天」にかかる枕詞。（『万葉集』巻十）

「たまぼこの…」　「恋ひ死なば恋ひも死ねとやたまほこの道行き人の言《こと》も告げなく」（恋に苦しみ死ぬならば死ねとおっしゃるのでしょうか。道行く人は皆だれも言伝《づ》てさえしてくれません。）「たまぼこの（玉鉾の）」は「道」にかかる枕詞。（『万葉集』巻十一）

「年《とし》の内《うち》に…」　「年の内に春は来《き》にけりひととせを去年《こぞ》とや言はむ今年とや言はむ」（年内のうちに春が訪れたこの一年を去年と呼んだらいいのだろうか、今年と呼んだらいいのだろうか）（『古今和歌集』春上）

「袖《そで》ひちて…」　「袖ひちてむすびし水のこほれるを春立つ今日の風や解くらむ」（夏に袖をぬらしてすくった川の水が、冬の間は凍っていたのを、立春の今日の風が吹き溶かしているのだろうか。）（『古今和歌集』春上）

「月《つき》やあらぬ…」　「月やあらぬ春や昔の春ならぬわが身ひとつはもとの身にして」（月は昔とちがう月なのか。春は過ぎた年の春ではないのか。私だけが昔のままであって、私以外のものはすっかり変わってしまった。）（『古今和歌集』恋五）

「桜散《さくらち》る…」　「桜散る木《こ》の下風は寒からで空に知られぬ雪ぞ降りける」（桜散る木の下風は寒くはなくて、花びらが空には知られない雪のように降ったことよ。）（『拾遺《しゅうい》和歌集』春）

教科書本文下に示された問題（解答・解説）

教科書　一二七ページ

❓「教へ侍りし。」の主語は、誰と考えられるか。（p.一二七）

解答　父である藤原俊成。

［解説］　藤原定家は父である藤原俊成を師とし、父の歌への情熱を受け継いだ歌人である。父の『千載《せんざい》和歌集』編《へん》纂《さん》を手伝いながら、歌の家としての藤原家の継承を目指して研鑽し、その後、後鳥羽上皇《ごとばじょうこう》に見いだされて『新古今和歌集』の中心的編者となった。

■学習の手引き

❶「詞」「心」「姿」とは、どういうことか。

解答　「詞」…歌に用いる言葉。

「心」…歌の表現内容や趣向のこと。

「姿」…詞と心とにわたる全体的な表現様態。歌体。歌の格調。

［解説］　「詞」は材料と骨格、「心」は「詞」をどう組み上げて詠み手らしさを出すかの工夫、そしてできあがった歌の全体の価値が「姿」と考えればよい。

❷「五七の句」（一二六・11）**において、繰り返し詠んでよい句と、詠んではいけない句とでは、どのような違いがあるか、考えよう。**

解答　「繰り返し詠んでよい句」として作者が例示した歌は、いずれも枕詞、掛詞などを含んでいる。こうした修辞技法を含む「詞」は、歌人たちにとっての「共有財産」であるため、「これを用いずに歌を詠み出すことはできない」とされている。一方「詠んではいけない句」として作者が例示した句は、初句・二句でいずれもその歌人独自の趣向や発想（「心」）を表現している。前項の「共有財産」と対比すれば「私的財産」ともいえる。これらを、冒頭の一文「詞は古きを慕ひ、心は新しきを求め」と併せて考えるとよい。

❸本歌取りとはどのようなものか。また、その本歌取りをする際の注意点について、整理してまとめよう。

解答　昔の歌の語句を改めずに詠み置く（引用する）表現方法のこと。

注意点①…「七五」（二句・三句）の語句をそのまま取り入れたり、「七七」（四・五句）を同じように続けたりしてはならない。（第二段落）

注意点②…「五七」（初句・二句）については、枕詞や慣用表現を含むものは引用可だが、この部分に本歌の作者独自の趣向・発想・主題が表現されているものは引

用してはならない。（第三段落）

注意点③…最近詠まれたあの人のあの歌の詩句だとわかるような語句は引用してはならない。（第四段落）

■語句と表現

①傍線部に注意して現代語訳しよう。

解答 (1)どうしてないということがあるでしょうか。（いやあります。）

(2)避けるべきでしょうか。

解答 (1)「か」は反語の係助詞。

(2)「や」は疑問の係助詞。

②「避らまほしく思う給へ侍るなり。」（二二七・6）を品詞分解し、文法的に説明しよう。

解答 「避ら」＝四段活用動詞「避る」の未然形

「まほしく」＝希望の助動詞「まほし」の連用形

「思う」＝四段活用動詞「思ふ」の連用形ウ音便

「給へ」＝下二段活用補助動詞「給ふ」の連用形・謙譲語

「侍る」＝ラ行変格活用補助動詞「侍り」の連体形・丁寧語

「なり」＝断定の助動詞「なり」の終止形

出典・作者

出典 『近代秀歌《きんだいしゅうか》』 歌論書。一二〇九年に藤原定家が源実朝に贈った書簡を元に、加筆改訂したもの。『古今和歌集』以来の和歌史を論じ、「余情妖艶体」を提唱して、そのための方法として「本歌取り」を論じている。

作者 藤原定家《ふじわらのさだいえ》（一一六二〜一二四一） 鎌倉時代前期の歌人、歌学者、古典学者。『千載《せんざい》和歌集』撰者《せんじゃ》の藤原俊成の子。歌人の家に生まれたことで幼少期から文学・和歌に親しみ、後に父の後を受けて歌壇の第一人者として活躍した。『千載和歌集』以降の勅撰《ちょくせん》和歌集に四百六十五首入集《にっしゅう》。歌壇に大きな影響力を持った後鳥羽上皇に認められ、『新古今和歌集』の中心的撰者になるとともに、『新勅撰和歌集』の撰者にもなった。家集『拾遺愚草《しゅういぐそう》』、歌論書『近代秀歌』『毎月抄』『詠歌大概』、日記『明月記《めいげつき》』などがある。このほか古典の書写・校訂を積極的に行った。

歌謡

梁塵秘抄《りょうじんひしょう》

教科書 一二八ページ

▼「仏は常に…」の歌

品詞分解

仏《ほとけ》	は	常《つね》に	いませ	ども	現《うつつ》	なら	ぬ
名	係助	副	動・四・已	接助	名	助動・断・未	助動・消・体

ぞ	あは《ワ》れなる
係助	形動・ナリ・体

人《ひと》	の	音《おと》	せ	ぬ	暁《あかつき》	に	ほのかに
名	格助	名	動・サ変・未	助動・消・体	名	格助	形動・ナリ・用

夢《ゆめ》	に	見《み》え	給《たま》ふ《ウ》
名	格助	動・下二・用	補動・四・終

語釈・文法

仏《ほとけ》 御仏《みほとけ》。一心に念ずれば夢の中で阿弥陀如来《あみだにょらい》仏を拝めるといわれるが、特に何仏と定める必要はない。

いませども いらっしゃるけれども。「います」は、「あり」「をり」の尊敬語。

現《うつつ》ならぬ お姿を拝見することができない。「現」は「夢」の対義語で、現実、生きている身、の意。

暁《あかつき》 夜明け前。夜明け前のまだ暗い時分、の意。ちなみに、「曙《あけぼの》」は、夜が白々と明ける時分、の意。

現代語訳

御仏はいつでもどこにでもいらっしゃるけれど、現実にお姿を拝見することができないところがしみじみと尊く思われる。しかし、人々の寝静まって物音がしない静かな暁に、かすかに夢の中にお姿を現しなさるのである。

鑑賞

七五調四句より成る「今様《いまよう》」である。しっとりとした情感にあふれて、仏の神秘性を感じさせる歌謡である。

▼「遊びをせむとや…」の歌

品詞分解

遊《あそ》び	を	せ	む	と	や	生《う》まれ
名	格助	動・サ変・未	助動・意・終	格助	係助	動・下二・用

けむ〈助動・過原推・体〉 戯《たわぶ》れ〈名〉 せ〈動・サ変・未〉 む〈助動・意・終〉 と〈格助〉 や〈係助〉 生《う》まれ〈動・下二・用〉 けむ〈助動・過原推・体〉

遊《あそ》ぶ〈動・四・体〉 子《こ》ども〈名〉 の〈格助〉 声《こえ》〈名〉 聞《き》け〈動・四・已〉 ば〈接助〉 わ〈代〉 が〈格助〉 身《み》〈名〉 さへ《エ》〈副助〉 こそ〈係助〉 揺《ゆ》るが〈動・四・未〉 るれ〈助動・自・已〉

わが身《み》さへ《エ》こそ　私の体までも。「さへ」は添加の副助詞。

■ 現代語訳

自分は遊びをしようとして生まれてきたのだろうか。戯れをしようとして生まれてきたのだろうか。無心に遊んでいる子どもたちの声を聞いていると、（もう子どもでもないのに、心が弾んでくるばかりか）自分の体までが自然に動き出すように思われることだ。

■ 鑑　賞

子どもたちの無邪気な遊戯を見て、童心をそそられた感慨を詠んだ、なんとも懐かしく美しい歌である。

■ 語釈・文法

遊《あそ》び　歌を歌うことを中心とした遊戯。

戯《たわぶ》れ　身体の動作を中心とした遊戯。

教科書の問題（解答・解説）

教科書 一二八ページ

■ 学習の手引き

❶次の語句に込められた心情を考えよう。

[解説]　⑴仏は、姿が見えないからこそしみじみと尊くありがたく感じるものだという思いが込められている。常にいるはずの仏が目で見られないことが悲しくつらいと解釈することもできる。

⑵子どもの無邪気な遊び声に童心を呼び起こされ、体までが自然に動き出すようなうきうきした気持ちになっている。無心に遊ぶ子どもの姿に、幼い日の自分を重ねて、楽しかった幼年期を懐かしむ思いも抱いたであろうと想像される。

❷和歌と今様の違いについて話し合おう。

[解説]　和歌と今様の違いをまとめておく。

・形式と調べ＝和歌は、短歌の五・七・五・七・七の五句三十一音のように、五音と七音の組み合わせによる定型を持ち、そのリズムは五七調あるいは七五調のどちらかになる。それに対して、今様は、七五調の四句を基本としつつも、七・五にはこだわらず、八・五形式をとったり、五音や七音（八音）の句を付加したりなど、自由なリズムのものが多い。

・内容＝和歌は、自然の風物や自己の心情を詠んだものが主流であるが、『梁塵秘抄』の今様の多くは神仏に関する宗教的な賛歌である。

・表現＝和歌は、貴族社会における優雅な情趣を尊重して、表現もあくまで雅《みやび》やかである。これに対して、声に出して歌われる今様は、繰り返しや囃子詞《はやしことば》などが少なからず見受けられ、庶民的で、時に卑俗な表現も用いられている。

■**語句と表現**

①**「わが身さへこそ揺るがるれ」〔一二八・4〕の傍線部「さへ」を文法的に説明しよう。**

解答 添加の副助詞で、「…までも」の意を表す。

［解説］「さへ」は、語源的には「添へ」の変化したものといわれ、平安時代までは添加の意味がほとんどであった。平安時代以降、「すら」や「だに」が衰えるにつれて、類推や限定の意味も表すようになった。

出典・編者

出典 『梁塵秘抄《りょうじんひしょう》』 歌謡集。治承《じしょう》四年〔一一八〇〕以前に成立。原形は二十巻。『梁塵秘抄』という書名は、虞公《ぐこう》と韓娥《かんが》という中国古代の優れた美声の持ち主が歌う時、その響きで、梁《はり》の上の塵《ちり》が舞い立ったという故事にちなんだものである。この故事を音楽・歌謡の書名として用いたところに、編者である後白河《ごしらかわ》法皇の優れた創意がうかがえる。

現存『梁塵秘抄』の巻第一は、長歌《ながうた》・古柳《こやなぎ》・今様、巻第二は、法文歌・四句神歌《しくのかみうた》・二句神歌など、計約五百七十首が収められている。「法文歌」は仏教賛歌であるが、この部立《ぶだて》の構成と編集ぶりをみると、天台教学を重視し、日吉《ひえ》・熊野《くまの》などを尊んだ後白河法皇の信仰のあり方が端的にうかがえる。

編者 後白河法皇《ごしらかわほうおう》〔一一二七―一一九二〕

閑吟集

教科書 一二九ページ

▼「何せうぞ…」の歌

■品詞分解

何《なに》	せ《シ》	う《ウ》	ぞ	くすん	で
代	動・サ変・未	助動・推・体	終助	動・四・用	接助

一期《いちご》	は	夢《ゆめ》	よ	ただ	狂へ《くるエ》
名	係助	名	間助	副	動・四・命

■語釈・文法

何《なに》せう《ショウ》　「なにかはせむ」の意。反語の意を表し、何になろう、何にもならない、の意。「う」は推量・意志の助動詞の「む」の変化したものである。

くすんで　「くすみて」の撥《はつ》音便。「くすむ」は、きまじめである、の意。「で」は、濁音化した接続助詞「て」である。

狂へ《くるエ》　「狂ふ」は、ここでは、ものに憑《つ》かれたように我を忘れて遊び戯れる、の意。

■現代語訳

どうしようというのか、まじめくさって。どうせ人の一生は夢だ。ただ遊び狂え、舞い狂え。

■鑑賞

この歌は、現実を肯定し、賛美し、あおり上げるものである。遊・狂の精神は、中世から近世に移る時期には世間に満ちあふれていた。この歌の背後には、「憂き世」から「浮世」への動きがうかがえる。「夢の浮世にただ狂へ」と、熱狂する人々の踊りの群れを見るような思いがする。

▼「世間は…」の歌

■品詞分解

世間《よのなか》	は	霰《あられ》	よ	なう《ノウ》	笹《ささ》	の	葉《は》	の	上《うえ》	の
名	係助	名	間助	終助	名	格助	名	格助	名	格助

さらさらさつと	ふる	よ	なう《ノウ》
副	動・四・体	間助	終助

■語釈・文法

霰《あられ》よなう《ノウ》　霰だなあ。「よ」は間投助詞で、感動的な断定の意を表しており、…であるよ、…だよ、の意。「なう」は感動の意を表す終助詞で、ねえ、なあ、の意。

笹《ささ》の葉《は》の上《うえ》の　文意・文脈からは、「世間は笹の葉の上の霰よなう」とあるべきところだが、次に「さらさらさつと」

と続けることによるサ音の繰り返しの効果をねらって、順序を替えたものであろう。

ふる　「経《ふ》る」（年月がたつ）と「降る」とを掛けている。

■現代語訳

この世は霰だよなあ、笹の葉の上に降りかかる霰みたいなものよ。さらさらさっと、降ってはたちまち過ぎ去っていくことだなあ。

■鑑　賞

世の中の移り変わりを霰が降るのにたとえたものである。何型にはまった無常詠嘆ではなく、「さらさらさつと」と、何のこだわりもない思いで自分の人生を総括する、何か楽天的な心が感じられて、新鮮な味わいがする詠みぶりである。

▼「あまり言葉の…」の歌

■品詞分解

あまり	言葉《ことば》	の	かけたさ	に	あれ	見《み》
副	名	格助	名	格助	感	動・上一・用

さい	なう《ノウ》	空《そら》	行《ゆ》く	雲《くも》	の	速《はや》さ	よ
助動・尊・命	終助	名	動・四・体	名	格助	名	間助

■語釈・文法

あまり言葉《ことば》のかけたさに　あまりに言葉をかけたいために。「あまり」は副詞で、「かけたさ」に係る。「に」は原因・理由を表す格助詞。

あれ見《み》さいなう《ノウ》　空行《そらゆ》く雲《くも》の速《はや》さよ　あれ、ご覧よ、空を行く雲の速いことよ。せりふをそのまま詠み込んだもの。言葉をかけたい相手に直接呼びかけたり話しかけたりするのではなく、何でもない話題で気を引こうとしている。「さい」は、軽い尊敬の意を表す助動詞「さる」の命令形「され」の音が変化したもの。

■現代語訳

あまりに言葉をかけたいために、「あれ、ご覧よ、空を行く雲の速いことよ」。

■鑑　賞

この歌の前後には、恋い慕う相手がいるものの思うようにならない状況を詠んだ歌が並ぶ。その流れからすれば、これも「報われない恋」の歌だろうか。意中の人に直接話しかけるきっかけもないので、苦しまぎれに「あれ、ご覧よ」と声をかけたものの、指さす先には空に浮かぶ雲があるばかり。それを「空行く雲の速さよ」と感嘆してみせる姿は滑稽でもある。純情で不器用な男（女）が何気ないふうを装って必死に相手に近づこうとしている様子が目に浮かぶ。「あまり言葉のかけたさに」という心境は人々の共感を得たようで、近世歌謡にもこの句を用いた類歌が多く見られる。

教科書の問題（解答・解説）

教科書 一二九ページ

■学習の手引き

❶比喩・掛詞《かけことば》などの修辞を指摘しよう。

解答 ・「何せうぞ…」＝「何せうぞ」と「くすんで」は倒置。一生を夢にたとえた比喩。

・「世間は…」＝瞬く間に移り変わる「世間」を笹の葉に降る「霰」にたとえている。「霰よなう」と「笹の葉の上の」は倒置。「ふる」は「経る」と「降る」の掛詞。

❷それぞれの歌謡には、どのような心情が詠まれているか。

解答 ・「何せうぞ…」＝現世を存分に楽しもうという気持ち。

・「世間は…」＝人生のはかなさをかみしめる気持ち。

・「あまり言葉の…」＝意中の人に何とかして近づきたい気持ち。

出典・編者

出典 『閑吟集《かんぎんしゅう》』歌謡集。永正《えいしょう》十五年〔一五一八〕成立。「閑吟」の書名は、心静かに詩歌を吟唱するという意である。所収歌は、室町時代に流行していた短い詩形の「小歌《こうた》」を主体にして、三百十一首を収めている。これを和歌集の部立《ぶだて》に準じて、おおむね四季・恋の順に配列しているが、実際には、柳・若菜・松・梅…見る・思ふ・恋し・忍ぶ…などの内容語句の連鎖による連歌的編纂《へんさん》法に従っている。

『閑吟集』の小歌は、いわば「よみ人知らず」であって、この「浮き世」の庶民の間から生まれ、育まれ、愛されてきたものに洗練を加えたものであった。先行の文芸の中から気に入った言葉を見いだせば、意欲的に取り込み、それに寄りかかっていくつも重ねていったものもあるが、それは単に古典的な歌枕の世界に依存したり本歌取りの手法を模倣したりするというものではなくて、広い意味での「替《か》え歌」であった。

編者 未詳。

10 近世小説1

世間胸算用《せけんむねさんよう》

井原西鶴《いはらさいかく》

●作品の背景も踏まえながら、近世小説の内容を的確に読み取る。
●他の時代との違いを考えながら、近世の文章の特色を理解する。

小判は寝姿の夢 〔巻三の三〕

教科書 一三二〜一三六ページ

大意

「夢の中でも暮らしのことを忘れるな。」という長者の言葉がある。銭を拾う夢はあさましいものだが、現実には、法会の後でも祭りの翌日でも銭一文すら落ちているためしはなく、自分の働き以外には金を手にすることはできない。さて、世間並みの仕事には見向きもせずに、一足飛びに金持ちになりたい、小判が自分の寝姿ほど欲しいと思いつめて寝入った男がいた。大晦日《おおみそか》の明け方、その女房が小判一塊を見つけ、大喜びで寝ている夫を起こすと、小判は消えてしまった。それは、男の一念が寝ている間に一瞬小判となって現れたものだった。男は、小判の山に執着し、「無間《むげん》の鐘」を撞《つ》いて、来世は地獄へ落ちてもよいから、この世で金持ちになりたいと、悪心地獄に陥った。自暴自棄になった夫を、女房はけなげに励ました。このままでは親子三人とも飢え死にしかねないので、女房は、一年銀八十五匁《もんめ》の前借りで乳母《うば》奉公に出ることにして、乳飲み子に心を残しつつ、周旋屋の強欲女に連れられて出て行く。「親はなくても子は育つ。打ち殺しても死なぬものは死にませんよ、ご亭主さま。」と、無情冷酷にも周旋屋の女はうそぶく。男は、わが身のふがいなさを嘆き悔やんでいたが、女房の奉公先のうわさ——旦那《だんな》が美人の奉公人を好み、旦那の先妻が自分の女房に似ていること——を隣近所の女房たちから聞くと、いてもたってもいられなくなり、前金をたたき返して女房を連れ戻し、親子三人、涙ながらに正月を迎えた。

■第一段落（初め〜一三二・6）

段意

「夢の中でも暮らしのことを忘れるな。」という長者の言葉があるように、四六時中油断なく稼がない限り、どこからも金は出てこない。金を拾う夢はあさましいが、現実には、どんな所でも金を落とす人などはいない。

現代語訳・品詞分解

「夢の中でも暮らしのことを忘れるな。」と、これは長者の言葉である。

「夢（名） に（格助） も（係助） 身過ぎ（名） の（格助） こと（名） を（格助） 忘る（動・下二・終） な。」（終助） と、（格助） これ（代） 長者（名） の（格助） 言葉（名） なり。（助動・断・終）

思うことを必ず夢に見るものであるが、

思ふ（動・四・体） こと（名） を（格助） 必ず（副） 夢（名） に（格助） 見る（動・上一・体） に、（接助）

（その夢も）うれしいことがあり、悲しい時があり、さまざまある中に、

うれしき（形・シク・体） こと（名） あり、（動・ラ変・用） 悲しき（形・シク・体） 時（名） あり、（動・ラ変・用） さまざま（名） の（格助） 中（名） に、（格助）

金を拾う夢にはあさましいところがある。今の世の中で金を落とす人はいない。

銀（名） 拾ふ（動・四・体） 夢（名） は（係助） さもしき（形・シク・体） ところ（名） あり。（動・ラ変・終） 今（名） の（格助） 世（名） に（格助） 落とする（動・四・体） 人（名） は（係助） なし。（形・ク・終）

それぞれに（金は）命だと思って、大事に心にかけているのである。

それぞれ（名） に（格助） 命（名） と（格助） 思う（動・四・用） て、（接助） 大事に（形動・ナリ・用） 懸くる（動・下二・体） こと（名） ぞ（終助） かし。（終助）

とてもとても、万日回向の終わった寺の境内でも、天満祭の翌日でも、銭が一文（だって）落ちてはいない。

いかないかな、（副） 万日回向（名） の（格助） 果て（動・下二・用） たる（助動・完・体） 場（名） に（格助） も、（係助） 天満祭（名） の（格助） 明くる（動・下二・体） 日（名） も、（係助） 銭（名） が（格助） 一文（名） 落ち（動・上二・用） て（接助） なし。（形・ク・終）

とにかく自分の働きによらないでは金が出てくることはない。

とかく（副） わ（代） が（格助） はたらき（名） なら（助動・断・未） で（接助） は（係助） 出る（動・下一・体） こと（名） なし。（形・ク・終）

語釈・文法

身過《みす》ぎ　生活。暮らし。

長者《ちょうじゃ》　大金持ち。後出の「分限《ぶんげん》」よりも財産家である。

思《おも》ふ《ウ》ことを必《かなら》ず夢《ゆめ》に見《み》る　当時のことわざ「思ふことは夢に見る」を踏まえた表現。

銀《かね》　当時、大坂では通貨は銀本位であった。

さもし　あさましい。心が卑しい。

落《お》とする人《ひと》　「落とす」は四段活用なので、本来ならば「落とす人」となるところ。近世の文章に時として見られる慣習的な誤用である。

命《いのち》と思《おも》うて　「金は命の親命の敵《かたき》」とことわざにいう。「思う」は「思ひ」のウ音便。

ぞかし　終助詞「ぞ」と「かし」を重ねて用い、強く指示して念を押す意を表す。「ぞ」を係助詞の文末用法とする説もある。

いかないかな　とてもとても。どうしてどうして。下に打消の語を伴う。

場《にわ》　何かをする場所。ここでは、境内。

銭《ぜに》が一文《いちもん》　「文」は貨幣の最小単位。千文で一貫になる。一文銭は銅貨で、中央に四角の穴がある。

■第二段落（一三二・7〜一三三・10）

段意

ある貧乏人が、働かずに一足飛びに金持ちになりたい、小判が自分の寝姿ほど欲しいと思いつめて寝た。その一念が小判の山となって現れたが、女房の呼ぶ声とともに幻は消えうせてしまう。男は、この世で金が自由になるなら、来世は地獄へ落ちてもかまわないとまで考えるようになった。悪心が起こると善悪の魂が入れ替わって、悪心地獄に陥った。

現代語訳・品詞分解

ある貧乏人が、世間一般の仕事はうち捨てて顧みないで、一足飛びに金持ち
さる　貧者、世　の　かせぎ　は　ほか　に　なし、一足とび　に
連　名　名　格助　名　係助　名　格助　動・四・用　名　格助

になることを考え、以前江戸に住んでいた時、
分限　に　なる　こと　を　思ひ、この　前　江戸　に　あり
名　格助　動・四・体　名　格助　動・四・用　代　格助　名　名　格助　動・ラ変・用

駿河町の（両替屋の）店先に、紙に包んでいない銀貨が、山のよう（に積ん）であっ
し　時、駿河町見世　に、裸銀、山　の　ごとくなる　を
助動・過・体　名　名　格助　名　名　格助　助動・比・体　格助

たのを見たことを、いまだに忘れないで、「ああ、今年の暮れに、
見　し　こと、今に　忘れ　ず、「あはれ、今年　の
動・上一・用　助動・過・体　名　副　動・下二・未　助動・消・用　感　名　格助

その銀貨の塊が欲しいものだ。毛皮の敷物の上に新小
暮れ　に、その　銀　の　塊　欲し　や。敷革　の　上
名　格助　代　名　格助　名　形・シク・終　間助　名　格助　名

判が、俺の寝姿ほどもあった。」と、一心に
に　新小判　が、我ら　が　寝姿　ほど　あり　し。」と、一心
格助　名　格助　代　格助　名　副助　動・ラ変・用　助動・過・体　格助　名

ほかのことは考えないで（そのことばかり思いつめ）、紙製の粗末な布団の上に寝た。
に　余　の　こと　なし　に、紙衾　の　上　に　臥し　ける。
格助　名　格助　名　形・ク・終　格助　名　格助　名　格助　動・四・用　助動・過・体

頃は十二月の晦日の明け方に、女房は一人目覚めていて、
ころ　は　十二月　晦日　の　あけぼの　に、女房　は　ひとり　目覚め
名　係助　名　名　格助　名　格助　名　係助　名　動・下二・用

語釈・文法

さる　連体詞で、ある、某、の意。

かせぎ　精を出して仕事に励むこと。「稼ぐ」の連用形が名詞化した語。

ほかになし　そっちのけにして。考えの外におく、の意。「なす」は、…にする、の意。

分限《ぶんげん》　金持ち。財産家。「ぶげん」ともいう。

駿河町《するがちょう》見世《みせ》に　駿河町の（両替屋の）店先に。駿河町には両替屋が多かった。「見世」は、店の意。

ごとくなり　…のようだ。…と同じだ。比況の助動詞「ごとし」の連用形＋断定の助動詞「なり」からできた比況の助動詞。

我《われ》ら　私。ここでは一人称単数の代名詞。

寝姿《ねすがた》ほど　横になって寝ている姿ぐらいの量の、の意。

余《よ》のことなしに　ほかのことは考えず、そのことのみ思いつめて。

晦日《つごもり》　①月の下旬。月末。②月の最終日。ここ

て、「今日の日、いかにたて難し。」と、身代の取り置き
接助 名 格助 名 副 形・ク・終 格助 名 格助 名
「今日一日、どうやっても暮らしが立てられない。」と、家計のやりくりを思案し、

を案じ、窓より東明かりのさす方見れば、
格助 動・サ変・用 名 格助 名 格助 動・四・体 名 動・上一・已 接助
窓から明け方の光が差し込む(ので、その)方を見ると、

何かは知らず、小判一塊、「これはしたり、
副 係助 係助 動・四・未 助動・消・用 名 名 代 係助 感
なぜかは分からないが、小判が一塊(見えたので)、「これはしめた、

これはしたり。天の与へ。」とうれしく、「こちの人、
代 係助 感 名 格助 名 格助 形・シク・用 代
これはしめた。天のお恵み。」とうれしくなって、「おまえさん、

こちの人。」と呼び起こしければ、「何ぞ。」と言ふ
代 格助 動・四・用 助動・過・已 接助 代 終助 格助 動・四・体
おまえさん。」と(夫を)呼び起こすと、「何だ。」と言う(夫の)

声の下より、小判は消えてなかりき。「さても
名 格助 名 格助 名 係助 動・下二・用 接助 形・ク・用 助動・過・終 感
声と同時に、小判は消えうせてしまった。「ほんとに

惜しや。」と悔やみ、男にこのことを語れば、
形・シク・終 間助 格助 動・四・用 名 格助 代 格助 名 格助 動・四・已 接助
まあ惜しいこと。」と残念がり、夫にこのことを語ると、

「我江戸で見し金子、欲しや欲しや
代 名 格助 動・上一・用 助動・過・体 名 形・シク・終 間助 形・シク・終 間助
「俺が江戸で見た金を、欲しい欲しいと思い込んだ一念が、

と思ひ込みし一念、しばし小判現れしぞ。
格助 動・四・用 助動・過・体 名 副 名 動・下二・用 助動・過・体 終助
(寝ている間に)しばらくの間小判となって現れたのだ。

今の悲しさならば、たとへ後世は取りはづし、奈落
名 格助 名 助動・断・未 接助 副 名 係助 動・四・用 名
今の貧しさならば、たとえ来世は極楽往生ができず、地獄へ

へ沈むとも、佐夜の中山にありし無間の鐘
格助 動・四・終 接助 名 格助 動・ラ変・用 助動・過・体 名 格助 名
落ちても、佐夜の中山にあった無間の鐘を撞いてでも、

は②。ちなみに、「大晦日《おおつごもり》」は、一年の最終日、の意。

いかにたて難《がた》し　どうやっても暮らしが立てられない。「いかに…難し」で、どうしても…できない、の意。「たつ」は、生計を立てる、の意。江戸時代は、商取引から日常生活まで、帳面による掛け売り・掛け買いを原則とし、盆や暮れなどの節季に決算を行った。大晦日は一年の最終決算日なので、この日に、その年の支払いは全て済ませなければならなかった。その大晦日に支払うべき金がどうしても用意できないというのである。

東明《ひがしあ》かり　日が東から昇ることから、明け方の光のこと。

何《なに》かは知《し》らず　どういうわけかは分からないが。

これはしたり　これはしめた。これはありがたい。意外さに驚いて言う語。

こちの人《ひと》　あなた。おまえさん。妻が夫を親しんで呼ぶ語。

声《こえ》の下《した》より　声と同時に。「より」は、…と同時に、の意。

さても　ほんとにまあ。なんとまあ。

悲《かな》しさ　貧しくつらい境遇。貧乏と悲痛が混ざり合ったニュアンスを持つが、ここでは貧しさに重点が置かれている。

まずこの世を助かりたい。
を　撞き　て　なりとも、　まづ　この　世　を　助かり　たし。
格助　動・四・用　接助　副助　副　代　格助　名　格助　動・四・用　助動・希・終

この世で現に金持ちは極楽、　貧乏人は地獄（の生活）で、釜の下へ焚く物さえもない。
目前　に　福人　は　極楽、　貧者　は　地獄、　釜　の　下　へ　焚く
名　格助　名　係助　名　名　係助　名　名　格助　名　格助　動・四・体

なんとまあみじめな年の暮れだよ。」
もの　さへ　あら　ず。　さても　悲しき　年　の　暮れ　や。」
名　副助　動・ラ変・未　助動・消・終　感　形・シク・体　名　格助　名　間助

と、　自然と悪心が起こると、　（善悪の）魂が入れ替わって、少しうとうとする
と、　我と　悪心　起これ　ば、　魂　入れ替はり、　少し　まどろむ
格助　副助　名　動・四・已　接助　名　動・四・用　副　動・四・体

うちに、　地獄の黒白の鬼が、　火の車をとどろかせて（訪れ）、　あの世とこの世の境の
うち　に、　黒白　の　鬼、　車　を　とどろかし、　あ　の　世　こ
名　格助　名　格助　名　名　格助　動・四・用　代　格助　名　代

恐ろしいありさまを見せた。
の　世　の　境　を　見せ　ける。
格助　名　格助　名　格助　動・下二・用　助動・過・体

■第三段落（一三三・11～一三五・10）

段意

女房は、夫のさもしさを嘆いて意見し、親子三人が生きていくために、一年銀八十五匁の前借りで乳母奉公に出ることにしたと告げる。そして、乳飲み子に心を残して、人置きの嬶《かか》に連れられて行く。

現代語訳・品詞分解

女房はこのありさまを（見て）ますます嘆き、　自分の夫に意見して、
女房　こ　の　ありさま　を　なほ　嘆き、　わ　が　男　に　教訓し
名　代　格助　名　格助　副　動・四・用　代　格助　名　格助　動・サ変・用

「世の中に百歳まで生きる人（がいましょうか、そんな人）は誰一人いません。　ですからつま
て、「世　に　誰　か　百　まで　生きる　人　なし。　しかれば
接助　名　格助　代　係助　名　副助　動・上一・体　名　形・ク・終　接

らない願い事をするのは、　愚かなことです。　お互いの心さえ変わらずにいれ
よしなき　願ひ　する　こと、　おろかなり。　互ひ　の　心　変はら
形・ク・体　名　動・サ変・体　名　形動・ナリ・終　名　格助　名　動・四・未

後世《ごせ》　来世。
取りはづ《ズ》し　成仏《じょうぶつ》することを取り逃がして。
奈落《ならく》　どん底。地獄。
撞《つ》きてなりとも　撞いてでも。「なりとも」は、近世では、一語の副助詞と考えてもよい。
目前《もくぜん》に　この世で現に。この世では一目瞭然と。
福人《ふくじん》　裕福な人。金持ち。
釜《かま》の下《した》へ焚《た》くもの　薪。
魂《たましい》入《い》れ替《か》は《ワ》り　心がすっかり悪い魂に占領されたということ。
まどろむ　うとうとする。
あの世《よ》この世《よ》の境《さかい》　生と死の境の恐ろしいありさま。

語釈・文法

なほ《オ》　さらに。ますます。
わが男《おとこ》　自分の夫。
生《い》きる人《ひと》なし　生きる人はいません。「誰《たれ》か」の「か」は反語の係助詞なので、本来ならば、「生きる人あらん」になるところである。
よしなき願《ねが》ひ《イ》　つまらない願い事。一獲千金を夢見ることを指す。

ば、 将来はめでたく新年を迎えることもできましょう。 (女房であ
ず は、 行く末 に めでたく 年 も 取る べし。 わ が
助動・消・用 係助 名 格助 形・ク・用 名 係助 動・四・終 助動・可・終 代 格助

る)私の手前をお思いになって、 さぞ悔しいことでしょう。 けれどもこのまま
手前 を 思し召し て、 さぞ 口惜しかる べし。 されども こ
名 格助 動・四・用 接助 副 形・シク・体 助動・推・終 接 代

でいては、 (親子)三人とも飢え死にしてしまいますから、
の まま あり て は、 三人 とも に 渇命 に およべ ば、
格助 名 動・ラ変・用 接助 係助 名 名 格助 名 格助 動・四・已 接助

一人いる子どもの後々のためにもよいことです。 奉公の口が
一人 ある せがれ が 後々 の ため に も よし。 奉公 の
名 動・ラ変・体 名 格助 名 格助 名 格助 係助 形・ク・終 名 格助

あるのが幸いです。 どうかあの子を自分の手で大切に育ててくだされば、
口 ある こそ 幸ひなれ。 何とぞ あれ を 手 に かけ
名 動・ラ変・体 係助 形動・ナリ・已 副 代 格助 名 格助 動・下二・用

将来の楽しみ(にもなります)、捨てるのはむごいことですから、
て 育て 給は ば、 末 の 楽しみ、 捨つる は むごい こと
接助 動・下二・用 補動・四・未 接助 名 格助 名 動・下二・体 係助 形・ク・体 名

ぜひともお願いします。」 と涙をこぼすので、 男の
なれ ば、 ひとへに 頼み ます。」 と 涙 を こぼせ ば、 男
助動・断・已 接助 副 動・四・用 助動・丁・終 格助 名 格助 動・四・已 接助 名

身としては悲しく、 あれこれの返事もせず、 目を
の 身 に して は 悲しく、 とかう の 言葉 も なく、 目
格助 名 助動・断・用 接助 係助 形・シク・用 副 格助 名 係助 形・ク・用 名

つむり、 女房の顔を見ないでいるところに、 墨染町辺りに住む
を ふさぎ、 女房 顔 を 見 ぬ ところ へ、 墨染 あたり
格助 動・四・用 名 名 格助 動・上一・未 助動・消・体 名 格助 名 名

人置きの嬶が、 六十歳余りの婆さまをいっしょに連れて来
に ゐる 人置き の 嬶 が、 六十あまり の 婆さま を
格助 動・上一・体 名 格助 名 格助 名 格助 名 格助

て、 「昨日も申したように、 あなたは乳の出もよいので、
連れ立ち 来 て、 「昨日 も 申す とほり、 こなた は 乳ぶくろ
動・四・用 動・カ変・用 接助 名 係助 動・四・体 名 代 係助 名

変《かわ》はらずは 「ずは」の「ず」は打消の助動詞「ず」の連用形、「は」は係助詞。順接の仮定条件を示す。打消の助動詞「ず」の未然形＋接続助詞「ば」が清音になったものとする説もある。

行《ゆ》く末《すえ》 将来。今後。

わが手前《てまえ》を思《おぼ》し召《め》して 私の手前をお思いになって。女房である私に対して、夫として面目なくお考えになって、の意。

三人《さんにん》ともに 夫婦に子ども一人の三人。

奉公《ほうこう》の口《くち》 主人に雇われ、住み込みで働く家。奉公先。

手《て》にかけて 自分でいろいろ面倒を見て。

男《おとこ》の身《み》にしては悲《かな》しく 夫としてふがいないことが悲しいのである。

とかう《コウ》 あれこれ。どうのこうの。副詞「とかく」のウ音便。

女房顔《にょうぼうかお》を見《み》ぬ （夫が）女房の顔を見ない。女房が（夫の）顔を見ない、の意ではない。

墨染《すみぞめ》あたり 墨染町付近。「あたり」は、付近、近辺の意。

六十《ろくじゅう》あまり 六十歳余り。「あまり」は、数詞に添えて残余があることを示す接尾語。

こなた あなた。人称代名詞。

乳《ち》ぶくろ 乳房。

すっかり八十五匁（の給金を前払いし）、四季ごとのお仕着せ
もよいによつて、がらりに八十五匁、四度の御仕着せ
係助　形・ク・体　格助　動・四・用　接助　副　名　名　格助　名

まで（支給します）、ありがたいことと思いなされ。見上げるような（大女の）
まで、かたじけないことと思はしやれ。雲つくやうな
副助　形・ク・体　名　格助　動・四・未　助動・尊・命　名　動・四・体　助動・比・体

飯炊きが、布まで織りまして、半季（の給金）が三十二匁、
飯炊きが、布まで織りまして、半季が三十二匁、
名　格助　名　副助　動・四・用　助動・丁・用　接助　名　格助　名

全て乳の（出のよい）おかげだと思いなされ。また、あなたが
何ごとも乳の蔭ぢやと思はしやれ。また、こなた
名　係助　名　格助　名　助動・断・終　格助　動・四・未　助動・尊・命　接　代

嫌ならば、（代わりの人を）京町の北にも見立てておきました。
がいやなれば、京町の上にも見立てておき
格助　形動・ナリ・已　接助　名　格助　名　格助　係助　動・下二・用　接助　動・四・用

今日中に決めなくてはならないことだから、また（後で返事をする）と
ました。今日のことなれば、またといふ
助動・丁・用　助動・完・終　名　格助　名　助動・断・已　接助　副　格助　動・四・体

いうわけにはいきません。」と言う。女房は機嫌よく、「何をいたし
ことはならぬ。」と言ふ。内儀機嫌よく、「何を
名　係助　動・四・未　助動・消・体　格助　動・四・終　名　名　形・ク・用　代　格助

ますのも、この身を助けるためでございます。
いたしますも、身を助かるためでござります。
動・四・用　助動・丁・体　係助　名　格助　動・四・体　名　助動・断・用　補動・四・用　助動・丁・終

大切な若子さまをお預かりしても、私でうまく務まる
大事の若子さまを預かりましても、何とござり
名　格助　名　格助　動・四・用　助動・丁・用　接助　係助　副　動・四・用

でしょうか。私はできるだけ御奉公したい望みです。」と言うと、（人
ましよ。私はなるほど御奉公の望み。」と言へば、男
助動・丁・未　代　係助　副　名　格助　名　格助　動・四・已　接助　名

置きの嚊は）亭主にものも言わず、「少しでも早く先さまへ。」と、
にはものを言はず、「少しも早くあなたへ。」と、
格助　係助　名　格助　動・四・未　助動・消・用　副　形・ク・用　代　格助　格助

よいによつて　よいことによって。よいので。

思《おも》は《ワ》しや《シャ》れ　思いなされ。「思はしやる」の命令形。「しやる」は、「せらる」の転で、尊敬の意を表す近世の助動詞。…なさる。

雲《くも》つくやう《ヨウ》な　見上げるような。大柄の女は体力もあり、給金が高い。

蔭《かげ》ぢや《ジャ》　「ぢや」は、体言や活用語の連体形などに付いて、断定の意を表す近世の助動詞。…だ。

内儀《ないぎ》機嫌《きげん》よく　女房は機嫌よく。「内儀」は、町人の妻の敬称。女房は奉公口を世話してもらいたいために人置きの嚊に愛想よくしている。また、夫や子どもと別れるつらさを振り払うように明るく振る舞っている。

身《み》を助《たす》かるため　生活のため。

何《なん》とござりましよ《ショウ》　私でうまく務まるでしょうか。言葉どおりの意味は、どうでしょうか。「ましよ」は、丁寧の助動詞「ます」の未然形「ませ」に、推量の助動詞「う」が付いた「ませう」が変化したもの。

なるほど　できるだけ。なるべく。

男《おとこ》にはものを言《い》は《ワ》ず　人置きの嚊は、亭主などいないものとして振る舞っている。障害の入ることを恐れ、何とかこの話を取り決めたいと急いでいるのである。

隣家の硯を借りてきて、一年契約の証文を作成し、
隣の硯借つて来て、一年の手形を極め、
名　格助　名　動・四・用　接助　動・カ変・用　接助　名　格助　名　格助　動・下二・用

残らず（前払いの）給金を渡して、その噂は手早く、「後でとい
残らず銀渡して、かの噂手ばしかく、「後と
動・四・未　助動・消・用　名　動・四・用　接助　代　格助　名　形・ク・用　名　格助

うのも同じこと（だから、今いただいておきましょう）、これは世間でこのように決まっているお約束
いふも同じこと、これは世界がこのとほりの
動・四・体　係助　形・シク・終　名　代　係助　名　格助　代　格助　名　格助

事ですから。」と、「八十五匁数三十七」と書き付けのある（銀包みの）中から、
御定め。」と、「八十五匁数三十七」と書き付けのある
名　格助　名　名　名　格助　名　格助　動・ラ変・体

八匁五分を、一厘の違いもなくきちんと受け取って、「さあ、お乳母殿、身支度するまで
うち、八匁五分、厘と取りて、「さあ、お乳母どの、身ごしらへ
名　名　副　動・四・用　接助　感　名　名

もないこと。」と連れて行く時、男も涙（を流し）、女は泣きはらして顔
までないこと。」と連れ行く時、男も涙、女は赤面し
副助　形・ク・体　名　格助　動・四・体　名　名　係助　名　名　係助　動・サ変・用

を赤くして、「おまんよ、さようなら。母さんは旦那さまの所へ（奉公に）行って、正月に
て、「おまん、さらばよ。母は旦那さまへ行きて、正月
接助　名　感　間助　名　係助　名　格助　動・四・用　接助　名

は帰って来て会うからね。」と言い捨てて、何やら両隣の家に
に来て会ふぞよ。」と言ひ捨てて、何やら両隣
格助　動・カ変・用　接助　動・四・体　終助　間助　格助　動・下二・用　接助　副　名

頼んで、また泣いていた。人置きの噂は気強く、「親は
へ頼みて、また泣きける。人置きは心強く、「親
格助　動・四・用　接助　副　動・四・用　助動・過・体　名　係助　形・ク・用　名

なくても子は育つ。打ち殺しても、死なないものは死に
はなけれど子は育つ。打ち殺しても、死なぬ
係助　形・ク・已　接助　名　係助　動・四・終　動・四・用　接助　係助　動・ナ変・未　助動・消・体

ませんよ。ご亭主さま、さようなら。」と
ものは死にませぬぞ。御亭さま、さらば。」と
名　係助　動・ナ変・用　助動・丁・未　助動・消・体　終助　名　感　格助

あなたへ　先方へ。あちらへ。

後《あと》といふも同《おな》じこと　今もらうのも後でもらうのも同じこと。

これ　人置きの噂の受け取る手数料を指す。

世界《せかい》がこのとほ《オ》りの御定《おんさだ》め　世間の通り相場で一割払うと決まっている、の意。口入れ周旋の手数料は給金の一割がふつうであった。

お乳母《うば》どの　女房のこと。契約が成立したので、人置きの噂が、愛想よく呼んだのである。

身《み》ごしらへ《エ》　身支度。

母《かか》　子どもが母親を言う語。「とと（父）」の対。

正月《しょうがつ》　正月十六日の藪入《やぶい》り。盆の十六日とともに、奉公人の公休日。

何《なに》やら　娘のことを、脈絡もなくおろおろと頼むのである。

心強《こころづよ》く　情け容赦もない様子。

御亭《ごてい》さま　ご亭主さま、の略。女性が使う語。この場合、侮りの気持ちが込められている。

出《で》て行《ゆ》く　「出《で》」は、文語の「出《い》づ」（下二段）の連用形「出《い》で」が変化して、「出《で》」となったもの。終止形は「出る」で、活用は下一段になる。

世《よ》を観《かん》じ　世の哀れみをしみじみと思い知って。

わが孫《まご》の不憫《ふびん》なも　母を失った自分の孫もかわいそうだが。「不憫なり」は、①不都合だ、

だけ言って出て行く。 この(雇い主の)ご隠居さまは浮世の無常を思い、
ばかりに出て行く。この上さま世を観じ、
副助 格助 動・下一・用 接助 動・四・終 代 格助 名 名 格助 動・サ変・用

「私の孫もかわいそうだが、 人の子が乳離れしたのは、
「わが孫の不憫なも、人の子の乳離れし
代 格助 名 格助 形動・ナリ・体 接助 名 格助 名 格助 動・下二・用 助動・過・体

かわいそうなことよ。」と振り返って見なさると、 (人置きの嚊は)「それは金が
は、かはゆや。」と見返り給へば、「それは銀が
格助 形・ク・語幹 間助 格助 動・四・用 補動・四・已 接助 代 係助 名 格助

敵(のこの世のせい)、あの娘は死んだらそれまでのこと。」 と、 その母親が聞くのもかまわず
敵、あの娘は死に次第。」と、その母親が
名 代 格助 名 係助 動・ナ変・用 (接尾) 格助 代 格助 名 格助

(に言ってのけ)、 (その母親を)連れて行った。
聞くもかまはず、連れ行きける。
動・四・体 係助 動・四・未 助動・消・用 動・四・用 助動・過・体

■第四段落(一三五・11〜終わり)

段意

その夜、男は、乳飲み子の世話をする隣近所の女房たちのうわさ話に、奉公先の主人が最近お内儀を亡くしたこと、自分の女房が亡きお内儀に似ていることを聞くと、じっとしていられず、前金をたたき返して女房を連れ戻し、泣きながら親子三人で新年を迎えた。

現代語訳・品詞分解

間もなく大晦日の暮れ方になり、 この男は世の中をはかなく思う気持ちが
ほどなう大晦日の暮れ方に、この男無常起こり、
形・ク・用 名 格助 名 格助 代 格助 名 名 動・四・用

起こり、自分は多額の親の遺産を譲り受けながら、 心積もりが悪かったため(身代
我大分の譲り物を取りながら、胸算用の悪しき
代 名 格助 名 格助 動・四・用 接助 名 格助 形・シク・体

をつぶして)、江戸を立ち退き、 (今この)伏見の里に住むようになったのも、
ゆゑ、江戸を立ち退き、伏見の里に住みけるも、
名 名 格助 動・四・用 名 格助 名 格助 動・四・用 助動・過・体 係助

具合が悪い、②かわいそうだ、気の毒だ、などの意味を表す。ここは②の意。「不憫なも」は、「不憫なるも」が変化したもの。

銀《かね》が敵《かたき》 ご隠居さまのせいでも私のせいでもない。金がさせることで、自分の知ったことではない。金が敵なので、恨むなら金を恨め、の意。

死《し》に次第《しだい》 「次第」は、名詞または動詞連用形に付いて、事の成り行きに任せる意を表す接尾語。

語釈・文法

胸算用《むなさんよう》 心の中で見積もりすること。心積もり。「むなざんよう」「むねざんよう」という読み方もある。

女房の縁によってのことだったなあ。
女房ども が 情け ゆゑ ぞ かし。
名 格助 名 名 終助 終助

大福茶だけで祝うのであっても、
大福 ばかり 祝う て
名 副助 動・四・用 接助

なりとも、
副助

新春を(夫婦)二人で迎えることこそが楽しみというものだ。
あらたまの 春 に 二人 会ふ こそ 楽しみ
(枕詞) 名 格助 名 動・四・体 係助 名

なれ。
助動・断・已

(女房の)心根がいじらしいことよ、
心ざし の あはれ や、
名 格助 形動・ナリ・語幹 間助

雑煮用の箸を二膳買っておいたのが、
羹箸 二膳 買ひ置き し
名 名 動・四・用 助動・過・体

が、
格助

棚の端に見えたのでそれを取って、
棚 の 端 に 見え ける を 取り て、
名 格助 名 格助 動・下二・用 助動・過・体 格助 動・四・用 接助

「一膳はいらな
「一膳 は
名 係助

い正月だ。」
いら ぬ 正月 よ。」 と
動・四・未 助動・消・体 名 間助 格助

とへし折って、
へし折り て、
動・四・用 接助

鍋の下で燃やしてしまった。
鍋 の 下 へ ぞ
名 格助 名 格助 係助

焚き ける。
動・四・用 助動・過・体

夜も更けて、
夜 更け て、
名 動・下二・用 接助

この子が泣きやまないので、
この 子 泣きやま ね
代 格助 名 動・四・未 助動・消・已

ば、
接助

隣の女房たちが訪ねて来て、
隣 の 嚊たち 訪ひ寄り て、
名 格助 名 動・四・用 接助

擂り粉に地黄煎を入れて炊き返し、
擂り粉 に 地黄煎 入れ て
名 格助 名 動・下二・用 接助

炊き返し、
動・四・用

竹の管で飲ませることを教え、
竹 の 管 にて 飲ます こと を 教へ、
名 格助 名 格助 動・四・体 名 格助 動・下二・用

「早くも
「はや
副

一日のうちに、
一日 の 間 に、
名 格助 名 格助

気のせいか、
思ひなし か、
名 係助

(赤子の)顎の辺りが痩せた。」
おとがひ が 痩せ た。」
名 格助 動・下二・用 助動・完・終

と
と
格助

言う。
言ふ。
動・四・終

この男は、
この 男、
代 格助 名

「ほんとにまあどうにもしようがない。」と自分で自分に腹が立って、手
「さても 是非なし。」 と 心腹 立つ て、 手
感 形・ク・終 格助 名 動・四・用 接助 名

に持っていた火箸を土間へ投げつけた。
に 持つ たる 火箸 を 庭 へ 投げ ける。
格助 動・四・用 助動・存・体 名 格助 名 格助 動・下二・用 助動・過・体

(隣の女房たち
「お亭さま
名

女房《にょうぼう》ども 「ども」は、自称または身内を表す語に付けて、謙遜、または馴《な》れ親しむ意を添える接尾語。

あらたまの春《はる》 新春。「あらたまの」は、「年」「春」に係る枕詞《まくらことば》。

心《こころ》ざし 心根《こころね》。心持ち。

二膳《にぜん》 箸《はし》は一膳、二膳と数える。

鍋《なべ》の下《した》へぞ焚《た》きける 自分で自分のふがいなさに腹を立てての行為。

訪《と》ひ《ィ》寄《よ》りて 赤ん坊の泣き声がやまないので、どうしたのかと様子を見にやって来たのである。

竹《たけ》の管《くだ》にて飲《の》ます お椀《わん》に竹の管を挿し込み、管の先を乳首のように絹で包んで母乳の代わりに吸わせる。

思《おも》ひ《ィ》なしか 気のせいか。「思ひなし」は、動詞「思ひなす」の連用形が名詞化したもの。

おとがひ《ィ》 顎。

是非《ぜひ》なし どうにもしようがない。

庭《にわ》 土間《どま》。

が)「ご亭主さまはお気の毒、お内儀さまはお幸せ。先方の旦那どのが、
はいとしや、お内儀さまは果報。先の旦那どのが、
係助　形・シク・終　間助　名　係助　名　名　格助　名　格助

きれいな女子衆を使うことが好きじゃ。ことに、
きれいなる女房を使ふことが好きぢや。ことに、
形動・ナリ・体　名　格助　動・四・体　名　格助　名　助動・断・終　副

(こちらのお内儀は)この間亡くなられた先方の奥さまに似たところがある。
この中お果てなされた奥さまに似た
名　格助　名　動・下二・用　補動・下二・用　助動・完・体　名　格助　動・上一・用　助動・存・体

本当に、後ろ姿のしおらしいところがそっくりそのまま。」
ところがある。ほんに、後ろ付きのしをらしきところが
名　格助　動・ラ変・体　副　名　格助　形・シク・体　名　格助

と言うと、この男は最後まで聞かず、
そのまま。」と言へば、この男聞きもあへ
代　格助　名　格助　動・四・已　接助　代　格助　名　動・四・用　係助　動・下二・未

「さっきの銀貨はそっくりそのままある。」それを聞いた以上は、
ず、「最前の銀はそのままあり。それを聞い
助動・消・用　名　格助　名　係助　代　格助　名　動・ラ変・終　代　格助　動・四・用

たとえ命が果てようともかまわない。」と駆け出して行って、
てからは、たとへ命が果て次第。」と駆け出し
接助　接助　係助　副　名　格助　動・下二・用　(接尾)　格助　動・四・用

女房を取り返して、涙ながらに(親子三人で)新年を迎えた。

行きて、女房取り返して、涙で年を取りける。

動・四・用　接助　名　動・四・用　接助　名　格助　名　格助　動・四・用　助動・過・体

果報《かほう》　めぐりあわせのよいこと。幸せ。
先《さき》の旦那《だんな》どの　奉公先の主人。
この中《じゅう》　近頃。
お果《は》てなされた　お亡くなりになった。「なさる」は、尊敬の補助動詞で、「お（ご）…なさる」の形で用いられることが多い。「お」は接頭語。「た」は、完了の助動詞「たり」が変化したもの。
後《うし》ろ付《つ》き　後ろ姿。
聞《き》きもあへ《エ》ず　聞くやいなや。「あへず」は、十分に…しない、最後まで…しない、の意。
最前《さいぜん》の　先ほどの。
命《いのち》が果《は》て次第《しだい》　餓死してもかまわない。死んだらそれまでのこと。

鑑賞

大晦日、飢えの一歩手前まで追いつめられ、すてばちになった亭主は、かつて見た小判の山に執着し、既に地獄に落ちかけている。そんな亭主の姿を悲しみ、女房は一年の最後の大晦日に、乳飲み子を置いて乳母奉公に出て急場を切り抜けようとする。亭主は、女房のいない大晦日に無常を感じ、奉公先の旦那が色好みと知って、絶望の明日を承知で女房を取り返し、愛情を守り抜く。――という話である。

第一段落では、まず大坂町人にとってなじみの深い「万日《まんにち》回向《えこう》」「天満祭《てんままつり》」という年中行事を持ち出して、その中で金銭の重要性を強調し、「夢にも身過ぎのことを忘るな。」「と

かくわがはたらきならでは出ることなし。」と言い切っている点が、読者に強い印象を与えて、効果的な発端となっている。だから、第二段落の、ある貧乏人の物語——働かないで金持ちになりたい、寝姿ほどの小判が欲しい、この世で金があれば地獄へ落ちてもよい、という話の展開が、ますます読者の興味をそそるようになっている。第三段落は、「銀が敵の世」を実に巧みに描き出した場面である。乳飲み子のことを思って泣く女房に、「親はなけれど子は育つ。打ち殺しても、死なぬものは死にませぬぞ。」と聞こえよがしに言い放ち、不憫がり同情する雇い主の婆《ばば》さまには「銀が敵、あの娘は死に次第。」とうそぶく周旋屋の女の、無情冷酷さは、まさに金の権化といえよう。読者は、夫婦の愛情だけではどうにもならない現実の厳しさを思い知らされ、西鶴の優れた描写力に感嘆することだろう。第四段落は、貧しくとも一家水入らずの正月をと願った男の後悔の物語である。わが身のふがいなさにやけになり、正月用の祝い箸をへし折って鍋の下に投げ入れ、火箸を土間にたたきつける。乳を欲しがる乳児の泣き声は、男のいらだちをいっそうかきたてる効果をあげている。近所の女房たちの、おためごかしの親切さ、そのうわさ話を聞くに及んで、男は「たとへ命が果て次第。」と、金をつかんで飛び出して行く。このあたりは、息もつかせぬ展開で、作中の圧巻である。

　最後の「涙で年を取りける。」という結びは、一見とても冷酷である。女房を取り返したからといって、この男の行く手に待ち受けている、涙ではごまかしようのない飢えと寒さは、どうしようもないのである。これほど絶望的な世界を描きながら、この作品の読後感が、ほのかに明るいのはなぜだろうか。——新年を迎えたこの男の、貧しくともさもしくはない、妻子のために地道に働く人間に生まれ変わっていく姿を想像するからであろうか。どのような貧乏にあっても、夫婦の信頼と愛情だけは守りたいという姿勢が救いとなっている。

教科書の問題（解答・解説）

教科書 一三六ページ

❓ 教科書本文下に示された問題

❓ **「上さま」とは誰のことか。**（p.一三五）

解答　孫の乳母として男の妻を雇った「六十あまりの婆さま」〔一三四・4〕のこと。

■ 学習の手引き

❶ **妻が奉公に出ることを決心したのはなぜか。**

解答　このままでは親子三人とも飢え死にしかねないので、前渡しの給金を得て夫と娘の生きる糧にしようと思ったから。

❷「人置きの嚊」〔一三四・4〕、「六十あまりの婆さま」〔一三四・4〕、「隣の嚊たち」〔一三五・16〕は、それぞれどのような人物として描かれているか。

解答　・人置きの嚊＝金銭のことしか頭になく、夫婦や親子の情愛を無視してはばからない冷酷非情な人物。
・六十あまりの婆さま＝親子間の情愛を理解し、母親の奉公で乳離れさせられる赤子に同情する常識的な人物。
・隣の嚊たち＝親切そうに振る舞いながらも、他人の不幸を興味の対象としてうわさ話に興じる卑俗な人物。

❸妻が奉公に出て行く前と後の、「男」の心情の変化をたどろう。

解答　・出て行く前＝①働かずに小判の山を手に入れたいと一心に望む。②地獄に落ちてもよいから金持ちになりたいと執着し、地獄の様子を夢に見る。③意見する妻に言い返せず、悔しさから顔を見ることもできない。④妻が連れ去られるのを止めることもできず、悲しさから涙を流す。
・出て行った後＝①妻のいない大晦日という現実に無常の心が起こる。②親の遺産を受け取りながら、心積もりが悪くて失敗したことを反省する。③妻の愛情に心をうたれ、自分のふがいなさに腹を立てる。④近所の女房たちのうわさ話を聞き、「たとへ命が果て次第。」と妻を取り返す決心をして駆け出して行く。

■語句と表現

①近世の作品には、現代語に近い表現も多く見られるようになる。そのことを踏まえ、現代でも使用される助動詞を、本文中から抜き出そう。

解答　①丁寧の助動詞「ます」＝頼みます〔一三三・16〕／織りまして〔一三四・10〕／おきました〔一三四・13〕／いたしますも〔一三四・14〕／ござります〔一三四・14〕／預かりましても〔一三四・15〕／ござりましよ〔一三四・15〕／死にませぬぞ〔一三五・7〕
②過去・完了（存続）の助動詞「た」＝おきました〔一三四・13〕／痩せた〔一三六・2〕／お果てなされた〔一三六・4〕／似た〔一三六・5〕

出典・作者

出典　『世間胸算用《せけんむねさんよう》』　浮世草子《うきよぞうし》。元禄《げんろく》五年〔一六九二〕刊。五巻五冊。各巻四話、全二十編の作品が、ことごとく大晦日における事件を描いて、町人生活の種々相を示している。場所は、大坂・京都を中心とし、江戸・奈良・堺・長崎にも及んでいる。当時は、節季勘定を一般の慣習としていたから、大晦日は、町人にとっては一年の総決算の日として、商売の浮沈に関わる日であり、いわゆる一日千金の大切な日であった。作者はここに着眼して、大晦日に集約された悲喜こもごもの経済生活や、あらんかぎりの知恵・才覚を絞った掛け金の取り方、債務・借金の逃れ方などを描き出している。

一度転落するとはい上がることの困難な状況の中で、なんとか大晦日を切り抜けようとあがき、ある者は極貧の生に安住しようとし、ある者はまた居直って生きていこうとするが、それらの人々の生が、さまざまな卓抜な趣向の中で具体化され、緊密に計算された話の展開の中で浮かび上がってくる。時代の底辺を生きる人間たちの哀歓、浮世の実相の具体化など、町人の生活に終生関心を持ち続けて創作してきた西鶴の手腕が十分に発揮されている。

また、俗語を生かし、会話を盛り込んだ話の展開の仕方、とりわけ、登場人物の言葉によって、その人物像を浮かび上がらせる手法が、極めて有効に用いられている。

作者 井原西鶴《いはらさいかく》〔一六四二―一六九三〕 本名、平山藤五《ひらやまとうご》。大坂の裕福な町人の家に生まれた。井原は母方の姓か。初めは鶴永《かくえい》と号し、三十二歳の冬に西鶴と改号した。十五歳から貞門派《ていもんは》（松永貞徳《まつながていとく》）の俳諧を学び、後に西山宗因《にしやまそういん》の門下となり、談林派《だんりんは》の先鋒《せんぽう》として活躍したが、あまりにも斬新で自由奔放な句風であったため、貞門の俳人からは、阿蘭陀《オランダ》流、阿蘭陀西鶴と罵られた。こうした嘲罵に奮起した西鶴は、「矢《や》数《かず》俳諧」流行の先鞭《せんべん》をつけ、すばやい連想と鋭い直観で町人生活の機微を軽妙に詠み、一六八四年、大坂の住吉《すみよし》神社で興業された矢数俳諧では、一昼夜に二万三千五百句を独吟するという超人的記録を樹立した。一六八二年、俳諧の師匠西山宗因の死を契機として、四十一歳で、浮世草子の『好色一代男』を刊行し、以後没するまでの十年余りは、浮世草子作家として精力的に創作活動を続け、町人の手による町人のための文学を創立した。その作品を分類すると、次の四種になる。

①好色物（享楽的な色欲の世界を描いたもの）——『好色一代男』『好色五人女』『好色一代女』など
②町人物（金銭にまつわる町人生活の喜悲劇を描いたもの）——『日本永代蔵《にっぽんえいたいぐら》』『世間胸算用』など
③武家物（義理に生きる武士の姿を描いたもの）——『武道伝来記』『武家義理物語』など
④雑話物《ざつわもの》（諸国の説話・奇談などを集めたもの）——『西鶴諸国ばなし』『本朝《ほんちょう》二十不孝』など

西鶴の没後、多くの模倣者を出し、明治以後の作家にまで影響を与えている。

古文へのまなざし

和歌というメディア

教科書一三七～一四一ページ

筆者

ツベタナ・クリステワ〔一九五四―〕。ブルガリア生まれ。モスクワ大学卒。ソフィア大学（ブルガリア）や東京大学で博士号を取得。ソフィア大学教授や中京女子大学教授、東京大学大学院客員教授などを経て、現在、国際基督《キリスト》教大学名誉教授。著書に『涙の詩学』がある。

文章の構成

本文の一行空きに沿って、三つの段落に分けられる。

▼第一段落（初め～一四〇・上6）

…平安時代の主要な表現方法であった和歌

和歌が定着し、普及した平安時代は、現代とは異なり、和歌こそが日常的に使われた表現方法であった。そのため、古代びとには歌を作ることは難しいことではなく、簡単なルールと前例さえ知っていれば、誰しも作れたのである。

脚韻を基本とする西洋の定型詩では、多数ある同音の語尾の言葉の中から何を選ぶかによって、詩人の想像力と創造力が問われる。つまり、主役は詩人なのであり、読者は詩人の選択を評価するだけである。それに対して和歌は、音声的に限られ数多くの同音異義語を持つ日本語の特徴上、言葉全体が響き合いの対象になっている。歌人の役割は言葉によって制限されており、読者は同音異義語の連想を突きとめる必要があり、歌の創造過程に巻き込まれるのである。「よみ人」という言葉が示唆しているように、古代びとにとって、歌を読むことは「詠む」ことでもあったのである。和歌は、このように積極的な相互作用であったからこそ、コミュニケーションの一般的手段になり、日常的に使われる主要な表現方法として定着したのである。

▼第二段落（一四〇・上7～一四〇・下18）

…「表現志向」であった平安時代の日本文化

記号論学者のグループによると、文化のタイプには「文法志向」の文化と「テクスト志向」の文化とがあるが、「テクスト志向」の文化は表現形態を重視するので「表現志向」とも呼びうる。この文化では、ルールは、具体的なテクスト、表現、習慣などの文化的実践から自然に成立するものであり、優れた作品や表現などの前例を覚えることが求められる。この文化の最も代表的な知的活動は詩歌である。平安時代の日本文化は、驚くほどこの「表現志向」のモデルに合っている。

▼第三段落（一四一・上1～終わり）

…日本の知的遺産である和歌の重要な側面

平安時代には、和歌が主要な表現形式として定着したために「表現志向」の傾向が強くなり、その傾向が強くなるにつれて和歌の活動も広がるという密接な関係があった。和歌には世の中のあらゆることについて考察し表現するという重要な側面があったことを無視して、その読みを現代社会での詩歌の地位に絞ることは、日本の大事な知的遺産を見失うことになるのではないか。

教科書の問題（解答・解説）

教科書　一四一ページ

❓教科書本文下に示された問題

❓「積極的な相互作用」とは何か。（p.一四一）

解答　和歌において、読者は歌人の詠歌を評価するだけでなく、作者となって同音異義語の連想を突きとめることで創造過程に参加するという相互作用。

■学習の手引き

❶和歌と英語の詩の違いを、筆者はどのように捉えているか。

解答　英語の詩は主役が詩人であり、読者は詩人の選択を評価するだけであるのに対し、和歌では、歌を解読するために読者も作者となって創造過程に参加するという相互作用を持つ。

❷「内容志向」〔一四〇・上12〕**の文化と「表現志向」**〔一四〇・上13〕**の文化の違いについてまとめよう。**

解答　「内容志向」の文化は意味するものが内容であるとする文化で、規準やルールがまず成立して全ての営みがそれに即して行われるものであり、「正しいものが存在すべき」とする文化である。一方、「表現志向」の文化は表現形態を重視する文化で、ルールは、具体的なテクスト、表現、習慣など、文化的実践から成立するものであり、「存在するものが正しい」とする文化である。

❸「和歌の読みを、現代の社会における詩歌の地位に絞ること」〔一四一・下3〕**とはどのようなことを意味しているか、説明しよう。**

解答　平安時代の和歌は、コミュニケーションの手段であり、世の中のあらゆることについて考察し表現していたという重要な側面を無視して、和歌を読まなくても社会的な評価に何の影響も及ぼさないという現代の詩歌に対する認識のもとで、和歌を解釈・評価しようとすること。